Dann mit RambaZamba

Das Verbrechen ist nie perfekt,
aber die Perfektion ist immer ein Verbrechen.
Jean Baudrillard

Gisela Höhne

Dann mit RambaZamba

Theater und Leben zwischen Tiefen und Höhen

Mit Fotografien von Sibylle Bergemann

mitteldeutscher verlag

Mit freundlicher Unterstützung durch das Lebenshilfewerk
Marburg-Biedenkopf e. V.

Umschlagfotos, vorn: Porträt Gisela Höhne (Rob de Vrij)
hinten: Theaterarbeit mit Moritz (Foto: Rob de Vrij)

Bibliografische Information der Deutschen Nationalbibliothek
Die Deutsche Nationalbibliothek verzeichnet diese Publikation in der Deutschen Nationalbibliografie; detaillierte bibliografische Daten sind im Internet über http://dnb.dnb.de abrufbar.

2., durchgesehene Auflage 2026

Bernburger Straße 2, 06108 Halle (Saale)
www.mitteldeutscherverlag.de, info@mitteldeutscherverlag.de

Gesamtherstellung: Mitteldeutscher Verlag, Halle (Saale)

ISBN 978-3-96311-956-9

Printed in the EU

WIDMUNG

Ich widme dieses Buch den Schauspielern des Theaters RambaZamba, meinen beiden Söhnen, die mich auf so unterschiedliche Weise lebendig halten, und meinen Enkelinnen Emilie und Carla, die auf diese Weise erfahren sollen, was uns alle geprägt hat.

Prolog

Die große, leere Bühne liegt im Halbdunkel. Im Zuschauerraum herrscht eine ungewöhnliche Anspannung. Allmählich wird es still, das Licht geht aus, und auf der Bühne beginnen Trommler einen einfachen Rhythmus zu schlagen. Langsam, dann, immer schneller werdend, treiben sie sich bis zum Höhepunkt, jetzt kommen die Schauspieler dazu. Wie Embryos legen sie sich auf die schräge Bühne unter ein großes rotes Tuch. Stille.

Ich stehe hinter der Bühne und weiß, jetzt warten die Schauspieler unter dem Tuch auf Franzis Auftritt. Zweimal flüstere ich: „Franzi, du musst jetzt auftreten." Sie rührt sich nicht. „Franzi, raus!" Sie bewegt sich nicht, zuckt nur mit dem Arm. Ich denke, lieber Himmel, lass sie jetzt keinen Anfall bekommen. Es muss klappen. Aber Franzi wird stocksteif und noch schwerer, als sie schon ist. Panik steigt hoch in mir. Es ist unser erster Auftritt im berühmten Deutschen Theater, unser erster überhaupt. Die Vorstellung ist ausverkauft. Da packe ich sie am Arm, Franzi wird später behaupten, ich hätte sie gekniffen, und führe sie auf die Bühne, bleibe bei ihr, während sie ihren ersten Satz spricht. Nach kurzem Zögern setzt sie sich auf ihren Platz als Mutter. Dann kann sie endlich kommen, die Geburtsszene. Ich aber bin schon am Ende meiner Nerven. Ich setze mich auf meinen Hocker als Erzählerin.

Franzi setzt sich, wiegt eine Babypuppe. Der Rhythmus setzt wieder ein, wird wilder. Arme, Beine, Körper, Köpfe kommen aus den Öffnungen im Tuch, das sie alle wie ein Mutterbauch bedeckt hatte, schnell, langsam, wild, gemessen – wie man eben ins Leben kommt. Nach einem Moment Stille zieht sie das Tuch langsam zu sich, denn einer ist nicht herausgekommen. Der liegt nun frei, und alle schauen auf den fremden Körper. „Was ist mit ihm? – Ist er tot? – Hat er Schmerzen? – Ist er behindert?“ Sie geht zu ihm und streichelt ihn zärtlich: „Er soll Prinz Weichherz heißen.“ Wie Franzi das sagt, versöhnt mich.

Bei der nächsten Vorstellung ist es dasselbe, und dann wieder, solange dieses Stück läuft. Manchmal spüre ich ohnmächtige Wut. Ich fühle mich erpresst. Aber es macht keinen Sinn, sich durchsetzen zu wollen. Ich verstehe, dass ich einen dritten Weg finden muss. Einen, der ihr, der Schauspielerin mit einer anderen geistigen Ordnung, Raum lässt und mich nicht erpresst.

Wir haben diese Geburtsszene immer und immer wieder geprobt, bis ich sie akzeptieren konnte. Ist es wegen Moritz, der 1976 auf die Welt kommt als „ein anderer“? Ja, Moritz ist anders als erwartet. Nach seiner Geburt ist nichts mehr wie zuvor. Unser Leben änderte sich nicht, weil sich die Dinge im Leben eben so ändern, sondern weil Moritz’ Eintritt in unser Leben uns so sehr erschütterte wie nichts zuvor. Mit seinem Down-Syndrom wurde er ein unumstößlicher kleiner Fels in unserem Leben. Man konnte nicht an ihm vorbei. Wir wollten nicht an ihm vorbei, an diesem Walpurgiskind unter seinem runden starken Mond.

1. Akt

Geburt des Prinzen: ein Hexenkind

„Ach, wenn ich vor der Geburt doch noch einmal ausschlafen könnte.“ Aber in dieser Nacht geht es los, die Fruchtblase platzt kurz vor Mitternacht, und auf dem Weg zum Kreißsaal bittet Klaus: „Zögere es hinaus, damit es ein 1.-Mai-Kind wird, ein kleiner Kommunist.“ Wusste er, was er da sagte? Tatsächlich will das Baby nicht kommen. Ich zittere und friere vor Aufregung, und als die langen vielen Schmerzen nicht aufhören und die Ärzte besorgte Gesichter machen, will ich gar kein Kind mehr. Als es gegen 16.30 Uhr mit einer Zange auf die Welt geholt wird, bin ich betäubt.

Als ich erwache, liegt es nicht bei mir. Ich fühle mich wie in Watte, froh, dass es nach 16 Stunden vorüber ist. Aber wo ist mein Kind? Wo ist mein Reh? Es liegt in einem eigenen Bettchen, schon bekleidet. Wieso? „Kann ich es haben?“ Sie zeigen ihn mir zögernd, geben ihn mir ganz kurz. Wie im Märchen das „falsche Kind“. „Es ist ein Junge.“ Und schon nehmen sie ihn mir wieder, den kleinen Jungen. „Erst mal ausruhen.“ So ist das dann wohl. Als Klaus, bereits dreifacher Vater, kommt und Moritz durch eine Scheibe ansehen darf, stutzt er und sagt: „Ein Komiker.“ Ein Hexenkind, geboren zu Walpurgis.

Wir nennen unser Kind Moritz. Ich bin so glücklich, und Moritz trinkt gut. Im Telegramm an meine Mutter haben sie das Datum verfälscht: „Moritz am 31.4. geboren.“ Diesen Tag gibt es nicht. Wir sind verwundert.

Drei Tage später erfahre ich die Wahrheit über den „Komiker". Die Ärzte hatten in den ersten Tagen bei der Visite die Tür schnell wieder zugezogen, getuschelt und mich ziemlich oberflächlich abgefertigt, im Gegensatz zur Bettnachbarin. Ich war irritiert, aber so ist das dann wohl, dachte ich. Ich war nur glücklich. Moritz war mein erstes Kind und ersehnt. So erfahre ich es in einem Arztgespräch, sachlich und ohne mir Illusionen zu lassen. Moritz ist mit dem Down-Syndrom geboren. Je älter, umso größer würde der Unterschied zu anderen Kindern sein. Unser Kind würde vieles nicht können. Die Aufzählung ist lang. Nichts, was für Moritz spricht, wird von ihm erwähnt, nicht sein großes gutes Herz, das ja doch bekannt war, auch damals schon. Als Moritz mit fünfundzwanzig eine lebensbedrohliche Lungenentzündung bekommt, entdecken sie, dass er physisch ein extrem großes Herz hat und ein unerklärliches Loch im Brustkorb. So hat sich die Metapher vom „großen Herzen" wohl materialisiert?

Ich sitze im Arztzimmer vor dem Boten der Nachricht, für die man ihn in der Antike zerrissen hätte. Von Tragödie ist die Rede. Und, ja, meinen Beruf als Schauspielerin müsse ich wohl aufgeben. Ich höre den Rest nicht mehr, die hohen Krankenhauswände stürzen auf mich. Ich höre einfach nicht mehr zu.

Vor dem Fenster meines Zweibettzimmers in der Charité stehen die großen alten Bäume, die Sonne scheint, vom Flur dringen Geräusche, und ich hoffe, wenn ich die Augen schließe und wieder öffne, ist alles wie früher, die Bäume, die Sonne, das Lachen draußen. Das Leben geht ja auch einfach weiter. Aber es ist kein Traum. Tage der Benommenheit folgen. Schock nennt man das.

Die Worte des Arztes und die Bilder der Kinder im „Babysaal" der Diakonie Bad Freienwalde quälen mich. Die Berliner Studentengemeinde, die ich eine Zeit lang regelmäßig wegen des dort möglichen freien Meinungsaustausches besuchte, hatte uns im Frühjahr 1968 um Unterstützung gebeten. Meine Freundin Sybille und ich meldeten uns für drei Wochen an. Ohne Vorstellungen, was uns erwartet, zogen wir ein in den alten Klinkerbau mit den hohen Sälen, von deren Wände der Putz bröckelte und durch deren große Fenster die Sonne dennoch schien. Im sogenannten „Babysaal“ lagen ca. dreißig „Kinder“ im Alter von wenigen Monaten bis dreißig Jahre. Fast alle waren schwerstbehindert, konnten nicht aufstehen und verbrachten ihr Leben im Gitterbett. Zwei Brüder waren nie gewachsen, aber schon 28 Jahre alt. Schlucken, Ausscheiden, Knochen wie Stöckchen. Einige gaben Laute von sich, Tag und Nacht. Unser Zimmer lag quer über den Gang, und wir hörten sie immer, ob wir wollten oder nicht. Die ersten Nächte konnten wir nicht schlafen, wegen der Geräusche. Auch der Geruch des Babysaals nach Desinfektion und Kot hatte sich im Zimmer festgesetzt. Bleiben oder fliehen? Wir erbaten einen Korkenzieher und eine Bibel vom Diakon, der sie uns lachend gab und uns vor allzu viel Mitleid warnte. Wir schmissen uns in die Arbeit, verwöhnten die vergessenen kleinen Mädchen, trugen jeden einzelnen bei Sonnenschein die Treppen hinunter in den Garten. Wenn wir die letzten abgelegt hatten, mussten wir die ersten wieder hinauftragen.

Die meisten von ihnen erhielten keinen Besuch. Einige sehr schwer beeinträchtigte Kinder wie die beiden Brüder wurden regelmäßig besucht. Was merkten sie? Die, die besucht wurden, und die, die keinen Besuch erhielten? Merkten sie unsere Zuwendung? Unterschiede? Es gab keine Antwort, damals, 1968. Wir hielten es nur zwei Wochen aus. Ich war hingegangen, um zu helfen. Als ich es nicht mehr schaffte, sind wir abgefahren. Jetzt konnte ich nicht mehr abfahren. Die Zeit meines Einsatzes dort hatte nicht gereicht, um das Leben auch für mich ganz persönlich in solcher Vielgestaltigkeit annehmen zu können. Aber nun hatte es mich erwischt. Moritz, Weichherz, ist da.

Auf der Geburtsstation der Charité holen wir unsere Kinder zum Stillen auch aus einem „Babysaal", die glücklich lächelnden Mütter und ich. Nachdem ich mit Moritz im Arm, die Augen voller Tränen, über den sonnigen großen Flur getaumelt war, brauche ich das nicht mehr, die Schwestern bringen ihn mir. Moritz hört auf zu trinken. Als spüre er, dass er doch nicht willkommen ist in diesem Leben. Ich muss meine Milch abpumpen und sie ihm geben. Da beginnt, was ich erst später lernen sollte, die Schwierigkeit, Zunge und Mund normal zu bewegen, um saugen und später sprechen zu können. Stunden brauchen wir zum Füttern. Die Innigkeit ist unterbrochen.

In diesen Tagen schickt mir meine Mutter die ersten herzlichen Worte, die sie je für mich aufgeschrieben hat. „Mein liebes armes Kind", schrieb sie. Sie, die sich aus all ihren Tragödien in Kühle gerettet hatte, spendete Trost. Die ganze Familie ist liebevoll, während unser alter Hausarzt tatsächlich verlangt, dass „so was ganz schnell" wegmüsse. Ich sehe ihn nicht wieder und verlange das auch von meiner Mutter. Freunde melden sich und versprechen Beistand. Aber ich bin wie abgestorben. Als hätte das alles nichts mit mir zu tun. Ich bin einfach erstarrt.

Klaus kommt, wann immer er kann, von den Malern, die berührt von unserer „Tragödie" schnell und gut in der Wohnung arbeiten. Er ist so hilflos wie ich. Es gibt zwischen uns keinen Dissens, in keiner Minute. Das hilft.

Wie wichtig wäre es damals gewesen, Literatur zu lesen über Menschen mit Trisomie 21, den anderen Begriff für Down-Syndrom, der heute eher verwendet wird. Viel später, Moritz war schon drei und längst in unseren Herzen, lasen wir die von Freunden aus Westberlin mitgebrachte Geschichte des „Jan Marten", das erste kleine Büchlein über eine Familie in Holland, die im 2. Weltkrieg ihren Sohn mit Trisomie 21 bekam, versteckte und ihn bis zu seinem frühen Tod begleitete, förderte und darüber Tagebuch schrieb. Sie versteckten auch jüdische Familien und ertrugen all das als eine Art „Rückzahlung" für ihr glückliches Leben. Ich war überglücklich, dieses Buch zu lesen. Leider finde ich es nicht mehr. Aber auch „Die Welt des Nigel Hunt" war ermutigend. All diesen sehr persönlichen Büchern war eigen, dass sie entgegen allen Voraussagen die Erfahrung beschrieben, wozu diese Menschen dennoch in der Lage waren, was sie lernten, welchen Witz sie hatten und was für fröhliche Menschen sie meistens waren. Ja, mehr von diesen Büchern müssten auch heute wieder her, wo so viele nichts über das Leben von Menschen mit Trisomie 21 wissen, nur an die Schwierigkeiten denken und sich für eine Abtreibung entscheiden. Heute könnte man die Eltern so gut unterstützen, was damals im Osten Deutschlands nicht möglich war.

Ich darf nach Hause, Moritz bleibt ein paar Tage in der Geburtsklinik, damit wir unsere Wohnung zu Ende renovieren und „uns an die neue Situation gewöhnen können". Aber ich finde keinen Platz mehr für mich. Die neue Wohnung ist von feindseliger Leere. Jeden Tag gehe ich den schweren Weg zu Moritz und bringe meine Milch. Er ist immer hinter der Scheibe. Wieso? Ich bleibe jedes Mal eine Weile bei ihm stehen und sehe ihn an. Wer ist das? Sieht er mich? Wird er mich kennen? Werden wir uns lieben können? Zu Hause liegt eine leere Zigarettenschachtel, auf die eine treue Freundin geschrieben hat: „Moritz soll es guthaben." Es wurde unser Programm, was ich aber erst später merken sollte.

Dann ist Moritz zu Hause. Klaus hat Probe. Ich habe unser Kind, in Decken gewickelt, einen endlos langen Weg getragen. Die Klinik ist in unserer Straße, nur 300 Meter entfernt. Aber so weit, so weit.

Da sind wir beide. Allein. Still liegt er da, meine Ohren rauschen, und ich weiß nichts. Das Leben steht still. Ich bin im tiefen Wald und weiß den Weg nicht hinaus. Wo ist mein Kind? Wo ist mein Reh? Moritz in seinem Körbchen sieht mich an. Ich glaube, dass er genauso noch heute guckt. Fragend, skeptisch, verständnisvoll, wissend. Ich sehe ihn auch an: Wie kann es denn gehen mit uns beiden?

Aber jetzt kommt meine Schwester und rettet mich aus dem tiefen Wald. Sie kommt mit einem Kinderwagen für Moritz und ihrer kleinen Tochter an der Hand, empört, dass wir sie nicht vom Zug abgeholt hatten, und ruft vom Hof zu unserem Turm hinauf, wann wir sie denn empfangen wollten. Ihr Realismus tut gut. Ganz unbefangen und liebevoll nimmt sie Moritz auf den Arm, drückt ihn an ihr Gesicht und sagt: „Was für ein niedliches Kerlchen." Da schmilzt das Eis, und ich kann ihn nehmen, an meine Wange legen, seine zarte Haut spüren und weinen. Starre weicht aus Armen und Herz. Endlich, endlich. Lange rinnen die Tränen, Weinen, Lachen, Erleichterung. Schade für Moritz und mich um die verlorenen Tage davor. Meine Schwester Roswitha kam als Helferin und wurde zur Herzöffnerin. Ich kann mir nicht vorstellen, wie es geworden wäre ohne sie, die große Schwester, die da war, wenn ich sie brauchte, obwohl sie selbst ein äußerst anstrengendes Leben führte. Sie kommt noch einmal, als Jacob im Schneewinter 1979 geboren wird und Klaus zum Inszenieren in Tübingen ist. Ich lag mit Bronchitis, dem Baby und Moritz auf der Couch und hörte es tropfen. War ich verrückt geworden? Nein. Die Ströme von Schmelzwasser vom großen Schneefall in diesem Winter konnten vom Dach nicht abfließen und setzten unsere Zimmerdecke unter Wasser. Wieder im Wald. Roswitha kommt und rettet uns erneut. Sie bringt die Kohlen drei Treppen hoch, kauft ein und versorgt die Kinder. Ich werde gesund.

Aber als sie jetzt, nach Moritz' Geburt, wieder abfährt, fürchte ich mich immer noch vor allem, was kommen wird. Ich stehe wieder allein im dunklen Thüringer Wald, der zu groß ist und aus dem ich erst nie, aber dann immer den Weg hinausfand. Mein Kopf fühlt sich an wie unter einem schweren Felsen. Mein Herz brennt. Ich will so gern weiter Theater spielen und bin nicht bereit für ein Leben als Mutter Teresa. Welchen Unterschied wird es machen für ihn, wer ihn pflegt? Alles hängt von unserer Entscheidung ab: Sollen wir Moritz in ein Heim geben? Die Antwort wird entscheiden, wie es weitergehen wird. Das war der Moment, wo alles auch anders hätte laufen können.

Nachts schmiege ich mich an seine weiche Haut, aber er bleibt skeptisch.

Und dann kommt meine geliebte kleine Großmutter mit ihrem schneeweißen Haar. Es war ihre erste und einzige Reise von Stralsund nach Berlin. Dort angekommen ging sie gleich zu Moritz, und nach einem kleinen, „ewigen" Moment, in dem es ganz still war, rief sie lachend: „Nein, Gisela, da musst du dir keine Sorgen machen. Der wird noch. Das ist ein wunderbares Kind." Sie aß viel und schlief lange und fuhr noch am Abend zurück.

Mit dieser Großmutter verband mich viel, meine ganze Jugend hatte ich bei ihr verlebt. Als wir zu ihr und unserem Großvater zogen, war sie schon siebzig und voller Kraft. Jetzt war sie fünfundneunzig und gebrechlich und hatte doch die Reise zu Moritz gemacht. Bei ihr habe ich zeitlebens Güte und Gerechtigkeit, List und Humor erfahren. Eine Woche nach ihrem Berlinbesuch starb sie. Ich blieb mit ihrer tiefen Liebe im Herzen zurück. Und so liebevoll, wie sie war, wurde auch Moritz, ein gütiger Mensch. Ich habe zu Moritz' Geburt so viel Liebe von meiner Familie bekommen wie nie zuvor. Moritz hatte sich schon seinen Platz erobert.

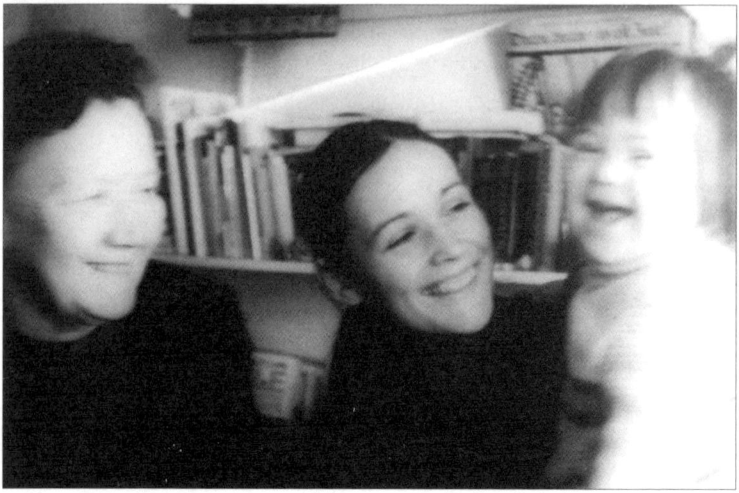

Oma zu Besuch: „Das ist ein wunderbares Kind“

Aber immer noch stand im Raum, ihn eventuell wegzugeben in ein gutes Heim. Meine Erwartungen an das Leben waren nicht klein, als Moritz mit einer Zange auf die Welt geholt wurde. Offenbar schwante ihm nichts Gutes, denn er hatte sich regelrecht festgeklammert. Ich wollte wie alle Mütter dieser Welt ein gesundes, tolles Baby, meinen Beruf als Schauspielerin, den ich nach längerem Anlauf erreicht hatte, weiter ausüben und war nicht bereit für ein Leben als Mutter Teresa.

Wir konsultierten Professor Müller, Chefarzt der Kinderstation im Krankenhaus für Psychiatrie in Herzberge und „die Koryphäe“. Es war schwer gewesen, einen Termin bei ihm zu bekommen. Für uns war es wie der Gang zum Orakel. Umso mehr überraschte uns, in dem großen, respekteinflößenden Mann einen warmherzigen Humanisten und Kunstfreund zu treffen. Seine hellen Praxisräume hingen voller Bilder und Theaterplakate, und während wir darüber sprachen, untersuchte er den kleinen Kerl ganz nebenbei, befand,

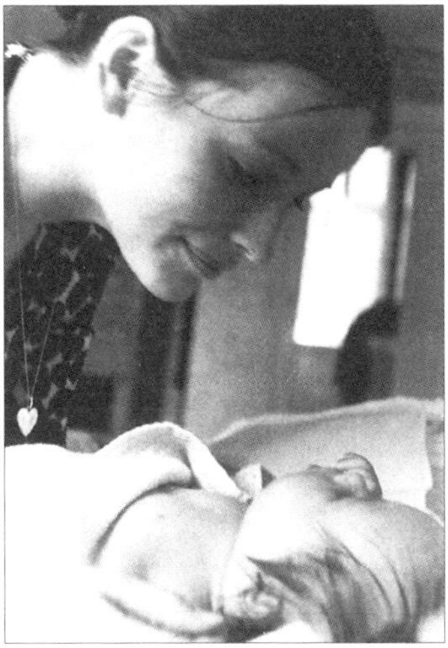

Moritz ist da …

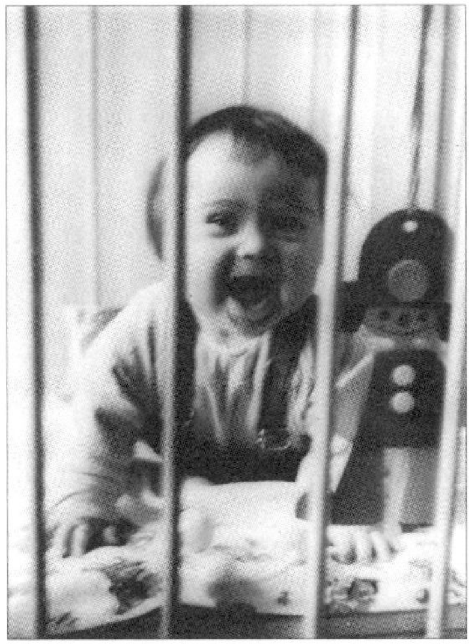

… und lacht

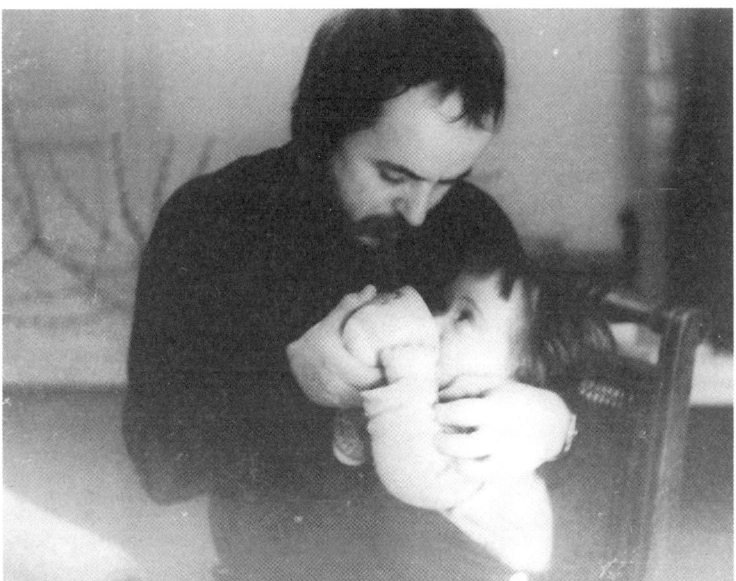

Mit Papa

dass alles funktioniere und in gutem Zustand sei. „Haben Sie Großeltern auf dem Land?“ Die hatten wir nicht. „Das wäre das Beste für ihn. In unserem Dorf leben zwei Erwachsene mit Down-Syndrom. Sie machen in der LPG einfache Arbeiten, und die Nachbarn helfen ihnen, zum Beispiel beim Nähen, Kochen und anderen schwierigen Dingen. Jeder geht mal hin. So müssten sie alle leben.“ Dann entwickelte er seine Utopie, in der diese Kinder in die normale Schule gehen sollten und die schlimmsten Rabauken ihre Beschützer sein würden. Das alles war 1976, als in der DDR der Schulbesuch für diese Kinder gerade abgeschafft worden war! Auf meine dringende Frage, wie es weitergehen könnte, antwortete er: „Leben Sie weiter wie bisher. Ja, Sie können auch weiter Theater spielen.“ Auf unsere Frage nach einem Leben im Heim, die die ganze Zeit unter dem Gespräch geschwelt hatte, war seine Antwort, ganz ohne moralisierende Zusätze: „Das kann man natürlich machen. Aber Moritz wird sich deutlich besser bei Ihnen entwickeln als in einem Heim. Kinder wie er werden an den Rand gedrängt von den ganz schwierigen Fällen.“

Das war der entscheidende Satz. Als wir drei die große Villa in Herzberge verließen, trugen wir endlich Frieden im Herzen. Ich war regelrecht beschwingt und machte ein paar hüpfende Schritte, wie ein Kind, das eine Puppe geschenkt bekommen hat. Wenn wir wichtig sind für Moritz, wenn es etwas ausmacht für ihn, ob wir oder fremde Leute ihn umgeben, lieben und ihn fördern, dann war es klar, dass wir das machen wollten. Ja, Moritz bleibt bei uns. Es war entschieden, was wir längst in unseren Herzen beschlossen hatten. Meine quälende Unsicherheit, ob es denn wichtig sei, wer ihn versorgte, war der Gewissheit gewichen, dass es auf uns ankam. Dass er uns wahrnehmen und lieben würde, so wie wir ihn. Ich knuddelte ihn vor Freude, bis er sich wehrte. Und Klaus ging es nicht anders. Er schrieb mir nie vor, wie es weitergehen sollte, sondern akzeptierte meine Entscheidungen. Er wusste wohl, dass alles an mir hängen bleiben würde.

Wir lassen uns ein, und damit beginnen die wichtigsten Erfahrungen meines Lebens. Wir wissen, dass es schwierig werden wird, aber es gibt kein Zurück. Die Liebe bewaffnet mich gegen alle Logik.

Theater des Alltags mit Prinzen

Der Alltag mit Moritz und die Weiterarbeit am Theater in Neustrelitz, meinem zweiten Engagement, nehmen mich voll in Anspruch. Ich pendele zwischen Berlin und Neustrelitz. Wer Theater kennt, weiß: Man macht es ganz oder gar nicht. Eine Weile versuche ich, beidem gerecht zu werden. In Neustrelitz gibt es keinen Krippenplatz für Moritz, ich wohne dort in einem kleinen Zimmer im Theaterwohnheim. Die dünnen Holzwände lassen jeden Laut durchdringen, ich weiß alles von meiner Nachbarin. Unmöglich, Moritz dorthin mitzunehmen. Wir probieren es mit einer Wochenkrippe in Berlin, aber Moritz wird jedes Mal sehr krank. Wir hätten ein Kindermädchen gebraucht, die aber haben wir nicht in der DDR. Bin ich in Berlin, kann Klaus zu den Proben, spiele ich in Neustrelitz, versorgt er Moritz. Mal kommt seine hinfällige Mutter, mal Freunde, auf die Dauer ist es nicht haltbar. Die Arbeit im Theater leidet und wird unmöglich.

Moritz entwickelt sich langsam, unser Kind, das uns freundlich und ruhig bei allem zusieht. Was er wohl sieht? Morgens ist er immer schon wach, wenn ich komme und lacht über das bunte Wollmobile über seinem Bett. Er fühlt sich wohl mit uns, ist zufrieden und freundlich. Wie ein kleiner Punk sieht er aus mit seiner Irokesentolle. Ich habe ihn gern bei allem, was ich tue, auf meiner

Schulter. Er liebt das und lacht viel, oft aus vollem Hals. So gewinnt er bald die Herzen seiner Halbschwestern, nachdem sie sich entschlossen haben, ihn als Bruder anzuerkennen. Er ist immer fröhlich, dieses Kind, das so anders aussieht. Dass er nicht krabbelt, sich nicht hochzieht, lange nicht läuft, beunruhigt mich nicht, ich habe keinen Vergleich, und der Arzt hatte mich darauf vorbereitet. „Alles kommt später." Für uns ist es „normal", er ist mein erstes Kind. Die Blicke in den Kinderwagen und das Flüstern danach holen mich in die Realität zurück, wenn ich es vergesse, dass Moritz doch „anders" ist. Es gibt nicht viele wie Moritz im Straßenbild, wir aber nehmen ihn überallhin mit.

Auch dass er nicht spricht, als er schon vier Jahre alt ist und eine Sprachtherapie bekommt, hindert nicht unsere herzliche Kommunikation. Er spielt vor, wir verstehen, was er meint. Meistens, aber je mehr er erzählen will, desto schwieriger wird es.

Seine ersten Schritte sind das Ergebnis einer Frühförderung im

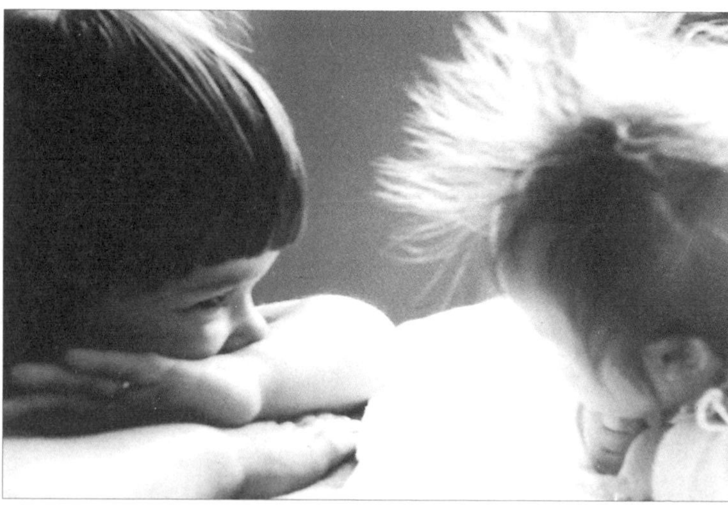

Der kleine Punk und die große Cousine

Krankenhaus Herzberge, der führenden psychiatrischen Einrichtung in Ostberlin, wo mit sehr konservativen Methoden gearbeitet wird. Später habe ich das sehr bereut. Er ist so klein und muss über Monate von Montag bis Freitag auf eine Station. Dort werden ihm durch Fixieren an orthopädische Gestelle die Muskeln gestärkt, am Ende kann er stehen, zufassen und ein paar Schritte laufen. Wenn wir ihn dort bei der Schwester im großen Saal abgeben, binden sie ihn immer fest im Bett. „Damit er nicht rausfällt." „Aber Moritz liegt beim Schlafen ganz still, er dreht sich nicht und ist ein ruhiges Kind. Bitte binden Sie ihn nicht fest." „Zur Sicherheit." Wir müssen schnell gehen. So weit weg ist er, unser kleiner Sohn. Wie sehr hat er uns vermisst in dieser Zeit, nachdem wir weggegangen waren? Wie lange hat er in den Flur geblickt, ob wir nicht doch zurückkommen? Ich kann nicht beurteilen, ob er sich schnell oder langsam entwickelt. Wir hätten nur geduldiger sein müssen. Überhaupt bereue ich heute manches. So wurde Moritz' Gehirn geröntgt. Dazu pumpten sie Luft in den Schädel, was sehr schmerzhaft war. Das wussten wir nicht. Aber es schien wichtig. Als wir bei der Auswertung erfahren, dass das nur statistischen Forschungszwecken gedient hat, ist meine Wut groß, denn er hat unnötig gelitten. Moritz war sehr verändert danach und brauchte einige Zeit, um wieder anschmiegsam zu werden. Wenn wir nur mehr gewusst hätten! Aber es gibt in der DDR keine Literatur, die sich speziell mit der Trisomie 21 beschäftigt und Hinweise für Eltern anbietet, und bis zuletzt keine Elternkreise, keine spezielle Beratung für diese Kinder und ihre Familien, keine speziellen Therapien. Wieder mal im dunklen Wald. Aber dieses Mal mit einem kleinen, immer noch ein bisschen unbekannten Menschen an der Hand.

Aber Moritz geht seinen Weg. Unglaublich stark. Er widersetzt sich allem, was ihm etwas abverlangt, das er nicht versteht, auch uns. Wir aber sind mit ihm überall, im Deutschen Theater, im Park, im Wald, am Strand, bei Freunden, in Konzerten. Und alle lieben ihn, und Moritz liebt vermutlich auch alle und sein Leben. Nach der Fremde der ersten Lebenstage sind wir nun unzertrennlich. Auf den Aufenthalt in Herzberge, der vier endlose Monate lang fünf Tage in der Woche dauert, folgt der in einer normalen Kinderkrippe. Bald wird er aber in die Sondergruppe abgeschoben „zwecks besserer Förderung". Da ist nichts zu machen.

Nach zwei Jahren gebe ich das Theater mit einem Riss im Herzen auf. In meinem Leben gab es immer nur „ganz oder gar nicht". Und jetzt: Moritz ganz.

Nun endlich gibt es die Scheidung von Klaus' erster Frau Marlene und damit etwas mehr Klarheit in der Familie. Es ist ein schwerer, langer Prozess. Die beiden haben drei Töchter, Maria, Janni und Rosa, und nur wegen Moritz, weil Moritz so ist, gütig, voller Liebe und ohne Schuld, können die vier trotz der tiefen Wunden, die die Trennung gerissen hatte und noch lange nicht verheilt waren, uns allmählich entgegenkommen.

Das geschieht, als nach fast drei Jahren, im berüchtigten Schneewinter 1979, Moritz' Bruder Jacob in unser Leben kommt und damit ein Vielfaches an Freude und Arbeit.

Nach Jacobs Geburt liege ich in einem Dreibettzimmer mit einer Russin und einer Bulgarin, und eine sagt plötzlich lachend über unsere Kinder: „Drei Asiaten". Mein Herz rast, ich sehe in Jacobs kleine Hand und entdecke die Vierfingerfurche, eines der Merkmale für das Down-Syndrom. Sofort bin ich im Ärztezimmer, da wissen sie schon Bescheid und hatten auch die Vierfingerfurche gesehen. Die Ärzte beruhigen mich, sie hatten den Bluttest bereits gemacht, er war negativ ausgefallen. Es konnte auch gar nicht sein, denn schon vor Jacobs Geburt wurde bei mir die Fruchtwasserspiegelung gemacht, die fast vergessen worden, aber ebenfalls negativ ausgefallen war. Trotzdem:

Die Vierfingerfurche und Jacobs tatsächlich leicht asiatisches Aussehen sprechen dagegen. Da begreife ich, wie sehr uns die Natur immer wieder in Sackgassen und Labyrinthe führt und fest geglaubte Wahrheiten umstürzt. Nichts ist sicher, vieles ist nicht, was es scheint. An meiner damaligen Reaktion kann ich heute sehen, wie lange immer noch der Schock anhielt. Ich konnte mir keine Wiederholung vorstellen. Wie lange man doch braucht, um „Ansichten" und „Überzeugungen" zu ändern. Aber sie waren änderbar, ich brauchte nur Zeit.

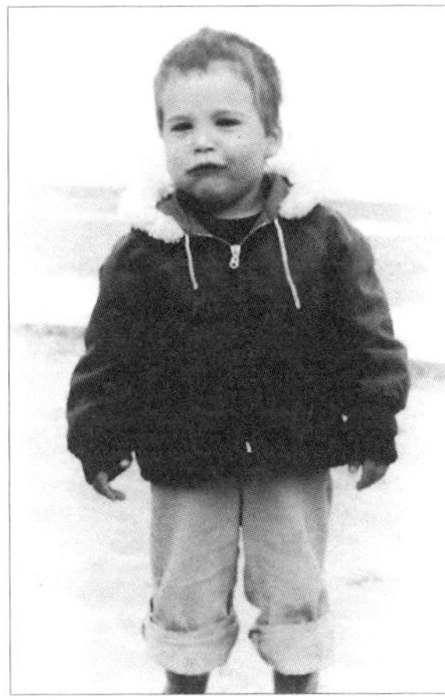

Jacob, der sanft-wilde Bruder

Noch heute wird Jacob bei Grenzübertritten insbesondere auf Flughäfen gern besonders gründlich geprüft. Sein schwarzes dichtes Haar und sein starker Bart lassen ihn eben „verdächtig" erscheinen.

Als ich mit dem Jacob-Baby nach Hause komme, inszeniert Klaus gerade in Tübingen. Eine Freundin der Familie hatte uns abgeholt. Zu Hause bin ich dann mit meiner Mutter und Moritz allein. Dieses Mal ist alles vorbereitet. Moritz sieht befremdet auf das kleine Bündel auf dem Sofa. Er ist noch keine drei und hatte bisher keine Berührung mit Babys. Einige Tage beobachtet er uns. Ich bange, ob er Zugang finden wird zu dem kleinen Wesen. Ich habe weniger Zeit für Moritz. Wird er eifersüchtig? Aber dann wird er mein Helfer: Er bringt mir alles, was ich brauche zum Stillen, zum Windeln wechseln, zum Spielen, und so gehört er bald dazu, zu unserem Trio Infernale. Ich muss ihn nicht darum bitten, und so ist es bis heute. Moritz hilft sofort, wenn er verstanden hat, was sein Part sein kann.

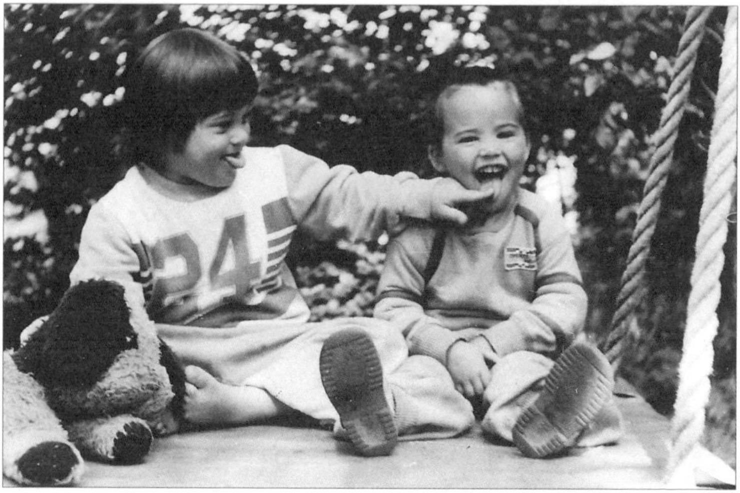

Beste Brüder

Als Jacob zwei ist, versuchen sie, zusammen zu spielen. Aber Moritz akzeptiert keine Regeln. Jacob baut eine Stadt auf. „Da fahren nur Autos. Dort gehen die Leute. Und wenn die Schranke unten ist, kommt der Zug, dann müssen die Autos und die Leute halten." „Brrrr", macht Moritz und lässt die Autos fliegen. Jacob reißt nach mehreren Versuchen enttäuscht alles ein. Ich sehe mit Sorge, dass es schwierig zu werden scheint mit den gemeinsamen Spielen. Ich hatte mir sehr gewünscht, dass sie einfach spielen wie Geschwister. Nur, so einfach war es nicht. Aber sie entdecken gemeinsames Toben, Kissenschlachten und Sand Werfen. So werden sie doch noch ein Team, dessen liebste Spiele Unsinn und Chaos sind: Gemeinsam, während wir noch schlafen, die Erde aus den Blumentöpfen holen und damit die ausgepackten Schallplatten bestreuen, die Badewanne auslöffeln, bis es bei den Nachbarn von der Decke tropft, alle erreichbaren Bücher von den Umschlägen befreien und neu „dekorieren", Holzbausteine auf die Straße werfen. Sie sind nicht mehr zu bremsen. Manchmal schließe ich mich mit der Zeitung auf der Toilette ein, um für einige Momente Ruhe zu haben.

Im Zusammenwachsen mit Klaus' erster Familie kommen heftige Belastungen auf mich zu. Marlene muss zur Kur, Klaus inszeniert in einer anderen Stadt, und die Jüngste ist Schulverweigerin und über Wochen bei mir. Manchmal sitze ich im Flur der Kinderkrippe und heule. Wieder mal habe ich das angeblich so wichtige gemeinsame Frühstück für Moritz verpasst, Jacob muss gestillt werden, Rosa sitzt zu Hause statt in der Schule, der Treibriemen vom Trabi ist wieder kaputt, und weil wir alles so gut machen, sollen wir kein Pflegegeld bekommen. Aber dann kommt der Zorn, und ich kämpfe mit meiner ganzen Kraft gegen diese „Vorschriften". Und ich gewinne. Nachdem ich es durchgekämpft hatte, durften alle das Frühstück in der Krippe weglassen und bekamen ohne Probleme ihr Pflegegeld.

Mit vier Jahren sagt Moritz immer noch nichts. Nicht einmal „Mama". Stattdessen spielt er weiter alles vor. Es ist nicht nur Spielfreude, es ist Not. Wir sehen das lange nicht. Wir sind daran gewöhnt, und die Neurologin meint, es gebe keinen Handlungsbedarf. Er will uns so viel erzählen, die Not wird zur Verzweiflung. Wir stellen ihn der Professorin für Logopädie und Reha-Wissenschaften Dr. Elisabeth Schmidt vor. „Vier Jahre zu spät. Lassen Sie ihn nichts mehr vorspielen", ist ihr trockener Kommentar. Ein bisschen schade, wir lieben auch sein Spiel.

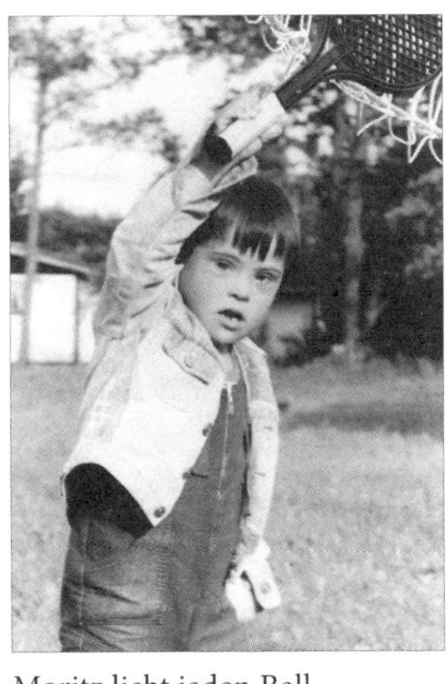

Moritz liebt jeden Ball

Elisabeth ist eine zierliche, elegante Dame weit über sechzig, außerordentlich gebildet und „über den Dingen stehend“, auch politisch, und kaut ununterbrochen Erdnüsse. In der Universität genießt sie große Freiheit in der Lehre, schmunzelt über die Engstirnigkeit der Sonderpädagogen und hilft einer großen Schar von Kindern, sprechen, denken und lesen zu lernen. Wir haben nie erfahren, welche Geschichte hinter ihrer privilegierten Position steht. Elisabeth ist ihrer Zeit weit voraus, sie forscht und bezieht bei der Förderung alle Sinne und ungewöhnlichste Materialien mit ein. Lesen gehört zum Sprechen, und so lernt Moritz beim Sprechen auch noch ein wenig Lesen im Ganzwortverfahren. Es ist mehr ein Erkennen des Wortbildes. Zu Hause müssen wir es üben. Die nervenaufreibenden Übungen, die ich mit ihm machen muss, habe ich später als mühevolle Überei in meinem ersten Stück „Prinz Weichherz“ verarbeitet. Der Prinz wird von seinem Vater aufgefordert, einen Turm zu bauen, er weigert sich standhaft. Der Vater lockt, droht, baut selbst den Turm. Der Prinz reißt ihn wütend ein. Als der Vater geht, baut er einen fantasievollen fragilen Turm, mit seinem Schuh in der Mitte. Ein kleines Kunstwerk. Das konnte ich aber erst inszenieren, als ich erkannt hatte, dass diese Kinder eine besondere Fantasie haben, die man nicht eben mal anordnen kann.

„Spielen Sie mit ihm! Jeden Tag.“, befiehlt Elisabeth. – „Aber er spielt nicht mit, er liegt nur auf dem Teppich rum.“ – „Das ist egal. Spielen Sie. Fahren Sie das Auto. Bauen Sie ein Haus und lassen die Puppen darin wohnen. Lassen Sie die Puppen sprechen.“ Und das tue ich. Ich glaube, in meiner Kindheit nicht so viel gespielt zu haben wie in diesen Jahren mit Moritz, vor Moritz müsste ich sagen. Jeden Nachmittag, wenn ich ihn aus der Krippe geholt habe, sitze ich auf seinem Teppich und spiele. Er liegt da, kaut am Finger, manchmal greint er, ich weiß nicht, ob er mich wahrnimmt. Ich glaube inzwischen, dass er einfach ein bisschen müde war und dennoch viel gelernt hat. Ich langweile mich tödlich und fühle mich von allen verlassen. Die Freunde bleiben weg.

Zehn Jahre lang bringe ich Moritz jede Woche zu Elisabeth zur Sprachtherapie. In der Tagesstätte, die der Krippe folgende Einrichtung für Kinder ab sechs, die als „imbezil, schulbildungsunfähig" eingestuft werden, wie alle Kinder mit dem Down-Syndrom, wird er als überfordert bedauert und wir als überehrgeizige Eltern angesehen. „Der arme Junge. Wie müde der ist!" Aber Moritz war müde, weil er etwas gelernt hatte und könnte heute noch nicht sprechen, wenn wir nicht endlich begonnen hätten. Wie man heute weiß, haben Kinder wie Moritz einen Mangel an Acetylcholin, einem Botenstoff im Gehirn. Dadurch ist vieles verzögert. Indem wir jedoch alle Sinne ansprechen, kreativ werden, können wir das mehr oder weniger ausgleichen. Das tut Elisabeth. In dieser Zeit wird sie unsere Freundin.

Das Leben in der DDR ist von Mangel geprägt, es ist nicht einfach, die benötigten Dinge des Alltags wie Windeln, einen Schnellkochtopf oder Reißverschlüsse dann zu bekommen, wenn man sie braucht. Ich schreibe mehrfach Briefe an den Großhandel und berufe mich auf ein Gesetz, das Familien mit behinderten Kindern Unterstützung zusagt. Es klappt immer. Aber bevor es dazu kommt, habe ich mir schon die Hacken abgelaufen und viele Nerven gelassen. Die Kohlen für die Wohnung im dritten Stock müssen hochgetragen werden. Vier Zimmer mit qualmenden Öfen. Ich bin nur noch Hausfrau und Mutter und damit ausgefüllt. Was war aus meinem wilden Leben geworden?

Endlich, nach intensiver Suche, finden wir ein altes Tagelöhnerhaus in der Mecklenburgischen Schweiz, das wir mieten und ausbauen können. Das Grundstück ist groß und liegt an einem hügeligen Feld in einer hinreißend schönen Landschaft. Auf der Kuppe

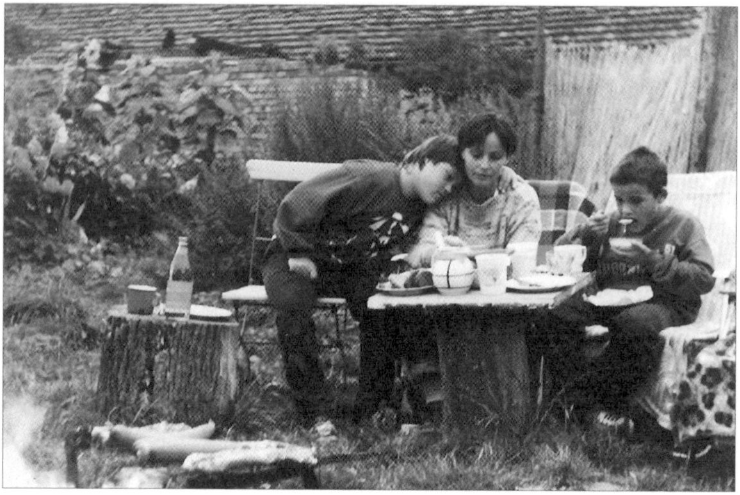

Landleben

des Feldes heben sich abends die Rehe oder die Kraniche vor dem rotglühenden Himmel ab, während auf der anderen Seite des Hauses schon der Mond aufgegangen ist. Mein Herz klopft ob dieser Schönheit, ich weiß nicht, wo ich lieber bin, beim Mond über dem flachen Feld oder bei der hinter dem Hügel untergehenden Sonne. Die Störche üben am Nachmittag über der Wiese Fliegen, die alte Nachbarin bringt Blumenstauden und kleine Kätzchen, die den Sommer über bei uns bleiben. Wenn wir auf der Bank sitzen und unsere Hunde und die Katzen beobachten, schwärmt sie von ihrer polnischen Heimat, erzählt von den Pogromen der Polen an ihnen, den Deutschen, vor dem Krieg. Ich bin froh, dass keiner zuhört. Ärger wäre programmiert. Ich wühle im Garten und pflanze Blumen und Gemüse. Hier sind wir glücklich. Jeden freien Tag verbringen wir hier, wo die Kinder die unendliche Freiheit genießen. Es war nicht so gefahrenfrei, wie wir dachten. Aber das wussten wir damals noch nicht.

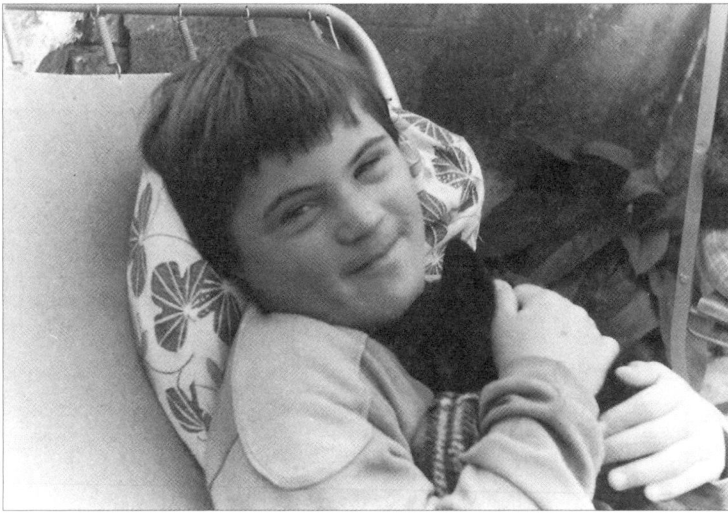

Moritz mit Kätzchen

Ein Hund aus dem Dorf, ein richtiger Köter, der immer wieder die Hühner der Nachbarin so erschreckt, dass sie wie tot daliegen, frisst Moritz' Meerschweinchen „Frau Meier". Moritz ist untröstlich. Die Kätzchen sind ihm kein Trost, sie sind viel zu flink für ihn. Zum Glück gibt es Susi, unseren Dackelmischling. Susi jagt vergeblich die Hühner. Mehr als eine Schwanzfeder erjagt sie nie. So gibt es immer Aufregungen. Aber wir lieben das. Ich koche Marmelade, mache endlose Spaziergänge mit den Kindern, pflanze und ernte. Jeden Abend brennt ein großes Lagerfeuer unter dem gewaltigen Sternenhimmel. Kein Licht aus einer Stadt stört das Strahlen der Sterne.

Am Haus ist viel zu tun. Wir lassen das meiste ursprünglich, bauen aber eine Dusche und ein WC ein, ebenso die Kanalisation, streichen die Wände und reparieren die Dachrinne. Nach Sturm müssen wir jedes Mal die „Biberschwänze" (alte Ziegel) auf dem Dach nachstecken. Die holen wir uns von Abrisshäusern. Das alles macht Klaus.

Wir lassen uns helfen von Dorfbewohnern, aber zumeist liegen die nach kaum zwei Stunden betrunken unter der Hecke. Es ist ein armes Dorf, die Gebäude verfallen, die großen Hunde sind an der Kette und bellen.

Das Haus mit dem großen wilden Grundstück bringt dennoch Erleichterung in unser Leben. Außerdem wohnen zwei wunderbare Autorinnen in den Nachbardörfern, man ist nicht allein.

Der Alltag mit den Kindern liegt bei mir, Klaus inszeniert in Berlin und außerhalb. Es bleiben die Wochenenden, die gemeinsamen Urlaube und seine Versuche, Moritz zu unterstützen. Allerdings bringt Moritz´ Eigenwilligkeit uns manches Mal an den Rand des Nervenzusammenbruchs. Wenn ich mit Kinderwagen, Baby, Einkauf und Moritz nach Hause komme und mit allem drei Treppen hochsteigen muss, da der Kinderwagen, wenn er im Flur bleibt, regelmäßig durch einen Nachbarn mit Kot verunreinigt wird, dann weigert sich Moritz oft, die drei Treppen zu steigen. Ich warte oben, rufe, gehe in die Wohnung, rufe wieder. Nach einer Stunde komme ich und trage ihn hoch. Er beweist immer die größere Geduld. Da Moritz als Kind schlank, aber immer schwer war, bei Wut doppelt schwer, wird es immer schwieriger, ihn gegen seinen Willen zu tragen. So bestimmt er den Rhythmus unseres Lebens mit. Spaziergänge mit langen Pausen, keine eiligen Abläufe. Ich bin manchmal verzweifelt, alles ist anders, als mein Rhythmus wäre. Geduld. Geduld. Ich lerne zu warten, Umwege zu gehen, mir mehr Zeit für ihn zu nehmen. Es fällt mir schwer. Geduld!

Immer mehr Freunde aus dem Theater bleiben weg. Sie haben nicht die Zeit und Geduld, mit mir auf dem Teppich zu liegen und immer wieder die gleichen Bausteine für Moritz aufzubauen. Meine tägliche Übung heißt: Unwichtiges erkennen und weglassen. Einmal gelernt, erkenne ich die Chance darin. Vermutlich wird das die

Basis für meine spätere Theaterarbeit.

Jacobs Geburt verschafft mir Luft. Drei Jahre ist Jacob „nicht krippenfähig", wie die Ärztin bescheinigt, damit habe ich auch für Moritz noch die nötige Zeit. Ich wusste, nie wieder würden wir uns so nah sein, soviel Zeit füreinander haben. Ich bin zu Hause und lerne, diese Zeit mit den Kindern als meine Zeit zu sehen und zu genießen. Aber ich bin auch nie wieder in einer solchen Mühle, die aus Alltag, zwei lebhaften Söhnen und Moritz' Förderung besteht. Immer wieder lässt Moritz die kleinen weißen Mäuse frei, beide erdrücken ihre Meerschweinchen aus Versehen, Moritz bewirft weiße Bungalows mit Schlamm. Ich habe das Gefühl, von allem getrieben zu werden und keinerlei Freiheit mehr zu haben. Vor allem Moritz fordert uns heraus.

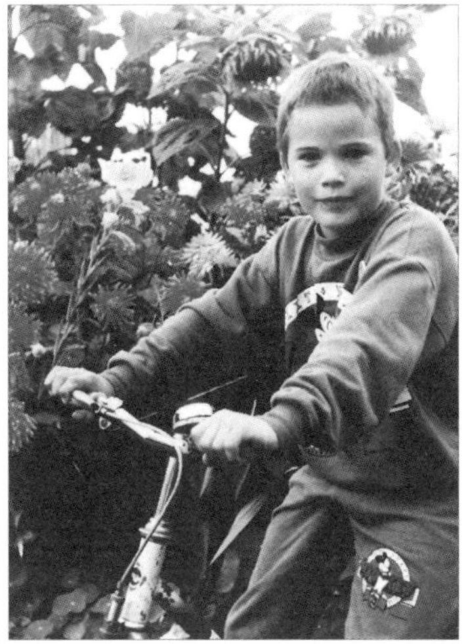

Jacob unter den Dahlien

Jacob gegenüber habe ich oft ein schlechtes Gewissen und versuche, den „unperfekten" Bruder für Jacob auszugleichen, spiele mit ihm so lange, wie ich Moritz fördere, lade Spielgefährten ein, organisiere ihm Kinderpartys, die er meist verdirbt, besorge besonderes Spielzeug und überfordere mich, bis ich verstehe, dass gerade dieses Schicksal für Jacob eine Chance bedeutet und keine „Benachteiligung". Bis dahin vergehen Jahre, mir bleibt kaum Luft. Und Jacob lernt nebenbei, dass die Welt „ihm etwas schuldet".

Unsere Versuche, meinen Alltag mit einer Haushaltshilfe zu verbessern, scheitern. Haushaltshilfen gab es eigentlich nicht in der

DDR, aber natürlich gibt es immer ein Schlupfloch. Die erste junge Frau war so depressiv, dass sie stets, wenn überhaupt, zu spät und dann mit dem Taxi kam, womit ihr kleines Gehalt aufgebraucht war. Mindestens eine Stunde brauchte sie dann meinen Zuspruch und Trost.

Die zweite war eine richtige Diebin. Die wenigen Devisen und ein wenig Schmuck von meiner Großmutter hatte sie schnell entdeckt und entwendet. Sie zu fassen, war ein echter Krimi: Ein Polizist in Zivil hält sich im Arbeitszimmer auf, angeblich als Kollege. Sie riecht den Braten sofort und läuft ohne Schuhe weg. Unten steht aber ein zweiter Polizist und verfolgt sie, nicht ohne sie einmal zu verlieren, zur S-Bahn. Dort stellen sie die kleine Frau mit dem Kopftuch ohne Schuhe. Die Polizei findet in dem Bauwagen, in dem sie mit ihrem einbeinigen Mann in großer Verwahrlosung, bewacht von einem scharfen Schäferhund, lebt, den Schmuck und die im Intershop von den Devisen erworbenen Waren wie Haarshampoo und Pralinen, alles Dinge, die sie aus der Westwerbung kannte.

Auch die nächsten beiden Haushaltshilfen bleiben nicht lange.

Die Förderung in der Tagesstätte bleibt unbefriedigend. Vor Moritz' Geburt lernten alle Kinder in Sonderschulen, im C-Zweig die Kinder wie Moritz. Dieser C-Zweig wurde im Jahr von Moritz' Geburt abgeschafft, dafür gab es die Tagesstätten.

Kulturtechniken wie Lesen, Schreiben, Rechnen sind hier verboten, künstlerische Abbildungen dienen nur kognitiven Zwecken. Wir haben endlose Diskussionen mit dem Personal über Kreativität. Für sie ist klar, dass es keine blauen Bäume geben darf und keine Wurzeln, die in den Himmel wachsen. Dieses Bild war also falsch und wurde vernichtet. Die eigene, besondere Wahrnehmung von der Welt spielt keine Rolle, Kreativität blieb ein Fremdwort.

Zu Hause dagegen erlebt Moritz unsere große Freude über seine farbkräftigen ausdrucksvollen Bilder und Kreationen. Das alles spielt sich in derselben Straße ab: Die Tucholskystraße ist unsere Adresse ebenso wie die Adresse der Tagesstätte. Auch die Praxis von Elisabeth Schmidt ist in der Straße, in der Charité, in der er auch geboren wurde. Moritz muss nur von einem Ende zum anderen gehen und trifft auf eine andere Welt.

Nach 1989, als es schon die Schule für unsere Kinder gibt, faltet eine dieser Erzieherinnen ein großes wunderbares Pappgemälde klein, „damit es in die Tasche passt, ist doch sowieso nur Schmiererei." Wie schwer ändern sich Vorurteil und Ignoranz!

Es bleibt während der ganzen Kindheit von Moritz so, dass wir selbst losgehen und die Dinge anpacken und ändern müssen. So schaffen wir es, die Leitung der Tagesstätte wird ausgewechselt und eine ausgebildete junge Reha-Wissenschaftlerin eingestellt. Aber wir können nichts dagegen tun, dass in den Tagesstätten weiterhin keine Kulturtechniken gelehrt, Kunst nur zu kognitiven Zwecken geduldet wird und auch keine Sprachförderung stattfindet.

Aber wo war mein Platz im Theater? Ich vermisse ihn. Warum war ich so weit entfernt? Deshalb war ich doch dort, wegen des Theaters. Wie war ich dahin gekommen?

2. Akt

Wälder

„Noch eine Zigeunerin.“ Ich werde am 4. Februar 1949 als Sturzgeburt in einer bitterkalten Nacht geboren. Meine Mutter hatte so viele Geburten erlebt, dass ich einfach herausfalle. Es kommt keine Hebamme in der Nacht. Erst als die Nachbarin sie morgens holt, einen Umschlag voll Kaffee bei sich, kommt sie und schneidet die Nabelschnur durch. Kaffee gegen einen sauberen Schnitt durch die Nabelschnur und ein eigenes Leben. Wo ist mein Vater?

Ich werde als zweite und letzte Tochter geboren. Meine Schwester Roswitha ist viereinhalb Jahre älter. Zum Leidwesen meines Vaters, der nur blonde Jungs wollte, die wie er und sein Vater und dessen Vater Hermann heißen sollten, sind wir dunkel und Mädchen, ich nun die zweite Enttäuschung. „Zigeunerinnen“ nannte er uns abwertend. Aber wir beide haben überlebt! Alle anderen Kinder, die Jungs, haben maximal einen Tag nach der Geburt überstanden. „Machen wir ein neues“, lautete der stets wiederkehrende Kommentar meines Vaters mitten im Krieg.

Wir wachsen in Suhl-Heinrichs auf, einer kleinen Stadt in Thüringen, dicht an Franken. Suhl liegt in der damaligen Sowjetischen Besatzungszone, Franken ist schon Westen. Manchmal fahren amerikanische Jeeps durch die Stadt, der damals herrschende Viermächtestatus erlaubte das, dann müssen wir uns sofort in den Häusern verstecken, weil die Amerikaner „Kinder klauen“. Wir glauben das. Es ist angenehm aufregend.

Das kleine Zweifamilienhaus, inmitten schöner Gärten, hat keinen Charme. Es ist nur grau, sehr alt, irgendwie nie renoviert und hat seine besseren Tage längst hinter sich. Außer unserer Familie – Großvater, Großmutter, Vater, Mutter und wir Kinder – wohnen in unserem Haus noch mehrere Untermieter, vor allem Frau Tietz, mein Großmutterersatz. Sobald ich es kann, krabble ich die Holzstufen hoch zu ihrer kleinen Wohnung. Für mich ist sie schon eine alte Frau, ihre Kinder sind erwachsen, und sie hat ihr wildes dunkles Haar zu einem Haarknoten nach hinten gesteckt. Sie verrichtet jede, auch schwerste Arbeit wie Holzhacken, selbst. Auch die Hühner auf dem Hof werden von ihr versorgt. Sie ist immer für mich da. In ihrer kleinen Wohnküche unter der Dachschräge spielt sie für mich Theater: Sie spielt mit ihrer Wäsche auf einem Waschbrett Wäschetheater. Sie jammert, als wäre sie die Wäsche, der das Rubbeln weh tut und spült dann die glücklichen Hemden und Hosen, die sich bedanken und aufgehängt werden wollen. Und ich bin sofort in einer anderen Welt und weiche nicht aus ihrer Wohnküche, bis ich noch mindestens zwei Geschichten gehört habe. Am meisten liebe ich die Geschichte von den ungehorsamen Bäumen, die trotz Gottes Verbot mit dem Sturm tanzen. Leider verlieren sie, die Laubbäume, danach im Winter ihre Blätter, zur Strafe. Weil Gott das will. Und er will noch mehr: Auch die kleinen Lärchen werden bestraft, denn auch sie hatten mit dem Wind getanzt. Ich will die Geschichte immer wieder

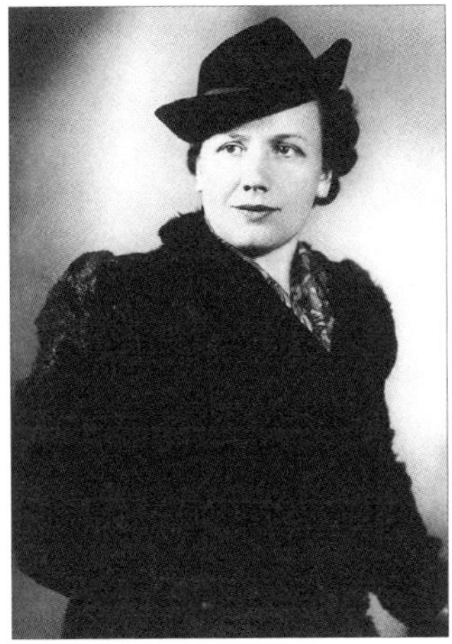

Unsere Mutter, wie wir sie nicht mehr kannten

hören und bin ganz auf der Seite der kleinen Lärche. Frau Tietz ist die Seele des Hauses und sorgt für Frieden. Später ist sie für meine Mutter Trost und für meinen Vater die verständnisvolle Nachbarin.

Unser Haus ist umgeben von Gärten, in denen „zu jeder Jahreszeit Blumen blühen", wie mein Großvater betonte. Die Gärten sind außergewöhnlich, der Großvater lässt sich seltene Pflanzen aus Gärtnereien schicken. Wenn der Frühling nach Suhl kommt, ist der Boden in den Gärten bedeckt mit Schneeglöckchen wie mit einer Schneedecke. Ich warte immer auf diesen Anblick des verzauberten Gartens. Später sind die Gärten ein nicht endender Blumenrausch und locken in schlechter Zeit mit Beeren. Meine Schwester darf die Gärten nicht betreten. Sie, die nicht in Suhl Geborene, wird von den Großeltern nicht geliebt. Als in Suhl Geborene werde ich meiner Schwester vorgezogen. Ich hasse das und verspüre heftige Ablehnung gegen diesen Opa, der lacht, nachdem er meine Schwester ge-

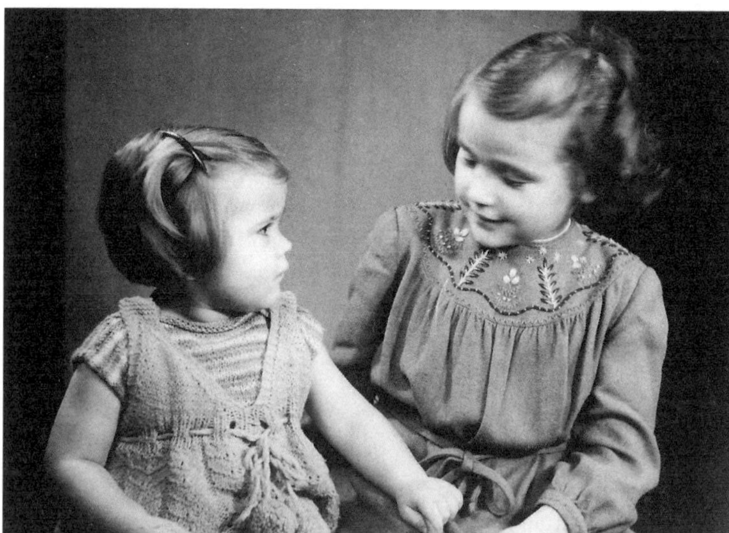

Mit meiner großen Schwester Roswitha beim Fotografen

ohrfeigt hat, weil sie mich nicht schon wieder beaufsichtigen wollte. Später erzählte sie mir, dass sie es so satthatte, mich immer mitnehmen zu müssen, dass sie den Kinderwagen einfach den Hang hinunterrollen ließ und mit ihrer Freundin spielte. Wieder Ohrfeigen, denn irgendjemand im Dorf petzt es immer dem Großvater. Ich aber fand es später großartig, dass sie es einfach getan hatte. Ich war schon immer für Rebellion.

Im Winter ist unser Haus in Suhl manchmal bis zu den Fenstern eingeschneit, die Scheiben sind mit bizarren Blumenmustern zugefroren und lassen ein ungewohntes, schönes Licht in die Zimmer fallen.

Unser Vater war im Krieg an der Entwicklung von Flugzeugmotoren beteiligt und deshalb nicht an der Front. Kriegswichtig nannte sich seine Arbeit. Er war ein überzeugter Nazi, schon früh in der SA und stolz auf seinen Schmiss an der Wange, mit dem er sich für die reaktionären Burschenschaften qualifiziert hatte, trotz seiner proletarischen Herkunft. Ende der vierziger Jahre soll er das kleine Haus in Suhl von seinen Eltern übernehmen, nur deshalb verlässt er mit meiner Mutter und Schwester die Lüneburger Heide und zieht in den Osten, nicht weil er in das „bessere System“ wollte, wie er offiziell behauptet. Sehr schnell passt er sich an, sowohl an die Forderungen seiner Eltern als auch politisch.

War die Ehe meiner Eltern bis dahin glücklich, so zerbricht sie, sobald sie im Haus der Großeltern wohnen. Drei Höhnes stehen gegen unsere Mutter, das Leben in Suhl wird für sie zum Martyrium. Es ist nicht ihr erstes. Sie hatte damals schon ein schweres Leben hinter sich, als junges Mädchen mehrfach missbraucht, bezahlte sie später eine illegale Abtreibung fast mit dem Leben und war danach immer den falschen Idealen hinterhergejagt. Ihr Traum, Lehrerin zu werden, hat sich nie erfüllt. Und jetzt die so gänzlich ungeliebte

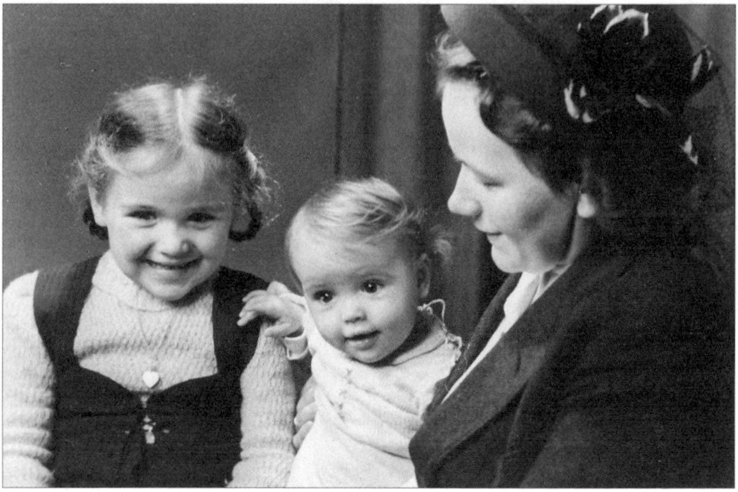

Unsere kleine Familie

Schwiegertochter. Als ich geboren werde, ist sie schon dreiundvierzig. Die Großeltern machen ihr das Leben so schwer wie möglich. Kommt mein Vater, der inzwischen „entnazifiziert" im Kugellagerwerk Leipzig an seiner neuen Karriere baut und das Leben mit seiner dritten Frau vorbereitet, ist es noch schlimmer.

Wir essen meist in der Küche mit dem Steinfußboden, während die Großeltern mit unserem Vater im Wohnzimmer essen.

Sonntags dürfen wir Schwestern uns die Kappen vom Frühstücksei abholen. Meine Mutter lächelt. Im Hof gackern die Hühner.

Die vergiftete, unehrliche Atmosphäre zu Hause, die Schläge meines Vaters gegen meine Mutter und ihre unendliche Schwermut belasten mich. Sie muss schwer arbeiten im Haus, die Großeltern behaupten, sie würden vernachlässigt und bekämen nichts zu essen. Es gibt keine Gnade für meine Mutter.

Neben dem Wohnzimmer gibt es ein „gutes Zimmer", ein Schlafzimmer und eine Sommerkammer, in der im Winter die Wäsche steif friert und die im Sommer der Lieblingsplatz meiner Mutter ist, mit dem Blick auf den schönen Garten.

Nacheinander sterben die Großmutter und der Großvater, ohne dass wir einen Verlust verspüren.

Einmal kommt unser Vater zu Weihnachten. Er bringt als Weihnachtsbraten drei Bratwürste mit, 1952 eine Delikatesse. Drei, für meine Mutter keine. „Ich brauche keine", sagt meine Mutter. Mir ist schrecklich zumute. Ich will keine Wurst, aber zurückweisen geht auch nicht. Die Wurst liegt auf dem Tisch. Dann geht er wieder. Meine Mutter geht mit uns zur Bescherung ins „gute Zimmer", wo der geputzte Baum steht. Als wir in das andere Zimmer zurückkommen, sind die Würste weg. Wir suchen und finden die Katze unter dem Sofa, wie sie gerade die letzte Wurst verschlingt. Damit hatte sie das Problem gelöst.

Als ich drei bin, lässt mein Vater sich scheiden. Danach nimmt unsere Mutter eine Halbtagsstelle als Schulsekretärin an, sie ist jetzt nur noch selten zu Hause. Trotz allem bin ich glücklich dort, in dieser unendlichen Freiheit, zwischen den alten zerfallenden Möbeln. Die Tage waren eingeteilt zwischen Mama ist da, selten, Mama ist nicht da, meist.

Wenn ich mit ihr und Frau Tietz über meine Erinnerungen an den prügelnden Vater sprechen will, streiten es beide ab und behaupten, ich hätte schlecht geträumt. Ich glaube das. Zwanzig Jahre später finde ich in seiner Berliner Gartenlaube den Entenkopf aus Metall, einen Zeitungshalter, mit dem er meine Mutter blutig schlug. Mir wird übel, ich muss sofort gehen. Noch heute träume ich von einem kleinen Mädchen in Not. Ich weiß nicht, was schlimmer ist: die Prügelei des Vaters oder die Leugnung meiner Erinnerungen.

In den fünf Jahren, in denen wir dann allein leben, sind wir sehr arm. Es ist nicht die persönliche Armut, es gibt einfach nichts zu kaufen, nicht einmal Milch. Im Osten gibt es keinen Marshallplan. Ich werde mit einer Art gelbem Tapetenkleister gefüttert. Die Gärten und der Wald, die Großeltern mütterlicherseits und die Tante im Westen helfen uns über die Runden, aber oft ist es so kalt und das Holz so knapp, dass das Wasser im Krug am Fenster friert und wir nachts die Betten an den Ofen ziehen. Unsere Mutter arbeitet schwer, nicht nur als Schulsekretärin. In der Waschküche kocht sie die weißen Betttücher im großen Kessel, bevor sie die Wäsche auf die Wiesen zum Bleichen legt. Einmal ist ein Stück Kohle hineingefallen, und die ganze Wäsche liegt schwarz in der Sonne. Als wir am nächsten Morgen erwachen, hat sie die Wäsche erneut gewaschen und pflückt die Beeren im Garten. Samstags baden wir alle in der Küche in der großen Zinkwanne. Ich darf zuerst und kann dann anschließend im Wohnzimmer auf dem alten Sofa, eingewickelt in ein Badetuch, mit nassen Haaren ein Konzert im Radio hören. Es wird stets direkt übertragen, die Atmosphäre ist atemberaubend – meist schlafe ich dabei ein.

Wir sind fast immer draußen. Unser Haus mit den Gärten liegt dicht am Thüringer Wald, und dieser große, hohe Nadelwald mit seinen Auen und Lichtungen wird für mich zum Ort aller Märchen und Träume, aller Ängste und Freuden. Allerdings betrete ich ihn nie allein, ich will dem Wolf nicht begegnen. Das Rauschen der Bäume enthält die Stimmen der Märchen. Mit Mutter und Schwester, manchmal auch mit Freunden, gehen wir den ganzen Sommer über sonntags in den Wald und sammeln Pilze und Beeren. Ich muss noch sehr klein sein, denn ich sammle nicht, fürchte mich aber, wenn ich die anderen nicht mehr sehen und hören kann. Wenn sie wie verschluckt sind. Die hohen Nadelbäume rauschen wie später das Meer, die dichten Kronen lassen Bündel von hellem Licht durchscheinen, und der dicke Nadelboden macht die Schritte lautlos. Das geschieht jedes Mal ziemlich schnell. Ich habe immer Angst, nicht wieder zurückzufinden, und noch heute verlaufe ich mich unweigerlich.

Ich spiele viel allein, alles gehört mir, die schäbige Wohnung, die für mich ein Schloss ist, die großen Gärten, mit denen Vater und Großvater ihre Nachbarschaft über ihre schlechten Charaktere getäuscht hatten, der Hof mit dem Hahn, der meine Schwester immer wieder angegriffen hat, die Schuppen, in denen ich für meine Puppen Aschesuppe koche, sie erziehe, Schule spiele, die Katzen. Ich spiele auf der Wiese, vor dem Spiegel, im Garten, in der Laube mit den rosa Blütenblättern, im guten Zimmer, in der Kammer zum Garten. Die Natur ist allgegenwärtig. Der Fluss, in den ein Mitschüler auf dem Weg zur Schule meinen Ranzen wirft, die losen Blätter schwimmen rasch davon, der Wald, die Rodelwiese, auf der wir rodeln, bis es dunkel ist und unsere Mutter uns vergeblich nach Hause ruft. Schon damals erfinde ich Geschichten über mein Leben und die Natur. Alle sind beeindruckt.

Nichts jedoch ist schöner als der Moment, in dem meine Mutter uns ein Puppenspiel vorführt. Vielleicht war das nur ein einziges Mal, aber ich weiß es genau, wie sie eines Abends im Winter eine Decke spannt und dahinter eine Geschichte aufführt. Es ist so geheimnisvoll und vielversprechend, dass ich wie in einen anderen Zustand gerate. Das berührt mich mehr als vieles, was unsere Mutter sonst mit uns tat. Sie hatte sich in Kühle gerettet, um mit all dem Ungemach ihres Lebens fertig zu werden und verbirgt ihre Gefühle. Selten Streicheln und Umarmen. Das Puppenspiel aber ist, als hätte sie mich gestreichelt. Ich bin so glücklich.

Und dann entbrenne ich in Liebe zum Theater. Die Schule, in der meine Mutter arbeitet, macht einen Theaterausflug nach Meiningen. Sie spielen „Die Regentrude“, und ich weiß es bis heute, wie die Elemente Wind und Regen auf der Bühne toben und meine Fantasie abschießt wie lange unter Verschluss gehalten. Sieben Träume denke ich mir jeden Morgen aus (oder hatte ich sie?) und muss sie unbedingt erzählen oder vorspielen. Arme Mama.

Aber Prügel gibt es doch für mich, aus einer verzweifelten Ohnmacht, wenn ich vom Schlittenfahren nicht nach Hause komme, trotz langen Rufens.

Außer den Puppen gehören die Katzen zu meinem Kosmos, wenn sie mich auch meiden, weil ich ihnen manchmal Puppenkleider anziehen will. Aber immer wieder verschwinden sie. Überfahren, aufgegessen, geklaut? Wir erfahren es nie. Die letzte ist ein besonders guter Räuber. Immer wieder legt sie uns Singvögel statt Mäuse vor die Tür und bekommt Ärger mit unserer Mutter. Die letzte Katze bei unserem Umzug nach Stralsund in Suhl zu lassen, ist unendlich schwer für mich. Ich trauere lange und will zurück, in die Gärten, das verwahrloste Haus, den Wald, zur Katze.

Wenn ich zurückdenke, war diese Zeit wie eine durchgehende Erzählung, in der ich keinen Bruch erlebte.

Meer

1957, als ich acht Jahre alt bin, ziehen wir von Suhl mit seinen Wäldern ans Meer. Meine Mutter hatte entschieden, zu ihren Eltern nach Stralsund zurückzukehren. Sie war am Ende in Suhl sehr allein.

Aus dem Wald ans Meer, in das Achtfamilienhaus der Großeltern, in dem wir zu fünft in einer geräumigen Zweieinhalb-Zimmer-Wohnung mit Mansarde leben. Mit dem Umzug schließt sich das Stück Leben im Wald fest zu, und auch mein jahrelanges Heimweh nach Suhl und unserem freien Leben im Wald, mit den Katzen, den alten Möbeln und den Gärten öffnet es nicht wieder.

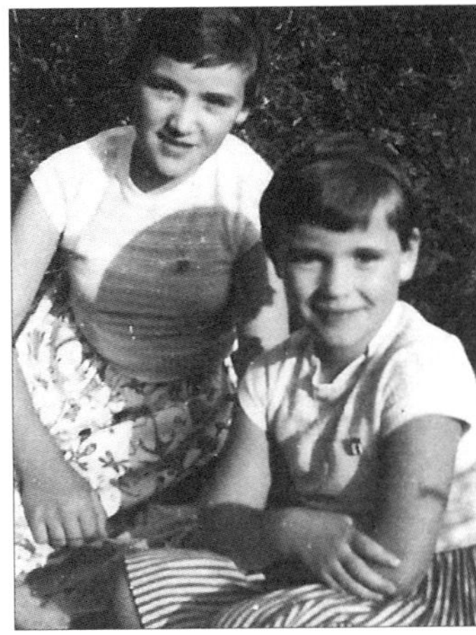
Sommeridylle unter Schwestern

Unser Haus in Stralsund befindet sich in einer stark befahrenen Straße, die zum Bahnhof führt. Nachts höre ich das Rangieren der Züge, das Schnaufen der Lokomotiven beim Anfahren, die Pfiffe. Das Haus sieht sehr schön aus, der Stuck draußen und die Malerei im Treppenhaus waren 1908 eine Meisterarbeit. Inzwischen steht es unter Denkmalschutz. Wegen der niedrigen Mieten ist es, als wir bei den Großeltern einziehen, schon ein Zuschussgeschäft. Der Großvater hütet es wie einen Schatz und repariert im Haus alles selbst.

Wir leben nun bei den Großeltern in einer sogenannten gutbürgerlichen Wohnung, mit Buffet und Kredenz aus Kirschbaum und Kristall darauf. Im nackten Hof laufen Hühner, im Keller lagern Vorräte aus den beiden Gärten, auf dem Boden die Äpfel im Apfelregal. Die Großeltern hatten in zwei Weltkriegen gelernt zu überleben. So gibt es einen kleinen Wohlstand. Wir Schwestern schlafen in der Mansarde unter dem Dach. Es gibt dort keine Heizung, aber einen kleinen elektrischen Heizapparat, den wir scherzhaft „Elektrohund“ nennen und der eine Stunde vor dem Schlafengehen eingeschaltet wird. Dann gehen wir mit angewärmtem Nachthemd und Kirschkernbeutel für die Füße über den Treppenflur ins Bett. Oben hat der Flur kein Licht, ich fürchte mich jedes Mal wie im dunklen Wald, und die Mutter muss „Gute Nacht“ rufen, bis ich in dem Stübchen verschwunden bin. Aber dann im Bett lesen! Halbe Nächte. Immer wieder hat unsere Mutter die Sicherung rausgedreht, damit ich endlich schlafe. Aber ich konnte warten. Noch immer lese ich halbe Nächte.

Ich war es gewohnt, überall im Haus Ball zu spielen und herumzutoben. In Suhl hatte ich kaum Grenzen kennengelernt. Das ging nicht mehr, wegen des Kristalls, der Vasen und der Bilder mit Königin Luise und Napoleon. Es trifft mich unerwartet, ebenso wie die Peitsche des Großvaters. Ich bin außer mir. Die Peitsche ist am nächsten Tag für immer verschwunden. Ich habe oft darüber nachgedacht, wofür sie früher verwendet wurde. Angeblich bekamen die beiden Töchter, meine Mutter und unsere Tante, nie Schläge.

Mit dem Großvater werde ich nie warm. Ich bin für ihn ein „Frechdachs", eine „Rebellin". Eine männliche Autorität gab es bisher nicht in meinem Leben. Ich lerne, ihm gegenüber still zu sein.

In der ersten Schule, die ich in Stralsund besuche, bleibe ich isoliert und unglücklich. Die Lehrerin gibt mich frei zum Spott. Alle lachen über meinen Dialekt, meine schlechte Handschrift, meine Langsamkeit, meine Pummeligkeit. Dabei sind meine Leistungen tadellos. Ich will zurück. In der Mansarde hängt meine Mutter ein Spruchband auf: „Thüringen, das grüne Herz Deutschlands." Es tröstet mich nicht.

Auf der verkehrsreichen Straße können wir Kinder nicht spielen, so bleibt der Hof mit der Eberesche und seinen Hühnern, mit Holzzäunen abgeteilt von den anderen Höfen, ohne ein Hälmchen Gras. Hohe viergeschossige Häuser umgeben die Höfe, so dass man wie in einem Schacht ist. Aber wir spielen trotzdem, die Nachbarskinder und ich, und immer meine Geschichten. Ich bestimme, wer die Prinzessin, den Banditen, den König spielt und halte alle in meinem Bann. Wenn wir hoch gerufen werden, ist es oft schon dunkel.

Ich sehne mich nach dem Wald.

Meine Mutter verändert sich und passt sich den kleinbürgerlichen Regeln des Elternhauses an. Sie hatte uns in Suhl gut versorgt, wir bekamen, was wir brauchten, was damals schwer genug war. Sie war nicht offen zärtlich, aber vorsichtig liebevoll. Nun wird sie mir fremd. Nie wieder gibt es die Nähe, die wir doch in Suhl hatten. Finanziell geht es uns besser, unsere Mutter arbeitet beim Rat der Stadt sechs Tage in der Woche bis in die Nacht. Sie hinkt und sieht verbraucht aus. Meine Mitschülerinnen nennen sie meine Oma. Ich schäme mich.

Die Großmutter wiegt vieles auf. Sie ist der fröhlichste Mensch, den ich kenne. Früher hat sie mit ihren Töchtern so viel gelacht, dass der Großvater sie sogar vom Esstisch wegschickte. Das Herausragende an ihr war jedoch ihre Güte. Jeder fand Aufnahme und Speise. An ihrem Haus und speziell an ihrer Wohnungstür gab es früher ein Zeichen der Bettler. Das bedeutete, dass man dort immer eine warme Mahlzeit bekam. Kein Bettler, Kassierer oder Bote ging, ohne eine Suppe, einen Kuchen oder ein Brot bekommen zu haben. Sie hatte immer etwas übrig, vor allem wenn Großvater nicht da war. Das ist auch jetzt so, ohne dass ein auffälliges Zeichen an der Tür ist.

Sie war früh Halbwaise geworden, ihre Mutter, eine reiche Gasthof- und Schmiedebesitzerin, war die Geliebte des Dorfschulzen. Nach dem Tod seines Bruders hatte er Amt und Frau übernehmen müssen. Er schenkte seiner Frau drei Söhne, und sie tolerierte seine Geliebten. Als seine wichtigste Geliebte, meine Urgroßmutter, auch starb, war sie es, die vorschlug, meine Großmutter aufzunehmen. Überglücklich nahm sie ihre einzige „Tochter“ auf, zog sie groß und ließ sie einen Beruf lernen: Putzmacherin. Das nutzte später unsere listige Großmutter. Wegen des knappen Geldes hatte unser Großvater ihr untersagt, Kleider für die beiden Töchter zu kaufen. Aber

Stoff und Bänder, Knöpfe, Schleifen und Borte durfte sie kaufen. Sie nähte die schönsten Kleider der Straße, und billig waren sie auch nicht, wegen der Bänder und Borten. Meine Schwester hat immer noch Knöpfe von ihr.

Als wir einziehen, ist sie schon siebzig und hat schlohweißes Haar. Sie ist sehr zierlich und klein und hinkt, da ihre angeborene Hüftluxation nie operiert wurde. Aber mit großer Disziplin hält sie sich aufrecht, viele bemerken ihre Körperbehinderung gar nicht. Immer noch ist sie fröhlich und lacht mit uns.

Wenn alle Kinder zum Mittag hoch gerufen waren, kommt manchmal ein seltsames Mädchen auf den Nachbarhof. Meine Großmutter winkt mich dann zum Fenster, ich darf sie kurz ansehen. Das Mädchen hat schwarzes glattes Haar, sieht fremd aus und steht herum, immer ganz allein. Sie wirkt sehr einsam. Manchmal holt sie Milch in einer Kanne. Ich gehe dann mit meiner Milchkanne schnell an ihr vorbei. Uns Kindern ist klar, dass sie etwas ganz Schreckliches oder Verbotenes an sich hat. Darüber wird nur geflüstert. Es war ein Mädchen mit Down-Syndrom, das manchmal bei seiner Großmutter war.

Ende der vierziger Jahre hatte das große Morden behinderter Menschen zwar aufgehört, aber die Haltung in der Bevölkerung war noch von der Euthanasie-Politik des NS-Regimes geprägt, die so gar nicht aufgearbeitet war, auch in der DDR nicht. Die Idee des unwerten Lebens war unterschwellig noch lebendig. Umgebracht wurden sie nicht mehr, aber es wurde auch nie zum Thema. Man sah zu dieser Zeit kaum erwachsene „geistig behinderte" Menschen. Die, die jetzt alt wären, waren ermordet worden, und die, die es gab, waren in Heimen weggesperrt. Sie passten nicht ins Bild vom glücklichen sozialistischen Menschen. Die meisten Heime betrieb die Kirche, mit immer zu knappem Geld.

Mindestens einmal im Jahr fahren wir alle zum Urlaub nach Hiddensee. Der Rat der Stadt Stralsund hat in Kloster an der Steilküste ein Ferienhaus, es war das letzte Haus am Ufer und beherbergt heute einen Maler. Wir reisen mit einem Schrankkoffer, in dem der halbe Haushalt und sogar das Bügeleisen mitkommen. Wenn wir am Hafen auf den Dampfer warten und meine Mutter wie verkleidet aussieht mit den ungewohnten langen Hosen, schäme ich mich immer. Es ist jedes Mal wie eine Auswanderung. Das ist vergessen, wenn wir da sind, am Meer. Allmählich liebe ich das Meer, das mich mit seiner unergründlichen Stimmung genauso anzieht wie der Wald, nach dem ich mich weiter sehne. Ich renne dann sofort zur Hucke auf die Mauer, lasse mich von der Gischt bespritzen und vom Wind umwehen, reiße die Arme auseinander und jubele. Jedes Mal. Mache ich die Augen zu, kann ich im Rauschen der Wellen das Rauschen des Waldes hören.

Aber wir besuchen auch Tante Alice in Neuendorf, der das „Strandcafé“ gehört und ein neues Haus, das erste im Ort ohne Reetdach, in dem sie Zimmer vermietet, manchmal auch an uns. Zehn Zimmer in der ersten Etage, in die Waschwasser getragen und danach Schmutzwasser heruntergetragen und ausgeschüttet werden muss. Das ist dann unsere Arbeit. Aal gibt es nicht für uns, nur für Alices Familie, heimlich, nachts, wenn wir und mein Großvater, der häufig zum Arbeiten hinfuhr, schon schlafen. Bis er es mitbekommt, und dann ist es vorbei mit dem Arbeiten und Helfen, und leider auch den Ferienzimmern für uns.

In dieser Zeit Mitte der fünfziger Jahre tritt das erste Mal die Politik in mein Leben. Ich komme aus der Schule, und im Korridor meiner Großeltern stehen die Nachbarn, aufgeregt und außer sich, mit einer Zeitung und einer Lupe. Am Revers eines Politikers der DDR ist ein kleines Hakenkreuz zu sehen. Die Großeltern sind als Hausbesitzer Respektspersonen, also kamen die Nachbarn zu ihnen. Mein Großvater streitet es ab. Das sei unmöglich, ein Sehfehler. Und zu mir: „Dass du das niemandem erzählst!" Ein paar Tage später höre ich mit, dass der Drucker tatsächlich verhaftet worden war, er hatte sich diesen „Scherz" erlaubt, mit üblen Folgen für ihn.

Immer wieder höre ich: „Sag das keinem, vor allem nicht in der Schule." Da kommen plötzlich Väter zurück aus der Haft, was wir unter dem Siegel der Verschwiegenheit erfahren. Und es kommen Väter aus russischer Gefangenschaft zurück. Und alle diese Väter sprechen nicht. Ich hatte immer Angst vor diesen schweigsamen düsteren Männern, so wie ich immer Angst vor unserem Vater hatte. Wenn ich bei meiner Freundin klingele, macht der Vater ohne ein Wort, in Trainingshose, Unterhemd und einem Netz auf den Haaren voll Pomade, auf und verschwindet in der Tiefe der Wohnung. Beklommen laufen wir davon. Andere verschwinden wegen „eines Witzes". Wieder heißt es: „Das darfst du keinem sagen." Meine Mutter richtet sich nach der politischen Linie und will keinen Ärger für uns. Sie ist nicht mutig. Vielleicht denkt sie an ihre Vergangenheit im „Dritten Reich".

Großmutter nimmt mich aber jeden Sonntag mit in die Kirche. Das kann meine Mutter nicht verhindern. Ich freue mich, da habe ich sie allein für mich und erlebe den jungen Pfarrer, dessen Bedeutung sich mir erst nach und nach erschließen wird. Damit haben wir alles zu Hause: die Kirche, die Angst, die Westtante, die regelmäßig kam, den brutalen Vater und seine Nazivergangenheit, die verschwiegen wurde, ebenso wie die Nähe unserer Mutter zum NS-Regime. Sie hatte Hitler bewundert und „Kraft durch Freude"-Urlaube gemacht. Ich habe noch ein Handtuch mit dem eingewebten Logo: KdF. Viel Schweigen. Viele Geheimnisse. So auch der Missbrauch unserer erst dreizehnjährigen Mutter durch einen Onkel, einen

Bauern, der sich morgens, wenn seine Frau melken ging, über das halbe Kind hermachte. Später als junges Mädchen ihre Schwangerschaft und Abtreibung, veranlasst von der Gutsbesitzerfamilie, bei der sie arbeitete, damit keiner vom Verhältnis des Sohnes zur jungen Gutssekretärin erfuhr. Fast wäre die daran gestorben. Kein Wort, niemals, solange sie lebte. Und kein böses Wort über diesen Unhold von Ehemann, unseren Vater. Nur Schweigen.

Mir wird die kleine Kirche mit dem jungen klugen Pfarrer immer wichtiger. Ich will konfirmiert werden. Das ist der erste große Kampf, den ich mit meiner Mutter ausfechte. Ich werde dann auch konfirmiert, was die Großmutter sehr freut. Der Preis ist: Ich muss auch Jugendweihe mitmachen, und viel schlimmer, ich muss versprechen, nicht zur Jungen Gemeinde zu gehen, sobald ich auf der Oberschule sein würde. Sie weiß, warum. Gerade dieser Pfarrer mit seinen mutigen und durchweg existentialistischen Ansichten, die ihm auch in der Kirche Schwierigkeiten einbrachten, galt bei der Parteileitung der Stadt als Staatsfeind Nummer eins. Wer da hinging, kam in Verdacht, politisch auf der falschen Seite zu sein. Ich halte mich erst mal an das Verbot, zumal ich durch einen unbedachten Streich so schlechte Betragenszensuren hatte, dass ich nur mit Fürsprache des Stadtrates in die Oberschule aufgenommen wurde.

Mein Streich war harmlos, wäre aber fast folgenreich geworden: Zusammen mit einer Freundin hatte ich in Spiegelschrift über unseren Lehrer auf ein Löschblatt geschrieben: „Fritz Ahrens ist doof. Er ist in der Fahrerprüfung durchgefallen. Hahaha." Der findet es, und es beginnt ein unglaubliches Theater. Ich muss zum Direktor, zum Elternrat, zum Pädagogischen Rat. Weil ich mich nicht entschuldige, bekomme ich in Betragen und Gesamtverhalten jeweils eine Fünf auf dem Zeugnis, das entscheidend ist für die Aufnahme zur Oberschule. Meine Freundin, deren Mutter als Schulsekretärin in unserer Schule arbeitet, ist zur Kur, ihr geschieht nichts. Am Ende war meine Mutter auf Drängen der anderen Eltern zum Schulrat gegangen und hat ihn aufgeklärt. Nur deshalb kann ich die Oberschule besuchen und Abitur machen. Die schlechten Zensuren werden nicht gewertet.

Aber ich schaffe es nur zwei Jahre, nicht in die Junge Gemeinde zu gehen. Es wird immer unerträglicher. Es gibt so viele Fragen, Sinnsuche quält mich, die Verlogenheit des Systems, die Oberflächlichkeit vieler Klassenkameraden. Mit wem soll ich reden? Ich finde eine junge Lehrerin, die ich besuchen kann. Sie denkt wie ich. Aber bald ist auch sie in der Schule verschrien als politisch unzuverlässig und unsere Freundschaft scheel angesehen. Es schadet uns beiden, aber wir bleiben Freundinnen. Ich halte es bald nicht mehr aus und gehe heimlich in die Junge Gemeinde zu dem jungen klugen Pfarrer, der auf der Kanzel zum Entsetzen des Konsistorialrates verkündet: „Der alte Gott ist tot. Der neue ist in euch, in jedem Einzelnen." Das alles ist wie eine Befreiung. Mit ihm öffnet sich eine neue Welt: Wir lesen Kafka, Saint-Exupéry, Sartre, Huxley, Bloch. Diese Bücher sind im Osten schwer zu bekommen, er hat sie. Er malt selbst abstrakte Bilder und bringt uns all die aufregenden modernen Maler nahe, die es einfach „nicht gibt" in der Stralsunder Hansa-Oberschule. „Schmierfink" nennt unser Zeichenlehrer Picasso, obwohl der bereits im Berliner Bode-Museum ausgestellt wurde. Ich habe das Gefühl, endlich denken zu können, frei zu sein, und ich weiß genau, dass ich diese Erfahrung nicht wieder vergessen würde. Ich wäre ins Gefängnis gegangen dafür. Ich werde endlich verstanden mit all meinen Fragen an das Leben und in meiner verzweifelten Suche nach Wahrheit und Sinn.

In der Schule werde ich immer rebellischer, die Engstirnigkeit, die Phrasen, das unehrliche Schweigen empören mich. Die Quittung kommt prompt. Zweimal wird im Pädagogischen Rat darüber beraten, ob ich die Oberschule verlassen sollte. Das geschieht dann nicht, meine Noten sind zu gut. Aber als ich mich für ein Psychologiestudium bewerbe, ist meine politische Beurteilung so schlecht, dass sie mich gar nicht aufnehmen konnten. Ich würde mich „nicht genug für die Psyche der Arbeiterklasse interessieren". Freud und Jung sind mir vertrauter als Rubinstein. Das ist 1966.

Mein zweiter Fluchtpunkt ist der Dramatische Zirkel der Schule. Da stehe ich erstmals auf der Bühne der Aula. Ich hatte mir nicht vorstellen können, wie viel Freude mir das machen würde. Ich spiele also nicht mehr auf dem Hof oder im Wald, sondern auf einer Bühne und ernte Anerkennung! Der den Zirkel leitende Deutschlehrer Günther Witt mit seinem Vollbart und seinen gütigen Augen ist ein herausragender Lehrer und ein unkonventioneller, mutiger Geist. Er ist unbequem, kritisch und lässt sich nicht verbiegen. Klüger als all die Parteibonzen an der Schule hält er sich dort lange, zum Glück für viele Schülerjahrgänge, die bei ihm kritisches Denken und genaues Arbeiten lernen. Wir führen Shakespearematineen und Majakowski-Abende auf, die natürlich wegen Formalismus kritisiert werden, und freunden uns an. Später wird er dann doch noch wegen „politischer Unzuverlässigkeit" von der Schule fliegen. Wir bleiben Freunde bis an sein Lebensende. Nach der Wende wird er Fachberater für Deutsch des ganzen Bezirks Mecklenburg-Vorpommern. Mit seiner Frau verbindet mich immer noch herzlichste Freundschaft.

Unsere Mutter spricht über zwei Jahre nicht mehr als das Nötigste mit mir, nachdem sie erfahren hat, dass ich doch zur Jungen Gemeinde gehe. Und so verlasse ich Stralsund 1967 im totalen Dissens mit der Mutter und beginne in Berlin beim DDR-Fernsehen ein Regie-Volontariat. Ich weiß, dass ich nie wiederkehren würde in diese beengende kleine Stadt, aber ich komme oft, anfangs fast jedes Wochenende, immer mit Koffern oder Taschen voll mit den Dingen, die man in Stralsund nicht bekommt. Ich fahre dann immer mit Wehmut wieder ab und komme glücklich und begeistert in Berlin an. Diese Fahrten erlebe ich stets als eine Transformation.

Bevor ich nach Berlin gehe, bleibe ich einen langen Sommer auf Hiddensee. Die Freiheit weht mich an wie früher der Wald. Noch immer muss ich tief durchatmen, wenn ich das Meer erblicke. Es ist, als weite sich mein Brustkorb bis in den Kopf und die Seele hinein. Doch jetzt bin ich endlich allein auf der Insel. Ich wohne beim Bäcker für 50 Pfennig die Nacht, bekomme morgens zwei Brötchen geschenkt und genieße das Meer, die Sonne, die unendlichen Tage und die wilden Tanzabende im Hotel Dornbusch. Heimlich hoffe ich, endlich eine erste Liebesnacht zu erleben, die, wie meine Schwester mir eingeschärft hatte, nicht vor dem Abitur liegen durfte. Das Abitur habe ich nun, aber obwohl viele Männer mich umschwärmen, kommt es nicht dazu. Ich bin ziemlich enttäuscht.

Was würde Berlin mir bringen? Ich ging gegen den Willen meiner Mutter, die voller Furcht und schlimmer Erwartungen war. Sie traute mir nicht, zu rebellisch schien ich ihr.

Vielleicht war ich ihr zu ähnlich? Äußerlich gewiss nicht, aber vielleicht war auch sie einst voller Träume und Unbedingtheiten. Sie war nicht zugrunde gegangen am Missbrauch des Onkels und nicht am Verrat ihrer Liebe zu dem jungen Gutsherrn, von dem sie schwanger wurde. Wirklich gebrochen hat sie erst mein Vater.

Die große Stadt und ihr Theater

1967. Mit achtzehn komme ich in Berlin an. Unser Vater lebt in Berlin, hat jedoch längst erklärt, dass er mich nicht unterstützen wird, weder bei der Zimmersuche noch sonst. Ich hatte es nicht anders erwartet.

Ich bin Regie-Volontärin, wir sind viele, denn der Deutsche Fernsehfunk, das Fernsehen der DDR, plant ein zweites Programm und braucht Nachwuchs. Ich habe von Regie keine Ahnung, bin aber leidenschaftlicher Filmfan. Nach dem Volontariat sollen wir alle an der Hochschule für Film und Fernsehen in Babelsberg studieren. Es geht dabei nicht unbedingt um Kunst, sondern um Fernsehregie für die Wetterkarte, die Aktuelle Kamera und Ähnliches.

Doch das ist anfangs völlig unwichtig: Ich liebe diese Stadt von der ersten Sekunde, von der ersten U-Bahnfahrt an, und ich weiß nun noch sicherer, dass ich nie in das provinzielle Stralsund zurückgehen werde. Noch heute liebe ich den selten gewordenen Geruch der U-Bahn.

Das ist wieder ein Wald, diese große Stadt, aber ich fürchte mich nicht. Vorerst wohne ich in der Küche eines Bühnenbildstudenten, den ich auf Hiddensee kennengelernt hatte. Zu der Zeit arbeitet er am „Kaukasischen Kreidekreis" zusammen mit zwei jungen Regisseuren, die bis dahin als Regieassistenten am Berliner Ensemble engagiert waren. Der eine der beiden heißt Klaus Erforth. Es gab eine kurze freundliche Begegnung auf der Treppe, dann erst sieben Jahre später wieder.

Die Wohnung ist voller Theaterskizzen und -requisiten, nachts trommelt der Regen im Hof aufs Blechdach eines Schuppens, Jazzmusik klingt aus den gardinenlosen beleuchteten Fenstern. Ich war angekommen. Es kommt zum Zusammentreffen mit anderen Studenten, und schnell bin ich aufgenommen in den Kreis derer, die ihr eigenes, alternatives Leben gestalten. Offen, interessiert, kritisch, in maroden Wohnungen in Hinterhäusern mit Außentoilette, unkonventionell und sich dem staatlichen Zugriff geschickt entziehend.

Anders als beim Fernsehfunk, wie ich bald merken sollte. In den großen, kaum möblierten Räumen hängen Bilder, an denen noch gemalt wird, vor denen Diskussionen und Feste stattfinden und ich meine Unschuld verliere. Es war nicht so beeindruckend, irgendwie war es einfach „dran". Schade. Ich ziehe aus der Küche des Freundes aus, es sollte ohnehin nur für den Anfang sein, und finde ein Zimmer am Rande der Stadt mit separatem Eingang und – natürlich – Außentoilette.

Jetzt wohne ich weit weg von den Zentren der Subkultur und den ersten Theaterfreunden. Den Kampf um eine der kleinen maroden Wohnungen im Prenzlauer Berg oder Mitte hatte ich noch nicht gewagt. Schnell wird alles anders, und die Anonymität des Großstadtrandes trifft mich mit ihrer schneidenden Einsamkeit. In diesem ersten eigenen Zimmer in der Ahornallee in Friedrichshagen überfällt mich das Gefühl, allein auf einem Planeten zu leben. Bett, Waschbecken, Sofa, Schrank, Tisch und Stuhl. Der Blick geht auf die Schuppen im Hof, auf deren Dächern liegt Schnee, das Zimmer bleibt kalt. Tagelang begegne ich keinem Menschen. Ich kenne dieses totale Alleinsein, diese Stille nicht. Ein kleines Radio hilft mir, die Einsamkeit zu bekämpfen. Als es wärmer wird, erlebe ich hier meine erste große Liebe mit dem schönen Charles, die katastrophal endet, weil die Wirtsleute mich beobachten. Zimmerkündigung, Herrenbesuche sind nicht erwünscht, auch in der DDR am Ende der sechziger Jahre nicht. Charles verschwindet, er hatte angekündigt, mit einem falschen Pass in den Westen zu gehen. Erster heftiger Liebeskummer und Trennungsschmerz quälen mich. Das Zimmer verlor ich.

Ich wohne nun eine Weile bei meiner neuen Freundin Sybille. Sybille ist eine große, schlanke und ein wenig mondäne Frau, die ihre schwarzen Haare mit Pony im dreißiger Jahre-Look trägt und

Zigaretten in einer Spitze raucht. Sie ist ebenfalls Volontärin beim Fernsehfunk. Im Gegensatz zu mir hat sie lange Beine und trägt tolle Stiefel. Ich besorge mir auch Stiefel. Meine Beine werden dadurch nicht länger. Sie hat ein Zimmerchen in einem Gartenbungalow in Alt-Glienicke. Mehr als unsere beiden Betten und ein Waschbecken passt nicht rein.

Doch das Wichtigste in dieser ersten Berliner Zeit ist für mich, allabendlich mit Sybille in die Berliner Theater zu stiefeln. Wir erleben für 55 Pfennig unzählige Abende im Deutschen Theater und im Berliner Ensemble, später auch in der Volksbühne. Wir sind verrückt nach Theater, bewundern und beneiden die Schauspieler, und natürlich sehen wir all die wichtigen Inszenierungen aus dieser Zeit mehrfach, von Benno Besson den „Drachen", „Ödipus Tyrann" und den „Frieden", den ich Jahrzehnte später inszenieren werde, alle Inszenierungen von Adolf Dresen, Wolfgang Heinz und von Frido Solter. Im Berliner Ensemble (BE) sehen wir u.a. „Purpurstaub", „Coriolan" und „Arturo Ui". Jahrzehnte später, 2002, wird Moritz am BE die Titelrolle in Thomas Bernhards „Ein Fest für Boris" unter der Regie von Achim Freyer spielen und Jacob in dessen „Hamlet"-Inszenierung als Trommler auftreten. Meine liebste Aufführung ist „Dona Rosita bleibt ledig" von Garcia Lorca, inszeniert von Horst Sagert und Siegfried Höchst. Diese Inszenierung stößt alle Fenster in mir auf, ich gerate wieder in einen Zustand, der einer Trance gleicht. Ich will es immer und immer wieder sehen und hören, wie sich auf der Bühne höchste Theaterkunst und Malerei verbinden.

Wir sind wie im Rausch und glücklich in diesem „Theatergarten", sitzen gern in der Kantine und lernen einige von den großen Mimen kennen.

Im Restaurant „Sofia" in der Friedrichstrasse essen wir gegrillten Schafskäse, trinken Rotwein, tragen lange Stiefel und kurze Röcke.

Halbe Nächte verbringen wir in der „Möwe", dem Klub der Berliner Kulturschaffenden, in dem sich die Theaterleute nach den Vorstellungen gern aufhalten, diskutieren, seltene Filme sehen, sich austauschen und verlieben.

Wir sagen und denken, was wir für wahr und richtig halten und leben unsere Freiheit aus.

3. Akt

Erziehung der Liebe

Nach der Niederschlagung des Prager Frühlings und meiner Reise über Prag nach Budapest beginnt für mich das Filmregie-Studium in Babelsberg. Ich komme zu spät, weil ich nicht über Prag zurückfahren konnte, sondern von Budapest aus mit einem Sonderzug ohne Wasser und WC zwei Tage über die Sowjetunion und Polen fahren musste.

Die Situation in der Bahn war unerträglich. Halt auf freier Strecke für die nötigsten Bedürfnisse, Frauen links, Männer rechts, Essen wurde geteilt, auf Bahnhöfen, in denen wir den Zug nicht verlassen durften, bettelten wir andere Passagiere um Wasser an. Manchmal erfolgreich.

Nach meiner Rückkehr wohne ich weiter bei Sybille und fahre täglich nach Babelsberg.

Die Filmhochschule liegt am Griebnitzsee, man braucht Passierscheine, um sie zu betreten. Die Atmosphäre in der Hochschule ist vergiftet. Wöchentlich finden FDJ-Veranstaltungen und Vollversammlungen statt, in denen die Studenten, die sich offen für den Prager Frühling begeistert hatten, aus der FDJ und dann auch vom Studium ausgeschlossen werden. Zu den Abstimmungen stehen die Stasi-Spitzel auf und notieren, wer nicht die Hand hebt. Es herrscht eine Atmosphäre der Hetze und Verleumdung. Ich bin wie betäubt nach den Erfahrungen in Prag. Aber ich bin auch isoliert und habe

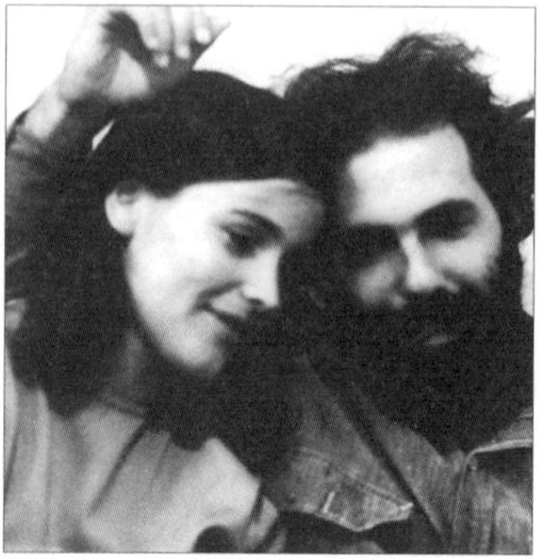

Mit Scott, meiner „amerikanischen Liebe“

keinen Kontakt zu denen, die Flugblätter verteilten oder anders protestierten.

Ich kann mich nicht entscheiden, ins Wohnheim zu ziehen. So pendele ich zwischen Berlin und Babelsberg und beende das Studium nach einem Jahr.

Überraschend taucht der schöne Charles im Winter wieder auf, es hatte nicht geklappt mit dem falschen Pass. Es ist seltsam, ihn wiederzusehen. Ich hatte mich unter Liebesschmerzen von ihm verabschiedet und im Sommer 68 die Prag-Reise mit Scott, einem Studenten aus den USA, mit dem ich viele Jahre verbunden bleibe, gemacht. Jetzt gerate ich in eine Verwirrung der Gefühle und kann nicht sagen, dass ich mich wirklich freue, Charles wiederzusehen. Es war wie ein aufgewärmtes Essen. Draußen ist es tiefer Winter, wir essen zu dritt, trinken Wodka und toben im Schnee. Im Alkoholrausch fällt Charles gegen den Wasserhahn und setzt gleich in der ersten Nacht das Zimmer unter Wasser. Ich muss wieder ausziehen, dieses Mal nach Berlin-Mitte, denn ich kann mit meinen Reisetaschen sonst nirgends hin als zu Charles, also nimmt die Lovestory ihren Lauf. Die Wohnung liegt im 5. Stock, eingebaut in den Boden, erreichbar nur durch einen im Hof angebauten Turm mit Wendeltreppe. Wir können an die erste schöne Verliebtheit anknüpfen und genießen das Liebesleben. Amerika ist weit weg. Ich bin wieder verliebt und glücklich in unserem Nest bei den Tauben. Charles studiert zwei Studienrichtungen: Medizin und Theologie, aber er ist meistens zu Hause. Wir haben nie Geld. Und immer häufiger ist er abends unterwegs, „Kohlen holen“, und kommt später ohne Kohlen, aber betrunken nach Hause. Der Alkoholrausch wird bald zum Dauerzustand bei Charles, und nach einem halben Jahr verlasse ich ihn, meinen Liebsten, der sich als charmanter Hochstapler erweist. Nichts stimmte. Kein Studium, keine Freunde im Westen. Es gibt immer nur irgendwelche Hoffnungen auf falsche Pässe oder Kohlen oder Bücher aus dem Westen, die nie kommen. Dafür kommt er nun allabendlich volltrunken die Wendeltreppe hoch gewankt. Allmorgendlich die Reue, es kommt Ekel. Ich weiß, dass ich wegmuss. Aber Charles ist meine erste große Liebe.

Ich ziehe in die Wohnung eines gemeinsamen Bekannten auf demselben Hof. Der wohnt bei seiner Freundin, einer kleinen blonden und sehr sympathischen Tänzerin, die an der Staatsoper engagiert ist. Alles scheint gut, ich zahle die Miete und habe eine Bleibe. Bis er eines Nachts an meinem Bett steht. „Ein bisschen Entgegenkommen“ wäre wohl zu erwarten. Da das mit mir nicht geht, muss ich ausziehen. Der glückliche Zufall will es, dass Charles gerade jetzt aus seiner romantischen Turm-Wohnung auszieht und sie mir überlässt.

Von da an wohne ich in Mitte. Wie sich das liest: Meine Wohnung! Jetzt habe ich all das, was ich zuvor nicht hatte. Zimmer, Küche, Innentoilette, trotz Mietshaus ein separater Eingang, mitten in der Stadt und ganz nah an den Theatern gelegen. In diesen Turm, der lauter kleine Bogenfenster hat, steige nur ich. Ich steige die Wendeltreppe hoch wie Rapunzel oder ein mittelalterliches Fräulein. Beim Amt hatte ich echte Tränen vergossen, um diese Wohnung zu bekommen.

Nachdem ich das Studium in Babelsberg vorzeitig verlassen hatte, war ich frei. Es folgen zwei Jahre jobben, treiben lassen und nach

Grund suchen. Das war nicht üblich, jeder in der DDR arbeitete oder studierte, aber mit meiner Freundin Sybille überstehe ich das. Wir lesen Nächte hindurch Bücher, die uns von Verwandten aus der BRD mitgebracht wurden oder in geringer Auflage in der DDR verlegt worden waren, schwärmen von den gleichen Männern, lieben uns unschuldig, dass es auch anders geht, wissen wir damals noch nicht, gehen ins Theater und zur Kirche und verleben unbeschwerte, aber diskussionsschwere Urlaube bei ihrer Mutter im Harz. Ich lebe von Zeitarbeit bei der Post, als Stationshilfe und als Fotosetzerin.

In diesen Monaten der Unsicherheit beginne ich eine Beziehung mit meinem vorherigen Vermieter. Eigentlich hatte ich ihn vor Wochen direkt von meiner Bettkante gestoßen. Inzwischen hatte er sich von seiner Freundin getrennt. Mit einem Agreement, das uns weder bindet noch gegenseitig verpflichtet, bleiben wir frei und treffen uns doch regelmäßig zum Sex, was mir überraschend gut gefällt. Es gefällt mir, wie frei, lebendig und unbelastet unsere Beziehung jetzt ist, ohne Eifersucht, ohne Besitzansprüche. Unsere Gespräche drehen sich um Theater und Literatur, um Gott und die Welt. Als er sich ernsthaft neu verliebt, beenden wir unsere Beziehung. Diese Facette der Liebe war mir neu.

Wie zu erwarten, hat es nicht wenige Verdächtigungen hinsichtlich meines Lebenswandels gegeben, weil ich in dieser Separierung nicht zu kontrollieren bin. Die Stasi führt Mieterbefragungen durch, die Nachbarn erzählen es mir. Wirklich belastet hat mich der Terror eines Mieters, den man nie erwischte. Kot vor der Tür, zerschlagene Flaschen oben vor meiner Wohnung, frühmorgens Klingeltouren, obszöne Zeichnungen im Briefkasten. Die Polizei „tröstet" mich, ich hätte wohl einen Verehrer. Später male ich zusammen mit Scott, der mich mehrfach besucht, und Freunden aus Mexiko und Griechenland, die in der DDR studieren, den Turm mit kräftigen Acrylfarben aus. An den Außenwänden war das damals nicht erlaubt, also dann drinnen! Ein nächster Grund für Misstrauen der Behörden und Nachbarn.

Ich wohne dort vier Jahre, in denen ich überwiegend glücklich bin. Das schmale, lange Zimmer ist stets voll Blumen und Kerzen. Im Frühling hole ich mir Jasmin und Lupinen, Rosen im Sommer und Astern im Herbst. Ich habe mein breites Bett, eine Kommode und einen kleinen Tisch mit Stuhl. An den geweißten Wänden hängen Fotos und Reproduktionen von Paula Modersohn-Becker. Keiner kann in meine Fenster sehen, ich bin hoch oben, den Sternen und Tauben nahe. Die größere Küche hat Platz für einen Esstisch und vier Stühle für Besuch, der häufig da ist. Erst die Studenten aus Sybilles Studienjahr, dann die aus meinem Studium. Alle fühlen sich hier wohl.

Zwei Jahre vor mir war Sybille an der Berliner Schauspielschule, meinem heimlichen Sehnsuchtsort, aufgenommen worden. Ich machte meine Aufnahmeprüfungen und folgte ihr. Und so studierte ich 1971 bis 1974 an der Staatlichen Schauspielschule Berlin, deren Vorgängerin Max Reinhardt gegründet hatte, der heutigen Hochschule Ernst Busch.

Und endlich fühle ich, dass ich am richtigen Platz bin. Diese Jahre zählen bis heute zu den schönsten. Wir haben Dozenten, die nicht nur über Fachliches mit uns reden, sondern über die gesellschaftliche Situation oder über unsere persönlichen Sorgen, und so sind wir schnell zu Hause in der romantischen alten Villa zwischen den großen Bäumen am Fluss. Die Dozenten sind großartig, darunter nicht wenige bekannte Schauspieler. Wir verlieben uns in alle. Überhaupt war man ständig verliebt.

Jeden Morgen fuhr ich glücklich mit der S-Bahn nach Schöneweide in die Schauspielschule. Die schöne Lage der Schule in einem verwilderten Garten bietet uns viele Gelegenheiten zum Reden, Lesen, Nachdenken, Ausruhen, Feiern. Aus den kleinen Kabuffen, in denen wir Sprecherziehung oder Gesangsunterricht haben, sehen wir im Garten die textlernenden oder flirtenden Kommilitonen. Die Öfen müssen wir selbst heizen, wenn wir Szenenstudium haben.

Ich bekomme gute Auswertungen. Das Leben könnte für immer so weitergehen. In der schwierigen gesellschaftlichen Situation, in der oft Heuchelei und Bevormundung herrschen, ist die Schauspielschule eine Oase der Toleranz, wie ich sie auch später an der Humboldt-Universität wieder erleben sollte. Wir sind alle ehrgeizig, und einige aus unserem Jahrgang werden großartige Schauspieler.

In der DDR waren Einsätze in der Produktion während eines Studiums Pflicht, und die Schauspielschule hatte den Braunkohlentagebauu Kittlitz als Einsatzort. Zweimal müssen wir für zwei Wochen dorthin, im Winter im knackigen Frost und im Sommer bei sengender Hitze. Wir schlafen in Baracken auf dem Gelände des Tagebaus und haben das Gefühl, auf den Mond verbannt zu sein. Sand, Staub, Kohle, Hügel, lange Schienenstränge und Ungetüme von Baggern. Kein Laden, keine Kneipe. Und doch sind der Tagebau und seine gefräßigen, vorwärts wandernden Bagger überwältigend. Die Kumpels gingen gut mit uns um, sie kannten sie schon, „die Schauspieler". Wir rückten zusammen.

Zugleich überfallen mich damals heftige Depressionen, und ich kann sie am besten bekämpfen, indem ich in der Geriatrie in den Psychiatrischen Kliniken Herzberge als Hilfsschwester arbeite. Ich habe die alten, oft lustigen oder ganz verwirrten Frauen bis heute nicht vergessen. Manche von ihnen sind nur zu Hause „verrückt". Zurück in der Klinik sind sie ganz „normal" und arbeiten in der Küche. Viele leiden noch unter Kriegstraumata und erleben Luftangriffe im U-Bahnschacht jede Nacht erneut. Ich mag die Arbeit mit ihnen, auch die Verantwortung allein in der Nachtschicht. Bis eine Frau während meiner Schicht stirbt. Dann geht es nicht mehr.

In all den Jahren ist Scott wiederholt da, wir setzen unsere Fern- und Nahbeziehung, die immer mehr zur Freundschaft wird, fort. Inzwischen geht es darum, mir eine legale Ausreise zu ermöglichen. Ich hatte mehrere Versuche hinter mir, die DDR zu verlassen. Nun hatte Scott unsere vorgeschobene Hochzeit bei Dr. Vogel vorbereitet. Doch dieser grausame Putsch im September 1973 in Chile ließ mir keine Wahl. Ich wäre zu Scott ja geradewegs in die USA gegangen. Ich hatte Freunde aus Chile, wir waren begeistert von Allende und seiner Politik des demokratischen Sozialismus und hatten alle Ereignisse bangend mitverfolgt. Mein Wunsch auszureisen, verändert sich mit dem Putsch radikal. Und Scott versteht das.

Am Ende unseres dreijährigen Studiums erarbeiten wir das Stück „Glanz und Tod des Joaquín Murieta“ von Pablo Neruda als Studioinszenierung. Ursprünglich wollte Frido Solter, der Oberspielleiter des Deutschen Theaters, mit uns im Pergamonmuseum „Elektra“ inszenieren. Unter der Hand erfahre ich, dass ich als Elektra vorgesehen bin. Das Museum sagt leider ab.

Nun also „Murieta“ als Koproduktion mit dem Deutschen Theater. Der Putsch in Chile hatte uns erschüttert. Zum ersten Mal empfinden wir politisches Engagement nicht als Phrase. Der demokratisch gewählte Sozialismus unter Allende hatte uns Hoffnung gemacht. Während der Weltfestspiele der Jugend, die kurz vor dem Putsch in Ostberlin stattfanden, waren wir vielen Chilenen begegnet und nun betroffen von ihrem Schicksal. Die Kunsthochschule Weißensee war damals ein Treffpunkt vieler Künstler, besonders aus Lateinamerika. Das half uns, über unseren Tellerrand hinauszuschauen.

Regie führen Klaus Erforth und Alexander Stillmark (Sascha), junge ehrgeizige Regisseure vom Deutschen Theater. Ich ahne nicht, welch eine Wendung das in mein Leben bringen wird.

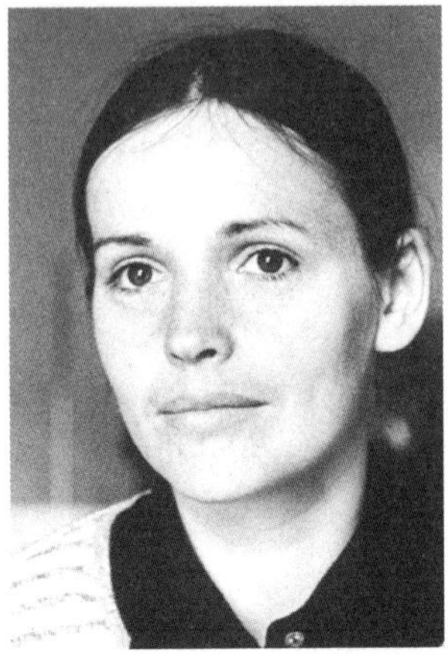

1974 als Schauspielschülerin kurz vor der Studioinszenierung

Die Proben beginnen am 4. Februar 1974 in der Probebühne Reinhardt-Straße, ein Ort, an dem schon Brecht inszeniert hatte. Der große Raum ist leer, der Boden mit Rupfen bedeckt. Wir atmen den Zauber eines völligen Anfangs. Es ist mein 25. Geburtstag. Meine Kommilitonen haben Kerzen angezündet, Blumen und kleine Geschenke für mich mitgebracht. Erforth und Stillmark gratulieren freundlich, aber besonders Klaus Erforth hat einen zärtlichen Ton, als er mit mir die Kerze ausbläst. Eigentlich ist Erforth, klein, kompakt und agil, der strengere, stärker fordernde Regiepartner. Wir haben immer auch ein bisschen Angst vor ihm und seiner Unbedingtheit. Sascha ist beliebter, er scheint der Weichere, Verständnisvollere von den beiden.

Die Theaterarbeit mit den beiden Regisseuren ist für uns revolutionär. Erstmals gibt es keine Rollen, dafür Chorarbeit, Lyrik, Stimmen – ich werde die Stimme von Teresa, der Geliebten von Murieta-, Choreografie, Musik, Poesie. Elemente aus Grotowskis Lehre, der ein „armes Theater“ forderte, also ein von allen überflüssigen Requisiten befreites und nur auf den Schauspieler und seine Kunst beschränktes Theater, in dem die Schauspieler sich mit körperlichem Training selbst überwinden, werden neben anderen Methoden des Theaters der Welt erprobt. An der Schule wurden ausschließlich Stanislawski und Brecht gelehrt. Diese ungewohnten Proben erregen zuerst meinen Widerstand. Wir müssen uns quasi

„nackt“ machen und können nicht in der üblichen Weise mit Rollen arbeiten. Darauf sind wir nicht vorbereitet, und ich protestiere, wie immer. Daraufhin bekomme ich spezielle Aufgaben, verwandle mich in Baum und Haus, beginne mit befreundeten Kommilitonen zu improvisieren, die spielen mit, und mein Widerstand schmilzt dahin. Allmählich werde ich zur Verfechterin dieser Arbeit und zur Geliebten von Klaus.

Dass wir mit besonderen Mitarbeitern zu tun haben, scheint mir Teil des persönlichen Glückssettings: Die dramaturgische Beratung macht der heute verstorbene, aus Kolumbien stammende Prof. Carlos Rincón. Er lehrt in Westberlin lateinamerikanische Literatur und wird später in Nicaragua der Privatsekretär von Ernesto Cardenal, dem Kulturminister der sandinistischen Regierung. Der schöne Venezianer Ezio Toffolutti, später erfolgreicher Bühnenbildner von

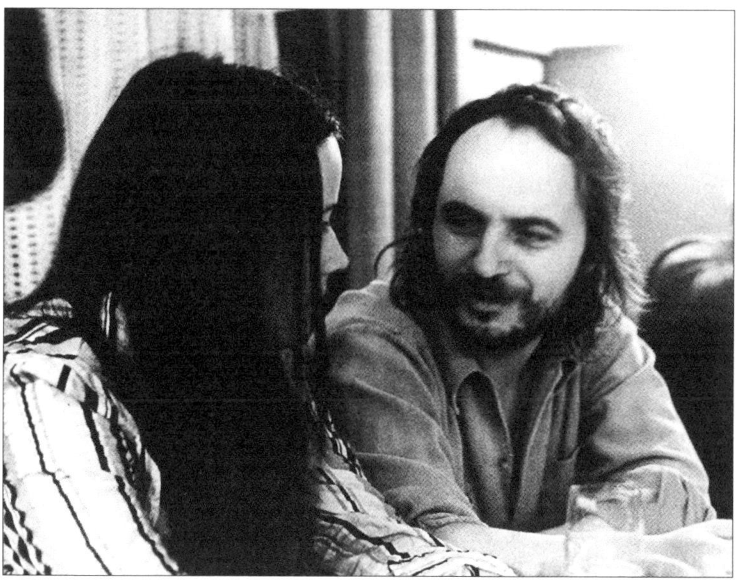

Erstes Rendezvous mit Klaus im Deutschen Theater

Benno Besson an der Volksbühne und Professor in Venedig, entwickelt das Bühnenbild, die Masken und Kostüme. Hier benutzt er erstmals das später legendäre Tuch. Mit diesem Tuch, einem seidenen weißen Fallschirm, zu dem als Pendant ein schwarzer genäht wird, spielen wir alles. Noch heute spüre ich die leichte Seide auf der Haut, wenn wir Haus, Schiff, Kleid, Goldmine, Sarg mit dem Tuch darstellen, Nerudas Verse sprechend. Die Masken entwickelt Ezio aus Windeln, die Wolfgang Utzt, der legendäre Maskenbildner des Deutschen Theaters, um unsere Gesichter formt, die der Totenmaske der gerade in Chile verstorbenen Sängerin Isabel Para gleichen.

Während dieser Arbeit erlebt die Studiengruppe eine besondere Metamorphose. Durch die ungewohnte Probenarbeit und die Möglichkeit, in den Probenprozess aktiv einbezogen zu werden, spaltet sich die Gruppe. Die einen atmen frei, proben mit Lust auf Neues. Andere wollen das Bekannte und machen nur mit. Aber während des Prozesses, der auch im Deutschen Theater Aufsehen und Neugier erregt, während Pinochet in Chile weiter wütet, beginnen wir, unser Spiel zu lieben, unsere Proben, die Frühlingssonne, in der wir in den Pausen sitzen und begreifen, dass das nicht mehr Schule, sondern Theater ist. Dass wir uns einbringen und mitreden können und Teil eines sehr einzigartigen Experiments sind. Und ich bin unrettbar verliebt. Keine Sorgen um die Zukunft trüben das, und meine kleine Rapunzel-Wohnung wird unser Nest.

Die Inszenierung wird ästhetisch ein echter Vorstoß. Das Publikum sitzt in der Mitte der Probebühne auf einem Teppich, wir spielen um das Publikum herum wie im mittelalterlichen Mysterienspiel. Dadurch entsteht eine andere Nähe zum Publikum und nicht die übliche Trennung zwischen Bühne und Zuschauerraum und vierter Wand. Wir lernen, mit mehreren Bühnen zu spielen, große Distanzen zu überwinden und uns voll einzubringen. Wir fühlen nicht mehr die

Trennung zwischen Rolle und uns. Wir sind unsichtbar durch die Masken und doch so präsent und sichtbar wie nie zuvor. Die Zuschauer müssen sich auf dem Teppich mit unserem Spiel bewegen, hören Musik und Klänge im Rücken, während wir auf der anderen Seite spielen. Beim Lauf der Chilenen streifen unsere Röcke die Beine der Zuschauer, sie spüren den Wind unserer Segel, sie machen Platz, wenn wir durch sie hindurch laufen. Am Ende geht der Trauerzug, ähnlich dem des großen Dichters Pablo Neruda, durch das Publikum, alle müssen zur Seite rücken und Platz machen. Wir erleben überrascht, wie erschüttert und begeistert das Publikum reagiert.

Ich bin unsagbar glücklich, dabei zu sein. Es wird eine sehr besondere Inszenierung, nicht nur für uns, und bald Kult in Ostberlin. Der Filmemacher und Maler Jürgen Böttcher (Strawalde) dreht einen 20-minütigen Film über unsere Arbeit, der lange verschollen bleiben wird. Erst kürzlich tauchte er wieder auf. Als der berühmte und bewunderte Peter Stein von der Westberliner Schaubühne sich eine Aufführung ansieht, platzen wir vor Stolz.

Bald müssen wir alle uns trennen, denn das Studium geht zu Ende. Voll Wehmut spielen wir die restlichen Vorstellungen.

Rincon und Toffolutti werden sehr wichtige Freunde für Klaus und mich. Ich genieße das gemeinsame Reden über die Proben, Politik, das Essen und Trinken, und ich wähne mich in großer und zugleich internationaler Freiheit. Dass der Schein trügt, wird spätestens deutlich, als wir den Einladungen nach Venezuela und in andere Orte im westlichen Ausland nicht folgen dürfen. Da hörte die Solidarität des Staates mit den Chilenen auf.

Klaus wiederholt die Inszenierung mit dem uns folgenden Studienjahr, diese Studenten dürfen 1975 mit großem Erfolg beim Festival „Theater der Nationen" in Warschau spielen. Ich fahre blutenden Herzens mit und erlebe zum ersten Mal Aufführungen der bis heute von mir bewunderten französischen Regisseurin des „Théâtre du Soleil“ Ariane Mnouchkine.

Wie entsteht die Liebe? Ich kann es nicht sagen, es gibt nur einzelne Blicke, die eigentlich verbergen sollen, Treffen auf einer Geburtstagsparty, auf der ich erstmals Oliven esse und der Überfall der Gefühle, für beide gleichzeitig, einem Wirbelsturm ähnlich. Es gibt kein Entrinnen. Ich gehe nach Dresden in mein erstes Engagement. Besinnungslos vor Sehnsucht und Leidenschaft versuchen wir, mit der örtlichen Trennung zurecht zu kommen und verleben jede freie Minute miteinander.

Das ist der Beginn meiner zwanzigjährigen eheähnlichen Beziehung mit Klaus, der drei Töchter verlässt und mit mir dann zwei Söhne bekommt. Er wird dafür im Theater geschnitten, Stillmark kündigt die Partnerschaft auf, er kann Klaus erst verzeihen, als unser Sohn Moritz auf der Welt ist. So beginnt für alle Beteiligten ein neues Leben. Es ist unabwendbar trotz der Tragödie, die sich in seiner Familie dadurch abspielt.

Marlene, seine erste Frau, hat keine Chance. Die Verzweiflung bringt sie fast zum Wahnsinn. Mit drei Töchtern jetzt allein, und die Karriere als Tänzerin längst passé. Was für ein Leben liegt vor ihr! Eine Umkehr ist jedoch unmöglich, da gibt es schon Moritz und mein zweites Engagement in Neustrelitz. Dass wir später, als Moritz schon drei Jahre auf der Welt ist und Jacob unterwegs, alle befreundet sind und als große Familie auftreten, schwächt ihr Leiden nicht ab. Nach Jacobs Geburt beginnen die alte und die neue Familie sich die Hände über den Schmerzensgraben zu reichen. Die Töchter können das erst später. Aber nach und nach entstehen Zuneigung, gemeinsame Sorgen um die fünf Kinder, Familie.

Marlene ist eine kleine Frau, die nach dem Ende der Tanzkarriere und der Geburt von drei Kindern rundlich geworden ist. Mit ihrem kurzen schwarzen Haar ist sie eine, mit der man „Pferde stehlen kann". Nur ich erst mal nicht. Sie konnte einen so strengen und unversöhnlichen Blick haben, vor dem ich mich lange fürchte. Zugleich hat sie jedoch einen großen Humor. Wir werden Freundinnen und können tiefste Empfindungen austauschen. Wir lachen viel, auch über Klaus.

Am Ende des Studiums, nach der Studioinszenierung, ist noch Zeit für ein Szenenstudium. Klaus erarbeitet mit mir „Yerma" von Garcia Lorca. Es ist eine sehr intensive Arbeit, ohne Tabus und „Handwerk". Damit kann ich mich sowohl in Dresden als auch in Neustrelitz bewerben. Alle wünschen sich, dass ich diese Rolle einmal spielen solle. Zwei Jahre später – Moritz ist schon auf der Welt, ich versauere in Neustrelitz, einige Regisseure des DT rechnen damit, dass Klaus mich ans Theater holt – inszeniert er „Yerma" am DT. Als er davon erstmals erzählt, schlägt mir das Herz bis zum Hals. Endlich ist es so weit. Und dann fällt der Name von Jutta Wachowiak, eine der angesagtesten Theaterschauspielerinnen des DT. Und ich falle aus allen Himmeln. Ich verlasse die Wohnung und brauche Stunden, um mich wieder einzusammeln über diese Enttäuschung, diesen Verrat, wie ich es empfinde. War es nicht sein Versprechen? Dass es ein Misserfolg wird, tröstet mich nicht.

Das Leben vergessen beim Studium

1979. Wo war ich inzwischen? Wer war ich? Mutter zweier Kinder, eins davon mit Down-Syndrom. Frau eines Berliner Regisseurs. Hausfrau. Zeitkraft im Deutschen Theater, wo ich die Herausgabe des Bandes „100 Jahre Deutsches Theater" als Assistentin unterstütze.

So kann es nicht weitergehen, ich bewerbe mich für einen Studienplatz an der Humboldt-Universität Berlin für die Fachrichtung Theaterwissenschaften und Dramaturgie. Es ist mir egal, was danach wird. Ich brauche das Theater, wenn es hier auch von der theoretischen Seite gesehen wird. Als Jacob noch kein Jahr alt ist, bekomme ich die mündliche Zusage. Ich freue mich wahnsinnig und hoffe, dass ich es trotz der Kinder schaffe zu studieren. Kurz danach kommt vom Rektor der Universität eine Einladung zu einem Gespräch, und ich bin darauf gefasst, doch eine Absage fürs Studium zu bekommen. Zu alt, zu unpolitisch, zwei Kinder … Mit dieser Argumentation war mir kürzlich vom Psychologie-Studium abgeraten worden. In dem Gespräch jedoch, das am Ende eines langen Sitzungstisches stattfindet, rät er mir, wegen des Babys erst im nächsten Studiengang, der in zwei Jahren starten würde, anzufangen. Ich erschrecke und vermute, dass sie mich auf diese Weise abservieren wollen. Als ich es ausspreche, versichert er mir lachend, dass sie „keine Halunken" seien. So kam es dann, der Studienplatz blieb mir erhalten, ich konnte zwei Jahre später anfangen, damit unter besseren Bedingungen studieren. Da war Jacob schon drei, und ich konnte die Fremdsprachen vorweg absolvieren. Ich hatte zwei Jahre mehr für die Kinder gewonnen.

Warum tat er das? Interesse am Menschen? Ich war eine von vielen hunderten Studentinnen. Aber er nahm meine Not wahr. Ich werde diese Begegnung nie vergessen. Das war auch Sozialismus.

Das Studium werden fünf glückliche Jahre, dazu kommen drei Jahre Promotion. Was für ein Privileg! Ich bekomme außer dem Stipendium einen Gehaltsausgleich zur Gage. Die Gewerkschaft unterstützt mich bei der Durchsetzung des Gagenausgleichs, das Ministerium lässt jedoch gleich verlauten, dass das nicht für andere gelte, sondern einmalig sei.

In dieser Zeit sauge ich wie ein Schwamm alles auf, was ich erfahren kann. Die lange Zeit zu Hause hatte mich gierig gemacht. Ich bin wie ein Fisch, der endlich wieder schwimmen darf! In unserem Bereich lehren offene und äußerst kluge Professoren und Dozenten, so dass wir in einer Enklave des freien Denkens studieren dürfen. In erster Linie Joachim Fiebach, aber auch Rudolf Münz, Philosophen wie Wolfgang Heise und Gerd Irrlitz, Musikspezialisten wie Ernst Rienäcker, die Dramaturgen Ernst Kautz und Christa Hasche, es war die „Crème", und es gab keine Schranken im Denken. So erfahren wir vom Theater der Welt, innerhalb und jenseits der Grenzen, obwohl wir nicht über die Grenze kommen. Natürlich hatten wir schon von den wichtigen Regie-Größen in Europa und den freien Theatergruppen in Amerika gehört, im Fernsehen Inszenierungen von Stein, Zadek und Grüber, aber auch Peymann gesehen. Wir sehen Videos und schreiben Seminararbeiten über die Schaubühne. Die kritischen Inszenierungen von Klaus und Sascha werden im Seminar als Geheimtipp bezeichnet, das macht mich stolz.

Unsere Wohnung liegt sehr nah an der Universität, so bummle ich morgens, nachdem die Kinder in Tagesstätte und Kindergarten sind, wenige Minuten am Park und den Museen vorbei und sehe schon das hohe Haus, unter dessen Dach wir studieren. Ich genieße, wie die Sekretärin uns in vertrauter Herzlichkeit begrüßt und wenn dann die anderen, viel Jüngeren, kommen. Ich werde jünger. Die ich als Freunde gewinne, sind es heute noch. Es ist fast das Wichtigste. Manchmal passen sie auf die Kinder auf, manchmal kommt meine Mutter.

Ebenso wichtig aber ist das Denken jenseits aller Tabus. Diese Form von Freiheit, die ich schon während der Zeit auf der Schauspielschule erlebt habe und die in unserem Freundeskreis konstituierend war, gehörte immer mehr in unser Leben und gab uns Luft zum Atmen. Der neue weite Theaterbegriff, der so vieles Theatrali-

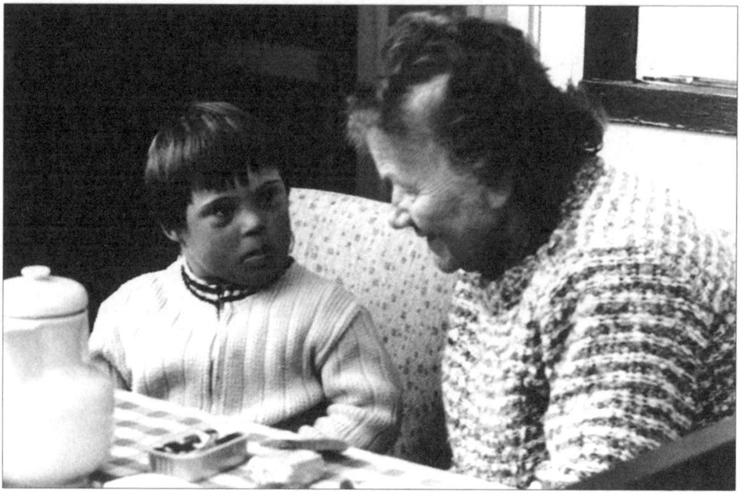

Moritz beim „Kaffeeklatsch“ mit Oma

sche des Alltags einschloss, die Genauigkeit in der Lehre, die ich bei späteren Seminarbesuchen in Westberlin erstaunt vermissen würde, die besondere Sicht eines Theaters von unten, das alles macht meinen Kopf frei für das, was ich demnächst tun werde.

Aber vorerst gibt mir all das, was um uns herum geschieht, die Erosion, die Auflösungen, die vorgetäuschten Sicherheiten, mein Studium an der Humboldt-Universität, noch keine Idee davon, wohin meine Reise einmal gehen könnte. Die Zeit ist gefroren, auch zu Hause, es ändert sich nichts Wesentliches.

Familiengestrüpp

In diese Zeit fällt Jacobs Schuleinführung. Wir feiern diesen Tag zusammen als große Familie, die Sonne scheint, wir machen einen Ausflug und wie so oft verletzt sich Klaus. Ich muss mit ihm in die

Erste Hilfe, der Tag endet mit Sorgen. Letztlich ist es keine schlimme Sache, aber diese „kleinen Unfälle" geschehen auffallend oft. Ich besorge mir das Buch „Krankheit als Weg" aus dem Westen, um es zu verstehen.

Klaus muss am nächsten Tag nach Gera, wo er eine Stelle als Regisseur bekommen hatte.

Meine Mutter stirbt wenige Tage nach der Schuleinführung, letztlich an den Spätfolgen der verunglückten Abtreibung. Sie hatte durch eine Wundinfektion ein steifes Knie behalten, der Bewegungsapparat musste das über Jahrzehnte ausgleichen, die Schmerzen bekämpfte sie schon lange mit Präparaten, die ihre Nieren zerstörten. Sie hatte lange gekämpft, wollte noch so viel von ihren Enkeln mitbekommen. Ich fahre sofort zu ihr nach Stralsund ins Krankenhaus. Unterwegs muss ich anhalten und weiß verzweifelt, dass sie sterben wird und spüre ihren Verlust so schrecklich. Ich wünschte, ich könnte die Zeit anhalten. Ich wünschte, sie würde ge-

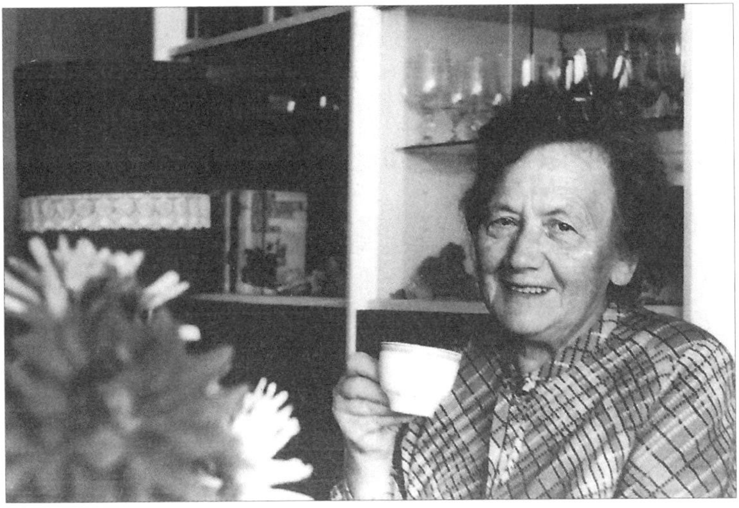

Mein letztes Foto von Oma

sund. Aber ich fahre weiter und finde sie im Koma. Wir können nicht mehr reden. Sie kann es nicht, ich schon und ich tue es, immerzu. Ich streichle sie, wische die Schweißtropfen ab, wechsle mich mit meiner Schwester ab, die immer schon die ganze Pflege geschultert hat. Die Ärzte schlagen vor, wieder nach Hause zu fahren, es könne länger dauern. Am nächsten Tag fahre ich zurück, als ich in Berlin ankomme, ist sie gestorben.

Klaus fliegt nach seiner zweiten Inszenierung in Gera aus politischen Gründen wieder raus. In diese Zeit hinein geraten auch unsere „Erosionen".

Wir haben eine neue Wohnung in Aussicht, mehr Zimmer, direkt am Park. Fantastisch! Jeder würde ein Arbeitszimmer haben und auch die Kinder ein eigenes. Allerdings braucht es ein Jahr, um sie von Grund auf zu renovieren, eine Heizung einzubauen und alles zu reparieren.

Aber noch vor dem Umzug in die schöne große Wohnung endet die Zeit der scheinbaren Unschuld und des ungetrübten Vertrauens. Es hatte, wie alle unsterblichen Liebesgeschichten, damit begonnen, dass vor allem ich Treue schwören musste. Für mich war es ein bisschen, als sollte Leben festgeklebt werden. Keiner kann letztlich wissen, was kommen wird. Aber ich war mir sicher und konnte mir damals nichts anderes vorstellen als unsere ewig dauernde Beziehung, und so war es leicht, gegen alle Erfahrung zuzustimmen. Ich hatte das andersherum nicht verlangt. Klaus war treu, da gab es keine Zweifel.

Als ich entdeckte, dass er eine Geliebte hat, war mein Verständnis groß, weil es ihn menschlich machte. Ich hatte längst Zweifel an der Sinnhaftigkeit unseres einseitigen Abkommens bekommen. Als die Beziehung nicht endete, bat ich um eine Entscheidung. Am Telefon empörte sich sein neuer Regie-Partner, er habe Klaus schon im

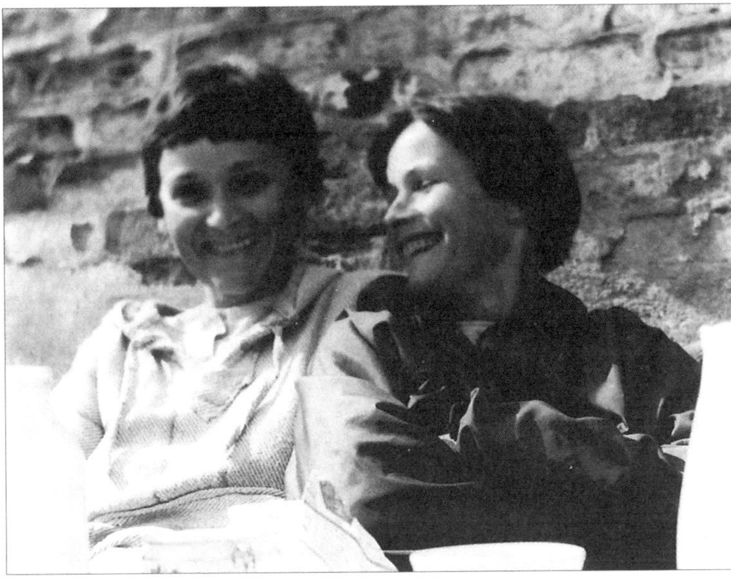

Ein gutes Geschwisterteam

September gesagt, was er davon halte. September? Inzwischen war es Mai. Es hatte sich für mich immer angehört, als hätten sie sich gerade verliebt. Klaus gab es zu, seit September. Vielleicht schon früher? Das war eine andere Beziehung als gerade erst verliebt zu sein. Der Bühnenbildner fragte mich, was denn der Unterschied zu sonst sei. Mein Schweigen deutete er richtig und erschrak. „Aber du wusstest doch, dass Arbeit, Liebe, Essen und Wein immer zusammengehörten, in Tübingen, Helsinki, Gera …". Ich wusste es nicht. Ich hatte es zwar selbst erlebt, aber nur auf mich bezogen. Die meisten Frauen hatte ich kennengelernt, es waren alles großartige Schauspielerinnen, fast meine Freundinnen geworden. Alles, was ich behauptete, gab Klaus zu. Ich wollte es bald nicht mehr wissen. Was für ein wunderbarer Stoff für eine Boulevardkomödie. Die junge Frau für die Liebe und als Schauspielerin, die alte Frau für den

Haushalt, die Kinder und die Strategie. Beste Freundin. Nach Abschluss als Dramaturgin einsetzbar.

Aber mir war nicht nach Komödie, denn das Vertrauen war verloren. Er wollte mich nicht verlieren, liebte aber R. auch. Keine originelle Situation, sondern die übliche, tausendfach vorkommende.

Klaus trennte sich von ihr, es sollte weitergehen mit uns und den Kindern. Mein Treueversprechen sollte ich wiederholen. Ich weigerte mich. Ich hatte noch gar nicht Luft geholt, noch gar nichts entschieden, und schon wieder gab es diese Ansage. Hörte er mich nicht? Er verstand nicht, dass es gar nicht die Geliebten waren, es war sein Verständnis von ungleichen Forderungen an die Partner, das mir nicht die Chance zu einer eigenen Haltung ließ. Es konnte nicht gut gehen. Ich wurde schwanger, trieb ab, bekam eine Entzündung der Gebärmutter und verlor den Mut, es allein mit den beiden Jungs zu versuchen.

Als Klaus fünfzig wurde, war auch seine Geliebte auf der Feier. Ich mochte sie. Warum konnten wir eigentlich nicht zu dritt leben?

Nein, so weit waren wir nicht.

Ich wollte akzeptieren ohne Bitterkeit und eine Zukunft für uns vier unter dem Motto „So etwas kommt eben vor."

Wir hofften, die Krise in unserer Beziehung in der alten Wohnung zurückzulassen. Aber in unsere neue große Wohnung am Park mit den französischen Fenstern und dem Holzfußboden, der wie Honig glänzt, ziehe ich wie in einen falschen Raum. Unsere Straße ist damals eine stille, kaum begangene Straße, gegenüber sind die Kohleklappen und Paket-Transportbänder des Haupttelegrafenamtes. Trüb. Auf der anderen Seite der Park.

Jacob bekommt das größte Zimmer, in dem beide Kinder viel Platz zum Spielen und Toben haben. Er fühlt sich jedoch bald zu verloren in dem großen Raum und wechselt in ein kleineres Zimmer zum Park, das viele Jahre sein Raum und seine Höhle bleiben wird. Moritz fühlt sich schnell in seinem Zimmer wohl.

Von der Küche aus sieht man den Fernsehturm. Ich setze mich an den kleinen runden Tisch am Fenster, auf dem ein bunter Herbststrauß steht. Ich sehne mich zurück.

Kurz nach dem Einzug bekommen wir einen kleinen Hund. Aus dem Haarknäuel wird ein wunderschöner Dackelmischling mit langem, seidigem Fell, Schlappohren und warmen Augen.

Marlene, Klaus' erste Frau, wird meine dringend benötigte Vertraute.

Zirkus und die Kraft der Defizite

Moritz und seine Gefährten werden in der Tagesstätte weiterhin schlecht gefördert, in mir wächst die Wut darüber. Irgendwann reicht es: Ein Weihnachtsmärchen, das die Kinder den Eltern „vorführen", erschüttert mich restlos. Die Kinder sollen all das tun, was sie nicht können: Texte behalten und sprechen, logisch handeln, eine Geschichte erzählen. Fantasielos angezogen werden sie durch den Raum geschoben, die Erzieherinnen sprechen die Texte, während die Kinder zu weinen beginnen, weil sie nicht zu ihren Eltern dürfen. Alle sind froh, als es zu Ende ist. Das soll die Wirkung von Theater sein? Das ist das Vorführen der Defizite der Kinder! Ich leide so unter der „Aufführung", dass mir der Schweiß läuft und mich das Mitleid mit den vorgeführten Kindern überwältigt. Ich weiß nur, dass alles falsch war. Für mich ist das der letzte Impuls, endlich aufzuwachen und selbst künstlerisch mit ihnen tätig zu werden.

Es hatte sich vorbereitet. Eines Tages hatte ich auf *arte* einen kurzen Beitrag aus England gesehen, in dem eine Gruppe von Menschen mit unterschiedlichsten Behinderungen beeindruckendes Theater spielte. Ich denke, es war die Gruppe von Wolfgang Stange, einem Pionier des inklusiven Tanztheaters. Ich war wie elektrisiert. Hier sah ich das Besondere, das mich anzog und das ich in diesen Kindern spürte, sonst nirgends.

In mir wuchs die Lust, etwas mit diesen besonderen Kindern zu machen.

Als ich das unselige Märchen in der Tagesstätte von Moritz sehe, erinnere ich mich an diesen Fernsehbeitrag, und weiß plötzlich, was ich tun muss: Einen Zirkus gründen. Mit diesen Kindern muss ich Theater spielen, mutig und frech, ich muss zeigen, was sie können. Keine Story ist nötig, kein Text. Zirkus, von allen geliebt, ist das Thema, und das braucht nur zwei Dinge: Lust und Stolz auf die eigenen Fähigkeiten. Zirkus ist die theatrale Form, deren Prinzip darin besteht, die eigenen Stärken und Fähigkeiten zu zeigen, eben das, was man kann. Das können sehr einfache Sachen sein: jonglieren, krumm oder gerade gehen, Bälle werfen, laut lachen, balancieren, Pappgewichte stemmen, auf der Matte rollen, verrückt sprechen, besonders langsam gehen oder besonders laut weinen … alles ist möglich, wenn ich sie ihre eigenen Formen und Ausdrucksweisen finden und gelten lasse. Aus Defiziten können Stärken entstehen. Poetisch, komisch, voll Hingabe und Liebe soll er werden.

So wird Zirkus unser Rahmen und unsere Metapher. Ich glaube daran und bekomme Flügel vor Lust. Nicht erst seit Fellinis Filmen liebe ich Zirkus mit seinen Artisten, ihrem Können, ihrem Leben am Rand der guten Gesellschaft, mit den tragikomischen Figuren, ihrer meist billigen Schrägheit, ihrer Vergeblichkeit, mit ihrem Lächeln durch alles Verzweifelte hindurch. Genauso sehe ich meine zukünftigen kleinen Darsteller. Immer um gute Laune bemüht, immer einen misslungenen Versuch hinter sich, immer etwas krumm und wenig beachtet. Überzeugt, alles zu schaffen, verstecken sie ihre Misserfolge hinter wildem Auftrumpfen oder melancholischem Lächeln.

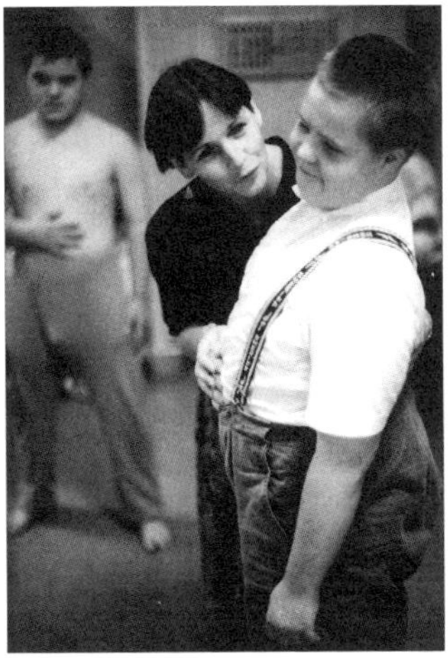
Atemübungen für die Nachwuchsdarsteller

Es ist am Ende meines Theaterwissenschaftsstudiums, und ich beginne in einer Nische damit, etwas ganz Neues für das Theater auszuprobieren. Gemäß der These von Joseph Beuys, dass jeder Mensch ein Künstler sein könne, beginne ich mit der Gruppe von Moritz, zehn zwölfjährige Kinder mit unterschiedlichen Behinderungen, zu arbeiten. Ich kenne sie ein wenig, wir sehen uns täglich beim Abholen. Ich frage sie, ob sie Lust auf einen solchen Zirkus hätten, und sie sagen alle zu, und in den nächsten Jahren springt keiner ab. Ich bin gespannt, was alles in den Kindern steckt. Am Ende möchte ich das zu einer kleinen Aufführung verweben. Die Erzieherinnen sagen mir fröhliches Misslingen voraus und sprechen den Kindern glattweg jegliche Fantasie ab. Ich jedoch weiß es besser, Fantasie hat Moritz und haben auch die anderen Kinder. Eine Erzieherin besucht uns „sorgenvoll" zu Hause. Da die Kinder nicht wüssten, ob sie nicht doch Löwen oder Frösche seien, „da sie ja keine Fantasie" hätten, sei das Ganze nicht zu verantworten. Ich bin fassungslos. Mit der Leiterin, die den Zirkus gegen alle Widerstände will, verabrede ich ein Treffen mit den Kindern einmal in der Woche nachmittags. Da das nicht mehr zu verhindern war, hätten einige Erzieherinnen es gern gehabt, wenn ich als verlängerter pädagogischer Arm fungiere. Aber ich will nicht wissen, wer vormittags nicht „funktioniert“ hat und auch keine Diagnosen. Die Erzieherinnen müssen also raus.

Die Tagesstätte ist in einer großen Wohnung in einem normalen Mietshaus untergebracht. Der sogenannte Turnraum, in dem wir proben können, ist nicht größer als mein jetziges großes Wohnzimmer. Leer bis auf ein paar Turnbänke und Matten. Neonlicht. Wenn die Fenster offen sind, fliegen die Bälle raus. Fliegen die Bälle zu hoch, gehen die Neonleuchten kaputt.

Da stehen die zehn und sehen mich an, noch so offen und neugierig, aber doch kurz davor, mich nicht anzunehmen. Das kann ganz schnell gehen. Ich beginne die Arbeit also mit „Fantasie“. Die Kinder lassen sich ein und entdecken mit mir in diesem kleinen Raum der Tagesstätte ein Zirkuszelt mit Löwen, hohen Masten und dem Seil in der Luft. Wir riechen die Sägespäne und die Pisse der Löwen. Da ist etwas anders als sonst … Es ist gar nicht schwer, sie zu verführen. Sie folgen meinen Worten und beginnen, Lust zu spüren, fauchen, tänzeln und lachen. Und so treten sie einzeln auf die lange Bank und balancieren in den Zirkus hinein, voll Vertrauen, Fuß vor Fuß, Kippeln, Auffangen, einen Ball in beiden Händen über dem Kopf oder einen Affen auf den Schultern. Jedes der zehn Kinder bekommt einen besonderen Balanceakt. Der langsame Gang über die lange Turnbank wird ein verführerischer, einfacher Anfang, bei dem die Zuschauer die kleinen Artisten zum ersten Mal voll Stolz erleben und den wir immer beibehalten. Ein Kind, meist war es Jacob, macht einen leisen Trommelwirbel. Die Spannung ist atemberaubend.

Ich bin überrascht, wie gut es funktioniert: Mit dem ganz Einfachen beginnen und entdecken, welche Poesie darin steckt, wenn es mit Ernst, Hingabe und Anmut geschieht. Das scheint das Geheimnis. Ich merke es mir. So starte ich immer wieder.

Nur einer wollte die Nummer auf der Bank nicht machen, Moritz' liebster Freund Christian, auch er lebt mit dem Down-Syndrom. Er ist ein fröhlicher, dicker blonder Junge, der mich immer lange umarmt. Wir kennen Christian fast seit seiner Geburt. Eine alte Frau aus seinem Haus, selbst vielfache Großmutter, hatte den Auftrag, ihn in ein Heim auf dem Land zu bringen. Sie kehrte um und entschloss sich, Christian selbst aufzuziehen. Die Eltern, er Sonderschullehrer, sie Kostümbildnerin, sahen sich nicht in der Lage dazu. Nicht jeder schafft das, aber die falsche Großmutter war die richtige für ihn. Wir liebten sie, wenngleich sie Liebe oft mit Essen verwechselte. Sie hat ihn betreut, bis er 14 Jahre alt ist. So offen und lustig er auch ist, so entschlossen ist er, jede Stufe im Alltag zu meiden. Bei Bahnfahrten wurde sein schwerer Körper stets von mehreren männlichen Bahnschaffnern in den Wagon gehoben. Also unsere Arbeit auf der Bank findet ohne Christian statt, in allen Proben. Aber er bekommt eine Sondernummer bei den schnellen Rollen: Da er nicht wie die anderen Kinder Vorwärtsrollen beherrscht, droht wieder ein Kunststück ohne ihn. Aber da legt sich Christian quer wie eine Wurst auf die Matte und rollt und rollt sich über seinen dicken Bauch und lacht sich dabei kaputt.

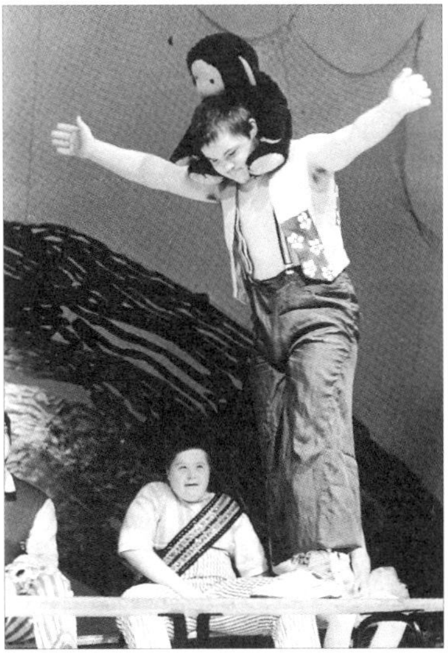

Moritz bei seiner Balanciernummer

Nie werde ich Anke vergessen, ein schlankes, hinreißend schönes Mädchen mit langen dunklen Haaren. Sie war schon lange mit

Moritz in einer Gruppe, und ich mochte sie. Es dauerte lange, bis die Worte aus ihrem Mund kamen, da hatten die Augen schon alles erzählt. Sie strahlte mich an, wenn ich kam, sie strahlte eigentlich immer, konnte aber auch sofort tieftraurig sein, wenn sie meinte, sie hätte etwas falsch gemacht. Beim Balancieren auf der Bank faszinierte sie mich in ihrer langsamen intensiven Art mit den bunten Tüchern, die sie kreisend schwenkte (ich hasse eigentlich alles mit Tüchern), mit ihrem grazilen Gang, mit einem so seligen Lächeln, dass man sie nur anschauen wollte. Da war sie ganz und gar vollkommen. Ihre Mutter war nicht begeistert von dieser Beschäftigung. Zu sehr fürchtete sie, dass die Kinder ausgelacht werden. Auch sollte in ihrer Schule, in der sie selbst Lehrerin war, nicht bekannt werden, dass Anke behindert war. Sie bangte um die eigene Autorität bei den Schülern, wenn die erfahren würden, dass sie selbst eine „dumme Tochter" hätte. So sind Eltern auch.

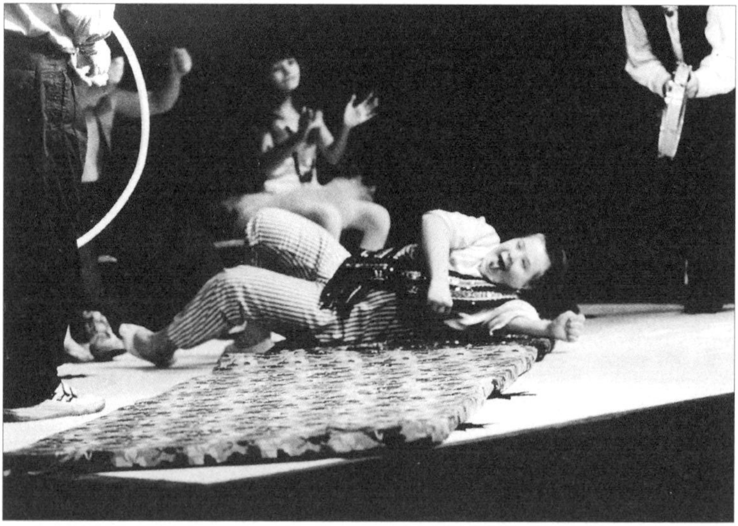

Christians berühmte Rolle

Und dann Roberto, scheu, verzappelt, ein großer, brünetter, sehr schlanker Junge, springt quer über sieben nebeneinander liegende Körper. Ich liege immer an der siebenten Stelle, er hat mich nie getroffen. Roberto jubelt danach immer vor Freude, hüpft und klatscht aufgeregt in die Hände. Drücken lässt er sich nicht.

Ich übe Ballchoreografien, die nach und nach schwieriger werden, teste aus, was die Kinder können und mögen, übe schnelle oder langsame Rollen auf Matten, sie brüllen als Löwen, und Moritz ist ein Clown. Manche sind besonders schnell, manche besonders langsam, alles hat seinen Platz. Es ist wieder das ganz Einfache, das mit Hingabe vorgeführt am meisten beeindruckt. Sie versuchen nicht, „gut" zu sein, „der Beste" zu sein. Sie versenken sich und freuen sich über ihr Können.

Klaus steigt nach einem halben Jahr als Stallmeister ein und spielt eine Clownsnummer mit Moritz. Nach einem Jahr bemerke ich, dass es keine Fortschritte mehr gibt. Ich beschließe, die Aufführung einem Publikum vorzuführen. Die ersten Zuschauer sollen Eltern und die Kinder der Tagesstätte sein, aber auch die Erzieherinnen. Vorher besorgen wir Kostüme und zwei alte Scheinwerfer vom Theater. Die Vorstellung in der Tagesstätte findet an einem Nachmittag statt. Wir sind rechtzeitig bei den Kindern, schminken, helfen beim Anziehen der Kostüme und beruhigen die aufgeregten Kinder. Wir sind nicht weniger aufgeregt. Mit der missglückten Weihnachtsaufführung im Nacken bangen wir, ob es klappt. Werden sie versagen, weinen, nicht spielen wie beim Weihnachtsmärchen? Die Energie ist auf dem Siedepunkt. Die Kinder brennen darauf, sich zu zeigen, sie sind schon vorher stolz! Endlich Auftreten. Und als die Kinder zum bekannten Zirkusmarsch hereinhüpfen und -drängen, weiß ich, es wird gelingen. So war es. Die Kinder sind alle noch viel besser als in den Proben, die Anwesenheit von Publikum

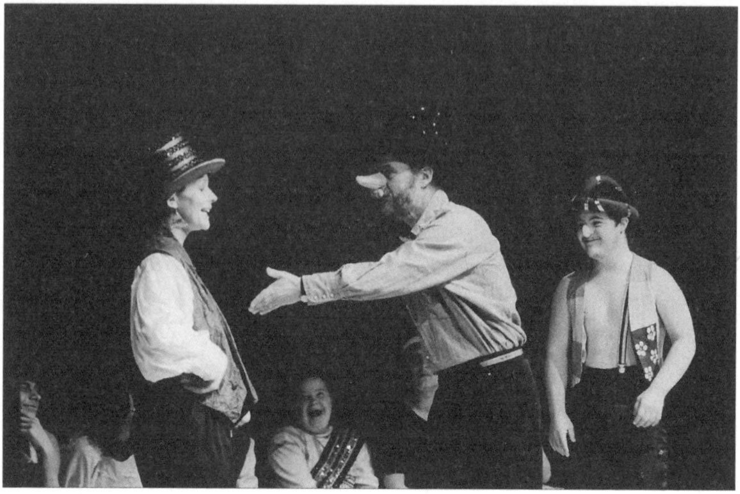

Stallmeister und Zirkusdirektor

beflügelt sie derart, dass jeder über sich hinauswächst. Kein Ball fällt herunter, Roberto springt trotz Aufregung präzise, Moritz spielt mit Klaus eine urkomische Clownsnummer.

Aber diese erste Aufführung ist auch aus einem anderen Grund eine Sensation für uns. Zu aller Überraschung steigt Christian vor Todesverachtung zitternd auf die Bank, greift unsere Hände links und rechts sehr fest, fast presst er sie, und balanciert schwankend und stolz, Schritt für Schritt über die Bank. Als er fertig ist, läuft ihm der Schweiß von der Stirn, und man sieht den glücklichsten Menschen der Welt. Er zerdrückt uns fast vor Freude darüber, dass ihm das gelungen ist. Was er in keiner Probe getan hat, vor dem Publikum überwand er alle Ängste. Christian wird sehr selbstbewusst danach. In den Zug muss er weiterhin gehoben werden. Aber da ist ja auch kein Publikum.

Es war geglückt: Die Kinder waren stolz, boten dar, was sie gelernt hatten, und steigerten sich vor dem Publikum. Das Theater konnte beginnen. Mit Scheinwerferlicht, Kostümen und Zirkusmusik wird es eine poetische und lustige Aufführung, die nicht nur die Eltern und Kinder begeistert, sondern auch die Kinder aus Kindergärten und Schüler der 1. und 8. Klassen, die uns bald einladen.

Auch zeigt sich hier schon die beflügelnde Wirkung von Applaus. Später feiern meine Schauspieler regelrechte Applausorgien. Sie kommen immer wieder raus und verbeugen sich Rad schlagend, tanzend, sich selbst bejubelnd. Es ist wie eine Sauerstoffkur für sie.

Die Kinder und Jugendlichen meiner kleinen Gruppe hatten viel gelernt: lustvolles Üben, Überwinden von Angst, Überschreiten von Grenzen, Zusammenarbeit, Stolz bei der Präsentation. Zugleich jedoch haben wir alle gelernt, dass hier kleine Künstler darauf warteten, wahrgenommen zu werden. Ich weiß, wohin mein künstlerischer Weg geht.

Wir versuchen, über den Zirkus einen Anstoß zu geben für eine breitere kulturelle und sportliche Betätigung unserer Kinder. Mit Special Olympics, Para Olympics und Inklusivem Theater in England eroberten sich in den achtziger Jahren Menschen mit Behinderung weltweit neue Räume. Nicht in der DDR: Unsere Gespräche mit dem Zentralrat der FDJ, in denen wir für eine solche Initiative werben, werden immer kürzer, von anfangs einer Stunde über dreißig bis zu zehn Minuten beim letzten Treffen. Aus der anfänglichen Begeisterung der Funktionäre über diese Idee, die vor allem aus der Überraschung herrührte, dass sie doch offensichtlich Menschen vergessen hatten, wurde die Mitteilung, dass diese Menschen doch schon überall seien, in allen Jugendclubs, was definitiv nicht stimmte und auch nicht dem entsprach, was wir vorgeschlagen hatten. Der Verantwortliche der Sportstadien ließ uns ausrichten, in Sportstadien hätten Behinderte nichts zu suchen.

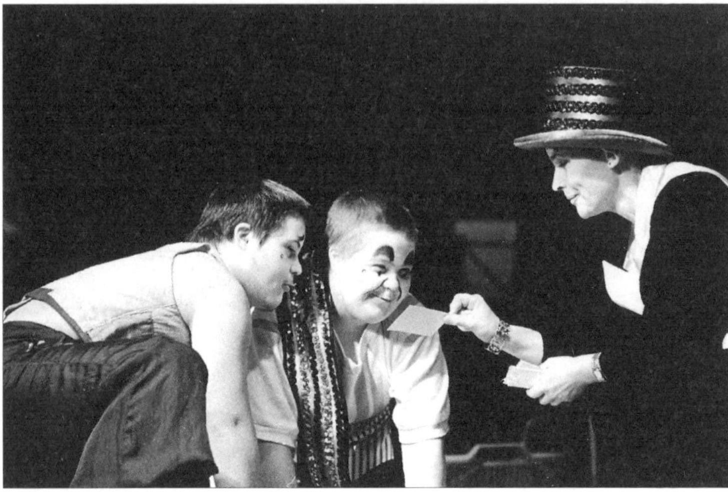

Auch eine schöne Zirkusnummer: lesende Hunde

Auch innerhalb der Tagesstätte werden wir nach wie vor nicht geliebt. Wir bringen Unruhe, die Kinder spielen brüllende Löwen, und sie können im Zirkus Sachen, die sie sonst nicht können. Am meisten „liebe" ich die Begründung, dass sie „jetzt dauernd wie Löwen brüllten, dabei hatten wir sie doch jetzt so schön leise".

Der Zirkus aber wird zum Urgrund, zur Geburtsstunde vom Theater RambaZamba.

Schon damals ist Moritz Chef. Er kennt alle Abläufe, wann jeder dran ist, und hilft bei Auf- und Abbauten. Das Theaterblut ist deutlich zu merken.

Christian wird später im Sonnenuhr Atelier ein großartiger Maler monochromer Bilder. Heute lebt er glücklich in einer WG der Lebenshilfe ganz in unserer Nähe.

Anke wird mehrere Jahre Schauspielerin im RambaZamba sein, aber als sie schon wunderbare Rollen, zum Beispiel die Glauke in „Medea" gespielt hatte, nimmt die Mutter sie aus dem Theater.

Theater verstehe ich von jetzt an als Ort, an dem einer dem anderen – in einem Kreis oder auf einem Teppich – etwas vorspielt, mitnimmt in seine Fantasie, in eine andere Realität. Mit diesem weiten Theaterbegriff, den auch der englische Theatermacher Peter Brook in seinem Buch „Der leere Raum" anwendet, ist alles möglich, Zirkus, Träume, Magie, Fantasie und auch Geschichten.

4. Akt

1989: Die kurze Zeit der Anarchie und ihre wunderbaren Folgen

Schon als junges Mädchen war für mich nichts tödlicher als die endlos scheinende Vorhersehbarkeit eines DDR-Lebens. Ich wollte das Ungewisse, das noch alles versprach, und steckte voller Sehnsüchte und Lust aufs Leben. Ich hatte mir oft gewünscht, dem erstickenden und schweigenden Zuhause zu entkommen, der kleinen Mansarde unterm Dach und den beiden Schrebergärten, den Vorräten im Keller ohne Licht, der politischen Bevormundung und versuchten Uniformierung des Denkens in der Schule und dem Durchgeplanten eines DDR-Lebens. „Von der Krippe bis zur Bahre…". Es musste noch ein anderes Leben geben für mich, wo mein wildes Denken Platz hatte, alternative Wege möglich waren. Immer noch Ausreisegedanken. Aber wie?

Als es 1976 nach der Biermannausbürgerung für ein politisches Statement wichtig gewesen wäre, wegzugehen, Position zu beziehen, hatte ich gerade Moritz geboren. Nicht zu denken an eine Ausreise. Durch das Leben mit Moritz hatten „ungewisse Ziele" keinen Raum mehr. Die Entscheidung war gefallen für Moritz, das bedeutete Kontinuität und Verlässlichkeit. Früher hatte ich oft ein Leben postuliert, in dem ich jederzeit meinen Koffer nehmen kann, um aufzubrechen. Aber das ging nicht mehr. Und immer noch war da die Hoffnung auf Tauwetter. Wie viele Menschen in der DDR wünschte ich mir mehr Freiheit des Denkens und Lebens, eine wirkliche Demokratie und weniger Verlogenheit, kurz: einen anderen Sozialismus.

Im Untergrund bewegte sich in den achtziger Jahren viel, auch bei den Töchtern von Klaus. Eine reiste aus, die andere wurde ein Punkmädchen, die dritte entschied sich für ein gänzlich frei bestimmtes Leben ohne Haftung. Als Künstlerin lebt sie heute einsam und ganz verkannt.

Viele Bürger verließen das Land. Mit meinen Söhnen schien das ausgeschlossen. Wir lebten wie auf Wartestation. Und nun …

Am Abend des 9. November hatten wir Besuch von meinem langjährigen lieben Freund Micha aus Westberlin. Er hatte sich gegen 20 Uhr verabschiedet, um 23 Uhr klingelten wir ihn aus dem Bett in Kreuzberg. Ohne Kinder, ohne Hund. Wir hatten beschlossen, sie nicht in Gefahr zu bringen, den Hund bei ihnen zu lassen, vertrauten darauf, dass wir in wenigen Stunden zurück sein würden. So war es. Aber vorher tranken wir mit Micha in Kreuzberger Kneipen Wein und stießen mit jedem der außer Rand und Band geratenen Gäste an. Dann wieder zurück mit einem leisen Bangen, ob sie uns wieder reinlassen. Die Grenzpolizisten hatten uns den Stempel aufs Foto gedrückt, wie ein Zeichen. Aber wir landeten in unserer Wohnung, freudig begrüßt vom Hund. Er benimmt sich, als wären wir Jahre weg gewesen. Die Jungs schlafen, sie haben nichts bemerkt.

Da war sie plötzlich, die Freiheit. Die kurze Zeit der Anarchie. Für mich war es wie ein Fall in ein anderes Universum. Ein nächster, ganz unbekannter großer Wald mit unbekannten Ausgängen, hoffnungsvoll begrüßt von mir.

Nichts galt mehr. In unserem Dorf geschahen die befremdlichsten Dinge. Die Früchte und das Gemüse kosteten nichts mehr. Die Bauern schlachteten sämtliche Hühner und vergruben sie. Billigster Unterhaltungsschrott überflutete die Höfe. Dabei herrschte eine Stimmung zwischen Endzeit und Freude auf Neues. Die Bauern warteten einfach ab, ergeben. So wie sie auch Tschernobyl ergeben geleugnet hatten: „Hast du 'ne Wolke gesehen, Willy?" – „Nee, hier war nichts." – „Und der Salat schmeckt wie immer. Hier war nichts." So orakelten sie jetzt an unserem nächtlichen Lagerfeuer über das nahende Ende: „Der alte Gutsherr kommt bald zurück. Dann müssen wir wieder alles abgeben." Ich konnte es nicht glauben, in meinem Leben gab es keine Gutsbesitzer mehr. Der Alkohol hatte ihnen zu DDR-Zeiten den Blick vernebelt, und der jetzige war noch billiger, aber mit dem Gutsherrn sollten sie recht behalten. Nur wurde er nicht das Problem, sondern die einige Jahre später zuziehenden Identitären und Neonazis.

Jetzt konnten wir unser Haus erwerben. Wir hätten damals alles kaufen können, auch das Schloss in Carlsdorf. Aber unser Haus auf dem großen Grundstück am Feld ist uns genug.

Wir aber genießen vor allem Berlin. Abends sitzen wir auf dem Bürgersteig in der Oranienburger Straße, trinken Wein, stellen die Gläser irgendwo ab, kommen wieder, finden in einer Hofdurchfahrt alte Gartenstühle und Tische und bekommen spätabends etwas zu essen. Das alles war vor dem Mauerfall vollkommen unmöglich. Der warme Regen ergießt sich aus allen kaputten Dachrinnen und Lücken genauso wie sich jeden Abend Tausende Menschen in diese Straße ergießen, wie auf einer nie enden wollenden Demo der gelösten Freiheit, die wir noch nicht ganz begreifen. Wir ziehen den kleinen Gartentisch in die Durchfahrt vom „Silberstein" und bekommen nur noch die Regenspritzer ab. Selbst das genießen wir. Die grauen Giebelwände in der Oranienburger Straße werden zu Malgründen für Farben, die wir im Straßenbild noch nie gesehen hatten, das Kunsthaus Tacheles wird zum Zentrum der freien internationalen Kunstwelt und macht uns staunen, die Gemüseläden werden Kneipen. Es geht, alles scheint möglich. Endlich geschieht, was ich ersehnt hatte. Wir können nicht wissen, wohin der Weg führt, auf den wir uns sofort machen. Aber für uns ist sie endlich da, die Chance, etwas vollkommen Neues zu erproben. Die Zukunft der Staaten scheint offen, und wir hoffen auf einen dritten Weg. Anders konnte es gar nicht sein. Das war ein Anfang, für beide Staaten, und in jedem Anfang steckt bekanntlich ein Zauber.

Heiner Müller sah es bereits anders, aber ich konnte nicht glauben, dass die nächsten Jahre ein perfekter Anschauungsunterricht in Politökonomie werden würde. Wir sehen nur die Chance.

Vor allem wünsche ich mir neben einer besseren Schule für Jacob eine bessere Förderung für Moritz. Was würde nun möglich sein? Ich hatte gehört, dass in der Bundesrepublik seit den siebziger Jahren Menschen mit Behinderung und deren Angehörige für eine Verbesserung ihrer Lebensverhältnisse und mehr Förderung gekämpft und schon etliches erreicht hatten. Während für Moritz ein Schulbesuch selbst einer Sonderschule gänzlich ausgeschlossen war, kamen in Westberlin die ersten Kinder mit Down-Syndrom in eine Regelschule. Die Vorreiterin Jennifer Lau wird später Schauspielerin in meiner Theatergruppe und eine wichtige Persönlichkeit. Meine Tante aus dem Westen hatte mir Berichte über Frischzellenkuren für Kinder wie Moritz und eine mögliche Verkürzung der großen Zunge geschickt, eine sehr blutige Angelegenheit, die auch Jenny über sich ergehen lassen musste. All das ging bei uns damals nicht, und ein Abschneiden der Zunge kam sowieso nicht in Frage. Aber jetzt war ich voller Hoffnung. Bald sollte ich jedoch erfahren, dass auch der Westen kein Vorzeigekind war. Hier wie dort gab es keine wirkliche Aufarbeitung der Euthanasie, im Westen waren Ärzte und Pfleger im Amt geblieben und arbeiteten zum Teil auf hohen Posten weiter. Nach der Wende las ich die ersten erschütternden Zeugnisse des Historikers Ernst Klee über die Gräueltaten an Menschen mit Behinderung im Nationalsozialismus und über deren Vertuschung in der BRD. Das Entsetzen reichte tief. So zynisch, menschenverachtend und systematisch hatte ich mir das nicht vorgestellt. Nach der Wende nahm Klee sich die Zustände in Heimen der DDR vor. Wir wussten einiges, aber seine Berichte machten mich erneut fassungslos.

Bei Aufenthalten in verschiedenen westdeutschen Städten, in die ich vor der Wende manchmal zu Klaus' Premieren reisen durfte, entdeckten wir Wohnheime und Werkstätten stets am Rande der Städte, ein bisschen im Wald, schön gelegen, ganz für sich. Sie „störten" nicht. Im Haus meiner Tante in Bonn wohnte eine Familie mit drei Töchtern. Ich besuchte sie jedes Mal in ihrer teuer eingerichteten Wohnung voller Bücher und Antiquitäten. Eine Tochter hatte das Down-Syndrom. Ging die Familie spazieren, ging der als Studienrat tätige Vater mit den beiden anderen Töchtern voraus. Die Mutter und Sternchen, wie sie genannt wurde, mussten Abstand halten. Keiner sollte annehmen, dass sie zusammengehörten. Sternchen kam dann in ein so schönes Wohnheim im Wald, die Mutter wurde schwer depressiv und frühzeitig dement.

Angesteckt durch die Behindertenbewegung und politische Entscheidungen in der BRD zugunsten behinderter Menschen ist es auch in der DDR zu kleinen Verbesserungen gekommen. Aber es war sehr zaghaft, und weiterhin war nicht an einen Schulbesuch, Therapien oder Vereinigungen von Eltern oder anderen Betroffenen zu denken. Noch 1989 treffen wir uns heimlich, regelrecht inkognito, in verschiedenen Wohnungen mit anderen Eltern, um uns auszutauschen und aus dem Westen besorgte Literatur über Menschen mit dem Down-Syndrom zu lesen.

Als sich in Berlin der Allgemeine Behindertenverband gründet und Eltern von Menschen mit sogenannter „geistiger Behinderung“ kein Gehör finden, sogar niedergebrüllt werden, sie sollten erst mal die Betroffenen reden lassen, die das aber nicht können, gründen wir die Lebenshilfe Berlin-Ost. Wir müssen erst unsere spezifischen Probleme formulieren, bevor wir vielleicht aufgehen können in einem „Allgemeinen deutschen Behindertenverband“. Nicht allen gefällt das, aber es ist dringend nötig. Die Probleme sind so unterschiedlich, wie es Arten von Behinderung sind.

Und nun ... Zukunft

1990. Wir stehen vor der Frage, wohin nach der ersten Euphorie unser Weg führen würde. Klaus war „fertig“ mit dem Theater. Noch Ensemblemitglied am Deutschen Theater, wollte er nach all den Kränkungen dort nicht mehr inszenieren. Einen Verlag zu gründen, gab er wieder auf. Ich war am Ende meiner Promotionszeit, und so waren wir beide auf dem Sprung, unser berufliches Leben in neue Bahnen zu lenken. Nach Moritz' Geburt war für mich klar gewesen, dass ich meinen Beruf aufgebe, da Klaus schon ein durchstartender begabter Regisseur war, ich aber „nur Anfängerin“. Jetzt aber will ich die von mir begonnene Theaterarbeit mit Künstlern wie Moritz und seinen Freunden fortsetzen. Vielleicht gemeinsam. Es braucht nur noch einen letzten Anstoß …

Eines Tages klingelt es, und ein großer Mann im langen Wollmantel steht vor der Tür. Henning B. Er setzt sich in die Küche und hört nicht mehr auf zu reden. Von Beuys, dessen Schüler und Assistent er war, und von Liège. In der kleinen belgischen Stadt gibt es ein Kunst-Haus, in dem nur Künstler mit Behinderung arbeiten. Das

Haus gehört der Stadt, es ist keine private Stiftung. Wir trinken endlos lange Tee. Es wird Abend. Beim Abendessen mit Schwarzbrot und Salat schwärmt er von unserem Zirkus und drängt: Liège kann auch in Berlin stattfinden. Als er geht, da weiß ich es. Das ist es, was wir machen müssen. Henning fliegt mit wehenden Mantelschößen die Treppe hinunter, Klaus kommt herauf. Ich erzähle ihm von Liège, in der Küche, beim Wein und mache es ihm schmackhaft. Er als Leiter, das könnte seine Wunden heilen. Ich denke immer noch zuerst an ihn. Er beißt an. Dass ich das Theater dabei machen will, wünsche ich mir nur, sage es noch nicht.

Jetzt geht alles sehr schnell. Wir schreiben das Konzept für eine Kunstwerkstatt, in der Menschen mit einer anderen geistigen Ordnung mit anderen Künstlern gemeinsam in allen Künsten arbeiten und lernen. Wir denken an Moritz.

Während dieser aufregenden Tage bereite ich mich auf die Verteidigung meiner Doktorarbeit vor, bilde den stabilen Kern in der Familie, gehe mit dem Hund raus, vergesse ihn mal bei der Post, mal auf dem Hof beim Wäscheaufhängen, hole ihn zurück, während Klaus mit unserem Konzept an die runden Tische zieht und Verbündete sucht.

Alle Politiker und Entscheider, denen wir von unseren Plänen erzählen, finden sie gut. Wir hätten auch ein Elefantentheater gründen können, in dieser Zeit ging alles. Aber natürlich klang ein solches Projekt besser als ein Elefantentheater, zumal in ganz Deutschland Wüste herrschte, in der es weder Elefanten noch Kunst von Menschen mit Beeinträchtigung gab, außer in ein paar Kliniken unter der Rechtfertigung von Therapie. Es gibt offiziell keine „Künstler mit geistiger Behinderung“ und de facto kein entsprechendes Theater. Die neuen Politiker aus dem Osten bieten uns sofort große, aber absolut unfinanzierbare Häuser an, so das ehemalige Fundbüro in der Wilhelm-Pieck-Straße, heute Torstraße. Die anderen, aus dem Westen, finden es auch gut, glauben aber, dass man das Projekt klein halten kann, dass es nichts kosten sollte und man sich dennoch damit schmücken kann, mit der neuen „sozialen" Kunst.

Am 3. Oktober 1990 gehören wir zu den Eingeladenen, die anlässlich der Vereinigung im Reichstag feiern dürfen. Wir treffen inmitten des lautstarken Politikerschwarms um den Kanzler vereinzelt Bekannte aus der Kulturszene, viele ganz am Anfang ihrer Karriere: später berühmte Tänzer, Regisseure, Puppenspieler. Wir sitzen vor den Schmalzhäppchen und der Kartoffelsuppe und fühlen uns wie im falschen Film.

Zu Hause tobt die Umstellung auf die neue Zeit. Gerade in dieser unruhigen Zeit brauchen die Söhne mich sehr. Moritz ist inzwischen vierzehn geworden. Jacob muss ihn nicht mehr verteidigen gegen Kinder oder Jugendliche, die über ihn lachen, sich über ihn lustig machen, ihn sogar nachäffen. Jacob hatte es nicht leicht gehabt und gut austeilen gelernt. Das hat es ihm noch schwerer gemacht. Es war in den vergangenen Jahren schwieriger gewesen mit Moritz in der Öffentlichkeit. Er war lange in der Pubertät, benahm sich gern daneben, und wenn Kinder über ihn lachten, schwang Jacob schon mal das Tau, um Moritz zu verteidigen. Postwendend kamen die Eltern zu mir, um ihre Unschuldsengel zu verteidigen. Später hat Jacob in dem Film „Liebe dich …" formuliert, dass er immer ein schlechtes Gewissen hatte, weil ihm so viel offenstand, was Moritz niemals möglich sein würde. Nein, es war nicht leicht für ihn mit seinem Bruder, der aus unterschiedlichen Gründen immer wieder im Mittelpunkt stand.

Jacob versuchte, mit den neuen Verhältnissen, besonders in der Schule und in unserer Arbeit, zurecht zu kommen. Vor der Wende bestimmten mein Studium und Klaus' schwierige Theaterarbeit unser Leben. Aber jetzt war alles anders, auch bei uns. Er verlor gewohnte Sicherheiten. Manchmal ging die Tür zu seinem Zimmer nicht auf. Erste Versuche auf dem Rhythmuscomputer sind zu hören. „Lieber Musik als an der Nadel" ist meine Begründung für die nicht billigen Anschaffungen seines Equipments.

Jacob geht mit seinen Freunden erstmals auf die Demos linker Gruppen und kommt mit der zynischen und brutalen Polizei in Berührung. Die Polizisten machen sich über sie lustig als „Junge Pioniere" und schlagen bei der Anti-Olympia-Demo unerwartet mit den Knüppeln los. Wir regen uns gemeinsam auf. Eines Tages ist er blond und hat einen Irokesen-Haarschnitt. Er sieht großartig aus.

Moritz probiert aus, die Stadt zu erobern. Er hatte nach acht Übungsjahren endlich Radfahren gelernt. Acht Sommerjahre, in denen ich frühmorgens mit Moritz in den Monbijou Park gehe, liegen hinter uns. Es war immer dasselbe: Moritz zieht imaginäre Motorradkleidung an, Helm, Handschuhe. Er prüft die Maschine. Ich werde ungeduldig und versuche, es nicht zu zeigen. Dann wird es nämlich noch schlimmer. Jedes Mal. Dann tritt er den Gashebel. Schaltet wieder aus. Tief durchatmen. Ich locke ihn auf den Sattel. Er überprüft, ob ich die Hand am Gepäckträger habe. Gas geben am Lenker. Erneut prüfender Blick. Er fährt los, ich renne mit, lass los, renne zu meinem Fahrrad, steige auf, rase hinterher, da hat er sich schon ins Gebüsch fallen lassen, denn genau das kann er nicht: anhalten und absteigen. Er lässt sich fallen. Und wir beginnen von vorn. Acht Sommer. Dabei fuhr er ganz sicher und lenkte besser als ich durch enge Stellen hindurch. Aber stets kam ich niedergekämpft und ohne Erfolg nach Hause getrottet. Auch das neue BMX-Rad hatte nur Wut gebracht, weil er meinte, das Rad würde von allein über die Container fliegen wie in dem Film „Die BMX-Bande", und sein Rad tat es nicht. Als er es endlich lernt, ist kein Halten mehr, und er rast täglich durch den Park, entlang dem Spreeufer zum Nikolaiviertel und zurück, Treppen runter und rauf.

Eines Abends kommt er nicht zurück, wir suchen lange im Park, am Ufer, nirgends können wir ihn finden. Wir benachrichtigen die Polizei, und gegen Mitternacht können wir vor Sorge um ihn nicht mehr sprechen. War er in die Spree gefallen, verunglückt, Opfer eines Verbrechens? Gegen ein Uhr morgens die erlösende Nachricht: „Wir haben ihn." Er war in den Tiergarten gefahren, hatte sich, genau wie ich oft, verirrt und fuhr in die falsche Richtung nach Hause. Am ICC werden Leute auf ihn aufmerksam und holen die Polizei. Wir erwarten ein verängstigtes Kind, aber er ist selig. Erstens wird er in einem Polizeibus nach Hause gefahren, und dann war ganz wichtig: „Polizei kennt mich. Sagt Moritz zu mir." Noch heute liebt er Polizeiserien. Aber auch S-Bahnausflüge in die falsche Richtung gibt es, und immer findet sich jemand, der es bemerkt und ihm hilft, nach Hause zu kommen. Moritz hat es nicht geschadet, er lernte Berlin immer besser kennen.

Er hat schwimmen und Karten spielen gelernt und war im Zirkus der Protagonist, der wie kein anderer Abläufe und Prioritäten des Theaters verinnerlicht hatte. Er spricht noch immer wenig und ist schwer zu verstehen, aber er spielt leidenschaftlich und sehr genau und hat auch auf der Bühne das größte Herz der Welt. Sein neues Hobby wird Fußball. Und während er in den folgenden Jahren noch selbst spielt, wird er später ein treuer und leidenschaftlicher Fan von Bayern München und Union Berlin. Wenn ich mit ihm Fußball sehe, schmückt er sein Zimmer und auch mich mit Schals, Badetuch, Mützen, Tassen etc. seiner Mannschaft. Er liest alle Kicker-Nachrichten. Richtig, er „liest", was ihn interessiert: Stücktexte, Probenpläne, Kicker- und Kinonachrichten. Für ihn gibt es nach dem Fall der Mauer endlich eine Schule, und bis er zwanzig

Jahre wird, darf er die „Schule für Geistigbehinderte“ in der Mendelssohn Straße besuchen. Das sind dank seiner großartigen Lehrerin Cordula gute Jahre für ihn, die ihn stabilisieren und ihn etwas lesen und viel über die Welt lehren. Gerade in dieser Zeit, in der wir so beschäftigt sind mit der Gründung der Kunstwerkstatt und des Theaters, tut es ihm besonders gut. Er wird stolz und mutig.

Inzwischen freundet sich Jacob mit seinem Klassenlehrer an, der außer Mathematik Informatik unterrichtet, und das ist Jacobs Ding. Dieser junge Lehrer ist streng, zugleich borgt er sich von Jacob Musik, sie haben einen guten Draht zueinander.

In dieser Zeit wurde der Riss in der Beziehung zwischen Klaus und mir vorübergehend unwichtig. Noch dachten wir, mit unseren gemeinsamen Projekten der Zukunft auf den Pelz zu rücken.

Geburt der Kunstwerkstatt des Sonnenuhr e.V.

1990. Immer deutlicher wird, dass wir einen Verein gründen müssen, um Anträge stellen zu können und an Geld zu kommen. Es ist an einem sommerlichen Samstag, als wir auf dem Markt zufällig unsere Freunde Monika, Michael und Kira treffen.

Wir kennen sie fast so lange, wie Moritz auf der Welt ist. Auf einem Fest bei Carlos, unserem Berater in der „Murieta“ Arbeit, und seiner herzlichen Frau Gerda lernen wir sie kennen. Es war ein schöner Abend, den wir genossen, denn wir sind nur noch selten zusammen abends aus. Ein Ehepaar bot uns an, in ihrem Auto mitzufahren, zurück in die Stadt. Wir nahmen an und begegneten zwei Menschen, mit denen uns fortan viel verband und die bis heute zu meinen besten Freunden gehören. Mo und Micha Walter. Sie ist Romanistin und Historikerin, schlank und elegant, mit immer wuseligem braunem Lockenkopf, offen und herzlich, nach der Wende wird sie Professorin an der TU; er ist Teilchenphysiker in Zeuthen, in internationale Projekte involviert, zuletzt auch in der Antarktis, mit besonderem Humor und Witz. Beide sind äußerst kluge und witzige Gesprächspartner und immer hilfsbereit. Was uns sehr schnell verbindet, ist die Tatsache, dass auch sie eine Tochter haben, die nicht wie alle ist. Kira. Sie haderte lange mit ihrem Schicksal, das für sie keine Schachtel vorgesehen hatte, in die sie passte. Zu klug für eine Behindertenwerkstatt, nicht fit genug für eine andere Ausbildung. Sie hatten einen Bungalow in Melchow im Barnim, direkt im Wald. Wasser aus der Pumpe, Klo im Wald, hohe Bäume. Auf der Schaukel konnten wir zu viert liegen. Wir besuchten sie oft und verbrachten unbeschwerte Urlaube dort. Melchow wurde neben dem Malen Kiras Refugium. Sie malt und pflanzt dort, gießt, ordnet, ruht sich aus mit ihren unzähligen sie beschützenden Plüschtierfreunden. Manchmal kam Mo zu uns, um auf unsere wilden Jungs aufzupassen.

Als wir die drei 1990 auf dem Markt treffen, fragen wir sie, ob wir nicht einen Kunstverein gründen wollen für unsere Kinder und machen es gleich fest: Mit zwei weiteren Verbündeten, sieben müssen es sein, werden wir den Verein gründen. Nach einigen Diskussionen einigen wir uns auf den Namen Sonnenuhr, an dem uns gefällt, dass er ein Leben mit der Natur assoziiert, mit Licht und Schatten arbeitet. Das war nicht unwichtig nach den Jahrzehnten immerwährender Sonne des Sozialismus. So geschieht es dann. In unserer Wohnung, mit Moritz, Jacob und dem Hund, mit offenem Blick auf den Park. Der Notar ist zu uns gekommen. In einer halben Stunde ist es vorüber, der Verein gegründet. Als Sonnenuhr e. V., Haus der Begegnung, wird er wenig später beim Amtsgericht angemeldet. Die Gemeinnützigkeit ist das nächste Ziel, dann fangen wir an mit dem Antragszirkus.

Unser Verein gab sich das Ziel, Menschen mit einer sogenannten geistigen Behinderung bzw. einer anderen geistigen Ordnung gemeinsam mit anderen erstmals in Deutschland künstlerisch arbeiten und lernen zu lassen. Es ging und geht nicht um ein therapeutisches oder pädagogisches Konzept, sondern ausschließlich und ohne Rechtfertigung um Kunst von Menschen mit einer Beeinträchtigung, die dafür nirgends in der Gesellschaft einen Platz haben. Die Maßstäbe sollen ausschließlich künstlerische sein, sowohl im Ausdruck als auch in der Förderung.

Die Zeit war für uns. In all der wunderbaren Anarchie herrschte größtmögliche Offenheit allem bisher nicht Gedachten gegenüber. Es war die Zeit der Utopien, wenngleich viele wieder zerrannen angesichts der bedenkenlosen Einverleibung des Ostens durch den Westen. Aber unsere Utopie gewann immer mehr an Gestalt und Machbarkeit. Es gab einfach keine „Interessen" daran, der Treuhand waren wir egal, so konnten wir den Boden bereiten und unsere Träume Realität werden lassen. Wir besetzten zusammen den Pfefferberg und dann, vom Architekten Stefan Weiß dazu eingeladen, Räume in der Kulturbrauerei. Der Kulturausschuss tagte an beiden Orten.

Kurz nach der gemeinsamen Gründung unseres Vereins fragten wir Mo, ob sie nicht den Vorsitz des Vorstandes machen könnte. Es war äußerst wichtig, eine ganz und gar integre und engagierte Person auf diesem Posten zu haben. Mo war bereit, und das sollte sich noch mehrfach als segensreich erweisen. In all den unausweichlichen Konflikten, die es gab, mit Mitarbeitern, mit VIA – der Werkstatt für Menschen mit Behinderung, in der wir später Arbeitsplätze bekamen – moderierte sie klug und immer für den Kunst-Verein und das Theater denkend. Sie verstand es, unsere Freundin zu bleiben, unserer beider Kunst wertzuschätzen und offen für die Sorgen aller zu bleiben. Als Moritz später unter der Spaltung im Theater litt und es nicht schaffte, sich aus Klaus' Gruppe zu lösen, vermittelte Mo mit sehr viel Feingefühl und erleichterte Moritz seine Ablösung. Er liebt sie noch immer sehr dafür.

Sie war in der ganzen Zeit, am Ende waren es fast 30 Jahre, Regulativ, Ausgleich und Unterstützerin in vielen komplizierten Situationen. Dass wir es schafften, Klaus und ich, das hat sie mit ermöglicht.

Im Januar 1991 beginnen wir die Arbeit in fünfzehn Gruppen, die auf allen Gebieten der Kunst tätig sind. Ein Gesamtkunstwerk ist geplant, in dem sich alle Künste befruchten und durchdringen, bestimmt durch eine zu erwartende neue, eigenwillige Ästhetik unserer Teilnehmer. Malen, Keramik, Holz- und Textilkunst, Zirkus, Theater, Fotografie, Trommeln, Musizieren, Grafik und Bildhauerei, in kürzester Zeit kommen 150 Teilnehmer pro Woche. Sie werden assistiert von engagierten Künstlern. Die Ateliers, Werkstätten und Proberäume sind anfangs im Berliner Prenzlauer Berg verstreut.

Als wir mit dieser Arbeit starten, haben wir weder Geld noch Stellen oder Räume, und unser Büro residiert für ein gutes Jahr in unserer Wohnung. Mein Arbeitszimmer wird feldmarschmäßig okkupiert, was sowohl unsere beiden Kinder als auch den Hund ziemlich verwirrt. Wir hatten die Söhne nicht gefragt, aber sie trugen es mit Fassung. Das bedeutete: Die Sekretärin sitzt an meinem alten großen Schreibtisch in meinem ehemaligen Arbeitszimmer, im großen Zimmer Sitzungen mit Frühstück, Arbeiten bis tief in die Nacht, danach stundenlanges AB-Abhören. Privatleben gibt es nicht mehr. Und doch sind wir voller Pläne und Freude.

Und dann die erste heimliche Revolte einiger Mitarbeiterinnen gegen uns, natürlich in unserer eigenen Küche.

Unsere Familie war bereits in unserem Dorf in den Osterferien. Mein Neffe studierte in Berlin und hatte sich für ein paar Tage bei uns einquartiert. So wurde er unfreiwillig Zeuge, wie die künstlerischen Anleiterinnen und die Sekretärin in der Küche Umsturzpläne schmiedeten. Es wurde kein gutes Haar an uns gelassen. Dass wir es gewagt hatten, sie zu Briefmarkenkleben und Adressbeschriftungen auf Ausstellungs-Einladungen einzuteilen, wo sie doch „Künstler" seien, hatte sie besonders gekränkt. Wir erfahren es zu Ostern und besprechen, wie wir damit umgehen. Es war ein erster Test, ob wir geeignet waren als Leiter, und wir waren sehr aufgeregt. Ohne die Künstlerinnen wäre das Projekt damals nicht möglich gewesen, aber als anarchistische Vereinigung, in der jeder nach Gusto macht, was er will, und nur wir die ganzen Mühen hatten, ging es auch nicht.

In der einberufenen Versammlung, die Mo sehr klar und offen führte, kamen keine haltbaren Vorwürfe. Es gab viel Befindlichkeit, enttäuschte Erwartungen, gefühlter sozialer Abstieg. Wir können versachlichen, uns auf die weitere Arbeit einigen. Aber der Bruch bleibt. Vor allem ich hatte auf die Freundschaft mit ihnen Wert gelegt und hoffe immer noch, es würde gelingen: Arbeit und Freundschaft.

Bald stehen Entscheidungen an, es kann nicht einer alles machen oder beide alles. Die Geschäftsführung liegt weitgehend bei mir. Klaus übernimmt die Lobbyarbeit und die Leitung der bildkünstlerischen Bereiche. Die Theaterarbeit will ich leiten, ich hatte sie lange vermisst. Ich setze den Zirkus fort und gründe die Theatergruppe, zu der Klaus anfangs dazukommt, immer viel zu spät, und versucht, mir die Probe aus der Hand zu nehmen, bis ich entscheide, ohne ihn weiterzumachen. Im Theater will ich endlich weiterführen, was ich begonnen hatte, und beschließe, mein erstes Theaterstück allein zu inszenieren. Den Ausschlag dafür gibt unter anderem, dass Klaus mich mehr und mehr zu seiner Assistentin macht. Ich will aber eigenständig arbeiten und herausbekommen, was mit diesen Schauspielern möglich sein wird, will auch wissen, was ich kann. Raus aus dem Schattenleben. Die anderen Frauen des Projekts bestärken mich.

Im Frühjahr 1991 beginne ich mit den Vorbereitungen zu meinem ersten Stück.

5. Akt

Ins Dickicht

Montagnachmittag. Ich bereite mich im Jugendclub, in dem wir für einige Zeit Unterschlupf finden, auf das erste Treffen mit meinen zukünftigen Schauspielern vor. Der Raum ist leer und groß, helle Wänden, der Fußboden aus warmem Holz. Die Stühle habe ich zu einem Kreis gestellt, ich warte auf die Gruppe. Noch ist es still. Die Sonne macht einen Fleck auf dem Holz, in den sich Susi legt. Unser brauner Dackelmischling hat lange Ohren und ein sehr weiches Fell. Sie ist unser aller Liebling, aber mein Hund geworden.

Da sehe ich ihn kommen, den Bus mit meinen ersten Schauspielern mit einer anderen geistigen Ordnung. Für einen Moment kann ich sie anschauen, ohne dass sie mich sehen. Sie sind Mitglieder einer Wohngruppe, die Mutter einer Bewohnerin, selbst Theaterfrau, hatte sie für die Theatergruppe vorgeschlagen. Franzi, die spätere Weichherz-Mutter, wollte Theater spielen, und am besten gleich mit allen. Sie klettern aus ihrem Bus, zwei Männer im Rollstuhl sind dabei, und stehen unsicher herum. Ich gehe raus und will sie begrüßen, aber sie entdecken Susi, einige haben Angst vor dem Hund und schreien, andere wollen ihn anfassen und sind zu wild, der Hund kläfft, die Angst greift um sich, ich verfluche Susi. Moritz kommt dazu, Susi beruhigt sich, die anderen auch. Dann sitzen sie endlich auf den Stühlen und sehen mich an, erwartungsvoll, manche ängstlich, andere vorpreschend und alle noch ganz gefangen in ihrer eigenen Welt. Eine Frau ruft gleich: „Aber nicht anfassen! Nur

Männer!“ Ich denke, oh Gott, hoffentlich sind nicht alle so. Sie prägt sich ein. So lernen wir uns kennen. Sie sind ganz anders als die kleinen Mitglieder meines Zirkus. Es sind Männer und Frauen, denen man ihre Lebensgeschichte ansieht. Wie auch alle späteren Schauspieler arbeiten sie in „Werkstätten für Menschen mit Behinderungen“, viele hatten ein schweres Schicksal und wollen nun Schauspieler, Tänzer und Musiker sein. Ich suche Schauspieler für das erste Stück. Das könnte passen.

Während ich in ihre Gesichter schaue, frage ich mich, was sie können. Singen, Tanzen? Würden sie Text lernen können? Konnten sie Verabredungen und Wiederholungen einhalten? Was würden sie selbst verstehen? Was würde möglich sein an Geschichten, Träumen oder Nonsens? Viele offene Fragen stehen im Raum. Es geht um mehr als beim Zirkus. Wieder im fremden Wald höre ich zu, wie sie sich vorstellen und auf meine vielen Fragen antworten. „Mir geht es gut.“ „Meine Mutter hat Schmerzen, ich auch.“ „Mir geht's immer gut.“ „Wie heißt du?“ „Mein Vater ist tot.“ „Bald hab' ich Geburtstag.“

Susi legt sich zwischen uns und ist von jetzt an auf jeder Probe. Und die ist von jetzt an jeden Montag für zwei bis drei Stunden, dazu kommen die Zirkusartisten Moritz und Anke, und Micha und Martin, wie Moritz mit dem Down-Syndrom, aber zehn Jahre älter, die große Rollen spielen werden.

Bevor ich an die Proben zum ersten Stück gehe, will ich die Gruppe kennenlernen. Ich weiß nichts und bin im totalen Dickicht. Es stellt sich heraus, dass ihre Kenntnisse in Theaterspiel oder Literatur gleich Null sind, die „Sprache“ von einigen zum Teil unverständlich, ihr Denken unbegreiflich. Aber sie sind da, voller Lust und Offenheit. Und ich will mit ihnen ein Theater machen, das nicht das Bekannte nachahmt, sondern das ganz auf dem basiert, was diese Schauspieler können, was sie unterscheidet, besonders macht. Mitreißendes Theater voll Magie und Leidenschaft, das ist mein Wunsch.

Schnell ist mir klar, dass unsere Zusammenarbeit nicht auf dem bekannten Modus „Text verteilen, Leseprobe, Text lernen, Probe, spielen" basieren kann. Und ebenso, dass Texte, Sprache und logisches Folgedenken nicht ihre Stärken sind. Aber um die ging es, um ihre Stärken, und dazu müssen wir erst einmal tief tauchen, um einen gemeinsamen Grund zu finden, von dem aus wir starten. Also zurück zum Anfang, zum Einfachen, in die Stille auf dem Grund des Meeres, wo jedes Leben und jede Bewegung begannen.

Ich bitte darum, dass sich alle hinlegen. Einige machen es sofort. Andere zögern, gehen erst mal „auf Toilette", andere bekommen Hunger. Toilette ja, Essen nein. Die Frau, Grit ist ihr Name, ruft wieder: „Aber nicht anfassen! Das tut mir alles weh. Nur Männer!" Einer der beiden Marcos im Rollstuhl will auch hingelegt werden. Zum Glück sind die Betreuer dabei. Ich hätte nicht gewusst, wie ich Marco anfassen soll. Endlich Ruhe. Susi legt sich dazwischen. Schon schlafen zwei. Da liegen die Körper, schwere, zu dünne, krumme, verdrehte, angespannte, kurze oder lange. Kostbare Tempel ihrer Seele. Die mussten geweckt werden. Ich probiere es: *Atmen, entspannen, eine Reise auf einem Floß vorstellen, sich wahrnehmen, Wärme, Weichheit, Schmerzen (ja!), berühren, „nicht anfassen!", anspannen, entspannen, manchmal einschlafen, sich selbst entdecken, die eigenen Grenzen und die zum anderen. Erste Bewegungen, strecken, kauern, Finger zählen.* Ganz elementar. Doch Therapie? Nein, Ausbildung der Körper. Wir erfahren Nähe und Ablehnung voneinander, erfahren Genuss bei den zarten Massagen. Aber es braucht, bis sie ihre Körperteile orten, sich selbst wahrnehmen, empfinden können. Aber wenn sie es tun und mit kleinen Bewegungen beginnen, ist es sofort besonders und von schöner Eigen-Art. Aber was mache ich mit den beiden im Rollstuhl? Dasselbe. *Wahrnehmen, kleinste Bewegungen trainieren und bewusst machen.* Nur einer lässt sich ein, der andere will nur „Text, Text, Text. Was du machst, ist doch kein Theater!“ Meine Ansagen wirken auf ihn übergriffig. Schon das Wort Körper schmerzt ihn. Er steigt bald aus. Den anderen Spielern ist Text nicht wichtig. Sie sind offener und machen mit.

Wir machen weiter, loten die Grenzen aus. Wir spielen Tiere, laufen, toben, tanzen, schleichen, springen, stehen, atmen. Wieder wahrnehmen. Wir hören Stille und Lärm, Flüstern und Schreien, Nähe und Ferne, Lachen, manchmal Weinen, sich fallen lassen. Trance und Ekstase.

Vorsichtig tastend oder leidenschaftlich lassen sie sich ein. Damit ist die Grundlage da. Sie lernen den Körper kennen als das wichtigste Instrument für ihre Arbeit als Schauspieler. Mit ihm können sie sich direkt ausdrücken, ohne Sprache, der oft die große Zunge im Weg ist, können Trauer, Freude, Liebe und Wut spielen. Mit der Zeit werden ihre Körper und Stimmen durchlässig. Ich merke mir ihre Poesie, ihre Direktheit und Anarchie. Wie sie Tiere spielen, ganz unähnlich, doch zutreffend: der ängstliche Löwe Marco, der kranke Hund Grit, die faule Gazelle Franzi, der eitle Affe Martin, der kindliche Wolf Moritz. Sie können Regen und Schnee spielen und ihre Gefühle ausdrücken. Sie können sich ganze Abläufe mit dem Körper merken. Später haben wir viel mit Tanz gearbeitet, und es war immer leicht und sehr berührend.

Die Arbeit mit dem Körper bleibt unverzichtbarer Bestandteil der Theaterarbeit. Sie lieben dieses Ritual, weil es ihnen Sicherheit gibt und sie sich spüren, wie wahrscheinlich die ganze Woche nicht. Dabei kann auch ich spüren, wie sie gerade sind: voller Lust und wach oder unkonzentriert und müde, bedrückt oder blockiert. Dort kann die Probe ansetzen. Später kommt der Kreis dazu, in dem sie vor der Probe ihre Sorgen und Freuden erst mal abladen können.

Beim Abschied ist jedes Mal schon Vorfreude auf das nächste Mal zu hören. Alle winken aus dem Bus.

Wenn ich nach diesen Proben nach Hause komme, bin ich erschöpft, aber überglücklich. Allein die Begegnung mit ihnen, ohne viel Worte, macht mich reich. Es spricht etwas in mir an, was mir sonst nicht bewusst ist. Ich merke, es geht auch um mich. Wo können wir uns treffen mit unserer jeweiligen Eigenart, unseren Fantasien und Auf- und Abstürzen? Der ewig lächelnde Frank, die sich allen Zeitvorstellungen entziehende strahlende Anke, der wilde schnaubende Micha, was haben wir gemeinsam zu erzählen? Passt es überhaupt? Ich will ja nicht mein Theater machen, sondern unseres.

Mir war nicht klar, was die Grundlage für ein erstes Stück sein könnte, bis Klaus ein Buch von Georg Paulmichl nach Hause brachte. Es war die Zeit, als wir fast süchtig alle Informationen aufsaugten, in denen über künstlerische Aktivitäten von Menschen mit einer anderen geistigen Ordnung berichtet wurde. So war es kein Zufall, dass wir von Georg Paulmichl und seinem Betreuer hörten und seinen Gedichtband „Verkürzte Landschaft“ entdeckten. Wir hatten uns erkundigt und erfahren, dass der Dichter Georg Paulmichl mit einer anderen geistigen Ordnung in Südtirol an den „Ausläufern der Verwaltung“ lebt, wie sein Betreuer betont, und deshalb schon damals in einer Behindertenwerkstatt dichten und malen kann. Das gibt es eigentlich nicht. Einen solchen Arbeitsinhalt bot keine Werkstatt an. „Aber an den Rändern ist manches möglich.“

Wir halten es wie einen Schatz in unseren Händen. Es ist ein wunderbares Buch, das auch Ölbilder von Paulmichl abbildet. Seine Gedichte mit den verwirrenden Erzählungen sind in sehr klarer Schrift gesetzt, dazu seine poetischen, naiven Bilder in kräftigen grünen, gelben und roten Farben. Es ist unser erstes Buch von dieser Art, und wir sitzen in der Küche und können nicht aufhören, uns daraus vorzulesen und die Bilder anzuschauen. Es ist ein Vergnügen. Alle seine Gedichte arbeiten mit scheinbaren Unschärfen, die sich dann aber als sehr genaue Beobachtungen erweisen und von großartigem Witz sind. Egal ob er die Lehrer aufs Korn nimmt, die Sportler, die Ärzte, der heimliche Spott trifft.

Und plötzlich wissen wir, das ist es: das Gedicht, aus dem mein erstes Theaterstück entstehen wird, „Prinz Weichherz".

Das Gedicht erzählt von einem Antihelden, der ausbricht aus Einsamkeit und Langeweile und „mit seinen sieben Zwetschgen" in die Welt geht. Wie Peer Gynt hat er Ansprüche ans Leben, will der Einsamkeit entrinnen, den Menschen, die er nicht versteht, muss weiter und weiter, am Ende kann er sich selbst nicht entrinnen und stirbt. Da sind Sehnsucht nach Ferne, nach Ruhm, nach Kontemplation, Glück und der Wunsch nach einer vermeintlich besseren Gesellschaft. Welch ein Fressen fürs Theater!

Ich bekomme sofort Lust, und stelle mir vor, wie es gehen könnte. Noch kenne ich die Fähigkeiten und Vorlieben der Schauspieler nicht, aber ich denke, dass die sehr konkreten Themen und Orte sie herauslocken können. Die epische Struktur ist ideal, um wie im Zirkus zu arbeiten – mit kleinen Szenen, kleinen Rollen, Tanz, Musik, ohne lange Dialoge und Verbindungen, aber mit einer großen Hauptrolle. Nur das Thema ist nicht Zirkus, sondern das Leben dieses Helden.

Wir nahmen Kontakt zu Paulmichl auf und baten um seine Genehmigung, das Gedicht zu verwenden, und bekamen sie postwendend.

Zu meinem Team gehörten anfangs nicht viele: mein Dramaturg und Freund Stefan, mit dem ich Theaterwissenschaft studiert habe.

Stefan, groß und freundlich, der sich stets mit Humor, manchmal auch beißendem, der Situationen bemächtigt, ist von wunderbarer Sensibilität und großem Respekt, wenn er mit unseren Schauspielern zu tun hat. Er versucht, in dem Chaos die Fäden einer Erzählung zu halten. Unsere Zusammenarbeit ist eng und schonungslos, wir können schlechte Ideen schlecht nennen und sind nicht beleidigt. Nach unserer Zusammenarbeit wird er längere Zeit mein unerbittlichster Kritiker. Unsere Freundschaft hat nicht aufgehört, obwohl wir kaum noch Zeit füreinander haben.

Zwei Musiker kommen über eine Arbeitsbeschaffungsmaßnahme (ABM) zu uns, komponieren und spielen mit der Gruppe. Auch Marlene gehört dazu, die erste Frau von Klaus, die bei uns Tanz unterrichtet, und inzwischen meine enge Freundin ist. Schließlich kommt Juliane, bis heute dabei als zuverlässige sensible Assistentin. Juliane hatte ich abwimmeln wollen. „Auf Grund unserer Erfahrungen nehmen wir keine Pädagogen und keinen aus dem Westen“, teile ich ihr am Telefon mit. Juliane war beides, blieb hartnäckig, verteidigte ihren Platz und ist bis heute dabei. Unentbehrlich. Auf den ersten Blick eher unscheinbar, dann schön.

Dazu kamen zwei engagierte Hospitantinnen.

Unser Probenraum ist die Aula der Kunsthochschule Weißensee, ein großer heller Saal, hohe Fenster an beiden Seiten. Wir statten den gesamten Raum mit Kostümteilen, Maskenmaterial, Requisiten, Stoffen und Instrumenten aus. Es ist August, immer noch Sommer. Wir sind glücklich hier.

Die Schauspieler kommen kurz nach uns an, froh, dem Alltag entrinnen zu können. Nach dem Anfangskreis stürzen wir uns in Köperarbeit zu afrikanischer Musik. Marlene bringt alle zum Tanzen, und wir genießen den großen Raum. Gefährlich ist es, die Augen zu schließen, dann finden sich schon mal die Hände von einem der Schauspieler, meist ist es Martin L., auf meiner oder Marlenes Brust. Aber er nimmt sie auch gleich wieder weg, wenn wir es sagen.

Und hier hält die Musik Einzug in unser Theaterleben. Ich hatte für das Theater gebrauchte afrikanische Trommeln gekauft und den Trommelkurs einer türkischen Sozialarbeiterin besucht. Ich lernte schnell, aber keiner meiner Spieler konnte diese komplizierten Rhythmen spielen. Aus dieser Zeit stammt mein Satz: „Also rhythmisch sind sie alle nicht, Moritz schon gar nicht.“ Wir liebten es aber, diese dicken Holztrommeln zu umfassen und die Resonanz im ganzen Körper zu spüren. Wie in der Zirkusarbeit ging ich runter vom hohen Anspruch, wir spielten in großer Gleichmäßigkeit 1, 2, 1, 2, 1, 2 … Das im gemeinsamen Tempo hinzubekommen, war eine Leistung. Aber was dabei entstand, war unsere Entdeckung von Trance. Wir mochten gar nicht aufhören, und immer mal kamen Besucher, auch Journalisten, die über uns berichteten, und trommelten mit. Zuerst taten sie es verschämt („Das ist ja so einfach“), dann strauchelten sie, ließen sich ein und machten beseelt mit. Wieder war ich am Punkt der Einfachheit. Es verband alles, Konzentration, gemeinsame Einstimmung, Rhythmus-Training, Trance. Alle liebten es.

Stefan und ich bereiten die Improvisationen vor, die größtmögliche Freiheit und Spielfreude ermöglichen, aber doch die Geschichte des Prinzen erzählen sollen. Wir suchten nach Vorschlägen, die mit ihnen und ihrer Fantasie zu tun haben. Wenn sie sie aufgreifen, haben wir Glück. Noch beobachte ich vor allem, was und wie sie es spielen.

Ich frage sie: „Wie wohnt man allein in einem Einfamilienhaus?“ Darauf passiert nichts. Sie bleiben stumm und verbiegen sich nicht mit schlechten Ideen. Meine Vorschläge werden konkreter: „Geh mal durch fünf Zimmer und suche deine Mutter. Aber niemand ist da.“ Das geht besser. Martin beginnt, albert aber nur herum. Franzi sucht, findet aber gleich eine Menge Leute. Micha sucht und hört zwanzig Minuten nicht auf zu spielen. Fantastische Geschichten gehen durcheinander wie im Traum. Einige Wochen improvisieren wir so. „Wie ist das, arbeiten, Panzerschränke bauen?" Fehlanzeige. Wir besorgen Kartons und stapeln sie. Also nicht bauen, sondern stapeln, und das immer schneller, im Akkord. Die Schränke werden hin und her gestapelt, kein erkennbarer Sinn darin. Beschäftigung, wie in der Werkstatt, das kennen sie. Einer meutert. Michael W. Wir werden erneut auf ihn aufmerksam, den großen, spieltollen jungen Mann mit Down-Syndrom.

„Wie ist Indien?" Plötzlich schlängeln sich alle wie beim Yoga, Martin verschränkt Arme und Beine, meditiert und singt. Ich bitte Anke, wie im Zirkus zu balancieren, und das Bild ist fertig.

Was wir jetzt wissen, ist, dass die Ausdrucksmöglichkeiten und Fähigkeiten der Schauspieler extrem unterschiedlich sind. Martin spricht wie ein Dichter, poetisch und elegant, am liebsten begrüßt er uns in Versen. Micha spielt mit seiner wilden, unkontrollierten Fantasie, die wir im Theater so nicht kannten. Antonin Artaud, der Erfinder des grausamen Theaters, hätte gejubelt wegen dieses entschiedenen wilden Ausdrucks, ganz ohne Interpretation. Während die einen kein verstehbares Wort herausbringen, können andere ganze Texte sprechen. Aber oft spielen die des Sprechens nicht so Mächtigen viel intensiver und verstehen intuitiv besser, worum es geht. Zu denen gehört Moritz. Manchmal versperrt Sprache auch den Zugang zum Gefühl. Thomas trommelt, Anke strahlt, Marco jagt mit dem Rollstuhl durch die Gegend, Moritz spielt alles mit seinem jungen durchlässigen Körper. Bei fast allen entdecken wir die Möglichkeit einer besonderen künstlerischen Äußerung. Immer ein bisschen ver-rückt vom „Normalen", so wie die Gedichte von Paulmichl.

Auf einer der ersten Proben tanzen die Frauen einen schrägen, ein wenig ungelenken Tanz. Da lacht Thomas, den wir aus der Malgruppe zum Trommeln dazugeholt hatten, was er großartig konnte, laut und verachtend los und sagt: „Das soll Tanzen sein? Das ist doch abstoßend, die können das gar nicht." Ich bin empört. Mich stört seine Unsensibilität den Frauen gegenüber und sein Urteil, das sich nur am „Normalen" misst. Ich bin etwas unfreundlich zu ihm und verbitte mir seine Art der Beurteilung. Juliane verteidigt ihn. „Aber es ist doch nicht schön, wie sie tanzen." Wir gehen unzufrieden nach Hause. Am nächsten Tag bitte ich die Musiker, so zu musizieren, dass die Frauen leichter zum Tanz finden. Und wir tanzen erneut so wie sie es möchten, und wir steigern das noch und machen eine kleine Choreografie daraus. Die können sie lernen, und durch die äußere Form wird aus ihren exzentrischen Bewegungen etwas ganz Besonderes. Es bleiben ihre Bewegungen, ihr Ausdruck, aber es hat einen Rahmen. Das zu lernen, war wichtig für uns.

Langsam müssen wir entscheiden, wer Prinz Weichherz spielen wird. Wer könnte diese große Rolle stemmen? Eine Frau? Mit Franziska und Grit („nicht anfassen, nur Männer!") habe ich meine ersten prägenden Begegnungen. Sie brennen sich mir ein, vielleicht weil sie zu den Träumen und Albträumen meiner Kindheit gehören, wilde Frauen des Waldes. Die füllige Franzi improvisiert wie besessen. Sie ist randvoll mit Gefühlen, Wünschen, Sehnsüchten, Träumen und Tränen. Sie ist eine Wucht, nicht nur wegen ihrer Körpermasse. Grit beeindruckt, ohne etwas zu sagen oder zu spielen. Sie ist neben Franzi die stärkste von allen, eine Frau aus dem Volk, die Stimme aus dem Untergrund, aus dem Hefesatz. Diese hexenhafte, unberechenbare Frau mit ihrer rauen Stimme, sich ständig verwandelnd zwischen großer Gebrechlichkeit und kraftvoller Aufrichtung, zwischen wimmerndem Kummer und schadenfrohem Gelächter. Zum Fürchten. Zum Streicheln. Der Körper ein wenig verkrümmt, weil „immer alles weh tut".

Franziska besetze ich als Mutter des Prinzen, Grit als Mutter der Zirkusprinzessin.

Michael schiebt sich immer mehr in unseren Blick. Mit seinem Charme und Humor ist er ein echter Herzensgewinner und die ideale Identifikationsfigur. Vor allem jedoch hat er die Fähigkeit, über sehr lange Zeit mit einer wahrhaft anarchistischen Fantasie zu improvisieren. Alles kommt zusammen in seiner Erzählung, die einem einzigen Traum gleicht: Als Westernheld sieht er fern, verkauft an der Haustür Hüte, erschießt in der Wüste Hühner, lenkt Raumschiffe, sieht den „Schulmädchenreport", während Vati schläft und hat mit Mutti Sex … und immer so weiter. Seine Geschichte geht ohne jede logische Ordnung frei durch Raum und Zeit, Traum und Film oder Leben. Es scheint egal. Und doch hat es eine Ordnung, nämlich seine Fantasie. Was in seinem Kopf vor sich geht, was er sieht, was ihm begegnet, ihn bedrängt, was er ersehnt. Zum Beispiel „Koffer packen für Afrika". „Was nimmst du mit?" „T-Shirt." „Und noch?" „Sonnenbrille." Er nimmt einen Schirm. „Micha, was willst du mit dem Schirm?"

„N*** pieken" war die sofortige Antwort. Dazu muss man wissen, Paulmichl spricht von „Affenhausen im N***kontinent".

Da war es, das Unkorrekte, Anarchische, Rebellische.

Daraus entstand die ganze Szene „Afrika". Wir waren gespannt, wie er das spielen würde: Nachdem er in Afrika mit seinen sieben Zwetschgen angekommen war, trifft er einen Stamm Eingeborene. Sie heißen ihn willkommen mit Tanz, bewirten ihn (mit einer Schlange) und bieten ihm ihre zwei Frauen an, mit denen er unter eine Decke kriecht. Grit und Franzi sind leidenschaftlich, Micha/Weichherz gerät in Bedrängnis, keuchend kriecht er zum Rollstuhl, dem Thron des Häuptlings und bittet, darin sitzen zu dürfen. Liebevoll wird der Häuptling auf ein Fell gelegt, und Weichherz setzt sich auf den Thron. Im selben Moment beginnt Micha/Weichherz, die

Eingeborenen mit seinem Schirm und Worten zu drangsalieren und seine Macht zu missbrauchen. Nach einer höflichen Weile verjagen sie ihn, stampfen hinter meterhohen Masken zu immer wilder werdender Musik, bis er voller Angst schreit und davonrennt.

Nach dieser Improvisation steht endgültig fest: Micha würde Prinz Weichherz spielen. Er zeigte uns, dass dieser Weichherz kein lieber Junge, kein Opfer ist. Er trägt bei zu seiner Einsamkeit. Er gibt sofort den weißen, arroganten Europäer, der mit seinem Schirm die Eingeborenen „pieken", „wilde Tiere jagen" und der „Herrscher aller" werden will. Er spricht es nicht nur aus, er spielt es auch ganz konsequent und mit Leidenschaft. So entsteht eine Figur voller Widersprüche, jenseits moralisierender und psychologisierender Bandagen. Es verschlug einem den Atem, wie er die „Eingeborenen" unterwarf. Kein guter behinderter Mensch, zu dem die Welt ach so schlecht ist, sondern jemand, der als Helden-Archetyp eine Aufgabe sucht, auch selbst verantwortlich ist für sein Scheitern. Er ist mit Leidenschaft „radikal böse". Und da unterscheidet er sich nicht von den sogenannten „Normalen". Er bleibt widerborstig, teilweise egoistisch und passt sich nicht an. Seine indische Prinzessin erstickt er mit Geschenken. Egal, was sie möchte, er setzt sich durch. Nachdem er ihr das achte Kleid übergezogen hat, fällt sie tot um.

Zum Theater war er mit seinem Vater Bodo gekommen, den ich schnellstens einbezog in die Probenarbeit, um ihn abzulenken von der Erziehung seines erwachsenen Sohnes. Micha war ein spätes Kind. Wegen seiner Trisomie 21 war ihm kein langes Leben vorausgesagt worden. „Ein paar Jahre." Aber er hatte Eltern, die für ihn kämpften und ihn förderten. Micha ist erstaunlich groß und stark, hat dabei eine weiche und federnde Art, sich in seiner ewigen Freizeitkleidung zu bewegen. Seine Mutter lässt ihm beim Frisör Dauerwelle machen. Nach Jahren setzten wir uns durch: Dauerwelle oder neue Rollen. Seine Stiftzähne nimmt er raus, wenn Mutti weg ist, wir wollen die Zähne zurück.

Die Proben mit ihm bleiben ein Abenteuer. Wir bauen die Szenen aus seinem Eigensinn. Ich kann nicht an seinem starken Willen vorbei. Das macht ihn wertvoll und zugleich herausfordernd. Mit Logik ist ihm nicht beizukommen. „Du gehst dahin, weil ..." zieht nicht. „Bitte streichle die Hollywood-Geliebte." – „Nein." – „Warum nicht?" – „Ich mag sie nicht. Ich will meine Mutti streicheln." Es hilft auch nicht: „Du machst, was wir gestern verabredet haben." Wir liegen auf der Lauer nach seinen Erfahrungen und Fantasien. Unsere Spiel-Vorschläge nimmt er an, improvisiert dazu, ändert sie ab, oder er verweigert sich total. Das müssen wir erst einmal begreifen, das Produktive an der Verweigerung. Für ihn gibt es nur: Er tut es gut oder gar nicht. Das gilt für alle. Fast immer hat er bereits einen eigenen Vorschlag. Und plötzlich, als sich alles in der Szene als Filmaufnahme entpuppt und er die „Geliebte" verlieren wird, geht es doch, und er spielt die ganz große Leidenschaft. „Bleib hier, komm zurück, ich liebe dich doch, der Tisch ist gedeckt, das Geschirr gespült, das Bett gemacht. Komm zurück." Mit dem neu entstehenden Material können wir weitersuchen, neue Vorschläge machen, die von ihm wieder weiter verändert werden. Damit praktizieren wir ein dialogisches Prinzip, und ich werde es für immer beibehalten. Michas ganz eigene Sicht auf die Probleme wird zum unentbehrlichen Bestandteil.

Sein emotionaler Zugang zum Stück waren Wut und Zorn. Die gesellschaftliche Benachteiligung dieser Menschen war uns immer präsent, und Michael hatte großen Zorn in sich, auf die Eltern, den Vater, auf alles, was ihn in seinen Augen nicht frei sein ließ. Auch Weichherz treibt die Wut an und zeigt, dass es für ihn auf der ganzen Welt keinen guten Ort zum Leben gibt. Eine bittere Aussage. Michas

Glück war, dass er es auf der Bühne äußern durfte. Ein wichtiger Antrieb war darum auch, seinem Vater, der als Weichherz-Vater im Stück mitspielte, ungebremst Contra zu geben. „Ich mach das, dann ärgert sich Vati." Er jubelte schon vorher. Dann spielte er, was er vorher verweigert hatte.

„Micha, lauf mal schneller." – „Nein, das geht jetzt nicht." – „Warum?" – „Ich habe keine Laufschuhe an." – „Aber dann geben wir dir welche." – „Ich habe kein Geld." Keine Chance, wenn er nicht will. Plötzlich läuft er schnell. „Was ist los?" – „Ich laufe meinem Vati weg." So schafft er sich selbst die Motivation. In einer Improvisation mit seinem Vater sollte dieser eine andere ehrlichere Beziehung spielen, die es Weichherz ermöglicht hätte, eine Aufgabe zu erfüllen. Der Vater spürte, wie Micha den Kampf aufnahm und wurde immer autoritärer, was Micha, ihn auslachend, frech kommentierte. Bodo kochte vor Wut. Plötzlich stand Micha auf, ging „zum Militär" und erschoss sich. Empörung beim Vater: „Das passt doch gar nicht, was spielt der denn?" Und wie es passte! Micha hatte den unseligen Drill seines Vaters, der früher bei der Polizei war, herausgespürt. Das alles gab ihm Futter für sein Aufbegehren, und er genoss den Zorn, die Verweigerung und seine Anarchie, die hier ihren Platz fanden. Dazu kam seine unbändige Lust daran, andere zu ärgern und auszulachen. Er versucht nie, einen „guten" Menschen zu spielen, er ist stets der Rebell. Mir gefällt sein Anspruch an das Leben und seine Früchte.

Mit seiner leidenschaftlichen und ehrlichen Spielweise hat er unsere Herzen erobert. Sein Weichherz wirkt am Ende des Stücks zunehmend verloren und heimatlos, doch schon auf den Proben merkten wir, er würde alle Herzen gewinnen.

Wir fragten uns dennoch: Wird er die Kraft und die Konzentration für das ganze Stück haben?

Mit fortschreitendem Herbst werden die Fenster renoviert, Lärm, Staub und Kälte setzen uns zu, ich probe in einen dicken Kaninchenfellmantel gewickelt und ignoriere meine Krankheiten. Wir sind wie im Rausch.

Es ist nicht immer klar, ob Micha es schaffen würde, den Abend zu tragen und 90 Minuten der Protagonist auf der Bühne zu sein. Schon anfangs hat Micha nicht gern wiederholt, aber das brauchen wir, und das wird die härteste Arbeit. Da das Stück nur eine Hauptrolle hat, zu der die anderen episodenhaft dazukommen, muss Micha Enormes leisten. Mit Michas großartiger Spiellust und seiner Sympathie erweckenden Art können wir Baustein für Baustein finden und seine Figur mit ihm erarbeiten. Während der Endproben hält er sich durchaus nicht immer an Verabredungen und improvisiert ziemlich frei und unbegreiflich. Ich entscheide mich, zur Sicherheit in dem Stück mitzuspielen. Ich habe einen kleinen Teppich und einen Hocker, auf dem ich als Erzählerin sitze und nach den Szenen den Text von Paulmichl lese. Das ist der zweite Grund für mein Mitspielen, dieser schöne Text.

Schließlich gab ich vorgedachte Linien auf. Ließ los. Michas anarchisches Potential hatte mir geholfen. Wieder im Wald, im tiefen, lockenden Wald, in dem es scheinbar keine Ordnung gab, nur Labyrinthe und lichte und dunkle Gebiete, verschlungene Wege und Abgründe, Geheimnisse und Türen ohne Schlüssel. Auch später wusste ich anfangs nie, wie ein Stück enden, wie ich aus dem Wald herauskommen würde. Aber ich vertraute immer meinen Schauspielern.

Eines Tages sehe ich irritiert zu Frank, einem der Spieler aus der Wohngruppe, bei dem klar war, dass er maximal eine Episodenrolle spielen würde, da er stets in einer eigenen Realität war. Was stört mich? Er hat Moritz' Hose über seiner Hose. Moritz hatte schon rumgetobt, weil er sie nicht fand. „Frank, hast du die Hose von Moritz an?“ Frank lächelt, wie eigentlich immer. „Ja“, er strahlt noch mehr. „Ich habe sie mir angezaubert.“ – „Kannst du sie bitte wieder hergeben?“ – „Nein.“ – „Warum nicht?“ – „Dann muss ich sie auszaubern.“ – „Bitte tu es.“ Das gelang nach mehreren Bitten und wurde leichter, nachdem ich ihm einen Zauberstab besorgt hatte. Immer wieder zog er diese Nummer durch. Aber die Steigerung dessen wurde bald zum Drama. Mehrfach verschwanden in den Endproben Requisiten. Er hatte sie in seine Tasche gezaubert. Die Nerven lagen blank. Frank sprach sanft und deutlich, aber er kommunizierte nicht. In den zwei Jahren seiner „Mitarbeit“ wiederholte Frank circa fünf Sätze. Man konnte ihm immer fasziniert zusehen, wie er in einer anderen Realität lebt, oft nicht erreichbar, egal ob auf oder hinter der Bühne. Das blieb spannend, aber auch anstrengend, vor allem für seine Kollegen, da er auf keine Ansprache und Logik reagierte. Bei ihm wurde mir deutlich, dass es in unserem Theater nicht darum gehen kann, besonders seltsame Typen auf die Bühne zu bringen.

Wir trennen uns nach zwei Jahren von Frank und seinen fünf Sätzen, zumal das Theater Franks aggressive Ausbrüche verstärkte. Auch ich fühlte mich überfordert. Aber das Bild, wie er im weißen kurzen Kaninchenfellmantel mit einem Zylinderhut im „Winternachtstraum“ auf der Bühne steht, mit dem Rücken zum Publikum, quer zu allen Erwartungen, und lächelnd einen Zauberstab bewegt, bleibt immer in mir.

Endlich Premiere

Dezember 1991 im Deutschen Theater. Applaus brandet auf und scheint nicht enden zu wollen. 600 Zuschauer springen von den

Sitzen auf und jubeln. Die Schauspieler stolpern wie junge Fohlen über die Bühne, hüpfen, schlagen Rad und klatschen. Einer reißt die Arme auseinander, um alle im Saal zu umarmen. Es ist der 22. Dezember 1991 im Deutschen Theater Berlin. Ich stehe auf der Seitenbühne und staune, dann holen sie mich zum nicht enden wollenden Applaus auf die Bühne.

100 Minuten lang haben die zwölf jungen Schauspieler die Herzen und Sinne der Zuschauer in Atem gehalten. Michael hatte es geschafft, in jeder der Szenen auf den Punkt präsent zu sein, und diesen Marathon ohne Schwäche bewältigt.

Ein Spiel voller Charme, ein Abend voller Magie. Die Schauspieler haben geleuchtet, jeder einzelne. Sie hatten es trotz der großen Bühne mühelos geschafft, eine enge Verbindung zu den Zuschauern herzustellen. Ich sah es an den Gesichtern, die wie eingesogen das ungewohnte Spiel verfolgten, lachten, wenn es traurig war und weinten, wenn es komisch war. Sie verfolgten irritiert und gespannt, wie dieser liebenswerte und egoistische Prinz auf eigene, fast trotzige Weise durch die Welt ging und ihr seinen Teil abverlangte: an Illusion, an Nahrung, an sauberer Luft und an Liebe. Als er sie nicht bekommt und höchst theatralisch stirbt, ohne die Welt verstanden zu haben, lachten alle im Publikum und weinten und liebten diesen Typen – halb Held, halb Clown.

Noch nie haben solche Schauspieler auf der Bühne eines professionellen Theaters spielen dürfen. Und jetzt im berühmten Deutschen Theater Berlin. Das Ereignis wühlt mich auf, wühlt die Zuschauer auf und natürlich die auf der Bühne.

Wer sind diese Schauspieler? Warum sind sie so überzeugend? Darf man über sie lachen? Ja, natürlich. Aber plötzlich muss man stattdessen weinen, weil das Spiel berührt, auf ganz eigene Weise, wie befreit fließen die Tränen. Und als dann der Prinz auf der Bühne weint, muss man lachen, weil er so komisch und scheinbar „ungeschickt“ agiert. Aber er tut nur so, und auch das durchschaut man. Die Schauspieler haben ohne Hemmungen gespielt und gestrahlt, von der ersten bis zur letzten Minute. Zum ersten Mal hören wir, was später zu Überschriften der vielen Rezensionen wird, dass diese Schauspieler wie um ihr Leben spielen.

Für mich erfüllt sich in diesen Minuten ein Traum, für den ich ein Jahr lang gearbeitet habe, meine Inszenierung hat den Nerv des Publikums getroffen. Wie sehr hatte ich darauf gehofft. Damit haben die Schauspieler ein neues Bild von sich in die Öffentlichkeit gebracht. Stolz, souverän und begabt zeigen sie sich auf der großen Bühne, als wären sie da zu Hause.

Ich musste nie eingreifen beim Spiel, Micha hat seinen Weg zur Geschichte immer wieder gefunden, wenn er mal abirrte.

Er genoss sein Spiel durchaus, wusste aber immer, dass er spielt. Als er am Ende einer Vorstellung – schon fast tot, das Publikum weinte – in seinem großen Schatten auf der Rückwand sah, dass eine Strähne hochstand, unterbrach er sein Spiel und strich sie glatt. Dann beugte er sich wieder in seinen Gram und weinte laut und bitterlich. Komik und Tragik lagen bei ihm stets beieinander.

Unter den Zuschauern treffe ich viele, die in irgendeiner Form „betroffen“ sind. Sie haben selbst oder im näheren Freundeskreis ein Kind mit Down-Syndrom oder arbeiten mit ihnen und erfahren diese häufig nur als Menschen, mit denen man Mitleid hat. Für sie ist die Aufführung ein politischer Sieg. „Wie großartig, endlich, endlich werden sie gezeigt mit ihren Fähigkeiten, ihren Träumen und als gleichberechtigte Menschen!“ So sprechen sie zu mir.

Das Deutsche Theater hat anspruchsvolle Zuschauer, von denen sind ebenfalls viele gekommen und erleben jetzt die teils irritierende und gleichzeitig beglückende neue künstlerische Erfahrung, wie die

Menschen, die sie im Alltag nur als defizitär und bestenfalls bemitleidenswert wahrgenommen haben, auf der Bühne eine Art Metamorphose durchmachen. Als ernst zu nehmende Akteure füllen sie die Bretter, die „heiligen", die auch für sie die Welt bedeuten, ganz selbstverständlich mit ihrer besonderen Kunst. Ja Kunst, es gibt keine Zweifel. Kein Mitleid, Respekt kommt auf. Staunen.

Das Theater veränderte sich, ich spürte es ganz direkt. Mit diesem Abend wurde so vieles infrage gestellt: das Theater mit seiner Dramen- und Textzentriertheit, die Wirkungsweise des Schauspielers, die Voraussetzungen dieses Berufs, der Kunstbegriff.

Zur Premierenfeier gehen wir in die Kantine, alle sind wie im Rausch und können den Erfolg noch nicht fassen. Ich habe das Gefühl, reich beschenkt worden zu sein. Und endlich fällt die Anspannung von mir ab. Ich sitze still und trinke in sehr großer Ruhe ein Glas Wein. Moritz sitzt fröhlich und erschöpft neben mir und isst ungestört große Mengen vom Buffet.

Jacob steht ein wenig abseits und beobachtet das Geschehen. Ich sehe ihm einen neuen Stolz auf seinen Bruder an.

Nach einer Stunde kommen die Betreuer und Telebusse, um jene von unseren Schauspielern abzuholen, die nicht allein nach Hause finden. Schade. So wie heute haben unsere Theaterfeste auch zukünftig für einige ein frühzeitiges Ende, der Rausch ist begrenzt, das passt nicht allen, auch uns nicht. Manchmal bezahlen wir privat ein Taxi oder können andere Eltern überreden, die Spieler mitzunehmen, damit sie noch länger mit uns feiern können.

Wir anderen können uns an diesem Abend lange nicht trennen. Viel später, die Kantine hat sich geleert, bleibe ich noch eine Weile sitzen, vor mir die vielen Blumen, und denke zurück …

Wie schnell alles gegangen ist. Vor anderthalb Jahren erst hatten wir den Verein gegründet, vor einem Jahr das Theater. Die Proben zum Stück hatte ich erst vor elf Monaten begonnen. Und jetzt sitze ich hier in einem der wichtigsten Theater der DDR mit internationalem Ruf, hier wirkten so große Mimen wie Wolfgang Langhoff, Helene Weigel, Fred Düren, Inge Keller, Eberhard Esche, hier waren die berühmtesten Ensembles der Welt zu Gast. Am Anfang des 20. Jahrhunderts wurde es bespielt vom legendären Theatermagier Max Reinhardt.

Dieses Haus ist mir besonders nah, „mein" Theater. Ich verehrte die Schauspielerinnen und Schauspieler und hatte gehofft, bald selbst dazu zu gehören. Aber nicht ich, sondern mein Sohn Moritz und mit ihm zwölf weitere besondere Schauspieler hatten heute Abend diese Bühne erobert. Ich bin ohne Wehmut. Nur glücklich. Denn auch ich hatte sie erobert: als Regisseurin.

Meine Familie kommt. Ja, es wird Zeit, sich um die Söhne und ihren Vater zu kümmern. Es war unser aller Erfolg: Moritz hatte mitgespielt, Jacob bei der Bühne geholfen, Klaus das Licht entworfen und die Technik geleitet. Wir nehmen all die Blumen und schleppen sie nach Hause. Was für eine Fülle an jahreszeitlichen Exoten! Im Dezember hatte es in der DDR stets nur Chrysanthemen gegeben, auch zu meinem Geburtstag im Februar höchstens noch Alpenveilchen und Azaleen.

Ich verteile die Blumen in Vasen und Eimer, so viele sind es. Auf subtile Art und Weise spielen Blumen in der ganzen folgenden Zeit eine seltsame Rolle. So verschwinden auch mal Premierenblumen, ganze Sträuße. Blumen sind eine Art materialisierter Erfolg. Eltern bringen zwischendurch wunderbare Rosen, die Sekretärin verwandelt später das Büro zeitweilig in ein Tropenhaus, den Lilienduft kann kaum jemand auf Dauer ertragen.

Wir versorgen den Hund und bringen die aufgeregten Söhne zu Bett. Moritz drückt mich lange, Jacob genießt stolz unser Glück. Er kann noch gar nicht verstehen, was all das bedeutet. Und erneut stand sein Bruder im Mittelpunkt.

Ich kann in dieser Nacht lange nicht schlafen. Zu aufgewühlt und zu glücklich bin ich.

Immer wieder erscheinen diese wunderbar verrückten Schauspieler vor meinem inneren Auge. Sie sitzen in meinem Körper, auf meiner Haut, in meinen Ohren. Wir waren so nah und so intensiv zusammen in dieser Arbeit, die letzten acht Wochen jeden Tag.

Noch bin ich voller Fragen. Dieser Abend ist nicht selbstverständlich. Bisher hat keiner gewagt, mit Menschen mit einer anderen geistigen Ordnung Theater auf professioneller Ebene zu machen. Und nun gleich ein solcher Paukenschlag.

Bin ich auf einem neuen Weg?

ZWISCHENSPIEL

Besondere Künstlerinnen und Künstler

1992: Die Kunstwerkstatt „Sonnenuhr“ läuft auf vollen Touren. Wir hatten endlich Räume in der besetzten Kulturbrauerei gefunden. Der Architekt und Initiator der Kulturbrauerei Stefan Weiß hatte uns Räume angeboten, und wir nahmen seine Einladung gern an. Unsere ersten Werkstatt- und Büroräume sind im hinteren Hof, da, wo sich jetzt das Haus der Poesie befindet, später im vorderen Hof, wo sich bis heute das Theater und auch die anderen Räume des RambaZamba befinden.

Die Atmosphäre auf dem Gelände ist damals geprägt vom quirligen, anspruchsvollen Programm der Kulturbrauerei.

Um Gesellschafter der KULTURBRAUEREI gGmbH zu werden, brauchten wir 5.000 DM, die uns der Dramatiker Heiner Müller spendete.

„In einer Welt, in der die alltägliche Geschwindigkeit bestimmt wird durch Computer, Wahrnehmung sich vor allem über elektronische Medien realisiert, setzt die Arbeit von SONNENUHR auf archaische Äußerungen von Individuen. Dass sie anders sind, ist ihre Qualität im Zeitalter der Nivellierungen“ (Aus einem Brief von Heiner Müller an Sonnenuhr und RambaZamba 1994).

Wir sind angekommen, alle arbeiten von jetzt an in der Kulturbrauerei. Wir treffen uns, können uns umarmen, gemeinsam arbeiten und feiern die ersten Feste. Die Künstler kommen aus Wohnheimen und Werkstätten, beseelt vom Wunsch, sich endlich frei und künstlerisch ausdrücken zu können.

Unsere Räume sind von marodem Charme, und es ist an uns, Zwischenwände zu ziehen, Türen einzubauen, Fenster abzudichten, zu streichen, Leitungen zu legen, Sponsoren für die Toiletten zu finden usw. Aber wir genießen es, dass die Künstler mehrerer Gruppen in diesen Räumen gleichzeitig arbeiten, formen, singen, trommeln und sich begegnen.

Wir schleppen die großen Trommeln von einem Raum zum anderen, stapeln Holz für den Bildhauer, schieben bei gutem Wetter die Tische zum Malen auf den Hof, bewachen halbe Nächte den Keramikbrandofen … Mitten im Urlaub kommt der Anruf mit beigefügtem Foto: Bei den Arbeiten für neue Toiletten war die Decke eingebrochen und in die unteren Räume gerauscht. Kaum ein Urlaub ohne solche Katastrophenmeldungen.

Wir entdecken überrascht, wie schön, kraftvoll und ausdrucksstark, wie eigenwillig und tief die Ergebnisse in der Kunstwerkstatt waren. Selten sind es Abbilder, eher korrespondierende, sich überlagernde Formen, aus denen uns wilde Teufel, engelsgleiche Wesen und traum-hafte Seelenlandschaften ansehen. Die Farben werden mutig benutzt, sie kennen keine Vorschriften oder Tabus.

Wir verstehen, dass diese Künstler, die wir aus Behindertenwerkstätten insbesondere im Osten Berlins zu uns holen, keine „Schule" besuchen müssen, um Künstler zu sein.

Sie alle sind begabt und können auf einen großen inneren und ungewöhnlichen Reichtum an Bildern und Formen, an Gefühlen und Empfindungen zurückgreifen. In der Tiefe ihrer Seele finden sich papierne Engel und keramische Feuerteufel, die sich aufschwingen und fallenlassen können. Sie können sich weit öffnen und ihre Herzen leuchten lassen, aber sie auch fest verschließen und mit Stacheldraht bewehren. Und sie konnten und können das alles ausdrücken, wenn sie nicht mit Tabletten ausgeknockt werden.

Bert, der stille, schwere Mensch mit seinem schaukelnden Gang, kommt mit einem Begleitdienst. Er lebt in einem Wohnheim, ist sehr scheu und spricht kaum. Bert hat es immer eilig, an seine Leinwand oder den Ton zu kommen. Wenn er kommt, hat er immer schon das Bild oder die Figur von einer Person im Kopf, die er in der Bahn oder auf der Straße gesehen hat. Dann malt oder formt er ohne Pause, vor allem Tiere und Frauen und hört nicht auf, bis er fertig ist. Es gibt Armeen von großen Enten, Fasanen, Hühnern, Pfauen, Fischen. Ich habe auch ein paar erworben und liebe es, sie in meiner Wohnung zu haben. Es sind unverkennbar Tiere, aber mit einem tier-menschlichen Ausdruck, verliebt, geduckt, eitel, kühn, verletzt. Seine Fische scheinen wilden Träumen entsprungen und nicht nur im Wasser zu Hause. Menschen im Federkleid, im Fell, aber doch unverkennbar richtige Tiere. Mit seinem fotografischen Gedächtnis, seinem Sinn für Anatomie und seiner eigenwilligen, ausdrucksstarken Handschrift wird er lange Zeit der wichtigste Maler und Keramiker der Werkstatt. Insbesondere lieben wir seine Frauen. Was für einen Ausdruck sie haben! Er trifft immer das Typische, und er scheint sie alle zu lieben, die vollbusigen, dünnen, rothaarigen und wilden! Ihre Augen wie mit Kajal umrundet, die Münder nachdenklich und sinnlich, rot ausgefranst. Heimlich hoffen wir Frauen alle, dass er uns malt. Er ist viele Jahre glücklich mit seiner Malerei und seiner Keramik und freut sich still schmunzelnd über seinen Erfolg. Nicht wenige seiner Bilder werden Vorlagen für Plakate und Programmhefte. Leider verhinderte der verordnete Tablettenkonsum eine Fortsetzung seiner Laufbahn als Maler. Es war schrecklich, das zu erleben. Er war wie ausgebrannt und stand nach zehn produktiven Jahren nur noch rauchend vor der Tür, gequält vom Wissen, dass sein Geld nicht für seinen Zigarettenkonsum reichte und von der Aufgabe, wieder zu malen.

Melanie, die kleine, schlanke und flinke junge Frau, hört nichts und lebt ganz in ihrer Welt. Dennoch versteht sie die Aufgaben der Keramikleiterin und schafft so besondere Skulpturen wie keine andere, kein anderer. Ihre Eigenart ist es, extrem lange Gliedmaßen zu formen, sie glattzustreichen wie Marmor, und Fantasietiere zu kreieren, die wie aus tiefer Seele schauen, erstaunt, verwundet, eigenartig. Wir erkennen sie. Auch ihre Tiere sind, wie die von Rademacher, richtig und doch verfremdet. Aber ihre Oberflächen sind glatt, die Körper in die Länge gezogen, manche sehen aus wie aufgebahrt. Auch die Menschen mit ihren langen, glatten Gliedmaßen. Sie ist eine Meisterin.

Sabine K. und Sabine W. Die erstere bleibt und bekommt später einen der Arbeitsplätze für Schauspieler und Künstler. Sie malt sehr erfolgreich ein gewaltiges Œuvre, während die andere ihre gesamte Bildwelt mit Phalli bevölkert. Die saßen im Café und unterhielten sich, gingen spazieren, ergossen sich, verkleideten sich, saßen neben Mäusen. Gern erzählt die Künstlerin davon auch laut in der U-Bahn, was die Begleiter stets in Verlegenheit bringt. Sie kommt, bleibt weg, kommt wieder und bleibt wieder weg.

Kira wird eine der wichtigsten Teilnehmerinnen des Malateliers mit ihren tiefen Empfindungen und genauen Beobachtungen von Menschen und Tieren. Kira ist eine beeindruckende Persönlichkeit. Immer kommt sie mit einem frischen Gang, erwartungsvoll, das blonde glatte Haar ein bisschen wild, und hat etwas Interessantes zu erzählen. Aber erst möchte sie, dass man selbst etwas sagt, zu ihren Bildern. Man kann Wände bestücken mit ihren Abbildungen von witzigen, mal traurigen, immer wilden und liebevollen Hunden. Wie wir hatte sie auch einmal einen Dackel. Allein diese

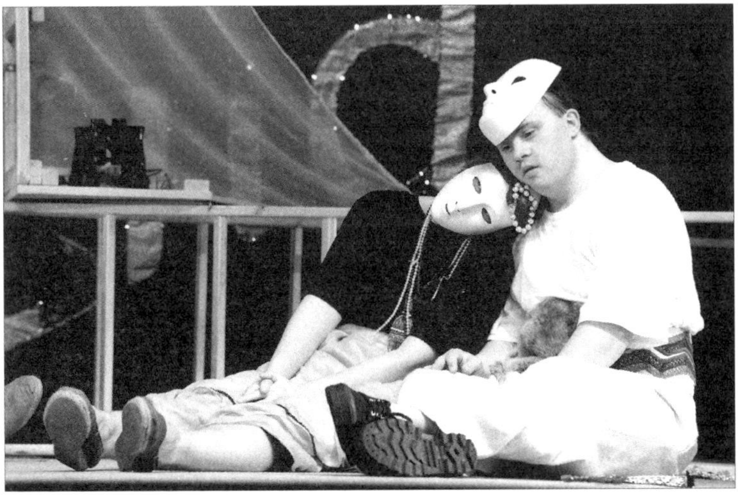

Micha als Prinz Weichherz und Kira als Diva

Hunde sind eine Seelenlandschaft. Auf zwei oder vier Beinen, tanzend, sich jagend, weinend, fröhlich. Kira ist eine Ausnahmekünstlerin. Ihr Weg ist noch lange nicht ausgeschöpft, sie begleitet und beobachtet den Verein von Anfang an. Bei „Weichherz" war Kira als Schauspielerin dabei. Sie hatte nicht nur die großen eindrucksvollen Hintergründe für das Bühnenbild gemalt, sondern spielte als Hollywood-Diva mit. Aber ihre große Neigung gilt der Malerei, und so war sie eine der Säulen des Ateliers geworden. Ich liebe ihre Blumenbilder ebenso wie ihre episodischen Bilder von Menschen und Tieren. Wenn ich zurückdenke, so war sie inzwischen mit ihrem feinen Sinn für Entfaltung und Gerechtigkeit und ihrer großen Disziplin zum Rückgrat der Montagsgruppe gereift. Seit einiger Zeit pausiert sie. Ich habe mehrere Bilder von ihr, und wenn wir in den Gärten spazieren – auch ich habe inzwischen in Melchow einen Bungalow – begegnen uns ihre großen und archaischen Tonskulpturen, die der Erde und dem Wald entwachsen scheinen.

Wieder sind wir im Wald. Auch Kira ist so eine aus dem Wald. Man muss sie vorsichtig und liebevoll nehmen. Dann bietet sie die ganze Palette freundlicher und strenger Menschlichkeit. Und dazu ihr wunderbares Lachen. Immer jung und voller Lust auf Leben, weniger auf langes Laufen, da ist sie wie Moritz. Aber beide können durchaus sehr lange „laufen".

Reisen

Das „Prinz Weichherz" Stück läuft mit großem Erfolg noch einige Male im Deutschen Theater und dann im Kesselhaus der Kulturbrauerei. In diesem Jahr (1991) werden wir jedoch erstmals zu einem Gastspiel eingeladen, genauer gesagt zu drei Gastspielen: Nach Kampnagel in Hamburg, nach Dortmund und ins Theater Düsseldorf. Wir jubeln, unsere erste Tour! Aber würde es gehen? Wo werden wir schlafen, wie den Rollstuhl transportieren, fahren wir mit Bus oder Bahn, wie viele Begleiter brauchen wir, wer baut die Bühne auf und wie viel Zeit haben wir dafür in den Theatern? Werden wir dort eine Probe haben? Wie werden die Schauspieler unterwegs klarkommen? Für nichts gibt es Erfahrungen. Wir entscheiden uns, einen Bus zu nehmen, das Bühnenbild kommt mit einem 7,5-Tonner. Und wider Erwarten geht alles gut. Mit den Auftritten sorgen wir für Aufsehen, nicht nur in Berlin sind wir eine Sensation. In Hamburg lernen wir „Die Schlumper" und ihren Leiter Rolf Laute kennen, das erste künstlerische inklusive Arbeitsprojekt, nicht nur in Hamburg, in dem täglich gemalt wird. Seine Erfahrungen ermutigen uns.

Aber erstmals erlebe ich, dass Micha Weichherz nach einem Mittagsschlaf kaum mehr wach zu bekommen ist. Ich laufe mit ihm eine halbe Stunde um das Kampnagel-Theater in Hamburg, feuere ihn an, jage auch die anderen durch ein Training. Alle werden wach, Micha nicht. Erst als er spürt, dass das Publikum da ist, wacht er allmählich auf. Das ist gut zu wissen, ab jetzt war Mittagsschlaf gestrichen.

Auf der Rückfahrt bleibt unser Bus ständig im Stau stecken, und Frank schafft es, die gesamten zehn Stunden hindurch drei gleiche Sätze zu sagen, und zwar immer mit der Erwartung, dass jemand antwortet. „Bald habe ich Geburtstag. Stimmt's? Stimmt's? Und dann kommen die kleinen Jungs zum Gratulieren. Stimmt's?" Ich bin wie gerädert, spüre Wut und zugleich schlechtes Gewissen. So lang war noch nie und nie wieder eine Busfahrt! Wir bevorzugen ab jetzt den Zug.

Wieder in Berlin sind wir mit „Weichherz" beim Theaterfestival der Jugend unter den Preisträgern. In dieser Zeit entscheide ich, dass das Theater einen Namen braucht, der seinem wilden und unangepassten Wesen entspricht, und entscheide mich für „Theater RambaZamba".

6. Akt

Lysander geht nicht in den Wald

Frühjahr 1992. Ich treffe die Gruppe weiterhin einmal in der Woche, wir reden, machen Körperarbeit und improvisieren noch zu den Themen aus „Weichherz“, aber die Spieler beginnen, sich zu langweilen, werden ungeduldig. Sie haben Blut geleckt, Kreisspiele reichen nicht mehr, ein neues Stück muss her.

Ich brauche ein Stück mit mehreren annähernd gleich wichtigen Rollen. Ich will weg vom Protagonisten-Theater, hin zu einem Tutti-Soli-Prinzip. Mehrere Schauspieler sollen sich einzeln in kleinen oder auch größeren Szenen entfalten, ihre Chance bekommen zu leuchten. Und es soll ein Stück sein, in dem es vor allem um Liebe geht, dem wichtigsten Thema in unser aller Leben und im Theater. Aber welches Stück konnte es sein, das einfach und doch anspruchsvoll war, das Raum für ihre verrückte Fantasie und ihre besondere Qualität als Spieler bot und mich tiefer in den Wald führte?

An einem Morgen spreche ich mit Klaus darüber, und ganz selbstverständlich kamen wir auf Shakespeares *Sommernachtstraum*, dem wichtigsten, wenngleich sehr unübersichtlichen Shakespeare-Stück über die Verwirrungen der Liebe. Mit mindestens sieben großen Rollen ist es ein gefundenes Fressen. Aber – heulte der Wind so kalt im Park oder sah ich vor meinem inneren Auge die verlorenen Gestalten meiner Gruppe? – wir kommen auf den Titel „Ein Winternachtstraum“.

Bevor wir mit den Stückproben richtig beginnen, streckt zum

ersten Mal der Tod seine Hand in unsere Gruppe aus. Wir können es kaum begreifen: In diesem Sommer legt eine der jungen Assistentinnen aus der Weichherz-Arbeit ihren Kopf auf die Schienen, weil sie dieses unerträgliche Leben nicht aushält. Der Alkohol hatte ihre Familie zerstört, sie sah sich selbst auf dem Weg in diese Hölle. Wir hatten es nicht kommen sehen. Sie war so fröhlich gewesen, immer da, voller Liebe. Nachdem wir es den Spielern erst nicht sagen konnten und uns noch ein wenig drückten vor diesem Moment, da wir nicht wussten, ob und wie sie damit umgehen würden, kommt Moritz eines Morgens und sagt: „Birgit ist tot. Ich weiß. Am Herzen." Sie durchschauen uns immer. Da ließen wir es zu und trauerten und weinten zusammen. Die ganze grausame Wahrheit ihres Todes erzählten wir nie. Birgit starb wie Weichherz „an einem gebrochenen Herzen" im Schatten der Sonnenuhr. Unser erster Abschied.

„Als wäre nichts gescheh'n, lasst uns nach Hause geh'n." Das ging nicht mehr.

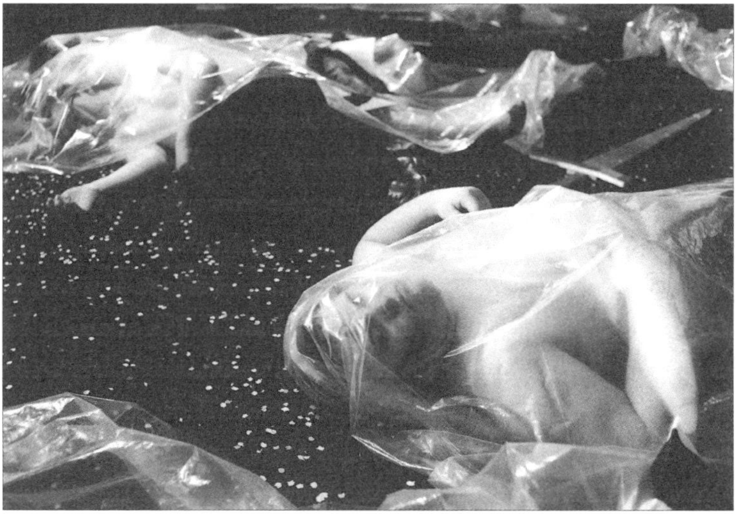

Eiszeit

Zur ersten Winternachtstraum-Probe treffen wir uns in einem der verfallenen Gebäude auf dem Hof der Kulturbrauerei. In dem großen hohen Saal mit rostigen Stahlfenstern bis zum Boden fühlen wir uns sofort wohl. Metallenes Licht fällt in den Raum. Der Saal ist so staubig und rostig, dass wir für die Körperarbeit Planen auslegen und die Kostüme in Körbe legen. Er ist wie gemacht für Theater, scheint vergangene Kämpfe, Krönungen und Kriege zu atmen. Es war nur eine Brauerei, aber diese frühe Industriearchitektur wirkt ebenso wehrhaft und trutzig wie alte Burgen. Ich staune, wie gut wir hier arbeiten können. Der Raum macht was mit den Spielern. Weichherz Micha und Moritz nehmen die beiden neuen, Hannes und Patricia, mit in unsere Arbeitsrituale, und so arbeiten wir ohne Bruch. Nach einem halben Jahr bekommen wir einen neuen Probenraum, das Theater im Pferdestall, das von nun an unsere Spielstätte sein wird. Die Brauerei hatte im 1. Stock ihre Pferde untergebracht. Am Giebel waren noch die Spuren der Rampe zu sehen, auf der sie hinaufgeführt wurden, und an einigen Kacheln im Raum sind immer noch die Metallringe, an denen sie festgebunden waren. Vor uns hatte der Bildhauer Rolf Bibl dort sein Atelier. Zwei seiner mageren, gestreckten Figuren stehen bis heute vor dem Kesselhaus.

Hier setze ich mit Stefan unsere Probenarbeit fort. Das Stück entwickeln wir während der Proben. Die erste Entscheidung wäre normalerweise die Besetzung, aber wir wollen das nicht vor den Improvisationen tun, bei Weichherz hatten wir gute Erfahrungen damit gemacht. Im Lauf der Jahre wurde es meine feste Methode, die meisten Rollen nicht vor den Improvisationen zu besetzen. Ich finde und erfinde oftmals die Rollen durch die Schauspieler. Sie wachsen quasi aus ihnen heraus. Manchmal kommen Rollen dazu, die es in der Vorlage nicht gibt, oder ich streiche eine. Manchmal muss ein Mann eine Frau spielen, im Winternachtstraum zum Beispiel wird

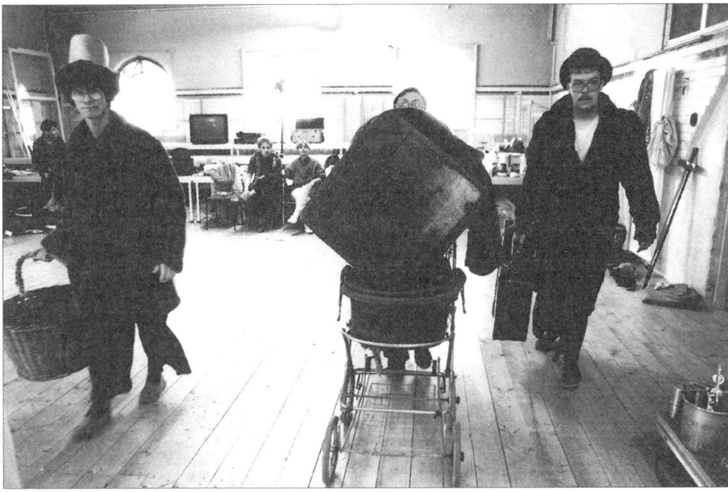

Aufbruch im Wald

Maxim, ein etwas hölzerner, dünner junger Mann, der für eine Weile bei mir spielt, die Mutter der Hermia spielen. Im Stück gibt es sie nicht. Für diesen Prozess müssen wir viel improvisieren und Geduld haben, und manchmal wissen wir eine Besetzung erst kurz vor der Premiere. Aber immer bin ich dabei auf der Suche nach ihren speziellen Talenten, die nicht auf den ersten Blick erkennbar sind.

Für uns ist es hochspannend. Würden die Spieler anbeißen bei all den verwirrenden Liebesspielen und Versöhnungen bei Shakespeare? Wir wissen nur ansatzweise, welche Erfahrungen sie mit Liebe und mit Sexualität haben, was sie verstehen und ob sie die Probleme erkennen. Eine unserer Schauspielerinnen ließ sich zum Beispiel regelmäßig zum Sex zu einem Kollegen im Rollstuhl bringen, und er schenkt ihr dann Unterwäsche. Sie schläft dann auf dem Boden vor seinem Bett, denn Wohngemeinschaftsbetten sind schmal. Es ist keine Liebe, aber für sie ist es in Ordnung. „Er braucht das“, meint sie auf unsere Nachfrage trocken.

Manchmal überwiegt das Gefühl, dass sie uns gar nicht verstehen. Manchmal scheinen sie hellsichtig.

Wir improvisieren anfangs ohne „Text", spielen kleine Szenen und Situationen durch und erforschen ihre eigenen und unsere Ausdrucksweisen zu diesen Themen. Ich bin überrascht, wie viel mich selbst betrifft von den Fragen und Themen.

Notate

„Du bist verliebt. Kannst du es spielen?

Du willst das Interesse einer Person erringen, die dir gefällt, die du bewunderst. Was tust du?

Du lockst. Wirbst. Wie?

Du willst eine starke Frau erobern. (Theseus)

Sie lehnt dich ab. Was fühlst du?

Warum gehst du zu der Person? Was willst du von ihr?

Darf ich den Freund haben, obwohl meine Eltern das nicht wollen? (Hermia)

Warum schweigst du? (Lysander)

Warum sprichst du? (Martin)

Woran erkennst du, dass zwei sich lieben, ohne dass sie es sagen?

Wie ist es, in den fremden Wald zu gehen? (Alle)

Kann man zwei Männer lieben? Können sich zwei Frauen lieben? (Titania und Hippolyta)

Du willst nicht verlassen werden. Zeig es. (Oberon)

Ich tue etwas Verbotenes. Wie spiele ich das? (Puck) Woran erkennen wir, dass sie/er etwas Verbotenes tut. Wie ist der Körper?

Jahre später bekomme ich ein Büchlein über Pina Bausch in die Hände und entdecke die gleichen Fragen. Doch damals kannte ich ihre Arbeit noch nicht.

Wir bekommen selten eine verbale Antwort. Dafür spielerische Annäherungen, aus denen sich die Besetzung ergibt:

Mit Patricia, unserer neuen Schauspielerin, geht es gleich richtig los. Mit ihrer üppig sinnlichen Figur und ihrer romanischen Nase – die Mutter ist Französin – ist sie eine attraktive Frau, die gern und laut lacht und ihre Gedanken klar äußern kann. Sie wirft sich voll rein in die Proben und ist eine echte Lokomotive. Ich denke bald, dass sie die Hermia spielen könnte. Bereits am Anfang des Stücks, wenn die Mutter Hermia auffordert, den Liebsten zu verlassen und Ordnung in der Wohnung zu machen, schreit sie die Mutter an: „Ich will keine Ordnung! Ich will Liebe!", und knallt ihr das Kehrblech vor die Füße. Diese Sätze springen regelrecht aus ihr heraus, sie hat sie erfunden, und nichts war treffender für sie und diese Rolle. Die Liebe und der Kampf gegen Bevormundung sind ihre ureigenen Themen. Sie hat, wenn auch ein sehr einfaches, aber doch klares Bild von Liebe und Verboten und auch von Problemen. Auch mit dem Ungehorsam und ihrer Wut über Einengungen ist Patricia am mutigsten und weitesten. Sie kann abstrahieren und sowohl ihre persönliche als auch die gesellschaftliche Misere sehen. „Das geht anderen doch auch so. Und für die muss man doch auch kämpfen. Vor allem, wenn die das nicht können." – „Warum musst du das, Patricia?" – „Na, weil det sonst ungerecht ist, und det find ick nicht richtig." Leidenschaftlich empört sie sich, hasst Anpassung und widerspricht auch mir immer wieder. Dabei hat sie es mit Disziplin nicht so, und wenn ich mahne: „Patricia, bitte beende deine Gespräche, wir wollen proben", dann kommt sofort: „Also so geht man mit Behinderten nicht um. Die brauchen mehr Zeit!"

Ich brauche schon einige Zeit, um die Klippen zu verstehen, die ihr das Leben schwer machen. Sie scheint anfangs alles zu verstehen. Am nächsten und nächsten und nächsten Tag stellt sie die gleichen Fragen, nervend, hartnäckig und ist wütend, weil ich es nicht zum fünften Mal erklären will. Ihr Problem ist, dass sie nicht behält, was ich ihr sage, und gerade „Erklärungen" sie am spontanen Spiel hindern.

Oft trage ich ihr auf, alles sehr lange ohne Text zu spielen, mehr über die Gefühle, und erst wenn der Druck übermächtig wird, zur Sprache zu greifen. Dann ist sie gut. Als Hermia ist sie bestens besetzt.

Es gibt auch Irrtümer. So probe ich anfangs mit einem Spieler aus der Trommelgruppe, Ronald. Er ist freundlich, aber steif und ungelenk. Er will so gern eine Hauptrolle. Nichts geht wirklich gut, aber ich lasse mich ein auf die Suche nach seinem Talent. Ich weiß, dass er trommeln kann, aber er will eine Hauptrolle. Nach einigen Wochen bittet er, erlöst zu werden, zu anstrengend ist es für ihn. Ich bin erleichtert, er erspart mir, ihn umzubesetzen. Er spielt dann sehr zufrieden eine kleine Rolle und liebt mich für mein Verständnis.

Auch die anderen Rollen finden schnell ihre Schauspieler. Ich beziehe immer alle in die Improvisationen ein, so finden wir die Figuren im Spiel, gerade auch die, die im Hintergrund agieren und sich noch nicht trauen. Ich entdecke oft vor und nach den Proben quasi „aus dem Augenwinkel" ihre besonderen Seiten. Wir sehen, dass der ebenfalls neue Hans-Harald die ideale Besetzung für Herzog Theseus ist, ein schöner schwarzhaariger Mann mit Schnurrbart und eleganter Sprache, der es genießt, überall sofort der Hahn im Korbe zu sein. Er liebt außer Frauen das Theaterspielen über alles. Die brutale Eroberung von Hippolyta spielt er mit vollem Einsatz, das braucht fast keine Proben. Hannes ist eigentlich wegen seiner epileptischen Anfälle in der Wohngemeinschaft und so auch zu uns gekommen.

Auf die Rolle der Helena muss ich verzichten, ich sehe sie einfach nicht in den anderen Frauen.

Bei allen Improvisationen ist die Mitarbeit eines Musikers enorm inspirierend: Manfred, ein dünner, „herrenloser" Straßenmusiker kam mit seinem Akkordeon, tiefen Augenringen, schien die gesamte Emotionalität dieses Stücks und dieser Spieler zu verkörpern und auf eindringliche Weise in sein Akkordeon und seine Stimme zu übertragen. Als Autodidakt und Straßenmusiker ist er unkonventionell und ebenso neugierig wie wir. Waldgeräusche, wilder Atem, Schaben und Kratzen, Stöhnen, Keuchen, Lachen, Rhythmus, verzweifelte Klagen des Akkordeons ... Er war virtuos und versuchte vergeblich, dilettantisch zu sein. Seine Musik machte nicht nur mich süchtig.

Auf den Proben kommen wir bald nicht mehr weiter: Weichherz/Micha probt Lysander. In den Proben verweigert er die für den Fortgang der Geschichte notwendige Flucht in den Wald mit großer Unverrückbarkeit. Ich kann reden, was ich will, er bleibt sitzen, während Hermia ihn anfleht. Er sieht sie nicht einmal an. Er leidet, aber er kann nicht anders.

Hermia in schwarze, kalt glänzende Erdbeerfolie eingeschlossen, bittet: „Lysander, befrei mich, wir gehen in den Wald." Lysander: „Nein, im Wald ist es dunkel." Hermia: „Ich leuchte dir den Weg." – „Im Wald ist es kalt." – „Ich wärme dich!" Lysander bleibt stur: „Im Wald sind wilde Tiere." Hermia verzweifelt: „Ich beschütze dich." Dann kommt Lysanders letzter Trumpf: „Ich bleib bei Mutti und Vati."

Das Letzte hatte ich ihm geflüstert, und das ist die Wahrheit. Erleichtert setzt er Kopfhörer auf, die Sache ist für ihn beendet. Leben und Spiel waren sich gefährlich nah gekommen. Jetzt wusste ich, warum er sich geweigert hat, Hermia zu befreien. Die symbiotische

Bindung an seine Eltern ließ das nicht zu. Mit Michas persönlicher Entscheidung bestimmte er den Gang unserer Geschichte wesentlich mit, und ich musste seiner Spur folgen.

Wir bringen nun Martinius (bei Shakespeare Demetrius) ins Spiel, denn irgendwie müssen wir in den verflixten Wald kommen. Martin, dessen Hände wir noch auf unserem Busen erinnern, ist sofort in seinem Element. Er tötet in seinen Versprechen alle Drachen, vertreibt Kälte und Einsamkeit und ist ein Held. In ihrer Not wiederholt Hermia zwar Lysanders Argumente, um nicht Martinius' Lockungen zu erliegen, da Lysander aber stur bleibt, geht sie mit Martinius in den Wald.

Aber als Micha/Lysander entdeckt, dass sie gegangen ist, zeigt er eine tiefe laute Verzweiflung und trommelt seine existentielle Not darüber heraus, dass er erwachsen ist, aber immer noch verwachsen mit seinem Elternhaus lebt und nie eine erfüllende Beziehung hatte. An der Musikerseite hängt eine große japanische Trommel, und auf der tobt er. Ich hatte den Link geliefert, wo sich Biografie und Geschichte der Figur verhakten. Wir erleben eine so große Verzweiflung, eine solche Kraft in seiner Trauer, dass es uns schon in der Probe erschüttert. Auf der Bühne „stirbt" er daran, und so findet unsere erste „Beerdigung" statt. Wir sind überrascht, die Schauspieler spielen es sofort wie ein Ritual: Sie singen, werfen die Arme in die Höhe, werfen sich über Micha, streuen Konfetti, klagen und wiegen sich. Ich musste nichts erklären. „Tot ist er, oooohhhh." Die Schauspieler liebten dieses Ritual, es war deutlich zu sehen. Im Laufe der Proben fanden wir heraus, dass sie überhaupt Rituale und archaische Themen wie Geburt und Tod, Liebe und Macht besonders gern spielten.

Während dieser Proben wird mir klar, dass alles nur mit ihnen und mit ihren Erfahrungen geht. Es berührt mich, wie Micha auf der Bühne mit seinem Leben ringt. Ebenso wie Patricia. Ihre ureigenen tiefen Erfahrungen werden sichtbar. Ein Stück ihres Lebens mischt sich ein. Dadurch entwickeln die Schauspieler ihre Kraft und Wahrheit. Und wir entdecken sehr schnell, dass die Schauspieler dann großartig sind, wenn der Spielvorgang konkret ist. Gebe ich mehr konzeptionelle Anweisungen, etwa „Geh mal in den Wald oder durch die Tür wie in ein neues Leben. Die Tür ist ein Symbol", dann geschieht nichts. Dagegen funktioniert: „Sieh, die Tür. Die Tür ist groß und schwer. Du weißt nicht, ob sie sich öffnet. Dann geh hindurch, langsam. Was erwartet dich dahinter?" Der Gang durch die Tür oder in den Wald oder die Verweigerung dessen können Offenbarungen sein.

Eine weitere Erfahrung, die wir schon im „Weichherz" gemacht hatten, ist, dass uns alle gerade das Widerständige produktiv macht. Durch Michas Weigerung, in den Wald zu gehen, bekommen auch die anderen Darsteller Futter. Martin kann seine großsprecherische Manier als Drachentöter ausleben, wird jedoch, im Wald angekommen, von panischer Angst angesichts der Zauberkünste von Puck erfasst. Patricia ist ihm als Hermia zweifelnd und zögernd in den Wald gefolgt. Sie zweifelt zu Recht, denn er weiß als Schauspieler nicht weiter, findet als Martinius den Weg nicht, blamiert sich als Aufschneider, und als Hermia ihn bedrängt, spielt er einen Herzanfall. Er greift sich an die Brust, ruft: „Mein Herz, mein Herz!", und fällt um. Martin improvisiert das sehr überzeugend. Echt oder Spiel?

Die Grenze von echten Beschwerden zu vorgegebenen war schwer zu erkennen, wie bei einigen unserer Spieler. Er war nicht der Einzige, der fantasievoll Beschwerden vorgab und erfand, um großen Anstrengungen aus dem Weg zu gehen. Ich finde diese Tricks unserer Spieler völlig legitim. Sie gehören zu ihren „Waffen". Ich ließ ihn diesen Anfall weiterhin spielen. Martin liebte diese Szene. Ich

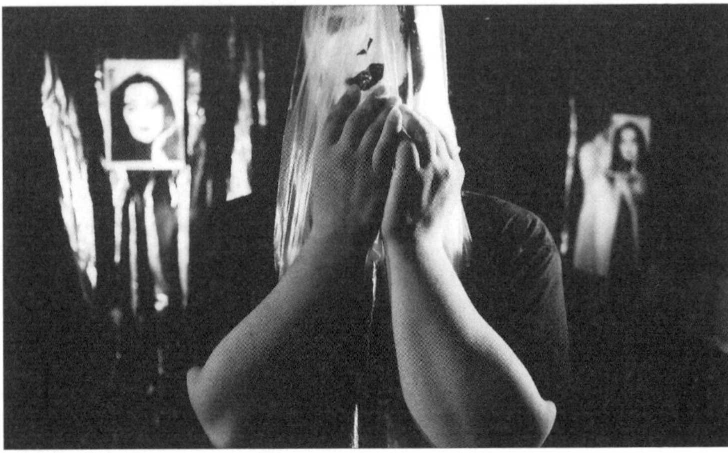

Angst

mochte das Schillernde der Situation. Patricias Hermia durchschaut ihn. Als sie im Wald das versprochene Schloss nicht findet, dafür den Herzanfall von Martinius erlebt, erkennt sie mit dem Gespür der Berliner Göre sofort, dass „det doch wieder jespielt“ war. Enttäuscht und empört lässt sie ihn liegen, beschimpft ihn als „Lustmolch“ und sucht sehr verzweifelt den Weg aus dem Wald. Ihre Empörung über diesen schwächlichen „Lüstling“ geben der Geschichte eine neue, tiefe Dimension. Patricia spielt gekonnt die Wechsel zwischen komischer Reflexion und tiefer Verzweiflung. Ihre Fragen an die Zukunft und nach dem Weg aus dem Wald kommen aus tiefstem Herzen. Auch sie suchte den Weg für sich aus dem Wald des Lebens. Sie war beim Spiel sie selbst, leidenschaftlich und witzig, dabei immer geerdet.

Ohne Michas Weigerung, in den Wald zu gehen, hätte die Geschichte einen anderen Verlauf genommen. Am Ende töten die beiden Liebhaber Hermia „aus Versehen“, als sie deren Streit schlichten will. Nur wenn Oberon und Titania ihren Streit beenden, können

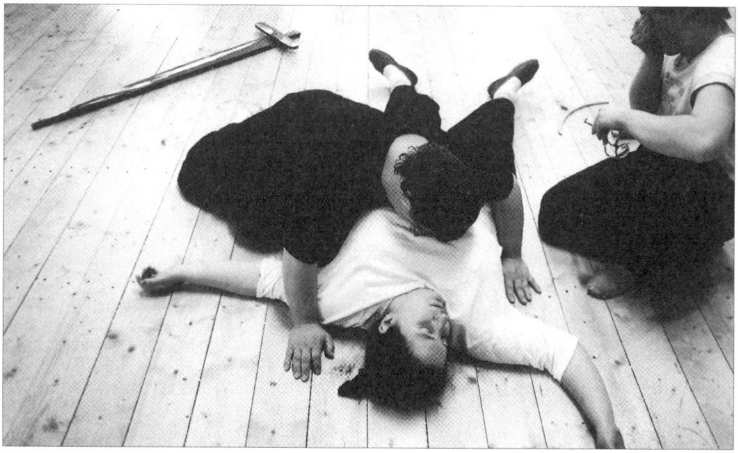

Der Kampf um Hermia endet tödlich

sie all die erstarrten und eingefrorenen Körper, die mit den abgerissenen Folien bedeckt sind, auch Puck ist unter ihnen, wieder erwecken. „Die ganze Welt ist aus den Fugen, nur wegen unseres Streits, und das muss aufhören. Als wäre nichts gescheh'n, lasst uns nach Hause geh'n."

Martin hatte fünfzehn Jahre später eine große Herz-OP.

Im Lauf der Szenenimprovisationen begannen wir auch mit der Arbeit am Text. Behutsam, forschend gab ich wie bei Michas Szene leise brockenweise Texte rein wie laut geäußerte Gedanken, die sie haben könnten. Sie schwangen sich dann manchmal ein in diese Gedanken, wiederholten oder veränderten sie, dachten sie laut weiter und spielten damit. Ich antwortete selbst in Varianten, um das Mögliche sichtbar zu machen. Es blieb immer ein spannender Vorgang: meine sachte Vorgabe an Gedanken oder Texten, ihre Verweigerung oder ihr Einschwingen und Weiterspielen in Richtungen, die sie dann selbst bestimmten. Dann wieder meine Gedanken, manchmal nahmen sie den Faden auf.

Den Text haben wir so am Ende gemeinsam gefunden. Stefan und ich hatten Textvorschläge erarbeitet, die sich an den Improvisationen und Sprachfähigkeiten orientierten, aber eine eigene Poesie entfalteten. Dadurch war die Höhe der shakespeareschen Figuren gehalten, aber sie als Darsteller waren sehr frei im Spiel.

Die Besetzung von Puck mit Moritz war eine richtige Entscheidung. Der schlaue kleine, faule Narr, der versucht, aus seiner Rolle der Abhängigkeit mit Witz und kleinen Tricks herauszukommen, verschmitzt, ein bisschen verfressen, seinen Vater Oberon mit Lust austricksend und liebenswert. „Er war Puck", beschrieben ihn später die Zuschauer.

Es gab nach mehreren Vorträgen auf Tagungen über das wachsende inklusive Theater bei einigen Zuhörern das Missverständnis, dass ich auf Sprache ganz verzichtete, da ich betont hatte, dass Text nicht das erste und wichtigste Mittel sei, das die Schauspieler auf der Bühne beherrschen sollten. Jetzt entdeckten sie empört: „Aber die sprechen ja doch!" Mein Ansatz war, dass sie vor allem spielen sollten und mit all ihrer Fantasie Geschichten oder Träume erzählen. Und natürlich sollten sie auch sprechen, aber nicht als Erstes. Wenn sie verstanden hatten, worum es ging, dann stellte sich der Gestus der Sprache fast von allein ein. „Text" war nicht so wichtig und konnte als Letztes kommen. Hierfür zahlte sich die Körperarbeit aus. Zudem sah ich es als sehr wichtig an, die spezielle Art des verbalen Ausdrucks nicht „weg zu inszenieren". Es ist auch eine Sprache. Wir arbeiteten zwar an der Verständlichkeit, aber nicht auf Kosten der Eigenart. Da war es manchmal schwer mit Shakespeare und Sophokles. Aber in der klugen Verteilung der Texte und Rollen kommt alles zu seinem Recht: Hannes spricht Shakespeare, und Moritz, der den Puck spielt, erzählt mit dem Körper und seiner Art zu sprechen, eben: „Uben, uben, uben."

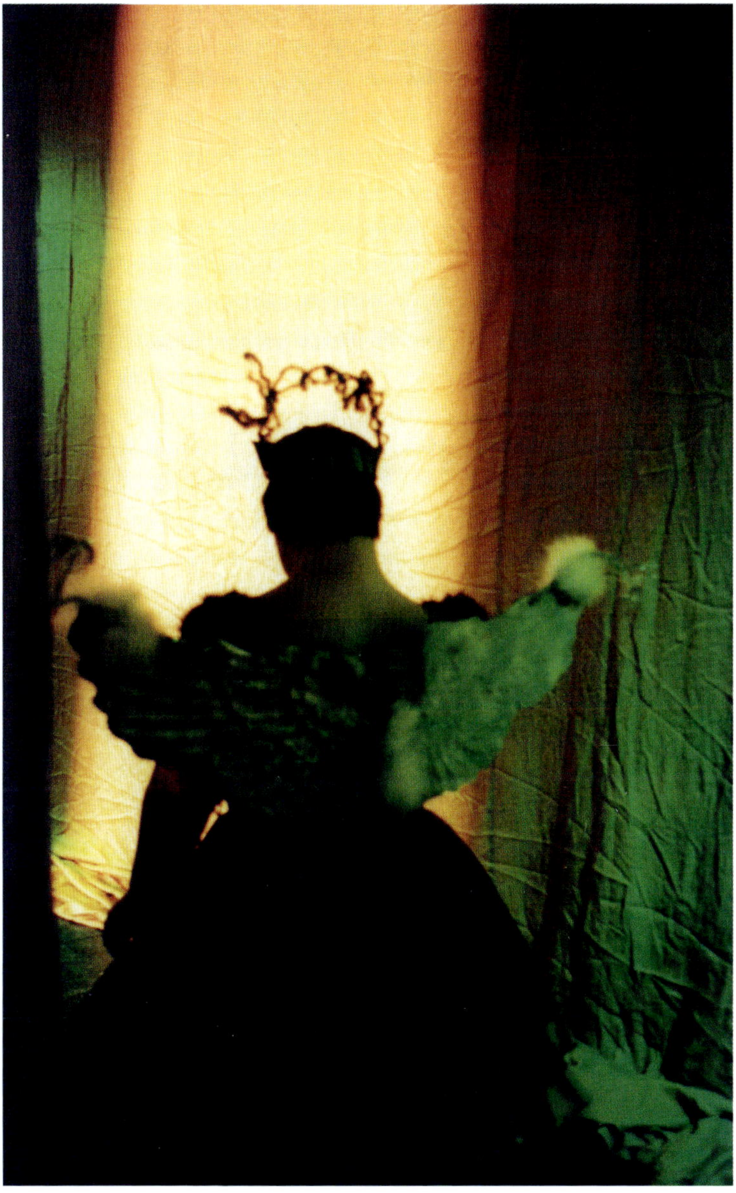

1 Ein Engel verlässt die Bühne

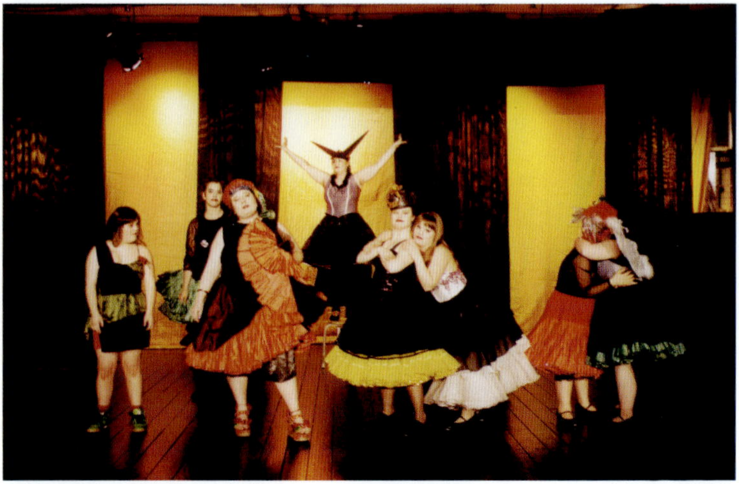

2 Entdeckung der wilden Frauen in „Weiberrevue“

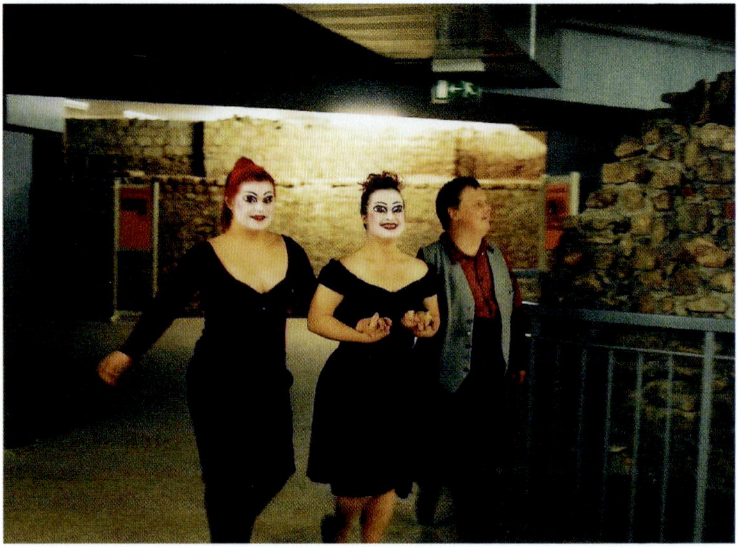

3 Entdeckung der Katakomben in Trier bei einem Gastspiel mit „Orpheus ohne Echo“

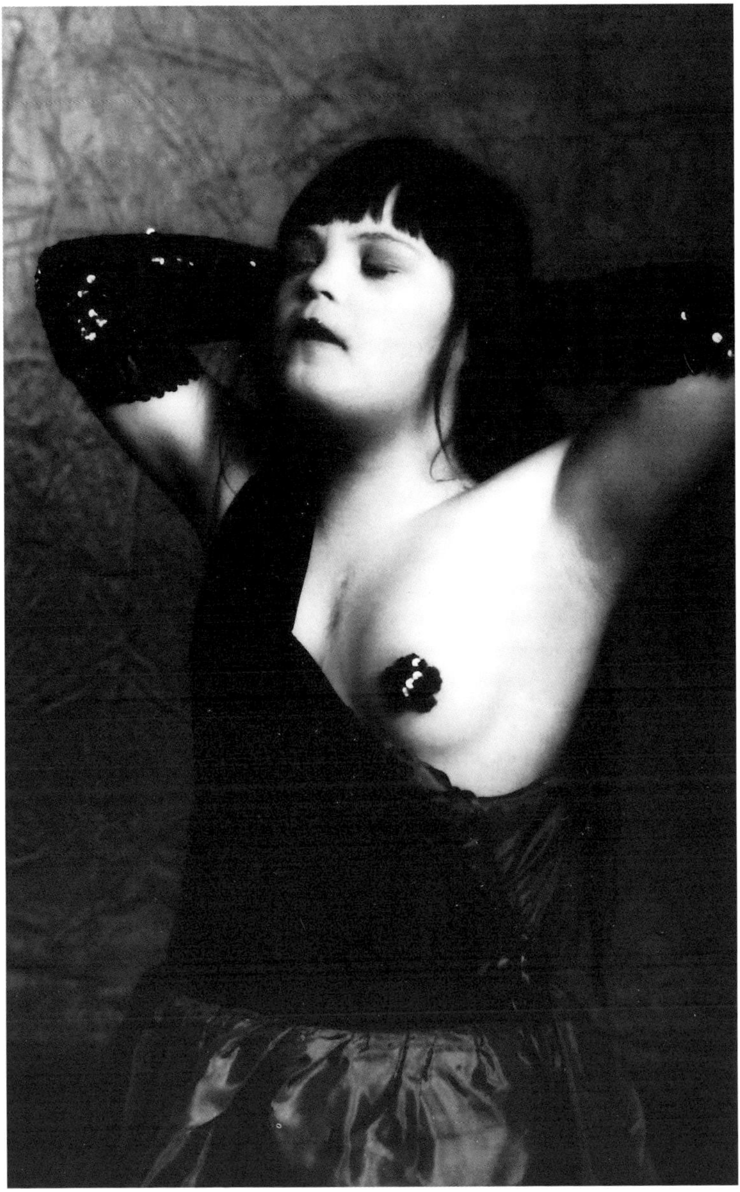

4 Im Traum: Nele in „Weiberrevue“

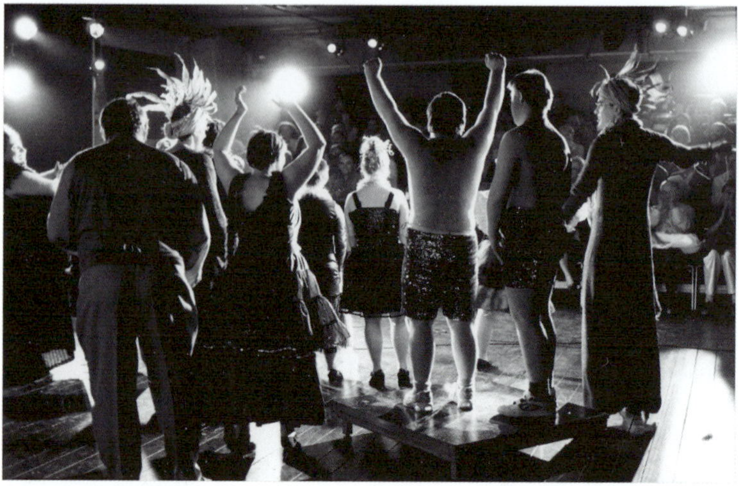

5 Applaus, Applaus …

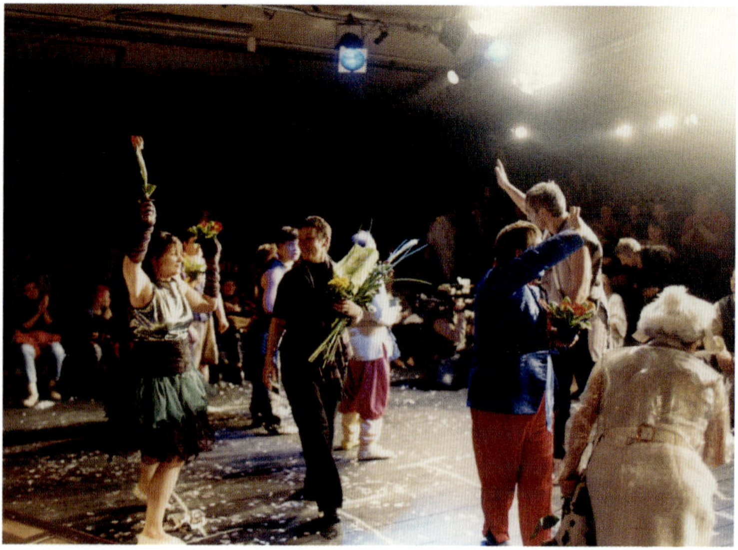

6 … und wieder

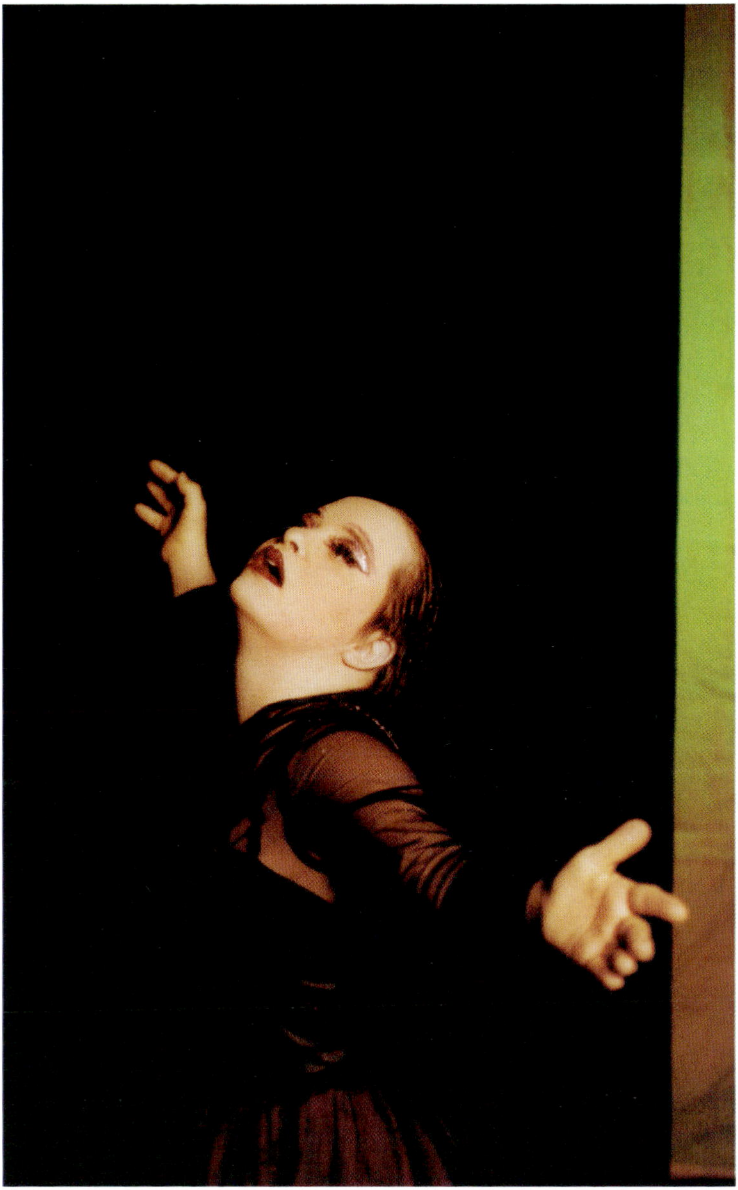

7 Theater, Theater … Rita bereitet sich auf ihren Auftritt in der „Weiberrevue“ vor

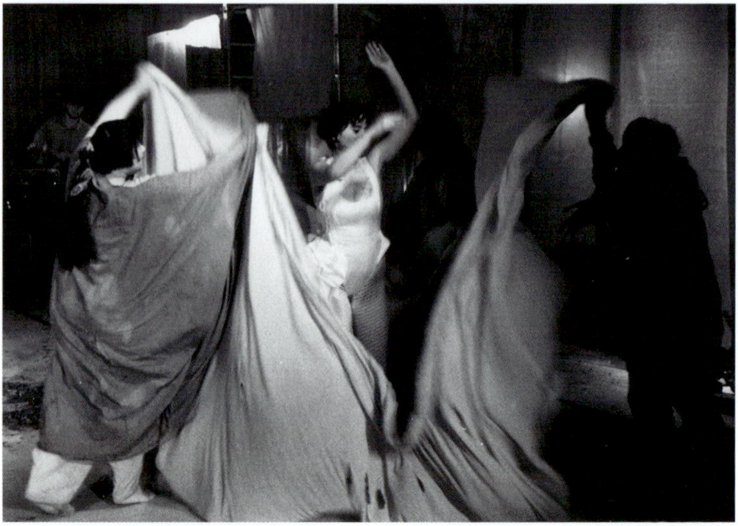

8 Tödlicher Tanz für Glauke in „Medea“

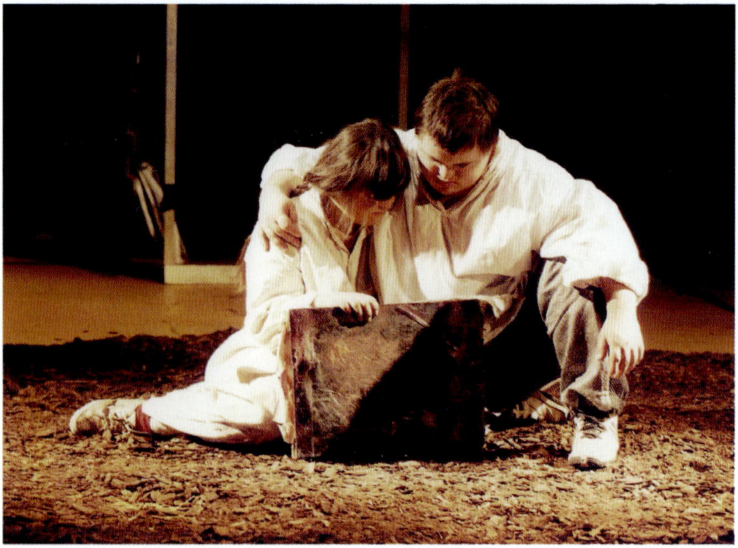

9 Nele und Moritz lesen ihre Geschichte in „Medea“

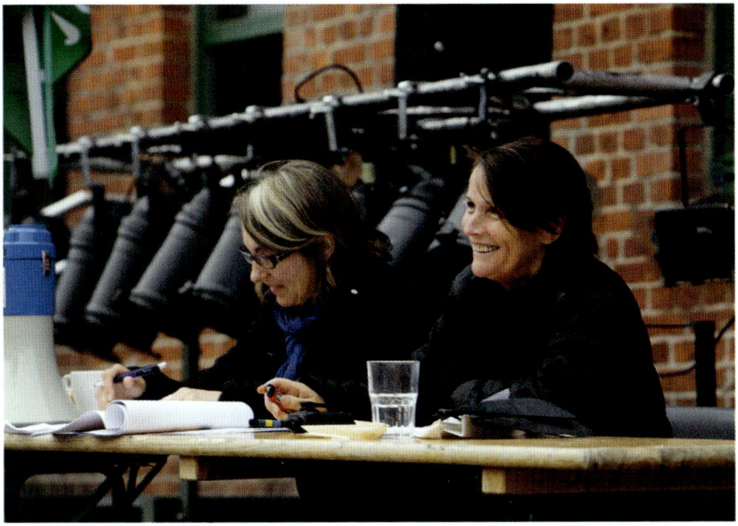

10 Regie bei den Open-Air-Proben zum „Frieden“ auf dem Hof der Kulturbrauerei

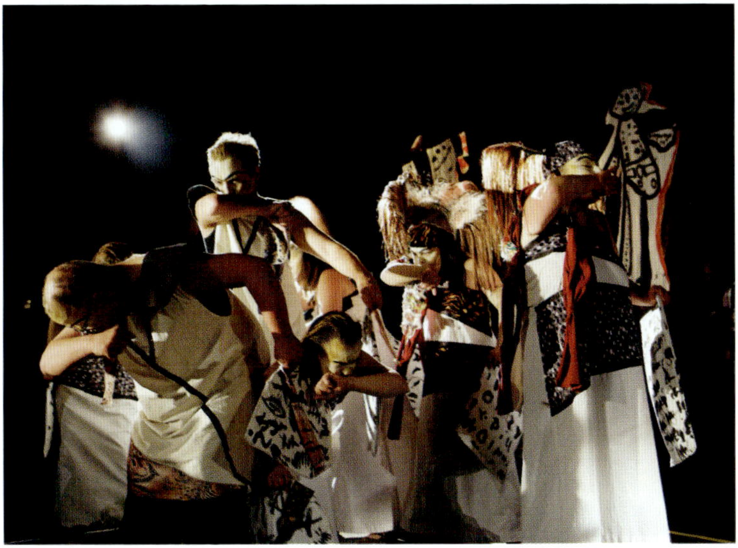

11 „Wohlgerüche“ bei der Reise mit dem Mistkäfer zum Frieden

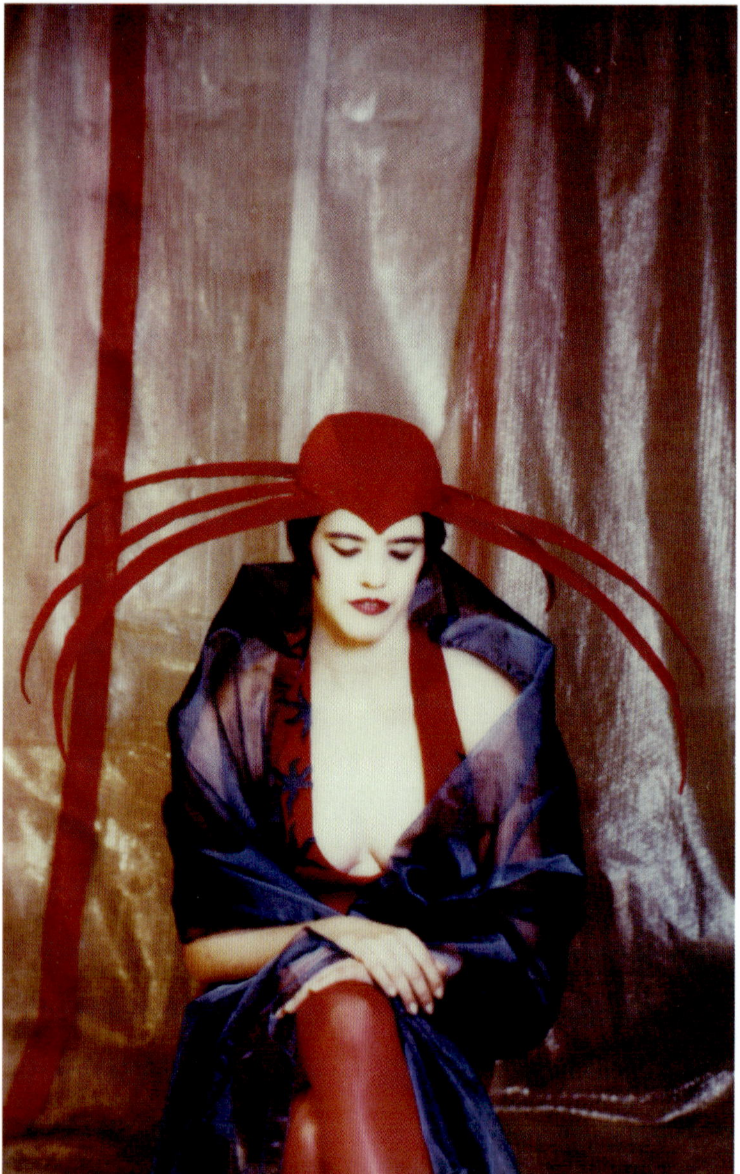

12 Anke als Glauke, porträtiert von Sibylle Bergemann

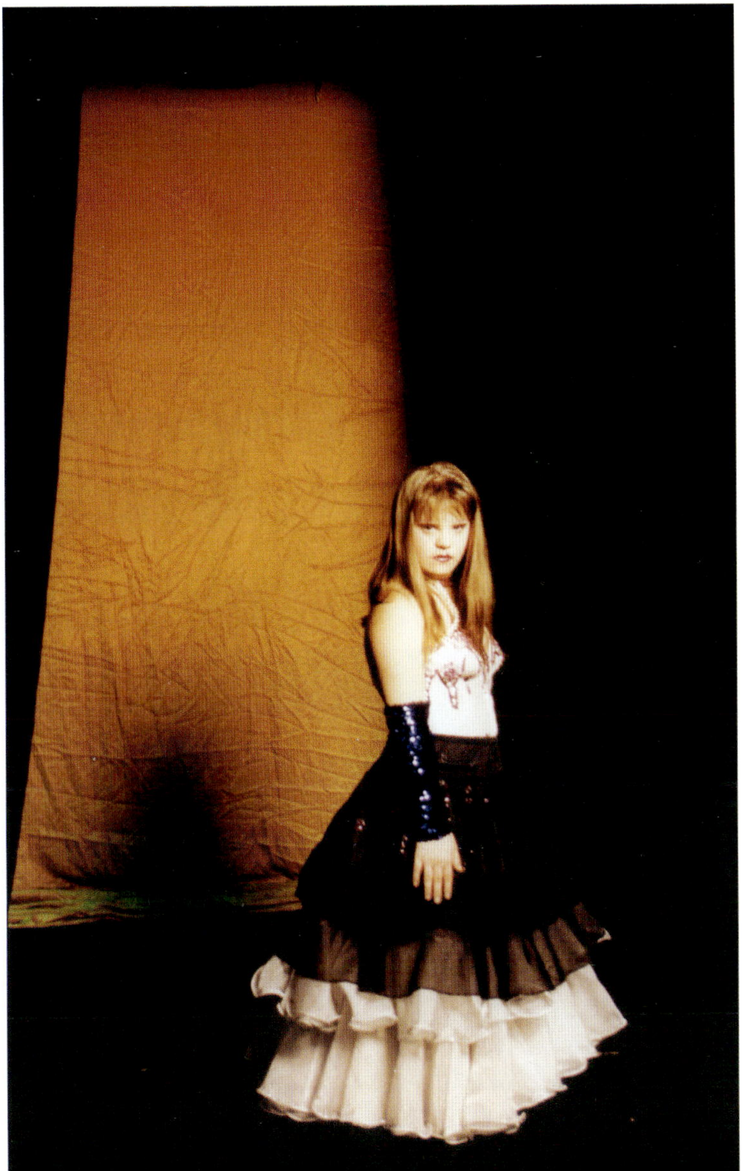

13 Juliana im Kostüm der „Weiberrevue“, porträtiert von Sibylle Bergemann

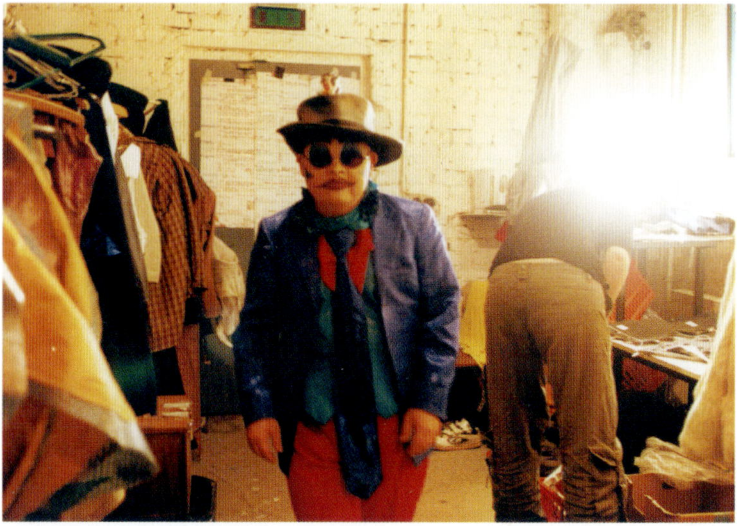

14 René als Acheron zielstrebig auf dem Weg zur Bühne

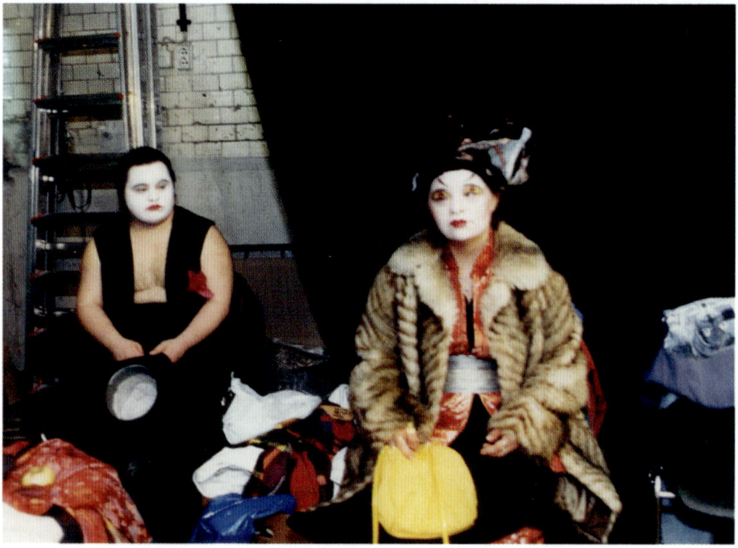

15 Moritz und Rita warten auf ihren Auftritt in „Orpheus ohne Echo“

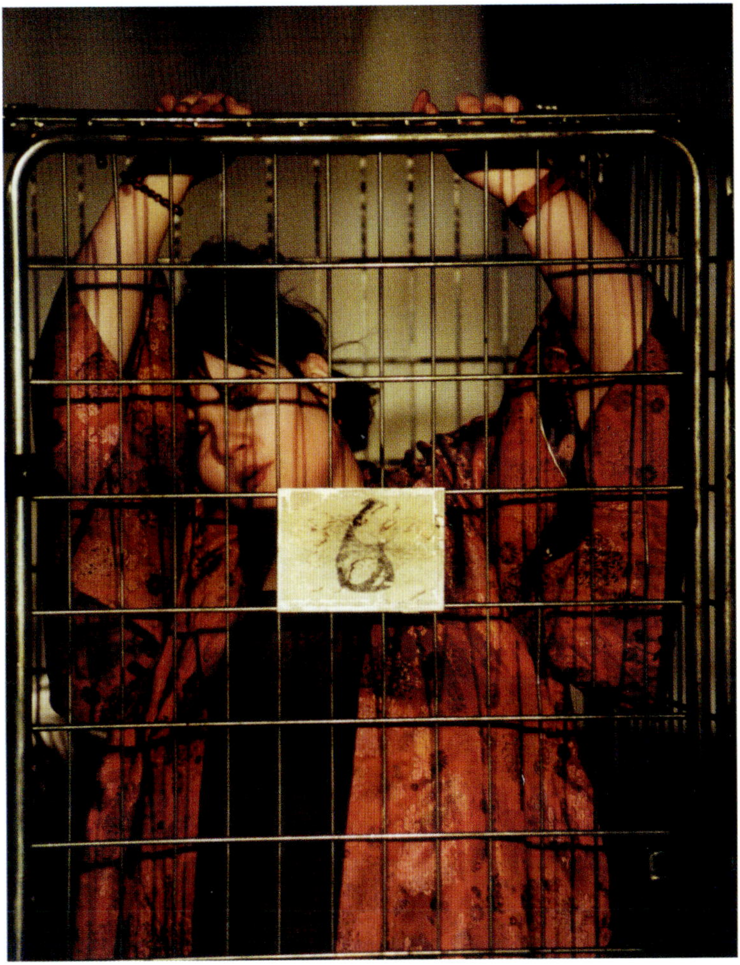

16 „Es ist zu spät, ich kann mich nicht mehr ändern" – Franziska in „Orpheus ohne Echo"

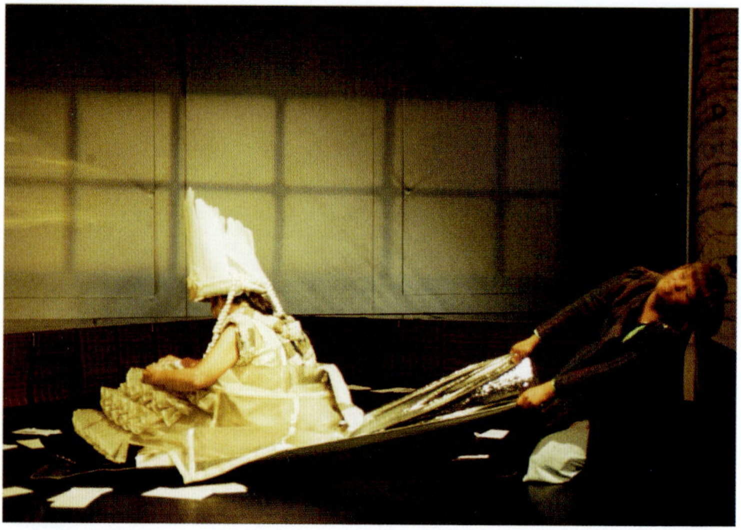

17 „Zieh, schneller!“ – Juliana als Alice mit ihrer Ahnin Grit in „Alice in den Fluchten“

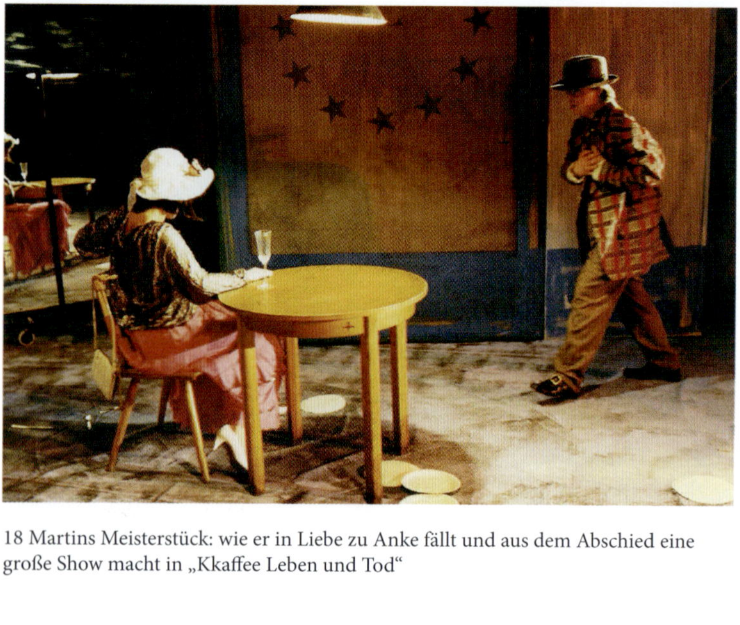

18 Martins Meisterstück: wie er in Liebe zu Anke fällt und aus dem Abschied eine große Show macht in „Kkaffee Leben und Tod“

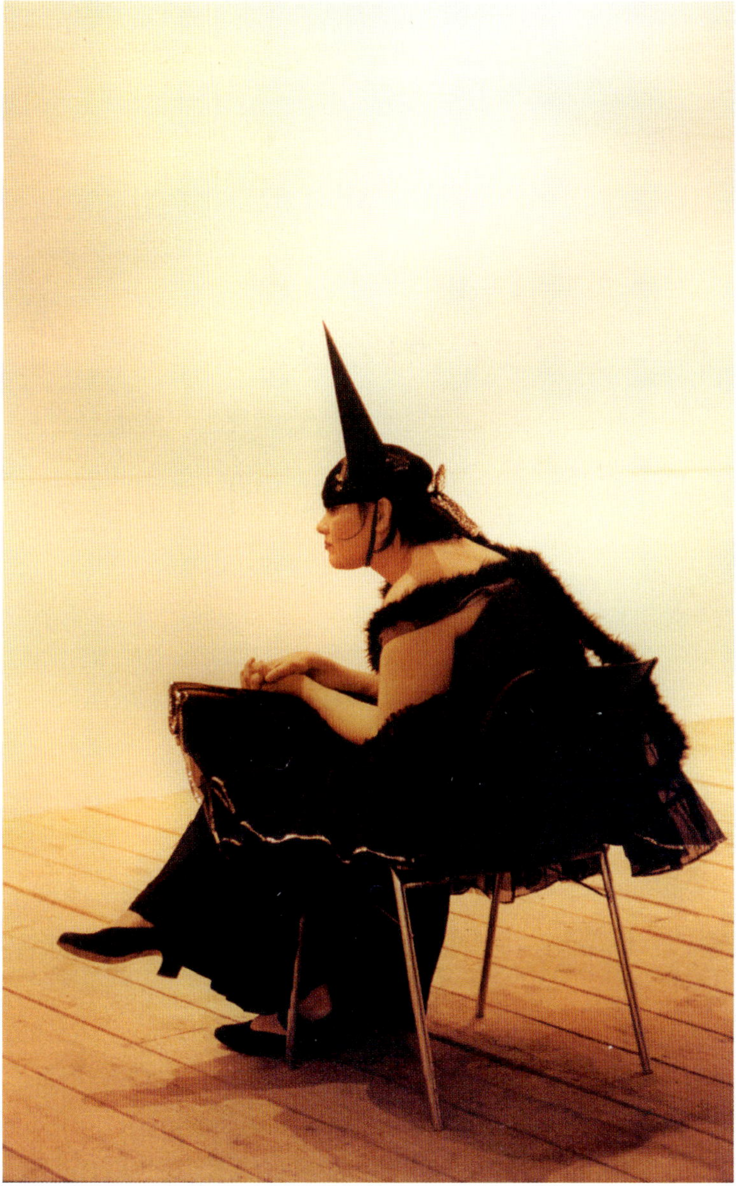

19 Grit im Kostüm der „Weiberrevue“, porträtiert von Sibylle Bergemann

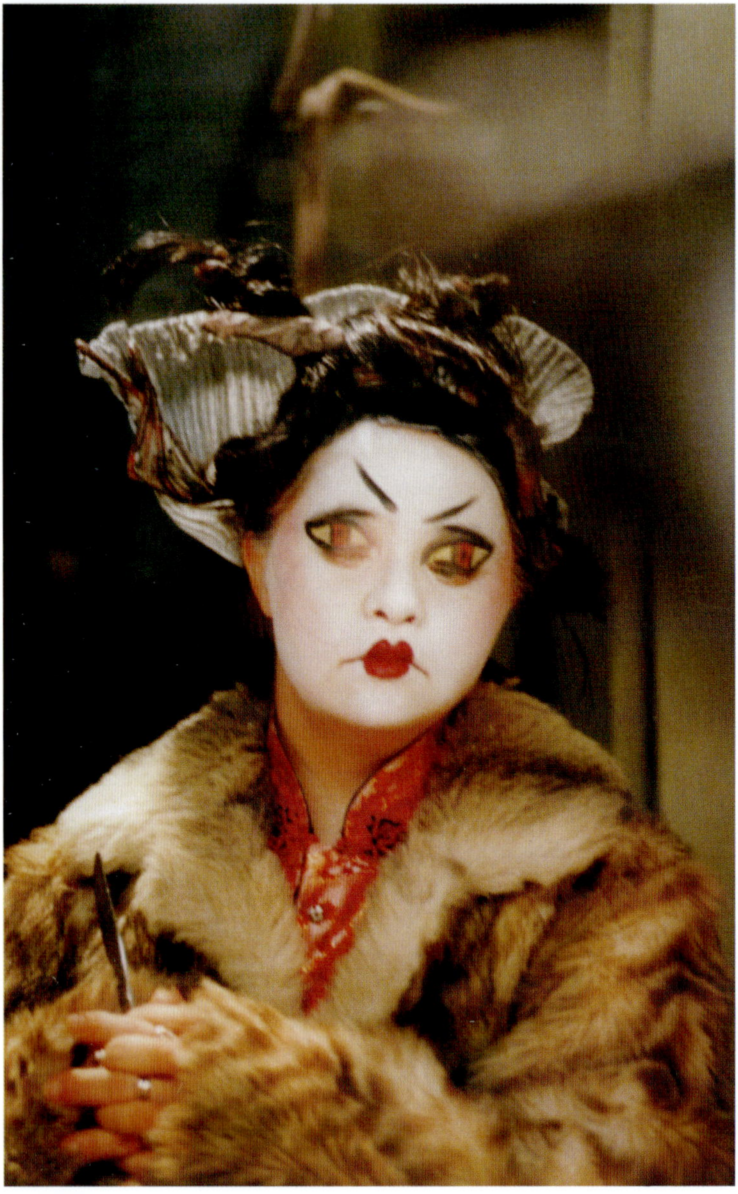

20 Rita als Eurydike, porträtiert von Sibylle Bergemann

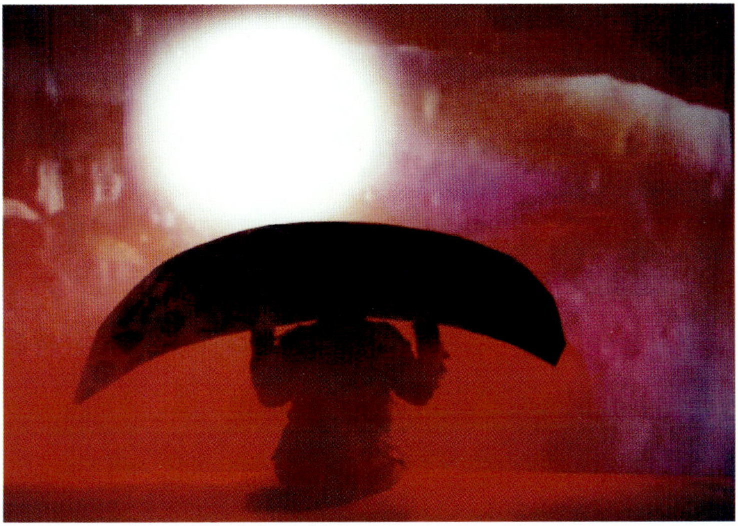

21 Hekate unter dem Orpheus-Mond, „Orpheus ohne Echo“

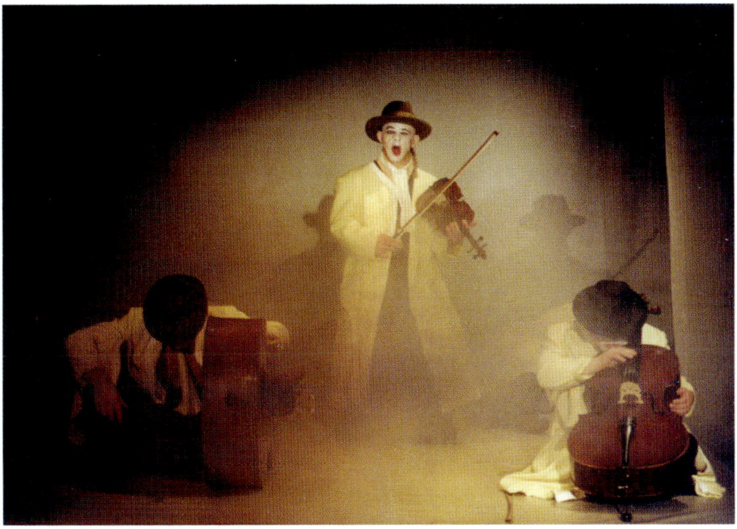

22 Auf der Suche nach Eurydike – Orpheus auf dem Floß

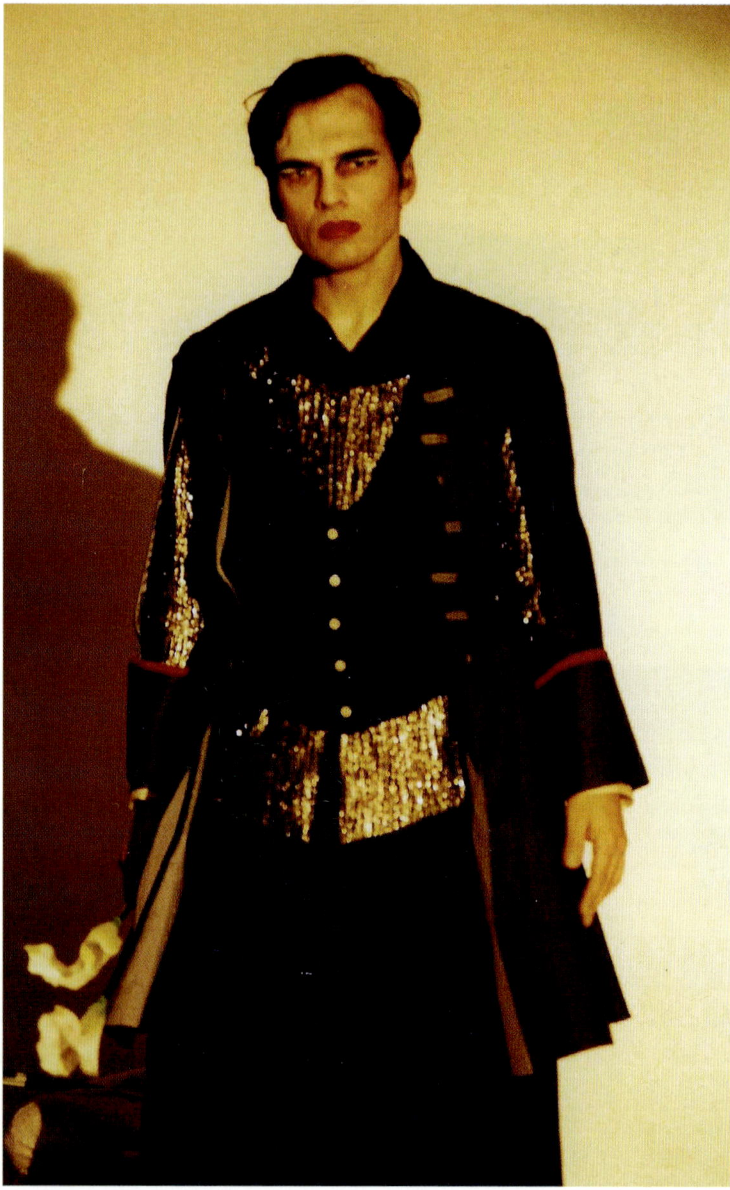

23 „Meine Damen, Ruhm und tödliche Leidenschaft sind ihnen sicher" – Hannes als Hades in „Orpheus ohne Echo"

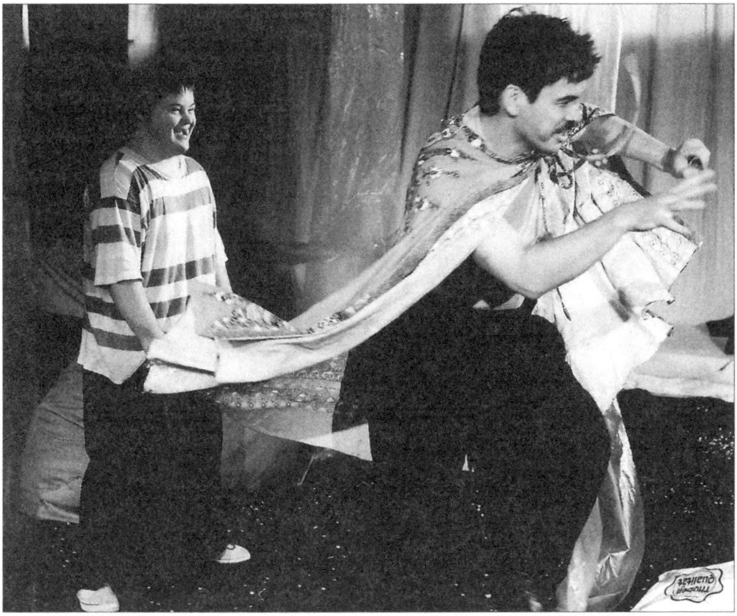

Puck neckt Theseus

Ich beobachtete nun schon im zweiten Stück die starke assoziative Fantasie, die über das Vermögen, mit vorgestellten Dingen und Orten umzugehen, noch hinaus ging. Ja, für Maxim als Mutter war es seine/ihre Wohnung und doch auch etwas darüber hinaus. Obwohl nichts auf der viereckigen schwarzen Folie stand, die seine Wohnung bedeuten sollte, konnte er sie genau beschreiben. Und wie er es tat, zeigte seine Träume von diesem neuen westlichen Standard, und zugleich veralberte er ihn. Als spüre er schon das Unangemessene der kommenden Konsumgesellschaft. Für Hannes als Theseus war es das Schloss, für Patricia war es das Gefängnis: die schwarze Erdbeerfolie. Und für alle war die Bühne der Wald, obwohl nur durchsichtige Plastebahnen von der Decke hingen, die unterschiedlich zu Alleen oder Dickicht geordnet wurden. Sie tobten durch die Folien wie durch einen echten Wald, sie versteckten sich hinter den Bäumen, führten andere darin irre, fielen in Liebe zu den Folien und rissen sie am Ende herunter, um sich mit ihnen wie mit einer Eisschicht zu bedecken. Das kalte Ende auch von Puck. Ich erlebte die große Freiheit und Fantasie, die sie im Umgang mit den theatralischen Mitteln hatten. Ich schreibe das, weil all das diesen Menschen immer noch entweder abgesprochen oder als krankhaft bezeichnet wird. „Keine Fantasie" oder „kranke Fantasie" hörte man immer wieder. Wie weit weg von der befreienden und sprengenden Kraft der Fantasie dieser Menschen sind solche Behauptungen.

Aber auch die den Schauspielern eigene Erotik und ihr Wunsch nach erfüllter Liebe und Sexualität fanden ihren Raum im Stück. Puck hängt Steckbriefe von Hermia an die Folien, um die Männer irrezuführen. Von Puck verzaubert erwachen die Männer und verlieben sich augenblicklich in diese Bilder. Sie beginnen, mit der Folie und dem Bild von Hermia Liebesbewegungen zu machen. Maxim wickelt sich ein, sie „onanieren" damit, Martin legt sich darauf mit eindeutigen Bewegungen, alle stöhnen und jubeln. Für manche im Publikum ein Eklat. Aber auch die Frauen, die Oberon zu Gruppensex zwingen, um ihm den Fuchsschwanz abzujagen, fanden in der Prüderie mancher Zuschauer keine Gnade. Jetzt hatten wir den ersten Skandal. Dazu noch zwei sich liebende Frauen, Hippolyta und Titania, die gemeinsam Oberon verhöhnen, das war 1993 für manchen zu viel der Freiheit, zumal sogar von Eltern immer wieder formuliert wurde, dass Menschen wie Micha doch gar keinen Sex hätten oder brauchten. Wir haben immer wieder beobachten müssen, dass sich besonders Eltern über nichts so aufregen wie über angeblich zu freizügig sexuell konnotierte Szenen. Es existiert eine seltsame Angst vor der möglicherweise Grenzen sprengenden Kraft der Sexualität und ihren Folgen.

Wir blieben auf unserer Linie erotisch begehrenswerter Darsteller und hatten unseren Spaß an der Prüderie und Verklemmtheit einiger weniger Zuschauer. Ich glaube, dass wir Shakespeares Spirit mit unserem Spiel sehr nahekamen.

Zur Premiere spielten alle mit großem Einsatz, und das Publikum liebte die melancholische Atmosphäre des Stücks mit den erschütternd-witzigen Figuren und der sehnsüchtigen Musik.

Ich oder Titania

Marlene probte die Titania. Ihre unsentimentale und komische Spielweise entsprach der unserer Spieler. Ihr Partner war Bodo, Michas Vater. Er hatte in seinem früheren Leben in der Laiengruppe der Polizei gespielt und musste behutsam, doch eindringlich von seiner platten Spielweise weggeholt werden, und das machte Marlene überzeugend. Das Problem war, dass Bodo zu „normal" war in diesem verrückten Haufen und nicht genug Profi, um das auszugleichen. Die Idee war, Masken zu benutzen, um naturhafte „fantastische" Figuren entstehen zu lassen. Unsere damalige Maskenbildnerin baute für Bodo eine Vollmaske aus braunem Leder und für Titania eine luftige mit durchsichtigen Plastestreifen. Das funktionierte sofort, und sie entwickelten eine andere Spielweise durch die Masken.

In den letzten Wochen verlief die Arbeit jedoch aus vielerlei Gründen belastet. Das erste ABM-Projekt war abgelaufen, die Fortsetzung beantragt, aber ohne Genehmigung bisher. Das führte zu Unruhe unter den Mitarbeitern. Das große Problem war jedoch vor allem, dass keine der Personen aus der alten Maßnahme in dieser Maßnahme wieder zugewiesen werden sollte. Das betraf auch

Marlene, auch mich. Wir hielten es noch geheim in der Hoffnung, besonders für Marlene eine Ausnahme erwirken zu können aufgrund ihres Alters. Leider hielt die Buchhalterin nicht dicht. Marlene verschwand ohne Ankündigung fünf Wochen vor der Premiere. Sie kam nie mehr zurück. Später erfuhren wir, dass sie nach der schlechten Nachricht der Buchhalterin über die Nicht-Fortsetzung ihrer Stelle enttäuscht war. Ich trug schwer an dem Verlust. Jetzt musste ich Titania, die Mutter von Puck, spielen, ob ich wollte oder nicht.

Zu diesem Zeitpunkt war meine Beziehung mit Klaus auf einem Tiefpunkt und ich hatte mich in eine Frau verliebt, eine Mitspielerin. Ich war das erste Mal in eine Frau verliebt, gestand es Klaus, der tobte, die Situation hätte nicht absurder sein können.

Puck war in unserer Inszenierung der Sohn von Oberon und Titania, das ist bei Shakespeare anders. Ich hatte also ein Kind auf der Bühne, gespielt von meinem eigenen Sohn Moritz, war im Streit mit Pucks Vater Oberon, hatte mich im richtigen Leben gerade von Moritz' Vater Klaus getrennt, der führte nun teilweise Regie, wenn ich auf der Bühne stand, und meine neue Geliebte spielte Hippolyta. So wurde ich zu einer Projektionsfläche, die meine Rolle nicht einfach machte. Stefan wachte wie ein Luchs über unser Spiel, damit es in keine einseitige Interpretation geriet. Es blieb ein Balanceakt. Dennoch spielte ich gern mit. Und es erwies sich als wichtig, denn Franzi trat wieder nicht auf. Da anfangs alle so auf die Bühne tröpfeln, nacheinander, mit Pausen und kleinen Szenen auf der Bühne, fiel es dem Publikum nicht auf. Aber ich rauschte als Titania von der Bühne, packte Franzi und zog sie mit raus, untergehakt, zwei Freundinnen. In Wahrheit sagte ich ihr: „Ich hole dich noch einmal, dann nie wieder." Und tatsächlich kam sie in der dritten Vorstellung allein auf die Bühne. Damit war das Kapitel beendet.

Manchmal schwatzte ich zwischen den Auftritten leise mit Martin hinter dem dicken Moltonvorhang. Aber mitten im Satz brach Martin ab, rollte sich unter dem Vorhang durch zu seinem Auftritt und spielte sofort seine Szene. Er hatte sein Stichwort während unseres kleinen Schwatzes gehört und sofort reagiert. Martin beherrschte auf zuverlässigste Weise sein Handwerk, während ich mich sofort undiszipliniert benahm, jetzt als Schauspielerin.

Als ich später einmal in Medea einspringen musste, war ich überwältigt von der Hilfsbereitschaft meiner Kollegen. Sie führten mich lautlos und sanft durch die Szenen und halfen hinter der offenen Bühne, das richtige Kleid zu finden, den Koffer bereitzustellen, im richtigen Moment aufzutreten etc. und blieben doch ganz in ihrer Rolle. Sie waren voller Liebe und freuten sich, mir helfen zu können.

Es gab noch eine andere überraschende Darstellerin. In einer der ersten Vorstellungen lag ich als Titania unter einem Tuch versteckt auf dem Bühnenboden, zur Natur und der Erde gehörend. Es war eine ernste Szene, in der einer der Männer ein Mädchen vergewaltigen will. Er will „ihren Schatten fressen“. Das Publikum aber lachte. Ich konnte es nicht glauben. Aber es hörte nicht auf. Vorsichtig schob ich das Tuch über meinen Augen zur Seite, um nachzusehen und hatte eine große feuchte Nase vor mir, gefolgt von der rauen Zunge unseres Dackelmischlings. Susi hatte mich vermisst und gesucht, war von hinten über die Bühne geschnürt und hatte mich erschnuppert. Sie hatte im Lauf der Jahre immer mal ihren Auftritt. Sie „verlor“ mich gern in der Pause, huschte in die Garderobe, um dann, wenn die Vorstellung wieder lief, an einer sehr leisen Stelle von hinten aufzutreten. Sie wartete, bis gelacht wurde und lief dann schnurstracks zu mir ans Regiepult. Auch das gehörte dazu.

Ich muss sagen, dass uns die Arbeit am „Winternachtstraum“ sehr voranbrachte. Indem wir der oft anarchistischen Spur der

Schauspieler folgten und nicht am Vorgedachten hängen blieben, war es zu den ungewöhnlichsten Wendungen gekommen. Sie verliebten und verwechselten sich, verloren ihre Identität, fanden sie im Gegenüber, wollten ihre Schatten fressen, sich vernichten und besitzen, versöhnen. Ein Theater der Leidenschaften. Dabei konnten wir erfahren, auf welche sehr persönliche Weise sie sich ihren Rollen nähern konnten und wodurch sie sich diese aneigneten. Welche Bilder, Töne oder Worte ihre Angeln wurden. Martin mit seinem schwachen Herzen als sich aufspielender Held, Patricia über Reflexion und Widerstände, Hannes über Eitelkeit und männliche Rituale, Moritz über Schalk.

Wenn meine Vorgabe gut war, dann blühten sie auf. Wenn ich sie nicht erwischte, kam nichts. Es war immer nötig, dass ich mich am Anfang hundertprozentig einbrachte und die Spieler anstiftete.

Dann konnten sie geschehen, diese Momente des klaren, uneitlen und beseelten, zuweilen sogar besessenen Spiels, in dem mehr aufschien, als wir angedacht hatten, in dem jede Fantasie, Poesie und jedes große Gefühl Platz hatten, in denen das Stück sich selbst weiterschrieb. Als wären sie plötzlich angedockt an die ewigen Themen des Menschseins, an ihre Kämpfe und Seligkeiten. Ich war von diesen Momenten der Wahrheit immer sehr berührt, diesen Augenblicken, die über die angezielte Erzählung weit hinausgingen und mir Herzklopfen machten. Es war wie die vollkommene Szene eines Traums oder einer klaren Erinnerung, in der alle wissen, was sie tun müssen und wer sie sind. Ich erkannte das Leben, mein Leben, ihr Leben darin. Das gab es in Proben und in Vorstellungen. Ich suchte danach, war nie zufrieden mit oberflächlichem Spiel und aufgesetzten Texten. Ich wartete auf diese Momente, in denen es „geschah".

Während die Vorstellungen liefen, wechselte ich beim Warming Up zwischen Körperarbeit und Austausch von Gedanken über das

Stück und ihre Erfahrungen. Es war erstaunlich, wie viel die Schauspieler im Lauf der Zeit durch das Spielen erkannt und gelernt hatten. Besonders nach den Vorstellungen wurde ihnen vieles klarer. „Ja, man kann zwei Männer lieben", und: „Ja, zwei Frauen können sich lieben oder zwei Männer. Det gibt et wirklich", und: „Behinderte haben das Recht, einen Freund zu haben, auch ohne die Erlaubnis der Eltern." So vieles, was sie im Leben nicht durften oder konnten, durften und konnten sie hier ausprobieren. Sie hatten auf der Bühne neue Erfahrungen gemacht, gefahrenfrei und mutig. Sie verstanden das Leben durch Spielen. Sie lernten ihre Wut und ihre Angst kennen. Und sie spielten sie.

Irgendwann fiel es mir auf: In der Aufregung und Freude nach der „Weichherz"-Premiere hatte ich nicht gemerkt, wie mich die Journalisten als Frau des Regisseurs darstellten, obwohl es meine Inszenierung war. Klaus hatte beim Einleuchten geholfen und die Technik organisiert. Trotzdem wurde ich „die Frau des Regisseurs" genannt. Auch nach der zweiten Inszenierung „Ein Winternachtstraum" schrieb die taz in einer begeisterten Kritik vom „Regisseur des Stücks Klaus Erforth." Der Kritiker, dem Klaus den Irrtum auf mein Drängen hin mitteilte, meinte lakonisch: „Aber es ist doch Ihre Frau." Und Klaus widersprach nicht, er ließ es zu, jahrelang. Und damit war ich mittendrin in dieser so anderen neuen Gesellschaft und ihren Verwerfungen. Das Glück des geglückten Anfangs überwog aber noch.

ZWISCHENSPIEL

Zwischen den Szenen

Viele Dramen fanden jenseits der Bühne statt. Besonders Micha hat immer wieder für Aufregung gesorgt. Mit Sturheit brachte er die bereitgelegten Requisiten kurz vor Beginn des Stücks dorthin, wo sie am Ende des Stücks liegen würden. In seiner Logik gehörten sie dahin. Was für Dramen! Das Requisit ist weg! Aber es lag doch eben noch da! Bis wir ihn erwischten. Dann durfte er kurz vor Beginn nicht mehr auf die Bühne. Aber er trickste uns immer aus, und selten konnten ihm die Praktikantinnen widerstehen, ihn doch noch mal sein Requisit „zurechtlegen" zu lassen. Auch Texte stahl er seinen empörten Kollegen und zog sich deren Kostümteile an. Er hatte wohl bei Frank gelernt.

Kurz vor der Vorstellung bei einem Mainzer Gastspiel sitze ich mit Micha entspannt vor der Bühnentür. Ich bewundere seine schönen Stiefel. Bea brachte stets neue Kostümteile an, auch wenn ein Stück schon lief. Ich kenne die Stiefel nicht an ihm. „Sind das deine?" – „Ja, neu!" Er stolzierte hin und her, genießt meine Bewunderung: „Tolle Stiefel." Da reißen ihm die entnervten Assistentinnen die Stiefel von den Füßen. Es waren Marios. Noch schlimmer war es, wenn er sein privates Unterhemd und die Socken ausziehen sollte. Ich weiß nicht, wie viele Menschen so trickreich sind, um am Ende doch das Hemd unter dem Kostüm zu haben und damit die Fotos zu versauen.

„Micha, zieh bitte dein Unterhemd aus." – „Nein, mir ist kalt." – „Du hast doch dein Kostüm bald an, und die Scheinwerfer wärmen." – „Nein, das will ich nicht. Meine Mutti sagt, ich soll das nicht." – „Micha, ich rufe deine Mutter an." – „Nein, dann regt sie sich auf, das geht nicht." Sibylle Bergemann, die bekannte Fotografin, ist zwei Mal mit Sack und Pack wieder abgezogen, ohne ein Foto zu machen, weil Micha wieder mal im Unterhemd auf die Bühne kam.

Er liebte es auch, private Dinge zu verstecken. Eine unserer Schauspielerinnen musste nach den Proben am 5. März 2009 ohne Pullover nach Hause gehen, der war unauffindbar. Am 8. März zog Micha den verschmutzten Pullover unter den Podesten hervor und schenkte ihn ihr: „Liebe Jenny, alles Gute zum Frauentag." Wir mussten trotz allem immer lachen. Er bat stets um Verzeihung, wenn er Mist gebaut hatte, und kuschelte mit uns. Mit „professioneller Distanz" hatten wir es nicht.

Beim Applaus verlobte er sich mehrmals öffentlich mit Rita, obwohl seine Freundin im Saal saß und zusah. Micha bleibt ein Schelm, ein Anarchist des Lebens. Kürzlich wollte er mich nicht begrüßen. „Du bist nicht mehr meine Chefin." Ich war bestürzt. Ich versuchte, ihn zu erinnern, wie viel wir zusammengearbeitet hatten. Er lachte mich aus.

Die Narren erhalten ein eigenes Theater

Mit der Premiere von „Winternachtstraum" eröffneten wir im Herbst 1993 „Das Theater im Pferdestall". Einer unserer treuen Ehrengäste war Wolfgang Thierse. Der damalige Staatssekretär für Kultur Löhe gab mit einem Gong das symbolische Zeichen für den

Beginn, und das närrische Treiben auf der Bühne begann, natürlich mit dem größten Narren: Shakespeare.

Im Frühjahr hatten wir einen großen Masken-Umzug mit mehreren hundert Teilnehmern zum Kollwitz-Park veranstaltet, um die Bevölkerung des Kiezes, der es damals noch war, zu gewinnen und mit unseren „fantastischen" Künstlern bekannt zu machen. Am Ende wurde der geizige Minister Geigeldeibel verbrannt, und im gerade eroberten Theater gab es mein Maskenspiel, das wir wegen der großen Nachfrage zweimal spielen mussten. Und dann ein Fest! Immer wieder: ein Fest!

In einer Kritik beschrieb der Autor „die Nähe des Künstlers zum Narrentum als Randerscheinung der Gesellschaft, das schon immer den Mächtigen die Wahrheit um die Ohren hauen durfte", in unserer Arbeit als erfüllt. Er begriff unsere Utopie. Ein närrisches Theater mit seinen in die Gesellschaft hineinwirkenden Ideen könnte etwas verändern, das weniger durch ein philosophisches Konzept als durch die Weisheit des Närrischen den allzu festen und autoritären Machtgebärden und intellektuellen Wolken den Boden entzieht. Sie, diese Narren, haben keine Scheu zu fragen, warum etwas so sein sollte. Warum nicht auch anders. Ihre Weisheit nährt sich aus dem Herzen und dem Bauch. Sie leben am Rand der Gesellschaft, wie auch viele Künstler und andere Ausgegrenzte. Von da ist der Blick ein anderer. Er ist freier und mit weniger Vorurteilen behaftet.

Wir wollten durch das Spiel dieser Schauspieler zeigen, dass es Leerstellen und Gefährdungen in der Gesellschaft gibt, wenn sich Effizienzdenken, Profilneurosen und überbewertete Rationalität behaupten. Sie, die sich nicht wie andere bewegten, aber durch Hingabe und neue Bewegungsvorschläge die Wahrnehmung veränderten und das künstlerische Bewertungssystem zum Tanzen brachten, die „schlecht" sprachen, aber eine „besondere Sprache" entwickelten und ihre eigene Logik sichtbar machten, die Herzen und Hirne öffnete, brachten etwas ein in die Gesellschaft. Hier waren Menschen, die uns durch ihr Spiel bereicherten und berührten, und kein Mitleid brauchten, sondern zum Nachdenken einluden.

Unsere eigene Sehnsucht nach einem wahren und ergreifenden Theater und ihre andere Sicht auf die Welt, ihre körperliche Annäherung an alles und alle, ihre feine Unterscheidung wahrer und falscher Gefühle, ihr uneingeschränkter Wunsch, sich auf der Bühne oder Leinwand hemmungslos auszudrücken, trafen sich. Menschen mit einer anderen geistigen Ordnung auf der Bühne zu erleben, ist fast immer ein besonderes, ja aufrüttelndes Erlebnis. Das hängt mit ihrer erschreckenden Präsenz zusammen. Auf der Bühne werden diese Schauspieler mit ihren Körpern und ihrem seltsamen Spiel, ihren abweichenden Bewegungen ganz sichtbar, sie fordern den Blick des Zuschauers heraus. „Seht mich an, ohne Scheu. Hier bin ich, ein Schauspieler. Ich spiele für euch.“ Im Alltag ist genau dieser Blick, der unverhohlen interessierte Blick, das Problem. Darf man das? Übertritt man nicht eine Grenze? Hier auf der Bühne jedoch soll man genau das. Und nach wenigen Momenten der Verunsicherung und Scham gelingt das, und zwar nicht, weil da ein Exhibitionist auf der Bühne steht und sagt: Seht auf meine Behinderung! Sondern weil da Individuen eine Rolle in einem Stück spielen. Sie spielen ganz und gar, mit Inbrunst, mit Feuer und ohne Hemmung. Sie zeigen uns unser ganzes Leben und Denken, unsere Antriebe und Hoffnungen, ohne sie zu denunzieren, ohne sich und uns zu bemitleiden. Und sie durchbrechen dabei ihre ganzen dicken Schutzschichten, die es ihnen bisher ermöglichten, in dieser perfekten Welt so unperfekt zu überleben. Sie machen sich gern ein kleines bisschen lustig über uns. Und wenn man begriffen hat, was da auf der Bühne passiert an Lebenszumutung, dann wird man frei und kann lachen. Über das, was da geschieht, über das Erkennen unserer eigenen linkischen Versuche, als Lebensbewältiger durchzukommen, über die Komik der Clowns von unten. Denn das sind sie auch: Clowns und Könige.

Die Zuschauer erhalten eine notwendige Therapie. Sie lernen, dass das Vorurteil bei ihnen ist, dass diese Menschen nicht bemitleidet werden müssen, dass man sich verneigen muss vor ihrer Größe. Es gibt für sie keine kleinen Rollen. Es gibt nur Spiel, mit einer sehr eigenen Sicht.

Wir streben ein Theater an, das klug und ergreifend, verständlich und witzig, zugleich vielschichtig, frech und plebejisch und doch sozial genau und voller Magie sein sollte. Wir wollten ein Spiel, transparent und geheimnisvoll, gespeist aus Güte und tiefster Finsternis. Das die Widersprüchlichkeit der Figuren und die menschlichen Abgründe auslotet. Nichts war undenkbar.

Wir gaben ihnen mit den Inszenierungen eine Sprache.

Leben mit ABM

Von Beginn an arbeiten wir mit Kräften des zweiten Arbeitsmarktes. Das Arbeitsamt bietet ABM-Stellen, die anfangs sehr gut bezahlt werden. Sie laufen in den ersten Jahren über zwei, dann sogar über drei Jahre mit derselben Person. Wir beantragen oft 20 bis 30 Stellen. Mindestens 15 Techniker, von denen die Hälfte ausfiel wegen Trunkenheit, Drogen oder Desinteresse, Sozialarbeiter, die die Begleitdienste für die Künstler organisierten oder es selbst übernahmen, dazu zwei bis drei Verwaltungskräfte, etliche Künstler: Musiker, Maler, Tänzer und meine Stelle. Ich hangelte mich wie alle mit kurzen Unterbrechungen, in denen ich Sozialhilfe bezog, von

ABM zu SAM zu MAE (Arbeitsbeschaffungsmaßnahme, Strukturanpassungsmaßnahme, Mehraufwandsentschädigung).

Auf diese Weise konnten wir weiterarbeiten, und in den ersten Jahren waren die meisten Mitarbeiter sehr motiviert. Mit der zweiten Inszenierung und der festen Spielstätte wurden die Anforderungen an alle größer. Wir brauchten gute und erfahrene Leute. Aber zugleich veränderte sich die Situation für den zweiten Arbeitsmarkt. Die Maßnahmen liefen zwar noch über zwei Jahre, aber nicht mehr für die gleichen Personen. Die sollten jährlich wechseln. Ein Schlag für uns. Kaum hatten wir über Monate ein Team zusammen, in dem die Kompetenzen klar waren und mit dem man den beginnenden Repertoirebetrieb im Theater bewältigen konnte, endeten die Stellen. Und alles Wissen verließ uns wieder. Ich bat die Mitarbeiter vorher um schriftliche Dokumentation aller Abläufe: Abbau von Dekorationen, Transport, Lagerung, Aufbau der neuen Dekoration, Reparatur. Aber dafür reichte nie die Zeit, wohl auch nicht die Motivation. Sie schieden ja aus. So begannen wir jedes Mal von vorn.

Ich fahre mit Klaus zum Jobcenter. Termin bei der Chefin. Das für uns zuständige Jobcenter liegt in einer scheußlichen Plattenbaugegend, wie sie trister nicht sein kann, und wechselt innerhalb der vielen Blocks ständig die Räume. Es kommt mir jedes Mal wie eine erneute Schnitzeljagd vor, bis wir die Räume gefunden hatten. Und mir kommt vor, als sei dort immer graues, sonnenloses Wetter. Die Chefin ist freundlich, aber distanziert. Wir legen los, packen Fotos, Flyer, Plakate aus. Erzählen, begeistern. Sie hört sich alles an. „Wir kennen Ihr Projekt und finden es auch sehr gut. Aber so sind nun mal die Gesetze. Die Mitarbeiter müssen wechseln.“ Je mehr wir uns einsetzten, desto negativer das Ergebnis, bis uns eine Kollegin anvertraut: „Die müssen selbst kommen und das wollen. Dann sehen wir echtes Interesse und Entwicklung." Wir verstehen das, aber nicht jeder ist für eine solche Betteltour um die eigene Stelle gemacht. Am Ende kommt ein Teil der erbetenen Kräfte doch wieder, und es geht weiter.

Aber die Perspektivlosigkeit machte allen zu schaffen. Nach einem halben Jahr ließ das Feuer nach, denn das Ende der Maßnahme kam in Sicht. Und alle hatten auf eine feste Stelle gehofft.

Trennung

Als ich mit „Weichherz" begann, spürte ich, dass ich mich in einem unumkehrbaren Ablösungsprozess von Klaus befand. Die Aufbruchsphase hatte die Brüche in unserer Beziehung nur verdeckt.

Spätestens als ich beschloss, „Weichherz" allein zu inszenieren und Klaus aus den Proben auslud, begann die Abnabelung. Klaus hatte während der Wende tief enttäuscht beschlossen, dem Theater den Rücken zu kehren. Für mich sah das ganz anders aus. Nach der Geburt von Moritz und einem aussichtslosen Spagat zwischen Engagement in Neustrelitz und Leben mit Moritzbaby in Berlin war klar, dass einer von uns seinen Beruf aufgeben musste, und das war – natürlich – ich, was mich aber letztlich zu unserem RambaZamba-Projekt geführt hatte. Nun sah es ganz anders aus. Ich hatte lange gewartet auf meine Chance, zum Theater zurückzukehren. Jetzt war sie da. Ich wollte meiner eigenen Intuition und meinen Ideen folgen, die besondere Theaterarbeit weiterentwickeln, ungestört meine Entdeckungen machen, und dazu durfte Klaus nicht in der Probe sein. Er inszenierte alles sofort um.

Nach der Premiere von „Weichherz", bereits mit meinem zweiten Stück beschäftigt, zerbrach unsere Beziehung endgültig. Diese

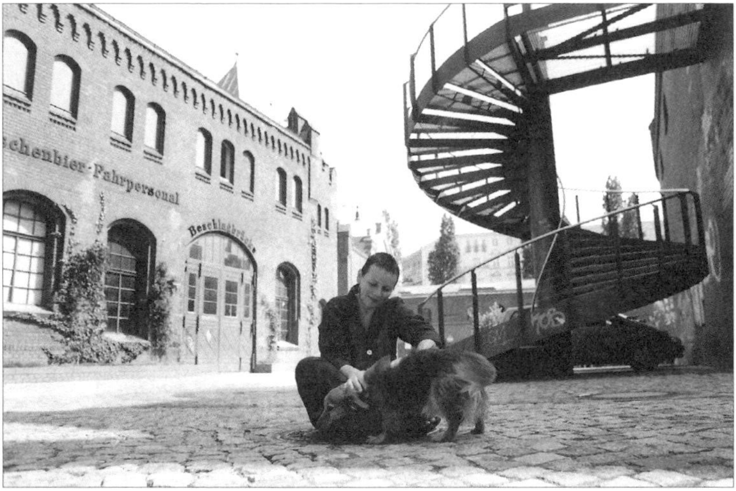

Ich veränderte mich auch äußerlich: mit Susi vor der Theatertreppe

Entscheidung war schwer für die Familie, aber für mich nötig. Nicht in erster Linie, weil ich mich in eine Frau verliebt hatte.

Es gab erstaunlicherweise viele, die während der erkennbar schwierigen Beziehung mit Klaus auf meiner Seite waren, die nun aber meine Trennung und Hinwendung zu einer Frau ganz verurteilten. Das Mitleidspendel schlug um, nun für Klaus. Es konnte sich ja „nur um einen fundamentalen Irrtum“ meinerseits handeln, und Schuld hatte auf alle Fälle „diese Lesbe“, die in meiner Theatergruppe war und es auf mich abgesehen haben sollte.

Wir lebten noch zwei Jahre zusammen, bis Klaus zu seiner neuen Freundin zog. Jacob hatte erklärt, er bleibe bei dem, der in der Wohnung bliebe, da er uns beide liebe. Und Moritz verstand noch lange nicht die Tragweite der Trennung.

Ich hatte Jacob in die Theaterarbeit eingebunden, er arbeitete in der Technik und im Licht mit. Ansonsten spielte er auf seinem Synthesizer und den Drum Computern, und abends nach den Proben hörte ich mir an, was er komponiert hatte. Ich kochte, sorgte für alle und versuchte, auch der Familie zu geben, was sie brauchte. Ich wollte beidem gerecht werden, der Familie und meiner Liebe.

Zu der bis dahin nicht gedachten Freiheit gehörte es für mich, nun eine Frau zu lieben. K. war mit der Wohngruppe zu den Proben als Betreuerin mitgekommen und spielte gleich mit. In der DDR war sie eine erfolgreiche Sportlerin, die Olympiasilber geholt hatte, gedopt und dann nach zahllosen Verletzungen fallen gelassen wurde. Nach mehreren Abstürzen baute sie mutig ihr neues Leben auf. Für mich öffneten sich Horizonte, und die Liebe bekam ein neues Gesicht. Es war wie ein Erwachen. Vier Jahre wie in einem Jungbrunnen, wie das eben so ist, frisch verliebt. Aber vor allem vier Jahre Beobachtungen eigener weiblicher Sozialisierung. Ich begann meine eigenen Mechanismen der weiblichen Anpassung und Verbiegungen zu durchschauen und konnte mich nur wundern über mich. So war es eine gute Zeit des Aufbruchs und der Frische.

Äußerlich machte ich eine nicht zu übersehende Wandlung durch. Meine Haare wurden statt grün wieder mal raspelkurz, ich trug nur noch Hosen, farbenfrohe Oberteile, keine Ketten, keine Schminke. Dieses herbe und doch schöne Outfit war für manche gewöhnungsbedürftig.

7. Akt

Im freien Fall der Fantasie

Das Theater war mein Lebensinhalt geworden. Mutig durch die wachsenden Fähigkeiten der Schauspieler und ihre immer offensichtlicheren Fantasien wollte ich mit ihnen ins Reich der reinen Improvisation gehen und daraus ein Stück entwickeln. „Kkaffee Leben und Tod“. Ich setzte auf die überbordende Fantasie der Schauspieler und arbeitete ohne literarische Vorlage, ohne vorhandenen Text, ohne ein fertiges Stück. Es gab nur eine Vorgabe von mir: Der Ort sollte ein Café sein.

Ein Café war für mich damals ein fast utopischer Ort. In der DDR war ein Café, mit Ausnahmen, ein wenig einladender Ort, in dem alte Damen dünnen Kaffee tranken und Stücke von der einzigen Torte aßen. Nichts für junge Leute. In unseren Köpfen spielten Orte wie das Romanische Café im Berlin der zwanziger Jahre oder das dadaistische Café Voltaire in Zürich als Orte des Treffens und künstlerischen Austauschs, aber auch größter Freizügigkeit, eine Rolle. Nach dem Ende der DDR zogen die freien mediterranen Arten des Genießens auch bei uns ein, und ich begann es zu lieben, in Cafés zu sitzen, verabredet zu sein oder einfach die Zeit vergehen zu lassen und dabei das Treiben um mich herum zu beobachten. Zugleich war es in meinem dicht gedrängten Alltag ein Stück zweckfrei verbrachte Zeit. Meine Zeit. Und so dachte ich, dass ein solch offener und zugleich verheißungsvoller Ort ideal wäre, um das Leben in all seinen Facetten spielen zu lassen. Offen genug für Hoffnungen,

Enttäuschungen, absurde Begegnungen, Liebe und Tod. In solch einem Café, das von einigen Spielern immer nur als „K k affee" ausgesprochen werden konnte, sollten sich die Geschichten entfalten.

Das Experiment war mutiger als ich dachte, die Spieler bissen leider nicht an. Kaum ein Stück hat mich so herausgefordert wie dieses. Die Proben waren über eine lange Zeit alles andere als überbordend, meine Probenleitung offenbar nicht inspirierend genug. Wieder der Wald ohne Weg hinaus, stärker als zuvor, denn ich hatte mich nackt gemacht ohne Vorlage und Texte. Wochenlang trafen wir uns, schlugen unterschiedlichste Szenen vor. Eine Frau betritt ein erstes Mal ein Café, und alle bewundern sie und wollen an sie ran. Nichts, keine Reaktion. Ein Löwe betritt das Lokal. Nichts. Wir deckten die Tische mit verrücktesten Sachen ein (Teddybären, Schuhe, Papierklammern), wir setzten einen Elefanten an die Bar und hofften, die Spieler damit durcheinanderzubringen. Nichts, kein Vorschlag ihrerseits. Wir prügelten uns, waren eifersüchtig … nichts. Die Spieler blieben unbeteiligt. Die Proben waren schal, weil nur wir spielten. Ich hatte auf absurde Vorschläge von ihnen gehofft, besonders von Michael. Es hieß im Konzept: „Basierend auf den Fantasien der Schauspieler." War ich auf dem falschen Weg? Stefan hatte keine Zeit für die Dramaturgie, und so ohne Text und Stück war das nicht sein Ding, ähnlich wie sich später ein anderer Dramaturg bitter beschwerte, dass ich mich so wenig um Texte scherte und „einfach die Einfälle aus der Luft fing", wie er sagte. Aber ich hatte jetzt keine Einfälle bzw. die Spieler hatten keine. Hatte ich sie überschätzt?

Irgendwann in der Nacht um halb vier wusste ich es: Die Erfahrung fehlte. Keiner von ihnen ging allein in ein Café, Zeitung lesen, auf eine Verabredung warten, flirten etc. Ein Café ist eher ein Ort, an dem die meisten von ihnen spüren, dass sie nicht willkommen sind. Und sie waren ja immer in Begleitung. Deshalb löste es nichts in ihnen aus, keine Erinnerung, keine Wünsche. Verzweifelt machte ich einen letzten Versuch. Ich bat sie, an ihre Lieblingsfilme und Schauspieler zu denken und die ins Café kommen zu lassen, wie im Film. „Ihr seid die Stars. Spielt alles, was ihr gern mal sein oder erleben wollt, seid Räuber, Liebhaber, Mütter, Verbrecher, Trinker usw.", und forderte sie auf: „Betretet so das ‚verbotene Kkaffee'."

Es war wie ein Zauberspruch. Die Türen öffneten sich, und Unsinn und Sinn nahmen kein Ende. Es zeigte sich eine unglaubliche Lust: Erbitterte Kämpfe um eine Trompete, um die Herrschaft am Tresen, um tausend Gerichte, um Spaghetti, um eine schöne Frau, um einen attraktiven Mann, um die Position als bester Sänger. Sie spielten richtige „Typen": Hannes den Bonvivant, Patricia brillierte als Verführerin, als Eifersüchtige und Hure, die unglaublich schöne und sinnliche Anke, der ihre Worte meist erst aus dem Mund fliegen, wenn das Gegenüber es schon aufgegeben hat, auf Antwort zu warten, und die sich dafür umso dichter an ihr Gegenüber stellt und engelsgleich anstrahlt, sie spielte sich selbst. René Schappach, der mit dem Down-Syndrom lebt, lernten wir hier in seiner ersten Rolle kennen als den spießigen Sprücheklopfer, der sein Hühnchen mit allen Mitteln und viel Witz verteidigt, auch er einer, der sich nie zu etwas verführen lässt, was er nicht will und doch einer der besten wurde. René ist voll mit volkstümelnden Sprüchen, die sich durchaus jenseits politischer Korrektheit bewegen können. Er nimmt das dann auch sofort zurück, wenn wir es bekritteln, denn er wollte ja alles richtig machen. Aber schon ist ihm wieder ein Spruch entschlüpft: „Frau am Steuer …" René ist klein und kompakt, beim Training erlebe ich ihn in seiner Eigenwahrnehmung absolut eingeschränkt. Nach meiner Aufforderung „Arme heben" kommt er mit den Händen nicht über den Kopf. „Mehr geht nicht, Gisela, echt, höher können meine Arme nicht." Daran glaubt er. Erst nach und nach, wenn wir im Training Kirschen pflücken oder Vögel fangen wollen, schwingen seine Arme hoch. Mache ich ihn darauf aufmerksam, streitet er es ab.

Franzi spielte – es lag auf der Hand – die Wahrsagerin, denn sie wusste immer wieder Dinge, die nur durch Ahnen möglich waren. So konnte sie unserer Assistentin Juliane zweimal richtige Aussagen zu ihrer Schwangerschaft machen. Von Anfang an hat gerade sie in den Proben alles mitgemacht, immer etwas aufgedreht, nur die Augen schließen ging bei einigen Übungen gar nicht, sie könnte etwas verpassen. Franzi kennt keine Grenzen beim Improvisieren und brennt an zwei Enden.

Moritz kommt als jugendlicher Rocker und Grit erstmals als um Anerkennung kämpfende und verzweifelte Frau, die ihre von K. gespielte Betreuerin bekehren will, damit diese endlich eine andere Realität anerkennt: die der Fantasie.

Diese Entdeckungen sind großartig, und wir können die Themen, die zum Teil erst exotisch waren, gut entschlüsseln als sowohl universelle als auch alltägliche menschliche Themen. Liebe, Eifersucht, Magie der Romafrau, Fresslust, Gier und Geiz, Provokateure, Nazis, Verlieben und Trennen, Trauer. Alles darf nun seinen Platz haben, in zugespitzter lustvoller Weise. Nur Geburt und Tod kommen in diesem Stück nicht vor. Dieses Kkaffee ist plötzlich ihr Café. Es hat mit ihnen, mit Verboten und Sehnsüchten zu tun.

Gebündelt haben wir die einzelnen Szenen durch eine Rahmenhandlung, auf die mich meine neue Bühnenbildnerin Angelika Dubufé gebracht hatte, und wie so oft war sie aus dem wirklichen Leben: Grit wurde 30, und gerade sie wünschte sich oft, ein ganz normales Leben führen zu können und in ein Café zu gehen. Aus verschiedenen Gründen war das aber nicht möglich. Das gut gemeinte Geschenk ihrer Betreuerin ist ein blaues Puppenstuben-

Café. Aus Wut und Enttäuschung flieht Grit aus der wohlmeinenden Behütetheit der Wohngemeinschaft in diese Puppenstube. Es ist ein schöner und magischer Moment: wenn Grit nach ihrem Wutausbruch hinter der blau leuchtenden Puppenstube steht, der gelbe Vorhang hinter ihr durchsichtig und dahinter das blaue Café in voller Größe sichtbar wird, mit schwingender Lampe, mit Personen, die umfallen, wenn Grit die Puppen in der Puppenstube umstößt, und die zu leben beginnen, wenn sie den Raum betritt. Die gesamte Truppe flieht ins verbotene Kkaffee, ins Reich der Fantasie, nachdem sie in einer Revolte von der Betreuerin „Kaffee, Schnaps, Sekt, Zigaretten und Whisky" statt warmem Kakao gefordert hatte. Die Imagination materialisiert sich zu schönster Poesie. Wenn die Betreuerin kommt, findet sie die Bewohner nicht mehr, sie kann das Kkaffee nicht sehen, und geht auf die Suche, dann kommen wieder die Vermissten in ihr „Traumkkaffee" und toben sich mit überbordender Lebenslust aus, dann erscheint wieder die mehr und mehr verzweifelte Betreuerin und so fort und fort.

Damals wurde von uns erstmals hinterfragt, ob die gängige Rundumbetreuung von „behinderten" Menschen, die jede Gefahr fernhielt, ihnen und ihrem Lebensanspruch gerecht werden konnte. Wir stritten uns, ob nicht auch sie das Recht auf ungeschützte Erfahrungen, auf Rausch, unbegleitete Ausflüge, auf Eifersucht und wilden Sex hatten. Die Fragen waren: Wie kommt der- oder diejenige zurück? Verträgt Alkohol sich mit den Tabletten? Das muss in jedem Fall und für jede Situation neu ausgehandelt werden. Im Fall von Franzi und Hannes war es eindeutig: Nicht einmal eine Alkoholpraline war erlaubt! Auf alle Fälle mussten da Grenzen befragt und auch geöffnet werden.

Franzi lief mehrfach weg von zu Hause in ihrer großen Sehnsucht nach Abenteuer und Liebe. Es dauerte oft mehrere Tage. Dann ließ sie sich finden, die Eltern holten sie meist aus einem Krankenhaus ab, unversehrt. Manchmal hatte sie einen anderen Namen angegeben. Eine neue Existenz. So war sie von den verzweifelten Eltern oder der Polizei schwer zu finden. Nie sprach sie über ihre Erlebnisse. Es war ihr Eigenes. Sie wollte so gern einen Freund.

Befreiungen

Nachdem das Eis auf der Probe gebrochen war, genossen wir die freie Fantasie der Schauspieler. Patricia, Franziska und Grit spielten die schrillsten Eifersuchtsszenen. Jede wollte Hannes, den Grand Charmeur, für sich, mit allen Mitteln. Ohne ein Wort tobten sie tanzend, steppend und stampfend wie losgerissene Carmen-Imitate über die Bühne.

Es gab absurde Essensbestellungen von Moritz und Franzi, die der Kellner jedoch zumeist missverstand und statt Kotelett Ballett bestellte. Nach einem wilden Kuss warfen sie die Spaghetti ins Publikum und bekamen sie prompt zurück, die Spaghetti flogen hin und her, das Publikum jubelte. Die Lieblingsszene mancher Zuschauer. Den Höhepunkt lieferten Martin und Micha.

Es begann mit einer Skatrunde von Hannes, Martin, Patricia und Moritz, in der sie sich Fantasie-Straßennamen zuriefen. Statt „kleine Straße“ etc. riefen sie „Müllerstraße, Bergstraße, Kleine Schulzgasse, Karl-Marx-Straße, Giselastraße“. Es gab absurde Steigerungen um Millionen, die „überboten“ wurden von viel kleineren Beträgen. Das Publikum lachte. Micha war ausgeschlossen worden wegen seiner kurzen Hose. Mehrfach drängte er sich in die Runde, verriet das Blatt der anderen und blies unter dem Rock von Patricia Posaune. Die Polizei wurde gerufen. Martin, einer der Kartenspieler, setzte sich die Polizeimütze auf. Gerade noch hatten wir ihn als drachentötenden herzschwachen Martinius im „Winternachtstraum“ erlebt. Jetzt jagte er den Störenfried durchs Kkaffee, der sollte die Trompete abgeben. Aber Micha floh auf einen kleinen runden Tisch. Martin wollte nicht auf den Tisch. Er hatte Angst. Er lief um den Tisch herum, gab drohend und erfolglos unsinnige Befehle, stellte erst die Stühle weg vom Tisch, dann wieder hin, um schließlich doch zu Micha auf den kleinen Tisch zu steigen, wo sie sich aneinanderklammerten und um die Trompete kämpften, immer schwankend und scheinbar kurz vor dem Absturz. Das war beste Clownerie! Sie konnten die Füße keinen Millimeter bewegen, Halt fanden sie nur am Körper des anderen. Aber der Kampf um die Trompete hielt an, und so durchdrangen sich Kampf und Klammern, und das Publikum wechselte zwischen Lachen und Atemanhalten. Dann kam der Umschwung. Martin „erkannte“ Micha als seinen Sohn und umgekehrt. Wer Sohn, wer Vater, wer bei der Armee oder im „Korps“ („ach Männerchor“) war, blieb jedes Mal eine andere und spannende Geschichte und war ohne Logik. Der Sohn war der Vater, der Vater auch bei der Armee, im Chor oder Korps, und irgendwo war das Muttermal … manchmal dachte man, die hören nie auf, ein unsinniges Wort gab das andere, lustvoll und spielwütig hangelten sie sich von Idee zu Idee, und das Publikum jubelte. So etwas war nicht zu üben. Und es ging auch nur in dieser Konstellation. Martin, der Intellektuelle, der Poet, Micha, der plebejische Clown, der keine Gelegenheit auslässt, den anderen vorzuführen und auszulachen, worauf Martin sein Contra wieder auf feine intellektuelle Art zum Besten gibt. Man wünschte sich oft, es solle nie aufhören. Als Zuschauer war man danach beglückt, „wie frisch geduscht“, kommentierte Martin dann. Bei über hundert Vorstellungen gab es nur einmal einen Absturz. Beide flogen schrei-

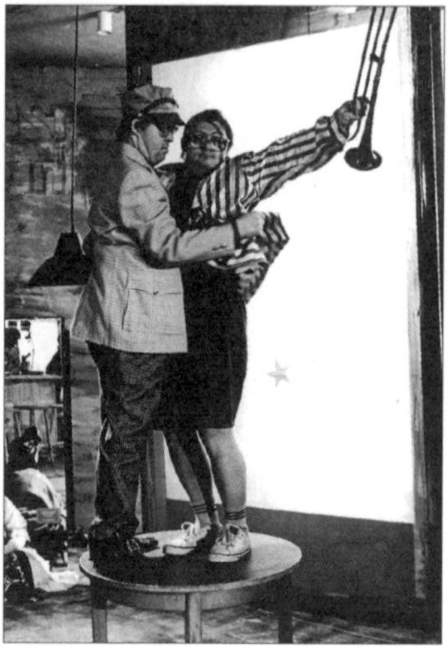

Die berühmte Trompetenszene

end durch die aufgespannte Siebdruckwand der Dekoration und verschwanden. Das Publikum schrie auf und schwieg danach voll Entsetzen, ich rannte auf die Bühne in Erwartung blutiger Wunden oder gebrochener Gliedmaßen, doch da kamen sie schon fröhlich und unverletzt wieder hervor und stiegen, sich gegenseitig helfend, zum Weiterspielen auf den Tisch. Die straff gespannte bemalte Siebdruckwand hatte zwar nun einen Schlitz, aber den Aufprall abgefangen. Normalerweise hätte hinter dieser Wand eine Holzkiste mit Requisiten gestanden. Undenkbar, was geschehen wäre, wenn sie nicht gerade an dem Tag auf einen anderen Platz gestellt worden wäre. Am Ende halfen sie sich gegenseitig herunter und tranken Sekt. Was sonst.

Die ganze Szene funktionierte, weil Micha und Martin auch im Leben ein Clownspaar waren.

Martin hatte durch seine Eltern ein großes Allgemeinwissen: insbesondere, wenn es um Kunst ging, wusste er beeindruckend viel. Zugleich war er albern und lustig und spielte immer wieder Szenen von Herricht & Preil vor, zwei bekannten Komödianten des DDR-Fernsehens. Oder er war ein Teil der Olsenbande, und bald kratzten sich alle Männer am Kopf wie Kjeld oder imitierten Egon. Martin hatte ein feines Wesen. Nie sprach er schlecht über andere oder versuchte, Mittelpunkt zu sein, außer bei „seinen Szenen“. Moritz liebte ihn, sie hatten den gleichen Humor. Trotz seiner großen Begabung gaben so manche der Künstler, die mit uns arbeiteten, bei Martin auf. Martin wollte immer seine Version und stritt dafür Stein und Bein die sichersten Fakten ab. Aber er hatte auch oft Recht, manchmal zu aller Erstaunen. Seine Version des Tanzes oder der Szene, wenn man sie richtig unterstützte, war stets die beste.

Immer hielt er bei der Begrüßung meine Hand ein wenig zu lange in seiner. Er hätte uns gern gestreichelt oder seine Hände auf unseren Busen gelegt. Aber das wollten wir nicht, und das akzeptierte er.

Und nun, nach den gekonnten Improvisationen im Kkaffee, setzte Martin noch eins drauf.

Es war an einem Freitag. Martin hatte sich an dem Tag lange gedrückt vor dem Improvisieren. Aber an diesem Freitag, wir waren schon in Wochenendstimmung, spielte er ohne Ankündigung seine neue Szene. Die beiden Musiker Manfred und Barbara spürten, dass etwas Besonderes geschehen würde, saßen schnell an ihren Instrumenten an der Bar. Martin begann, und wir waren sofort gefesselt: Als Amerikaner betritt er das Kkaffee (I am American), kauderwelscht englisch mit Manfred an der Bar. Es hätte ewig weiter gehen können, diese Studie eines amerikanischen Touristen in Berlin. Alle lachen. Ich schicke Anke auf die Bühne. Sie setzt sich auf den einzigen Stuhl, und er entdeckt, wie vom Blitz ins Herz getroffen, die junge Frau dort („My heart!“) und verliebt sich umgehend. Er nähert sich ihr wie verzaubert, macht ungeschickte, vergebliche Annäherungsversuche, kriecht dann, mit den Schuhen englisch flirtend, unter den Tisch, um ihr die Füße zu küssen, der Musiker beginnt leise mit einer Tanzmelodie, und Martin hat einen glücklichen kurzen Tanz mit ihr. Ich gebe ein Signal, Anke solle abgehen, sie sieht auf die Uhr und verlässt schnell das Café, zum Kummer von Martin. Große Abschiedsgeste. Aber nun spielt er seine große Nummer.

Martin stimmt einen traurigen opernhaften Gesang an, die Musiker reagieren sofort. Er bricht schmerzvoll zusammen, schnellt wieder hoch, steigert sich bis zu dem mitreißenden Showtanz, der in einem furiosen Tanz-Solo endet. Wir sind sprachlos. Die Szene ist sofort perfekt. Ein Glanzstück. Wir gehen ins Wochenende wie beschenkt. Auf seinem T-Shirt steht an jenem Tag: „I'm slow but worth waiting for".

Auf der nächsten Probe wollte er die Szene nicht mehr spielen, hatte tausend Vorwände. Arzttermin, Bibliothek, Abendessen. Es war deutlich, dass er Furcht hatte, sich nicht zu erinnern, und sich auch drücken wollte. Aber ich blieb unerbittlich, zu gut war die Szene von ihm gespielt. Mir war klar, er musste sie spielen, heute. Es war ein kritischer Moment. Stefan fand mich zu streng. Aber nachdem Martin zum letzten Mittel der Verweigerung, seinen Tränen, gegriffen hatte, spielte er die Szene erneut, noch besser, und von da an immer, ohne sich zu zieren. Ich glaube noch immer, dass er diesen Druck brauchte. Sonst hätten wir immer die Herzanfälle oder Arzttermine gehabt, wenn es drauf ankam. Er hat damit die wichtige Schwelle zur Professionalität überschritten, er wurde der Star des Abends: Schlank, elegant, mit einer feinen leisen Art des Sprechens, äußerst musikalisch, ein Sänger und Tänzer – ein Star.

Das ZDF machte einen gelungenen Dokumentarfilm über Martin mit dem Titel „Traumrolle für Außenseiter". Darin erlebt man ihn mit seiner großen Spiel- und Wandlungsfähigkeit.

Aber unsere Spieler hatten auch die dunklen Seiten der Gesellschaft wahrgenommen, vielleicht mehr als die hellen. In der Erarbeitung der „Stammtisch"-Szene überraschte mich, wie genau sie die Mechanismen von Ausgrenzung beobachtet hatten.

Micha, Moritz, Martin und René spielen vier „Stammtischler", die, ein Bier nach dem anderen kippend, alle aus dem Kkaffee vertreiben, die „anders“ sind. Zuerst die Wahrsagerin, dann den Schwulen, die Nutte und auch den Kellner. Damit nicht genug, selektieren sie in ihrer kleinen Gruppe. Der eine liebt die falsche Fußballmannschaft, der andere hat spitze Schuhe an und nur „Schwule tragen spitze Schuhe“, bis nur noch zwei übrig sind. Sie steigern sich bis zum Rausschmiss des Publikums, das dann auch geht, in die Pause. René und Micha drohen jedoch vorher: „Wir kommen wieder.“

So konsequent ist Ausgrenzung in ihrer mörderischen Absurdität noch nirgends gespielt worden. Warum konnten sie das so gut? Menschen mit Trisomie und anderen geistigen Besonderheiten sehen uns „Normale“ sehr genau, und die Schauspieler unter ihnen können uns bestens nachahmen. Sie sehen die Motivation und das Ziel der handelnden Personen deutlicher, weil sie die teilweise verunklarenden und unehrlichen Worte nicht glauben. Dafür verstehen sie durch Gestus und Körperhaltung genau, was die Person in Wahrheit will. Wenn sie es dann nachspielen, wird es immer genau das von ihnen Beobachtete, der Kern wird bloßgelegt, nur spielen sie es etwas anders, etwas ver-rückt, wie eine Parodie. Wir müssen lachen, weil wir es erkennen, wie in einem Zerrspiegel. Wir erkennen uns erschreckt und haben zugleich unser Vergnügen an der parodistischen Darstellung. Um diese Fähigkeit nutzbar zu machen für das Theater, muss man nur bereit sein, das zu sehen und nicht auf dem bestehen, was man selbst vorhatte. Die vier Schauspieler hatten mit großer Spielfreude und Genauigkeit diese miesen Zeitgenossen gespielt. Sie moralisierten nicht. Zugleich zeigte das auch, dass ihre Fantasie sich an konkreten Vorlagen, an Vorbildern oder Beispielen entzündete. Da sie konzeptionelle Anweisungen zumeist nicht verstanden, brauchten sie oft das Vorspielen, um zu verstehen und um dann nicht nach-, sondern selbst zu spielen. In dieser Szene musste ich nichts vorspielen.

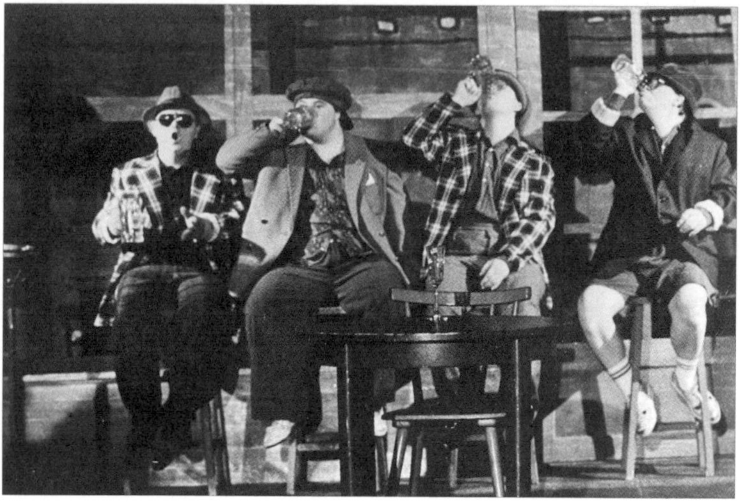

Stammtisch

Die Stärke unserer Schauspieler liegt mit Ausnahmen eindeutig nicht in der Reflexion, sondern im Spiel. Das hatte dann aber auch zur Folge, dass drei der Spieler trotz gründlicher Vorbereitung auf die Szenen sich in einem Film-Interview nicht von den Figuren distanzieren konnten. Ich fiel fast vom Glauben ab, als ich ihre ausländerfeindlichen Antworten hörte, die sie irgendwo aufgeschnappt hatten. „Bloß nicht mit Ausländern in einem Haus wohnen. – Keine Freundin mit Kopftuch. – Ungeziefer. – Die nehmen uns alles weg.“ Sie konnten keine Verbindung zum Gespielten herstellen.

Zum Glück verwendeten die Filmemacher die Antworten nicht.

Strukturen

Die Arbeit an diesem Stück ist nicht ohne Konflikte verlaufen. Diskussions- und Streitpunkt war die Struktur des Wechsels zwischen der realen Ebene der Betreuerin mit der Fantasiewelt der Bewohner des Kkaffees. Vor allem mein Musiker Manfred, „Winternachtstraum“, gestählt, der selbst in der Musik so experimentierfreudig ist, bezweifelte, dass irgendjemand dieses chaotische Stück verstehen könnte und wettete, dass wir scheitern würden. Es ist 1995, und die fragmentarische Struktur, der Nonsens, die hin- und herspringende Geschichte verwirrten ihn, den Anarchisten. Ich hielt dagegen. Viel später machten wir einmal den Versuch, die Rahmenhandlung wegzulassen. Das Publikum verstand nichts, eine Absurdität reihte sich an die andere, und die Komik war weg. Der groß gesetzte Widerspruch zwischen Vernunft und Fürsorge der Betreuungsinstitutionen einerseits und den Bedürfnissen nach uneingeschränktem Leben der Betreuten und ihrer Kraft der Fantasie verschwand ohne die Rahmenhandlung ebenfalls. Das aber war die Konzeption, der Widerspruch zwischen Rationalität einerseits und nicht berechnender, entfesselter Fantasie, Rausch und Emotionalität andererseits. Es brauchte beide Pole. Und das erzeugte auch erst diese besondere Komik. Die Zuschauer fürchteten stets, dass die Betreuerin die Bewohner entdecken und sie in die Realität zurückholen würde. Zugleich spürten sie Mitleid mit dieser Frau, die eigentlich doch alles richtig machte, es gut meinte, aber nichts vom Abenteuer des Lebens verstand. Genau dieses Abenteuer forderten die Figuren des Stücks ein. Der Wechsel der Ebenen erwies sich als ungeheuer wichtig.

Ich änderte nach der Generalprobe sogar noch einmal die Abfolge der Szenen und strich ganze Passagen. Hohngelächter und Triumphgeheul angesichts der bevorstehenden Niederlage scholl mir entgegen. Ich zog mit Stefan, Angelika und Juliane, meiner engsten Assistentin, die Sache durch.

Zu Recht, das Stück schlug vom ersten Moment ein. Die Schauspieler und Backstage-Mitarbeiter überboten sich selbst an Spiellust. Das Kkaffee hat eine Rückwand, die den Blick auf die „Straße" frei lässt. Um auf die andere Seite zu kommen, mussten sie über die Straße oder durchs Café, waren also zu sehen. Viele Requisiten und Kostüme waren aber durch die letzte Änderung falsch platziert, und so gab es während der Premiere die irrwitzigsten und fantasievollsten Gänge von Personen und Tieren, die ein Kostüm oder ein Requisit zur anderen Seite bringen mussten. Da lief plötzlich ein Wolf durchs Kkaffee, ein Penner schlurfte auf die Damentoilette, und ein Krokodil kroch hinten zur Mülltonne, um den Strauß, den Hannes ja erst am Ende der Szene in die Mülltonne werfen sollte, vorher rauszuholen. Und alles passte, denn das Stück war offen und trug den Irrwitz in sich. Die Bühne hatte drei Bereiche, Straße, Café, Wohnheim. So können die Zuschauer synchrone Szenen sehen und sich schon vorher auf die Zusammenstöße freuen. Ich sah begeistert, wie fähig die Schauspieler waren, die Szenen trotz Änderungen so zu spielen, wie sie es im Kern erinnerten und wie es ihrer Figur entsprach. Meisterhaft. Und René lernte, was eine Pointe war. Hannes hatte ihm vorgeworfen: „Mensch, da versaust du doch die ganze Pointe." Auf dessen Bitte um Erklärung gab Hannes sein geheimes Wissen preis: „Pointe? Das ist das Ende vom Witz!" Mit diesem Stück erreichten wir den Höhepunkt der Clownerie.

Die Premiere und auch die folgenden Vorstellungen platzten vor Lebendigkeit, und das auch, nachdem es hinter der Bühne geordneter war. Die Schauspieler verloren nie ihre Leidenschaft und ihren Charme, die Inszenierung wurde ein Kultstück. Die Geduld und das Festhalten an der Idee der gemeinsamen Improvisation zahlten sich aus.

Es gab jahrelang ausverkaufte Vorstellungen, und wir gastierten in vielen deutschen und europäischen Städten, die entfernteste war Lissabon. Es wurde der wirkliche Durchbruch.

In ihrer Laudatio anlässlich der Vergabe des Förderpreises der Akademie der Künste Berlin Brandenburg 1996 an das Theater RambaZamba beschreibt Jutta Wachowiak, wie dieses Café der ausgetobten Sehnsüchte sie erwischt mit all seinen Träumen, Klischees und Zärtlichkeiten, ihrem vollen Einsatz der Wünsche, und wie sich für sie Prioritäten verändern, Wichtigkeiten und Werte, und nicht Mitleid, sondern sogar Neid in ihr entstehen, weil deren Wahrnehmung der Welt nicht schrecklich, sondern beneidenswert ist.

Zwischenspiel

Angelika Dubufé

Ihre Puppenstube wurde der Beginn ihrer vielen guten Bühneneinfälle in unserer 20 Jahre währenden Zusammenarbeit. Sie wurde dem Theater als Bühnenbildnerin vom Arbeitsamt „zugewiesen", eine aparte, kluge und streitbare schöne Frau, die sich vom „großen Theater" verabschiedet hatte. Sie war neugierig auf unsere andere Arbeitsweise und auf diese Schauspieler, die sie begeistert feierte und feiert. Ihr Mut, gegen jedes Tabu zu verstoßen, ihre Radikalität und Lust am Provozieren waren von da an Bestandteil unserer Zusammenarbeit, in der sich dramaturgische, bildnerische und szenische Elemente mischten und gleichermaßen verhandelt wurden.

Sie kam zu allen Gastspielen mit und richtete die Bühne ein. Nächtelang programmierten wir in Pelzmäntel aus dem Kostümfundus gewickelt mit dem Lichttechniker die Vorstellung neu, ohne digitales Lichtpult. Es waren produktive Nächte, schönere Lichtstimmungen entstanden, nicht selten gebaren wir in diesen Nächten die nächsten Projekte. Im Festspielhaus Hellerau, wo wir mit MEDEA gastierten, gab es im Oktober noch kein Dach, sondern Plastefolie als Abschluss. Der Wind hob und senkte die Folie, und wir konnten zitternd vor Kälte die Sterne sehen. Medea.

Gastspiele

Mit „Kkaffee Leben und Tod“ begannen unsere europaweiten Gastspiele. Sie begleiteten unser Leben von da an regelmäßig.

Bis zu diesem Zeitpunkt hatten die Schauspieler sich im persönlichen Leben schon enorm emanzipiert. Während in den ersten Jahren noch der Druck des WG-Abendessens um 18 Uhr auf uns lastete, waren solche Fragen nun geklärt. Ich hatte sie ermutigt, es selbst durchzusetzen, dass das Abendbrot für sie im Kühlschrank aufbewahrt wurde und dass die Theatertermine ernst genommen wurden. Das machte sie stärker.

Für einige Eltern wurde es manches Mal schmerzlich. Wir wurden 1998 zu einem Gastspiel anlässlich der Expo mit „Kkaffee Leben und Tod“ eingeladen. Zur Vorbereitung des Lissabon-Gastspiels lud ich die Eltern, Spieler und Mitarbeiter zu einem Treffen ein. Nachdem wir alles abgesprochen hatten, meldete sich Renés Mutter, eine kleine, ältere und sehr eingeschüchterte Frau, die es nicht fassen konnte, was aus René im Theater geworden war. Oft kam sie, um sich zu bedanken. Jetzt lag die Sache anders. „Es tut mir leid, aber René kann nicht mitfahren. Wir haben in dieser Zeit silberne Hochzeit, die ganze Familie kommt, und Renechen muss dabei sein.“ Wir schnappten nach Luft. Ich wollte gerade zu meinen üblichen Belehrungen ansetzen, dass Theater eben etwas anderes sei, dass es Anerkennung bringe, aber auch Opfer verlange usw., da stand René auf: „Muttichen, ich habe dich sehr lieb. Aber (*großer Seufzer*) ich bin jetzt Schauspieler. Und ich fahre mit dem Theater nach Lissabon, und ihr feiert ohne mich.“ Und da alle dabei waren, alle es gehört hatten, wurde es genauso. Die Mutter weinte, aber René fuhr mit. Seine Liebesbeziehung konnte er später nicht durchsetzen, aber hier, wo keiner es erwartet hatte, schaffte er es.

Aber Lissabon hielt noch weitere Überraschungen bereit. Für dieses Gastspiel hatten wir freie Tage eingeplant, alle selbst Geld eingebracht, um eine ganze Woche dort zu verbringen statt der eingeladenen drei Tage. Die Organisatoren waren mit unserer Riesentruppe überfordert, aber alle wollten mit, auch Klaus und Kerstin, die inzwischen ein Paar waren. Das Hotel ist winzig, die Zimmer Puppenstuben und wir zu viele, die Zwei- und Dreibettzimmer überbelegt. Alle entnervt. Da ruft mich Michas Vater Bodo, ringt hilflos die Hände. Dicke Luft. Micha sitzt mit Martin in der winzigen Lobby mit verschränkten Armen und erklärt: „Ich will ein Einzelzimmer." Martin: „Ich auch. Ich schlafe hier nicht!" Micha: „Wir sind Stars." Ich bin sprachlos. Noch nie hatten sie solche Forderungen geäußert. Aber sie waren mittlerweile Stars. Ich gebe zu, sie zu verstehen und schlage ihnen mit klopfendem Herzen vor, wieder nach Hause zu fliegen. Sie wollen nachdenken. Ich bin nicht glücklich mit meinem Vorschlag. Nach längerem Nachdenken geben sie nach. Micha schläft dann bei seinem Vater, und das Zimmer mit den drei Männern Martin, Moritz und René, dem vierten im Bunde der Schauspieler mit Down-Syndrom, wird ihr geheimer Darkroom, und wenn es nach ihnen gegangen wäre, hätten sie nicht viel von Lissabon gesehen.

Auf dem Rückweg sollten wir noch auf einem Festival im Theater Speyer spielen. Wir flogen also über Genf, und dann mit dem Zug nach Speyer, umsteigen in Darmstadt. Hannes machte auf den Reisen stets seinen jeweiligen Partnerinnen große Szenen, so auch dieses Mal am Abend vor dem Abflug mit Anke. Vor Aufgeregtheit schlief er nicht, und auf der Rückkehr aus Lissabon fiel er in Darmstadt aus dem Zug. Wie ein Brett, mitten aufs Gesicht. Es war furchtbar. Wir hatten alle nicht aufgepasst. Er blutete heftig am Kopf und musste zum Notarzt. Ich musste bei den Spielern bleiben, Susanne, unsere langjährige Inspizientin, blieb bei ihm. Tief bedrückt fuhren wir weiter nach Speyer. „Gerade Hannes mit seinen vielen Anfällen". Ich konnte es mir nicht verzeihen, dieses eine Mal nicht als erste ausgestiegen zu sein, um Hannes zu helfen, weil ich mich selbst gerade mit Bianca, meiner zweiten Lebensgefährtin, gestritten hatte. Am Abend waren wir ins Theater eingeladen, um einen vielversprechenden äthiopischen Kinderzirkus zu sehen. Ich ging sehr bedrückt ins Theater, mit den Gedanken bei Hannes und seiner Mutter, der wir noch nichts gesagt hatten. Schallendes Gelächter scholl mir aus dem Zuschauerraum entgegen: Hannes erwartete uns bereits mit einem Pflasterchen auf der Stirn und lachte übermütig über unser Erstaunen. Zum Glück war es nur eine kleine Platzwunde. An diesem Abend dankte ich dem Universum … Unser Versuch, die Mutter zu verschonen, da es ja so glimpflich ausgegangen war, scheiterte an Patricias Klatschsucht. Trotz Verbot rief sie noch abends ihre Mutter an, erzählte Dramatisches, die wiederum erzählte beim Abholen im Bahnhof der Mutter noch Dramatischeres, so dass diese uns fast ohnmächtig vor Angst empfing. Mach nur einen Plan …

Nebenbei hatte ein bekiffter Techniker bei der Vorbesichtigung in Speyer Ton- und Lichtpult verwechselt, und wir spielten das Stück fast in Dunkelheit.

Auf diesen über 120 Gastspielen offenbarte sich viel. Schon die Bahnfahrten waren immer spannend. Franzi hatte stets etwas Taschengeld, um die Fahrt im Zugbistro zu verbringen. Sie trank Kaffee, rauchte, solange das möglich war, und plauderte mit ganz „normalen" Männern. Manche luden sie ein, manche wollten sie mitnehmen, Franzi hatte immer schon alles „verabredet". Es war ihre persönliche Freiheit, das Leben, das sie sich wünschte. Martin hingegen schlug vor den Frauen hemmungslos Rad: „Du riechst gut, wo wohnst du? Ich bin Schauspieler." Nahezu in jedem Hotel prüfte Micha die Sicherheitstüren und löste Alarm aus. Auf einem Gastspiel in Bonn-Beuel war er auf der Toilette sitzen geblieben, wir bemerkten es, als wir alle schon ins Hotel in Hardtberg gefahren waren. In einem First-Class-Hotel signierte er teure Originale, die in seinem Zimmer hingen. Er hat es genauso gemacht, dass es sich nicht unterschied vom Stil des abstrakten Gemäldes, das auch von ihm hätte sein können. In Hamburg verschwand er auf der Reeperbahn. Wir schickten seinen Vater in verschiedene Etablissements, bis Micha in einer Bar im Arm einer nächtlichen Schönen gefunden wurde. Bodo pelzte ihn raus. Schade eigentlich. Ein anderes Mal überschwemmte die Gruppe dort eine Bar, die Schauspieler erwiesen sich als Stimmungsmacher und wurden gefeiert wie Rockstars.

Auch die Belegung der Zimmer in den Hotels war jedes Mal ein Drama. Wer mit wem gerade gar nicht oder unbedingt wollte, das war unvorhersehbar. Nach den Aufführungen gab es „Nachtpartys", wir hatten keinen Zutritt, aber auch nicht alle Spieler. Grit, Franzi und Micha wurden nie eingeladen. Manchmal Moritz und Nele auch nicht. Hannes immer. Die Hoheit hatten Juliana und Jenny. Enttäuschungen waren vorprogrammiert.

Rita wurde gesehen, wie sie nachts zu Hannes wechselte, Kissen unterm Arm, Koffer in der Hand. Dabei gehörte sie doch zu René?

Auf der Rückreise aus Mailand, wo wir mit „Orpheus ohne Echo" gastiert hatten und auf dem Flughafen mit Streiks und verlorenen Ausweisen kämpften, setzte Martin dem Ganzen die Krone auf: Er hatte Handschellen im Gepäck. Es kostete viel Überzeugungskraft, die Sicherheitskräfte von Martins Harmlosigkeit zu überzeugen.

Und immer war mein Hund Susi dabei, manchmal musste Joachim, der Darsteller vieler großer Rollen bei Klaus und mir, ihn und meine Koffer retten, weil ich mich im Raucherwagen mit Jacob und

Bea über das nächste Stück unterhielt und den Ausstieg verpasste. Schwieriger war es mit den Jugendherbergen, in denen wir in den ersten Jahren untergebracht waren. Überall herrschte Hundeverbot. Also kam Susi in die Tasche, Tücher drüber, die Spieler sollten eine Schutzwand bilden und uns so an der Rezeption vorbeilotsen. Es war jedes Mal ein Abenteuer. Entweder bellte sie plötzlich, oder die Spieler blieben stehen, und der Schutz zerfiel. Aber letztlich ging es immer gut. Unangenehmer war es, als wir mit Franzi und Patricia mit dem Auto von einem Workshop aus Mainz kommend Susi verloren. Franzi hatte sie einfach beim Rauchen rausgelassen, ich hatte es nicht gemerkt. Also 200 Kilometer ohne Susi, dann 200 Kilometer zurück, um sie abzuholen. Ich verpasste meinen Vortrag und wurde nie wieder von der Organisation „Mensch Ethik Wissenschaft" eingeladen.

Auf dem letzten Gastspiel in Augsburg fällt mir auf, was für starke und selbstbewusste Persönlichkeiten sie alle geworden sind. Wie so oft hatten wir uns auch an diesem Morgen am Hauptbahnhof getroffen, alle mit ihren kleinen Rollkoffern, einem „Snack" für die Fahrt oder extra keinen, um von den anderen etwas Köstliches zu bekommen, gelassen und voll Vorfreude. Dieses Mal hatte Rita es geschafft, ihren Koffer nicht wieder auf dem Bahnsteig stehen zu lassen, damit die Herren des Ensembles ihren Koffer tragen. Nachdem Joachim mehrmals ihren und Neles Koffer gerettet hatte, bezog er inzwischen seine Stellung stets weit weg von der Gruppe, und Juliane, die alles sah, war dann „dran", nahm die Koffer und sprang sogar in einen schon abfahrenden Zug, um Neles neuen gelben Koffer noch rauszureißen. Eines Tages hatte Rita ihren Koffer Micha „überlassen", und er, ganz Kavalier, aber völlig überfordert damit, zog zwei Koffer, wurde langsamer und stieg in den Teil des Zuges, der ihm am nächsten war, aber in Hamm abgekoppelt werden würde. Während wir in heller Aufregung waren, gab er ohne Panik dem Schaffner Bescheid, so dass er auf der nächsten Station zu uns umsteigen konnte. Rita hatte absolut kein schlechtes Gewissen.

Das Fest der bunten Vögel (November 1995)

Von Anfang an liebten wir die Feste. Da wurden Fasching und runde Geburtstage gefeiert, nach jeder Premiere trafen wir uns an überbordend gedeckten Tischen und tanzten ausgelassen in den nächsten Tag. Alle kamen: die Schauspieler, Eltern, Freunde, Künstler und Mitarbeiter. Wir richteten zusätzliche Begleitdienste ein, damit alle feiern konnten, solange sie wollten. Wir spürten das Manko bei vielen. Jetzt, 1995, hatten wir unser erstes richtiges Jubiläum: Fünf Jahre Sonnenuhr und RambaZamba. Wir wussten noch immer nicht, ob wir überleben würden.

Wir hangelten uns von Maßnahme zu Maßnahme, fast jährlich wechselten die Mitarbeiter. Alle zwei Wochen waren Klaus und ich im Abgeordnetenhaus, um die Politiker von unserem Projekt zu überzeugen. Kaum einer machte uns Hoffnung, da das Projekt in jedem Fall „zu teuer" sei, wie auch der Abgeordnete Wowereit anfangs betonte. Aber andererseits hatten wir schon fünf Jahre geschafft mit Aufführungen, auf die wir stolz waren, mit Kunst, die die Betrachter überraschte, und wir hatten eine Spielstätte und die Miete sicher durch den Senat. Wer konnte das schon von sich behaupten. Reihenweise starben damals die Projekte, die nach der Wende mit viel Schwung begonnen hatten.

Das „Fest der bunten Vögel" wurde ein großes Festival. Bunte Vögel? Das waren wir alle. Menschen mit einer anderen geistigen oder körperlichen Ordnung fielen im Alltag nach wie vor auf. Manche waren schief und krumm, bewegten sich anders, sprachen seltsam, hörten oder sahen nicht.

In unserer Kunstwerkstatt und im Theater hatten sie seit fünf Jahren bewiesen, dass diese bunten Vögel Künstler waren wie andere auch, und das verband sie miteinander. Mit unserem Fest zeigten wir, dass die schrägen Vögel sich nicht mehr verstecken wollten, und wir ihr Anderssein als Qualität verstanden.

Unser erster großer Klassenlotterie-Antrag war erfolgreich, und wir luden bekannte Schauspieler zu Lesungen ein, organisierten Musikworkshops und Konzerte und bauten eine große Ausstellung auf. Ich frage mich heute, wie wir es geschafft haben, das alles neben der Inszenierungsarbeit („Kkaffee Leben und Tod" hatte Premiere, darauf folgte eine Revue, die ich mit Klaus zusammen inszenierte, und Klaus bereitete seine „WOYZECK(en)"-Inszenierung vor), neben der Organisation des nerven- und kräftezehrenden Alltags, vorzubereiten. Wir waren einfach so beflügelt, dass Schlaf nicht wichtig war.

In den leerstehenden maroden Räumen, in denen jetzt der SODA-Club sein Domizil hat, bereiteten wir das Herzstück des Festivals vor: die Ausstellung „Ich schlage mit den Flügeln". Drei Stockwerke mit Zwischenebenen waren zu füllen, mit Kunst von sechzig bekannten Berliner Künstlern, RambaZamba-Künstlern und Bildern der „Schlumper" aus Hamburg. Mit den Schlumpern und ihrem Leiter Rolf Laute verband uns eine enge Freundschaft, sie waren unsere ersten Künstlerfreunde in der Szene und hatten uns oft ermutigt. Ihre großen, wilden Bilder mit den expressiven Figuren und Farben hatten es schon damals in alle Welt geschafft, auch in Galerien in New York. Mit ihnen hatten wir ein Projekt in der Ausstellung, das bereits erreicht hatte, wovon wir noch träumten: gesellschaftliche Anerkennung. Die Schlumper kamen mit einer eigenen Installation, einem „Narrenschiff“, das mit seinen Bildern, Objekten und bemalten Pappwänden einen ganzen Raum ausfüllte. Der Maler Carl Ulrich Iden hielt dann die „Vorträge“ dazu, die erste Performance.

An unserer Ausstellung beteiligten sich Künstler wie Penck, Hödicke, Malfatti, Marwahn, Scheib, Strawalde, Elvira Bach u. a. Da die riesigen Räume leer waren, gab es viel Platz für Bilder und Plastiken. An den unverputzten Wänden hingen sie großzügig verteilt, aber doch nebeneinander, ohne Namen, nur mit Nummern versehen. Im Untergeschoß gab es Tafeln, auf denen neben den Nummern die jeweiligen Namen und Biografien zu lesen waren. Nur daraus konnte man ersehen, ob das eventuell ein Künstler mit Beeinträchtigung war. Es funktionierte großartig, fast keiner konnte das nur anhand der Bilder erkennen. Das war der Beweis, dass Kunst unteilbar ist.

Im obersten Raum der Ausstellung bauten wir aus übrig gebliebenem Material das blaue Kkaffee nach, unser Bühnenbild von „Kkaffee Leben und Tod“. Hier konnte man sitzen, lesen, tatsächlich Kaffee oder Wein trinken, sich mit den Künstlern unterhalten, und das Gefühl genießen, selbst auf der Bühne zu sitzen. Der Höhepunkt war, dass Grit und Moritz sich in dem „Kkaffee“ verlobten. Sie waren schon eine Weile ein Paar und wünschten sich eine Verlobung. Es war ganz ernst gemeint, kein Theater. Dennoch zogen wir uns alle Kostüme an und feierten mit ihnen in diesem „Kkaffee“ ein Fest. Wir waren sehr bewegt, nur dass auch hier keine Verwandten von Grit kamen, trübte ihre Stimmung ein wenig. Die beiden blieben nicht lange zusammen, zu unterschiedlich waren die Interessen.

Im Theater und im Kesselhaus gab es eine Woche lang Lesungen, u. a. mit Angela Winkler, Otto Sander und Bruno Ganz, und natürlich Konzerte. Am 2. November fand in den Kammerspielen des

Deutschen Theaters eine Auktion zugunsten unseres Vereins statt. Der Auktionator war Peter Raue. Und deshalb machten sie auch alle gern mit, die Großen der Berliner Kunstszene.

Wir feierten weiter, und alle fünf Jahre gab es ein Jubiläumsfest, zu dem wir Künstler aus aller Welt einluden. Jedes Mal nahm unser Fest mehr Raum auf dem Hof der Kulturbrauerei ein. Diese großen Feste und ihre Themen drückten unsere Utopien aus. Die nächsten hießen „Unkraut Erde Mensch" (zweimal) und „Der Frieden – Ein Fest".

Aber manchmal stellten wir nach der Probe einfach Brot, Schafskäse, Tomaten und Wein auf den langen Tisch im Café oder auf die Probebühne und saßen beieinander, im Sommer stellten wir Tisch und Stühle auf den Hof, oft klang Musik von irgendwo, mehr brauchten wir nicht. Den Hof liebten wir besonders, mit seinen Backsteintürmen und -giebeln, über die oft der Mond leuchtete, mit seinem hohen Schornstein und den orientalisch anmutenden Gebäuden verzauberte er uns wie in „1001 Nacht". Wir saßen zusammen und feierten den Frühling oder den Ferienbeginn oder einfach das Leben, in dem wir glücklich waren. Es brauchte keinen Anlass.

Manchmal erfuhren wir bei der Gelegenheit, welche Dramen sich jeweils backstage abspielten. Wie Juliane – stets mit hochrotem Kopf – alle zum Auftritt fit machte, sie anfeuerte, auch die Kollegen unterstützte, die eigentlich ihr helfen sollten. Sie entdeckte immer, wenn eine/r die falschen Schuhe anhatte, das Kostüm verwechselt hatte oder an der falschen Auftrittstür stand. Und dann wurde in rasender Eile umgezogen, ausgezogen, hingeschoben, nachgeschminkt und, wenn der Schauspieler auf der Bühne war, sanken sie lachend auf die Stühle, um gleich wieder die nächsten Katastrophen zu verhindern. Ohne Juliane und ihren „Assistenten"

Moritz ging es gar nicht. Wir liebten diese Geschichten und unser Zusammensein.

Die Sicherung des Theaters war noch in weiter Ferne. Unsere fortwährende Lobbyarbeit, um an eine Förderung zu kommen, fruchtete erst mal nicht. Wir warteten und hofften auf Entscheidungen von Seiten des Senats bzw. der Politiker oder von Seiten der Behindertenwerkstätten, mit denen wir kooperieren wollten, um künstlerische Arbeitsplätze zu bekommen. Dann bekamen wir einen Termin in der Hauptversammlung der Geschäftsführer der Behindertenwerkstätten Berlins. Hohe Tiere. Wir mussten draußen warten, hörten jedoch alles durch die Tür, und so wussten wir schon, dass uns eine Absage bevorstand. Aber mit welcher Verachtung und Arroganz wir dann behandelt wurden, kam unerwartet. Woher wir beide denn wüssten, ob einer begabt sei. Was wir denn überhaupt könnten. Was wir denn machen würden, wenn es auf der Bühne nicht funktioniert, was aus dem Menschen dann würde, ob wir daran gedacht hätten, welche Hoffnung wir ihnen machen würden etc., bis der oberste Chef sagte: „Also aus meiner Werkstatt bekommen Sie keinen. Ich schütze sie vor so windigen Sachen, wie Sie sie wollen." Damit war klar, keiner würde anders entscheiden. Wir gingen sehr desillusioniert nach Hause, überlegten aber auch gleich, ob es nicht ohne eine solche letztlich begrenzende und einengende Werkstatt möglich wäre, anerkannt künstlerisch arbeiten zu können.

Auf einer anderen Versammlung von Trägern der Behindertenhilfe, engagierten Mitarbeitern und den Entscheidern vom Arbeitsamt, wurde klar angesagt, dass Schauspieler als Beruf für Menschen mit Behinderung nicht existiere und von daher auch keine Ausbildung unterstützt werde.

Das war das Außen. Und innen?

Manches Mal, wenn ich morgens den Technikerraum betrat, lagen die Schnapsleichen neben den leeren Flaschen. Das „gemütliche Feierabendbier" war mal wieder aus dem Ruder gelaufen. Ich führte Gespräche mit ihnen. Aber was sollten sie sagen? „Ja, tut mir leid, kommt nicht wieder vor." Wenn ich ihnen sagte: „Wir haben Verantwortung für Menschen, die schutzbedürftig sind", nickten sie eifrig. Aber nach dem Alkohol gab es die Drogen. Viele waren so haltlos, fast alle hatten schwierige Biografien. Und dazu kamen die, die bei uns Strafstunden ableisten mussten. Aber dennoch haben alle bei uns viel gelernt, und auch der Nazi mit den Strafstunden ging völlig verändert von uns weg und wurde ein treuer Fan des Theaters.

Die Nähe zu einem Teil der Techniker war unverzichtbar. Ich wollte sie als Kollegen gewinnen, damit wir gemeinsam Lösungen finden. Mir war klar, dass ich als Frau, wenn auch Chefin, Gefahr lief, nicht ernst genommen zu werden. Und ich wollte die Werkzeuge der Gestaltung, wie Licht, wenigstens ansatzweise beherrschen. So ließ ich mir von einem der Beleuchter nach Feierabend das Lichtpult erklären. Wir arbeiteten bei „Kkaffee Leben und Tod" beim Programmieren zusammen, und ich konnte punkten als eine, die Interesse und Ahnung hat. So habe ich es auch mit dem Ton und dem Videoeinspiel gemacht, und als der Kollege „indisponiert war", konnte ich den Ton fahren. Wehe, wenn ein Problem aufgetaucht wäre! Für „Orpheus" brauchte ich eine kleine Schneekanone. Wochenlang knobelten sie, ohne Ergebnis. Aber sie knobelten, hatten ein Projekt. Am Ende hat Jacob sie mit einem Techniker gebaut. Nicht perfekt, aber etwas Schnee fiel immer raus. Wir hatten immer genügend gute Leute, um das weniger Gute auszugleichen. Und wie groß war immer die Freude, wenn einer wieder zugewiesen wurde.

Aber manchmal traten sie sich selbst auf den Schwanz. Beim Gastspiel in Graz hatten die Techniker gut gearbeitet. Die lange Fahrt mit dem LKW, Ausladen, Aufbauen. Alles hatte funktioniert. Die Lebenshilfe vor Ort, unser Gastgeber, hatte ein großes Buffet aufgebaut, alles war vom Feinsten, wir freuten uns auf die Köstlichkeiten. Da bekomme ich die Nachricht, dass die Kollegen der Technik im Kloster, in dem wir untergebracht waren, Rotwein an die frisch renovierten Wände gegossen und die Kruzifixe umgedreht aufgehängt hatten.

Sie sitzen vor mir wie kleine Jungs. Sie müssen zurück, ohne Buffett, und die Wände streichen. Sie tun mir leid, aber es war nicht das erste Mal, dass Ähnliches passiert war. Später bedankten sie sich bei mir. Mit einigen konnte ich Pferde stehlen. Sie bezeichneten sich als meine „Wunscherfüllungsmaschine".

Zur Wahrheit gehörte auch, dass Material und Werkzeug verschwanden, sogar Toilettenpapier, aber auch teures Equipment. Wir waren empört und verärgert, denn alles, was wir hatten, hat Mühe und Geld gekostet. Da geht eine junge Sozialarbeiterin neben mir und sagt: „Gisela, hast du mal überlegt, wie arm die sind? Und dann sitzen die plötzlich im Theater zwischen all dem Equipment und den Instrumenten und Computern. Versteht ihr nicht, dass das unerträglich ist für manche?"

8. Akt

Der tödliche Wettbewerb

Nach dem Kkaffee-Stück wollte ich mehr in die Tiefe und einen Stoff anfassen, der mich schon lange beschäftigte. Medea. Andere Regisseure von integrativen Theatern rieten mir ab, zu schwer sei das Thema für unsere Schauspieler. Zu belastend. Ich war irritiert. Warum sollten diese Schauspieler nicht ebenso in die Tiefe gehen können wie wir? Gerade sie hatten mit dieser Geschichte zu tun, mit der Ausgrenzung, mit dem Anderssein.

Immer, wenn ich die reifen Frauen in meiner Theatergruppe sah, so nebenbei, was mein liebster Blickwinkel war, dachte ich: Medea. Die Unfassbare, Abgründige, die in jeder Frau wohnt. Lilith, Kindsmörderin, Liebende, Zerstörerin, Verletzte und Verletzerin. Franziska, Grit und Patricia waren es, die mir klar machten, dass ich diesen Stoff unbedingt mit ihnen machen muss und nicht mit sprachgewandten Schauspielerinnen, die sich erst tief einwühlen mussten, um diese Rolle glaubwürdig zu spielen. Die drei waren schon dort: fremd, ausgegrenzt, behindert, nicht immer schön, unangepasst, wuchtig und dabei zart im Innersten. Manchmal waren sie schrill, und zuweilen unerträglich. Es war das Extreme, Unentschuldbare, Unvermeidliche an Medea. Dass sie war, wie sie war, nicht weil sie so geworden ist durch „die Verhältnisse". So wie unsere Frauen Franziska, Grit, Patricia. Ohne Platz in der Gesellschaft, schon da, wo Medea erst hinkommt, nachdem sie die ihren ermordet hat. Im Alltag sind sie unsichtbar, denn zu jedem Ort werden sie mit einem

Fahrdienst gefahren, bequem und isoliert. Alle drei sind einsame, vergessene Frauen. Keine hat einen Freund, jede will einen, keine würde je einen bekommen. Keine würde je Kinder haben trotz ihrer Sehnsucht danach. Sie sind Künstlerinnen, voller archaischem überbordendem Lebensgefühl wie Medea als Zauberin, schonungslos, unmäßig in ihrer Lebensgier. Sie erinnern mich an große Felssteine. Schwer, warm und sinnlich, gespeicherte ruhende Kraft. Aber einmal ins Rollen gekommen, gewaltig. Jede eine Medea. Grit, bis heute gefürchtet. Ihre Logik ist die der aufsässigen unnachgiebigen Frage, warum muss das so sein? Das fragt sie, bohrend, egal, ob es um Training geht, um den Text, den Spielpartner, um einen Auftrittszeitpunkt, um eine neue Person im Begleitdienst, um die neue Farbe des Autos, in das sie nicht einsteigen wird. Sie will es nicht intellektuell beantwortet wissen. Es geht nur um: Wo kann mich keiner mehr von meinem Platz vertreiben? Früh ist sie im Heim gelandet, ihre Eltern besuchten sie nicht, auch nicht der Bruder später, als sie schon tot sind. Sie wartete jedes Jahr zu Weihnachten und am Geburtstag, aber nie kam einer. Sie begreift es nicht, warum sich der Vater nur um die im Rollstuhl sitzende Mutter kümmern konnte und nicht auch um sie. Was sie nicht versteht, was sie bedrängt, kann sie nicht wegschieben. Sie steht und steht. Sie stört. Sie ist laut, wenn sie leise sein müsste. Wenn es ihr zu viel wird, schreit sie und beißt sich, schlägt den Kopf gegen die Wand. Alle verschwinden. Sie hat niemals jemandem etwas getan. Nur sich selbst. Ich erinnere mich. Ich sitze mit ihr in unserem Café auf dem Boden, Rücken an der Wand. Schon eine Stunde. Immer wenn jemand zu einer der Türen hereinschaut, schreit sie wieder und schlägt den Kopf gegen die Wand. Sie hat Kraft und Ausdauer. Es dauert lange, bis sie sich beruhigt und versteht, dass keiner gegen sie gehandelt hat. Immer ist sie einsichtig, lange danach. Aber es ändert nichts. Beim nächsten Mal das gleiche. Da kann auch mal ein Flugzeug verpasst werden, wenn der Mantel falsch hängt. Alle halten es schon dreißig Jahre aus.

Grit ist mit ihren tiefschwarzen Haaren und einem Körper, der sich in den Schmerz hinein biegt, auf der Bühne die Frau aus dem Volk, die aufdeckt, worum es im Leben geht. Als Weichherz um die schöne Zirkusprinzessin warb und Martin sich in tiefe Meditation versenkte, um darüber nachzudenken, rief Grit als Mutter: „Wat soll se dann da machen, die kann doch noch keen Brot schneiden und schmieren und so … die kann nicht heiraten“. Sie brachte es auf den Punkt des existentiellen Lebens. Indigene Einwohner aus dem Südjemen sagen: Wer kein Feuer ohne Feuerzeug machen kann, kann auch keine Frau befruchten. Grit kann keine Lügen glauben, und so setzte ich sie auch ein. Ich liebte sofort, wie Grit spielte. Unbeirrt, laut, spröde und widerständig. Und das war und blieb ihr Markenzeichen. Die Stimme aus dem Untergrund, später Hekate, die raue Unterweltsgöttin in „Orpheus ohne Echo“. Sie ist eine schwierige, aber produktive Partnerin auf der Bühne.

Ihre Medea wird eine Zumutung sein.

Franziska, großartig beim Improvisieren, kann sich fallenlassen und spielen, dass uns der Atem stockt, weil sie keine Tabus kennt. Sie drückt mich gern und lange. Ich bemerke, dass sie mir hinter meinem Rücken die Zunge rausstreckt, wenn ich weggehe. Sie ist unberechenbar, und doch voller Liebe und Wärme. Meist sitzt sie allein, geht auch immer etwas abgesondert. Auch absonderlich. Schwer und weich, aber so kraftvoll! Manchmal wiegt sie sich, lacht, redet mit „ihren“ Stimmen. Wie fast alle hier. Trance und Ekstase. Sie kämpft mit ihren Furien: Wenn die Eltern die Stadt verlassen, jagt ein epileptischer Anfall den anderen.

Während unserer Probenzeit in der Kunsthochschule Weißensee, in der wir von allen dort mit Wohlwollen und Freundlichkeit aufgenommen wurden, bescherte Franzi mir auch die erste Begegnung mit ihrer „Anfallsfreudigkeit". Sie bekam in der Tat manchmal einen Anfall. Aber sie konnte ihn auch spielen. Dann warf sie sich plötzlich, mit Vorliebe in einem vollen Raum oder Bus, hin und erstarrte, so dass wir anfangs an den Anfall glaubten. Krankenwagen mit allem Pipapo. Neue Kollegen mussten immer dran glauben. Hier nun die volle Mensa. Franzi schmiss sich hin. Die Studenten waren irritiert, wollten schon dazu springen. Ich beugte mich ganz dicht zu ihr und flüsterte, dass es noch keiner gemerkt hätte, und wir beide jetzt, untergehakt, den Raum noch stolz wie Königinnen verlassen könnten, und dann über alles reden. Sie stand sofort auf, und wir gingen ruhig hinaus. Ich war so froh, es war meine erste Herausforderung dieser Art. Draußen weinte sie sehr, und wenn es auch kein Anfall war, so hatte sie doch Stress gehabt und unbewusst ein altes Muster ergriffen. Die Begegnung mit ihren wirklichen Anfällen sollte uns, oder besser sie, noch schwer erwischen, so auf dem Gastspiel mit „Medea" in Dresden Hellerau. Ihre Absenz dauerte über einen Tag, bis sie zusammenbrach, nachdem ich sie fragte, ob sie einen Anfall hätte. So lange hatte sie versucht, es keinen merken zu lassen und war wie ein Geist durch die Gegend gelaufen. Die Zigarette verbrannte, ohne dass sie daran zog. Da wusste ich Bescheid, und Franzi konnte sich endlich dem Schmerz hingeben. Grit spielte dann für sie (also zweimal eine Medea) und rettete die Vorstellung grandios. Franzi erholte sich nach dem schweren Anfall und tanzte vergnügt auf der Abschiedsparty. Ich werde nicht vergessen, wie ausgeliefert und schmerzerfüllt sie war, wie sie regelrecht überwältigt wurde.

Die dritte sollte Patricia sein. Wir waren gespannt, wie sie mit ihrer Klugheit und Redegewandtheit Jason begegnen, welche Variante des Widerstands sie wählen würde.

Ich war schon lange von diesem Mythos fasziniert, denn er erzählte das Undenkbare: Medea, eine Königstochter aus Kolchis, verrät aus Liebe zu Jason, einem der griechischen Eroberer des Goldenen Vlieses, ihren Vater und ihre Heimat im Kaukasus, eine noch frühe archaische Kultur, ermordet den Bruder und wirft ihn zerstückelt ins Meer, um mit ihrem Geliebten vor dem Vater zu fliehen. Wollte ich nicht auch so sein? So mutig für die eine, ganz große Liebe alle Grenzen sprengen, zaubern, selbst den liebsten Bruder opfern? Das Verbotene tun? Auf alle Fälle über Grenzen gehen! Die alle Bande sprengende Liebe erleben und mit dem Liebsten hinaus aufs Meer. Medea bekommt zwei Kinder mit Jason, landet aber nach langer ergebnisloser Suche nach einem Ort zum Bleiben vor den Toren von Korinth und erleidet das Schicksal der Fremden. Jason verlässt sie, um die Königstochter von Korinth zu heiraten. Hier kann er wieder einer von ihnen werden und den Makel dieser bluttriefenden mordenden Frau loswerden. König Kreon weist sie aus dem Land, die Kinder könnten bleiben. Ihr Schmerz ist grenzenlos und unfassbar. Medea ermordet beide Kinder und wird von ihrem Vater, dem Sonnengott, abgeholt. Wie die Callas diese Szene in Pasolinis Film spielt, so still und leise, so zärtlich, in ihrem unabänderlichen Entschluss so gefasst, rinnen mir die Tränen, und der Schmerz sucht mich in meinen Träumen immer wieder heim. Bianca erzählte mir, dass ich oft im Schlaf „herzzerreißend weine“. Auch Moritz berichtet davon. Vielleicht wegen Medea. Wie erleichtert bin ich über diesen Vater, der nicht der echte ist. Er könnte mich doch auch holen und retten.

Ringen um Fassung

Nun ging es los: Wir mussten eine eigene Fassung erarbeiten. Dieses Mal war mehr Vorarbeit nötig, die Themen waren direkt mit uns verbunden. Das Team: meine Bühnenbildnerin Angelika, mein Dramaturg Stefan, Mo Bunte, eine Puppenspielerin, die seit langem aktiv in der Frauenbewegung war, und ein anarchistischer, kluger und sanfter Schauspieler, Moc – der eigentlich Strafstunden wegen geklauter Bücher bei uns verbüßen sollte, den es dann aber packte und der bis einen Tag vor der Premiere bei uns blieb. Dazu Juliane und Susanne, meine langjährige Inspizientin, die mit ihrer eigenen Verrücktheit kämpfte, und Jacob, der seine erste Bühnenmusik komponierte.

Wir alle, mit unserer jeweils sehr unterschiedlichen Verfasstheit, saßen viele Tage in meiner großen Küche am Park, um Szenen zu finden, die dann am folgenden Montag mit den Schauspielern geprüft würden. Es ist eine große Küche mit zwei hohen, von Holzsprossen durchzogenen Fenstern, vor denen Ahorn und Pappeln wachsen. Sieht man aus dem Fenster, ist da mein Garten mit Blumen: von Akelei bis Astern, auch damals schon. In der Küche stehen ein paar Möbel meiner Großmutter, und mit den aufgehängten Tassen und Kellen, den Gewürzen und Vorratsgläsern ähnelt sie einer französischen Landhausküche. Sitzen wir nachts am Tisch unter einem der Fenster bei einem Glas Wein, leuchtet der Fernsehturm hinein, oder der Vollmond wirft sein Licht in den Raum. Unglaublich hell. Im Sommer müssen wir die Jalousien herunterlassen, so heiß scheint die Sonne. In dieser Zeit eignete ich mir die Wohnung, in die ich erst so fremd gezogen war, endgültig an. Und alle Schränke und Stühle aus meiner Vergangenheit und der meiner Großeltern, und alle Tagebücher fanden einen Platz in den großzügigen Räumen. Und im acht Meter langen Flur fanden die Bücher ihre Heimat, in Regalen bis unter die Decke.

Da saßen wir, ich kochte Suppen und Kaffee, wir studierten Material aus der feministischen Forschung, sammelten Fundstücke, die so kurz nach dem Mauerfall überall herumlagen, zum Beispiel Wellblechzäune und Baufolien, und beredeten unsere Erfahrungen.

Es war eine wichtige Zeit für mich. In der DDR waren wir sehr wohl selbständig als Frauen, ich habe mich nie eingeengt gefühlt und lebte nach etlichen Beziehungen mit Klaus, dem Vater meiner Kinder, ohne Hochzeit, studierte nach Moritz' Geburt und hatte seine Unterstützung. Aber reflektiert hatten wir es weniger, wenngleich wir „Das Patriachat" von Bornemann studiert hatten. Aber irgendwie „betraf" es uns nicht. Männliche und weibliche erworbene Verhaltensmuster hatten wir nicht so erkannt, dafür jetzt umso schärfer: Warum war es so selbstverständlich, dass ich freiwillig den Beruf als Schauspielerin aufgab? Als ich meinen Doktortitel bekam, adressierte die Krankenkasse die Post an Gisela Höhne und Dr. Klaus Erforth. Was geht nur in den Leuten vor? Es war eben eine andere Gesellschaft, in der wir nun lebten. Mo kam aus der feministischen Bewegung in Westdeutschland, war erfahren in Fragen der Geschlechtergerechtigkeit und -wahrnehmung, aber doch kreuzten sich unsere Erfahrungen und Gedanken. Die Rückkehr vieler ostdeutscher Frauen zu Herd und Kind war für uns schockierend. Warum mussten sie alles wegwerfen, was doch große Errungenschaften für die Frauen waren? Für manche mochte es befreiend sein, nicht mehr arbeiten zu müssen, aber es bedeutete eine neue Abhängigkeit vom Mann. Sahen sie das nicht? Wie hartnäckig die alten Vorurteile saßen, erlebte ich einige Zeit später. Ich hatte ein Interview mit einer Journalistin. Nach mir wollte sie mit Klaus reden. Wir hatten eine gute Stunde Zeit, sie hatte Stücke von mir gesehen, sie war begeistert und hörte zu, wie ich über unsere künstlerische Arbeit sprach. Sie schien klug und auf der Höhe der geschlechtsspezifischen Debatte. Dann kam Klaus dazu, und er ist zwar ein kleiner Mann mit Bart, trug aber immer ausgefallene Kleidung und meist ein paar indische Tücher um den Hals gewickelt. Da sprang sie auf und rief: „Der Künstler kommt, der Meister!“ Ich war sprachlos. Als wir danach noch einen Moment allein waren, fragte ich sie nach ihrer Reaktion. Sie war erst irritiert und sagte dann: „Ich dachte, Sie sind doch mehr die Mutter Courage, die sich um alles kümmert.“

Euripides beschreibt in „Medea“ erstaunlich genau und parteiisch die Situation der Frauen. Frauen durften das Haus, wenn überhaupt, nur zu Beerdigungen und religiösen Festlichkeiten verlassen, aber nur, wenn sie nicht mehr als drei Kleidungsstücke und nicht mehr Nahrung mitnehmen, als sie für einen Obolus kaufen können. Sogar Umgang zwischen Frauen war eingeschränkt, denn wie wir von Euripides erfahren, duldete kein „vernünftiger“ Mann, dass seine Frau von anderen Frauen besucht wurde, da diese die Lehrmeisterinnen des „Schlechten“ seien … Die Frauengemächer wurden mit Wachs versiegelt oder mit spartanischen dreizackigen Schlüsseln verschlossen. Sie waren von innen nicht zu öffnen. Im Falle von Feuer verbrannte die Frau deshalb oft. Sie teilte niemals seinen Tisch und seine Geselligkeiten.

Was hatte sich zu heute geändert? Auf der Weltfrauenkonferenz in Peking 1995 war eines der Ergebnisse, dass es in keinem Land der Erde Frauen so gut geht wie Männern. Unsere Verbündete und Freundin, die Juristin Ursula R., war dort und berichtete davon. Sie, die damalige Frau eines bekannten Anwalts, der ebenfalls zu unseren Freunden und Förderern zählt, hatte ihre eigenen Erfahrungen damit. Auch sie ist Anwältin, wie er, hatte sich aber dann doch den Kindern gewidmet, wie ich. Wenige kannten sie als Anwältin. Dann arbeitete sie wieder und hat den Deutschen Juristinnenbund aufgebaut, die ostdeutschen Juristinnen ins Boot geholt und in Polen Ähnliches veranlasst. Sie ist im Vorstand von „Innocent in Danger“ aktiv und eine großartige Frau. Aber immer im Schatten eines Mannes.

Es ging uns nicht nur um das persönliche Schicksal Medeas und Jasons Verrat an ihr. Es war die geballte Ladung männlicher Gewalt, die Inthronisierung des Patriarchats in der Geschichte, die sich genau in diesem Stück vollzieht. Medea, die aus dem noch mutterrechtlich geordneten Kolchis kommt, Zauberin, einer vorgriechischen Kultur verhaftet, die ihr Würde und geheime Macht lässt, kommt in das „zivilisierte" Griechenland und verliert jede Bedeutung in der dortigen Gesellschaft, vor allem jedoch ihren Mann und seine Liebe. Eine Geflüchtete. Medea, einer „primitiven" Kultur entstammend, die im zyklischen Naturkreis, im Wechsel des Gebärens und Sterbens, des Wachsens und Welkens denkt, die aus der Zerstückelung Neues kocht, ist verloren im griechischen „zivilisierten" Wettbewerb um Macht, mit dem neuen Gott Zeus und den Verboten ihrer Kultur. Wie aktuell noch immer! Sie, die Betrogene, die nicht mehr passt in die glatte Welt Jasons, schließt ihren Kreis und nimmt zurück, was sie gab: ihre Kinder. Wahnsinn, der Sinn macht. Dort kann sie ihre Kinder nicht lassen. Sie sind Stoff von ihr. Sie sind Stoff von Jason. Auch das kann nicht bleiben.

Wir hatten drei Medeen und mussten etwas dafür erfinden. Er-Finden ist genau das Wort, das für jede Theaterarbeit mit den RambaZambas für mich stand.

Keines der fertigen Stücke eignete sich für uns. Zu textlastig für unsere Schauspieler, zu abstrakt im Beschreiben der grausigen und alltäglichen Ereignisse. Wir lasen „Medea. Stimmen" von Christa Wolf. Ich bin ein großer Fan von Christa Wolf, sie war meine wichtigste Bezugsgröße in der DDR-Literatur. Bis auf dieses eine Mal, ihr Buch eignete sich nicht für uns. Es ließ keinen Rest für Unvernunft und unüberwindbare Abgründe. Sie hatte alles zu erklärend, zu vernünftig begründet und mit ihren Erklärungen dem Stoff das Tragische ausgetrieben. Es gibt aber keine Erklärung für ein Anderssein. In Medeas Situation ist es absolut gesetzt. Und weil sie so ist, gibt es keine Lösung, solange Jason im glattgebügelten Ambiente im Land seiner Herkunft Karriere machen will. In seiner Logik musste er das. Also blieb nur, auf der Basis des Stoffes die Geschichte meiner Frauen zu erzählen. Es musste unbedingt ihr Stück sein, das der Frauen.

Wie wir Medea wurden

Wir hatten zwei Jahre Zeit, noch war es für die Schauspieler ein Theater in der Freizeit, also ein Probennachmittag pro Woche. Wir improvisierten monatelang. In dieser Zeit, als wir schon zwei parallel arbeitende Theaterensembles hatten, noch wenig Räume und keine Probebühne besaßen, wechselten wir unentwegt mit Sack und Pack den Probenort. Mal probten wir in einer Schule, mal in einer großen alten Halle der ehemaligen Brauerei, auf deren ruinösem Gelände wir unser Theater hatten, mal in einer Sporthalle. Das war dann der entscheidende Schritt zu unserem Stück, plötzlich wusste ich es: Eine fahrende Theatergruppe, das waren wir, erreicht die Tore vor Korinth. Die Truppe aus Kolchis ist immer unterwegs, Nomaden, sie spielen auf Märkten und Plätzen und wollen nun endlich ankommen, im Staatstheater der großen Stadt Korinth engagiert werden. „Im Deutschen Theater spielen, mit Technikern, Duschen, Gage!" Unsere Schauspieler wussten sofort, worum es ging. Auch wir RambaZambas suchten unseren Ort im Kunstgetriebe, wir spielten und probten „Medea", wie die Gruppe aus Kolchis. Wir waren Medea, jene vor der Stadt, vor der Grenze der Etablierten. „Medea" wurde zur Metapher für uns. Zugleich hatte ich mit dem Theater im Theater die Möglichkeit, meine drei Medeen zu etablieren. Diese Struktur des Stückes war ideal, um das ganze Tableau aufzumachen. Und so entstand unsere Geschichte.

Wir improvisierten mit den Schauspielern vor allem zu zwei Themen, die sie am meisten bewegten. Zum einen war es das Leben von Helden, zum anderen Szenen des Verlassens und Verlassenwerdens, eine ihnen zutiefst bekannte Erfahrung. Immer voran Franzi, immer die erste, die improvisieren will. In einer Verlassens-Improvisation lernte ich viel von ihr: Als Jason ihr mitteilt, dass er im Begriff sei, sie zu verlassen, lacht sie, immer wieder. Sie lädt ihn in ihr Bett ein, als hätte er nichts gesagt. Als er gegangen ist, deckt sie vergnügt den Tisch und spielt, dass er zurückgekommen sei und unterhält sich mit ihm. Nachdem ich anfangs dachte, sie hätte die Aufgabe nicht verstanden, begriff ich, dass sie entschieden hatte, die grausame Wahrheit nicht zu akzeptieren und sich in eine Fantasiewelt zu flüchten. Das war ihre Antwort. Sie will nicht mehr allein gelassen werden.

Oftmals reagieren unsere Schauspieler paradox und enthüllen damit eine tiefere Wahrheit. Lachen statt Weinen. Schwere Erfahrungen sitzen ihnen unter der Haut, Furien warten vor dem Fenster, und sie haben gelernt, damit umzugehen. Die Nahtstellen zu diesem Verdrängten sind dünn, und man weiß nicht, wo sie aufbrechen. Wenn es geschieht, gibt es Szenen von überwältigendem Schmerz und erschreckender Tiefe oder wildem Gelächter. Und genau das würde Franzi bald einholen. Da half ihr kein Weglachen.

Ich wollte von den Männern wissen, wie sie sich Helden und Argonauten vorstellten, was und wie sie es spielten, wie wild oder sanft sie waren, auf welche Weise sie ihre Frauen liebten und verrieten. Wir sahen uns den „Medea“-Film von Pasolini an, sammelten Bildmaterial und warteten geduldig auf ihre Ideen.

Frage: „Was machen Helden, wenn sie nicht als Helden aktiv

sind? Spielt das mal. Okay, das ist eine Bar oder ein Saloon. Man kann trinken, reden … Was noch?“

Aus der puren Langeweile, weil die „Helden“ gerade gar nichts zu tun hatten und im Saloon herumhingen, entstand es plötzlich. Die Männer hingen auf den Hockern. Kaum ein Gespräch. Langeweile. Langeweile. Plötzlich ging Joachim zur Seite, stand am Garderobenständer, auf dem mehrere Bügel hingen. Nach einem Moment nahm er einen, wie einen Motorradlenker, gab Gas und fuhr los, erst langsam, dann immer schneller, immer im Kreis. Die anderen sahen interessiert auf, angesteckt von Achims Fahrt nahmen sie ebenfalls Bügel und jagten in einer wilden und archaischen Jagd ihm hinterher. Sie waren wie im Rausch, überholten sich, rissen sich zu Boden, halfen sich hoch, fanden kein Ende. Später schütteten wir Erde aus, und sie jagten weiter. Daraus entstand eine solche wilde zerstörerische Schlacht, wie wir sie uns nicht hätten ausdenken können. Immer wieder starteten sie nach der Umrundung des Kreises, um quer durch die aufspritzende kolchische Erde zu rasen, zu stürzen, die Frauen in die Erde zu werfen, wieder und wieder, bis zur völligen Zerstörung des Erdkreises, und dann sangen sie, Kämpfer der gewonnenen Schlacht, ein Shanty und zeigten ihre komische, kindliche Lust am Spiel. Vorher jedoch hatten wir die Luft angehalten, weil wir dieses aggressive Potential so noch nicht erlebt hatten. Jacob komponierte eine Musik dazu, die sie weiter anfeuerte und den Zuschauerraum beben ließ. Damit hatten wir die ganze Überfahrt, den aggressiven Charakter der Argonauten und ihre frauenverschlingenden Beutezüge. Eine Szene, entstanden aus Warten. Später im Stück wurden die Bügel durch Besen ersetzt.

René, der bereits in „Kkaffee Leben und Tod“ als Geiziger aufgefallen war, sollte den Regisseur der Truppe und den König spielen. Wir kamen auf seine Besetzung, weil René nie das machte, was die

Gruppe machte. Er lief nicht mit im Kreis, feuerte aber alle an. Er spielte nicht mit den Steinen den Rhythmus, aber er dirigierte. Irgendwann sagte Mo: „Du, das ist der Regisseur der Truppe.“ Und so war es. Als wir ihm sagten, dass er außer dem Regisseur den König spielen würde, war er tief betrübt. „Ich kann das nicht.“ – „Wieso kannst du das nicht?“ René in fehlerfreier Aussprache: „Ich kann den König nicht spielen, ich kann kein K.“ Als wir darüber lachten, wurde er sehr wütend, weil er es ganz ernst meinte. Behutsam brachten wir ihm also das „K“ bei.

Endlich war die Erde geliefert worden. Sie ist essenziell für die Inszenierung, die ansonsten auf gelbem Tanzteppich spielt. Es ist die heimatliche Erde, welche die Truppe immer mit sich trägt. Jetzt ist sie da, ihre Erde. Rindenmulch, schwarz, feucht, duftend. Alle, auch die Techniker, spüren den besonderen Moment, setzen sich dazu, fegen, berühren, spielen leise Klänge ein. Patricia und Hannes wollen sie nicht anfassen, die anderen spielen damit, reiben sich nach und nach Gesicht und Arme damit ein, manche graben sich ein.

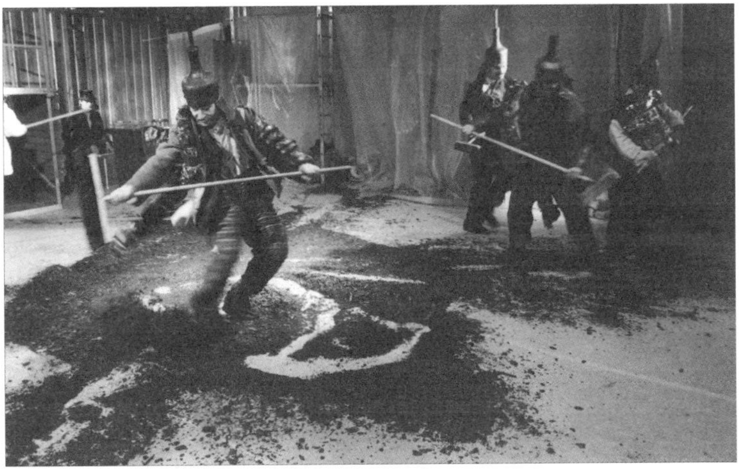

Jason im Eroberungsfuror

Keiner spricht. Angela Winkler ist gekommen und pflanzt Blumen, singt ein Lied. Angela ist eine der bedeutendsten Schauspielerinnen nicht nur im deutschsprachigen Raum und berühmt geworden durch ihre Filmrollen in „Die verlorene Ehre der Katharina Blum“ und „Die Blechtrommel“, beides in der Regie von Volker Schlöndorff, und durch ihre Theaterarbeit mit Regisseuren wie Peter Stein, Claus Peymann, Klaus Grüber, Peter Zadek und Bob Wilson. Als sie mit ihrer Tochter Nele und Mo Bunte, ihrer ehemaligen Kinderfrau, zu uns kam, war es ein Ereignis. Das ganze Theater war aufgeregt. Sie hatten „Kkaffee Leben und Tod“ gesehen und wollten unbedingt, dass Nele bei uns mitmacht. Da sie aber noch so jung war, sollte Mo auch einsteigen und ihr ein wenig helfen und für sie da sein. So war Mo zu uns gekommen. Nele war ein wildes Ding. Groß geworden mit drei Brüdern in der Freiheit des Landlebens tobte sie durch die Räume. Immer wieder sprang sie uns an, sie war nicht gerade leicht, oder sie legte sich auf den Boden im Restaurant, wenn sie nicht nach Hause wollte. Und Angela legte sich einfach daneben. Also Nele kam zu meiner Truppe dazu. Und Angela kam regelmäßig, weil es ihr so gefiel bei uns. Und mit ihr kamen viele, angesteckt von ihrer Begeisterung.

Sie zeigten allen, wie schön diese Erde war, mit der sich Micha und Moritz bereits völlig eingerieben hatten.

MEDEA, der tödliche Wettbewerb – Die Geschichte

Eine Gruppe fahrender Schauspieler erreicht das Tor von Korinth. Das Tor bleibt ihnen jedoch verschlossen, weil sowohl die nötigen Papiere fehlen als auch ein Stück zum Vorspielen im Theater von Korinth. Sie richten sich in einer verlassenen Baustelle ein, treffen einen ehemaligen, jetzt erblindeten und alles wissenden Staatsschauspieler, der ihnen rät, „Medea“ zu proben. „Da ist alles drin, Liebe, Eifersucht,

Tod!" Zur Nacht wird der Erdkreis ausgeschüttet. Der Stärkste hat den vollen Sack mit der Erde aus Kolchis. Er lässt die Erde herausrinnen. Die fünf Frauen, drei reife, sinnliche und unübersehbar starke Frauen, die Amme der kleinsten, die fast noch Kind ist, und dieses Kind schütteln ihre Säcke im Kreis aus. Nur das Poltern von Erdklumpen, Wurzelstücken und das Klackern von feuchter Erde und Steinchen, die auf den gelben Kunstbelag treffen, sind zu hören. Atmen, Stoff, der sich bewegt, Rascheln nackter Füße, die Erde auseinandertretend. Die Männer sehen zu. Frauenarbeit. Lange und sorgfältig scharren die Frauen die Erde auseinander, länger als nötig. Es ist ihre Heimaterde, die sie unter den nackten Füßen spüren. Bis es kein Plastegelb mehr gibt. Atmen, Scharren, Wischen. Atmen, Scharren, Wischen. Sie tun es mit Hingabe, Zeit ist keine Kategorie. Dann setzen sie sich zu den Männern um den Kreis und schlagen mit Steinen den Rhythmus, und ihr wilder Tanz beginnt. Das ist jetzt der Ort, auf dem sie Theater spielen werden. Zur Nacht suchen die Frauen sich die Männer aus, am nächsten Tag wollen sie „Medea" proben.

Immer wieder fegen sie später die Erde zum Kreis zusammen, versuchen, den Mythos zu erhalten, und sie fragen sich, wie wohl Medea war, die Frau, die sie jetzt spielen wollen. Dick oder dünn? Sie hat Kinder bekommen, so war sie wohl dick. Das Wichtigste fragen sie nicht: Warum geschieht ihr all das Leid? Jede ist eine Medea, auch die Alte. Die Erde, der Kreis ist ihr Halt. Noch glauben sie an den Zauber. Noch glauben sie an die Kraft des gemeinsamen Spiels.

Da aber Glauke, die Tochter des Intendanten, sich vor jeder Medea-Probe einen der Jason-Darsteller holt und verführt, ihnen weiße Anzüge schenkt und sie mit dem Anblick der sauberen, ordentlichen weißen Stadt besticht, zerbricht auf den Proben der Konsens der bisherigen sozialen Konstruktion. Die Jason-Schauspieler sind infiziert, verführt, sie verraten die Partnerin. Mit ihren weißen Anzügen wollen sie nicht mehr in die dunkle Erde zum Proben, sie wollen es „hell und sauber", die widerspenstigen Partnerinnen werden gefährlich für ihr Engagement in Korinth.

So entstehen die drei Kernszenen:

Grit setzt sich an den Rand des Erdkreises, legt einen schmalen Teppich auf die Erde und hält ihre Kinder im Arm. So findet sie Jason, von Joachim Neumann gespielt, gekleidet in seinen neuen weißen Anzug. Misstrauisch geworden lässt sie ihn nicht an die Kinder. Er soll zu ihr durch den Erdkreis kommen, er aber träumt noch von Korinth und hat wenig Lust, mit dem weißen Anzug durch die Erde zu gehen. Bei seinem fast akrobatischen Versuch, unbeschadet durch die Erde zu kommen, lacht sie ihn aus. Noch will er sie und versucht, sie zu gewinnen für das weiße und saubere Korinth. Sie jedoch schubst ihn mit wilden Küssen in den Dreck. Unbeirrt fegt er die Erde an den Rand, holt überraschend weiße Campingstühle und einen solchen Tisch hervor. Er sieht nicht, wie sie reagiert, er schwärmt von Korinth. Sie bleibt auf unterschiedliche Weise stur, die Szenen waren nicht zu fixieren. Grit hatte ihren Spaß daran, den „vernünftigen" Partner zu irritieren. Immer wieder wirft sie die Erde in den Kreis zurück und versucht, sich im Kreis zu behaupten. Das entsprach unserer Intention, und wir ließen sie. Joachim hat es durchgestanden, es war für ihn nicht leicht, diese Art Schauspiel zu akzeptieren. Er hatte hier seine erste große Rolle bei mir, vorher hatte er bei Klaus gespielt. Er brauchte Verlässlichkeit und Struktur. Die bot Grit ihm nicht. Grit hat die Szene geliebt, sie konnte so wild sein und kostete es aus, dass ihr Partner immer unsicherer wurde. Aber das Ende der Szene spielte sie stets, wie wir es verabredet hatten. Nachdem er sie mit dem Besen an den Rand gefegt hatte, wühlte sie sich in die Erde und warf sie auf sich. Sie, zur Randfigur in seinem

Leben geworden, antwortete nicht mehr, wie sie es vorher mit Vergnügen und Frechheit tat, sondern ließ Jason mit all seinen Fragen allein, er, der nichts verstand. Wenn sie am Ende an den Rand gefegt unter der Erde schweigt, erzählt das alles über die endgültige Unbehaustheit dieser Frau.

Grit spielte die Szene mit ihren Mitteln, wild und diszipliniert. Ich werde nie vergessen, wie zärtlich Grit mit den beiden Kindern (Säckchen aus Rupfen mit Erde gefüllt) war, sie wiegte und sang, wie schroff sie die Kinder beim Schlafen vor Jason beschützte, wie sie ihn lächerlich machte bei seinem Versuch, wegen des neuen weißen Anzugs nicht mehr mit der Heimaterde in Berührung zu kommen, um ihn dann wild zu Boden zu küssen. Sie ist eine schwierige, aber produktive Partnerin auf der Bühne.

Patricia, die Kluge, die bereits mehrfach männliche Gewalt erlebt hat. Ihr Jason war Malte. Er war als Gast in unserer Truppe, ein junger Mann, labil und auf der Suche nach einem Ausweg aus seinem Etikett „behindert". Er hat es später geschafft, über Hilfsarbeiten, Teilausbildung und familiären Anschluss in ein „normales" Leben zu kommen. Aber noch war die unterstützende Haut unseres Theaters wichtig für ihn.

Mit Malte hat Patricia einen Partner, der ihr nicht gewachsen ist. Sie diskutiert, ist überlegen, schön und zugleich traumatisiert. Wenn sie nicht weiterkommt, redet sie im Kreis. Immer wieder die gleichen Fragen. Jason wird wütend auf sie, ist genervt. Aber sie insistiert. Lacht, weint, fragt. Die Antworten erreichen sie nicht. Sie ist groß und stark. Schnell kommen die beiden anderen Jason-Darsteller ihm zu Hilfe und kreisen sie mit den zynischen Texten von Euripides ein. Also schweigt sie und wird unüberwindbar in ihrem Geheimnis. Patricia, die Redegewandte, verstummt als Medea. Es braucht rohe Gewalt, um sie zu überwältigen. Es bleibt ihnen nichts übrig, als sie zu dritt zu packen und auf den Müll zu werfen. Dann fegen sie endgültig die kolchische Erde auf sie. Alles Müll.

Franziska. Was für eine Kraft, welche elementare Gewalt. Darauf waren wir alle nicht vorbereitet. Sie hat ein blaues Kleid angezogen und eine Kette umgelegt. Sitzt auf dem Stuhl und schiebt die nackten Füße in die Erde. Schön hat sie sich gemacht für Jason im weißen Anzug, den Hannes unerbittlich spielt, er soll sie sehen. Aber er sieht sie nicht, er ignoriert sie und sieht in seinen neuen kleinen Fernseher. Sie gibt ihm, was er will: Äpfel. Sie ist so gefasst, so gebündelt, wenn sie ihre Worte an Jason richtet und dabei aus dem Fenster sieht. Auch er sieht aus dem Fenster, aber er wartet auf Glauke und beschimpft Medea. Ihr Ausbruch danach ist derart überwältigend, dass ich auf der Probe meinen Platz verlassen muss. Sie wirft mit Erde um sich und schreit, schreit, schreit. Vor diesem Schreien fliehe ich in die letzte Reihe. Sie ist außer sich. Eine tief Verletzte. Sie hört nicht auf, Jason verlässt die Szene. Wenn die Kräfte sie verlassen, weint sie, endlos, wieder Schmerz. Die Frauen holen sie von der Bühne.

Dieser unglaubliche Schmerz aus der Tiefe, dieses Schreien, das nicht aufhört, diese Wut. Woher kommt das?

Ich biete ihr nach der Probe, die uns alle mitgenommen hat, an, diese Szene nicht wieder zu spielen. Aber Franzi ruft: „Doch, ich will!" Später, als ich mit ihr darüber spreche, dass es schön wäre, wenn sie in der Garderobe auch wieder aufhören könne zu weinen, formuliert sie: „Ja, Kunst ist es, wenn man weiß, wann man anfangen muss zu schreien und auch, wann man aufhören muss." Das zitierte der Wiener „Falter" zu unserem Gastspiel im Akademietheater Wien.

Dieses Schreien, markerschütternd, keiner bleibt verschont vom Wunsch, jetzt wegzulaufen, um das nicht zu sehen. Wie eine sich wälzt und diese Erde um sich wirft und schreit, schreit, schreit. Jetzt gibt es kein Zurück.

Nachdem alle drei Medeen in Erde erstickt, im Irrenhaus gelandet oder zum Müll gefegt sind, erstehen sie wieder auf. Sie schütten die Erde aus ihren Stoff-Kindern zurück in ihren Schoß und werfen die leeren Hüllen weg. Die alten Zauberinnen sind zurück. Glauke hat unvorsichtig die Stadt verlassen, um an der Erde zu riechen, und wird nun von ihnen gejagt, fast im Feuer verbrannt. Am Ende wird alle Hoffnung enttäuscht, der Platz wird geräumt, er wird eine neue Baustelle. Ernüchtert verlassen sie diesen Ort, Männer und Frauen getrennt, auch Glauke, die nicht mehr zurückkann. Sie sind beschädigt, nichts ist mehr, wie es war. Die Frauen machen sich zuerst auf den Weg. Ohne die Männer. „Sehen wir uns wieder?“ – „Mal sehen.“ Mehr Erschütterung und Trostlosigkeit geht nicht. Nur der Neue Jason, gespielt von Moritz, damals 18 Jahre und die Neue Medea (Nele Winkler, die 15 ist), haben sich versteckt und spielen wie die Kinder „Medea und Jason, die vierten“.

Während der Proben hatte ich entdeckt, dass Nele auch eine Medea ist. Sie, fast noch Kind, beobachtete alles und spielte es nach, das Zaubern, das Heiraten, das Schreien. Und ihr Zauber gelingt, sie zaubert den Stern vom Himmel, um ihn zu verspeisen, was ihrem Freund Moritz nicht gelingt. Großmütig zaubert sie ihm den Mond herunter, dann tauschen sie, denn er hat Schokolade erwischt und sie Erdbeere, und genießen. Sie würde eine Neue sein, die Jason verlässt, wenn er sie nicht beachtet, und er würde einer sein, der sie um Vergebung bittet. Wenn alle anderen weg sind, spielt sie, dass sie ihn mit ihrem kleinen Köfferchen verlässt, nicht ohne vorher sein Hemd und seine Hose aus dem Koffer zu schleudern, weil er lieber Fußball sieht, als bei ihr zu sein. Aber er weint so bitterlich, Moritz konnte das herzzerreißend, und bittet um Verzeihung. Da kehrt sie

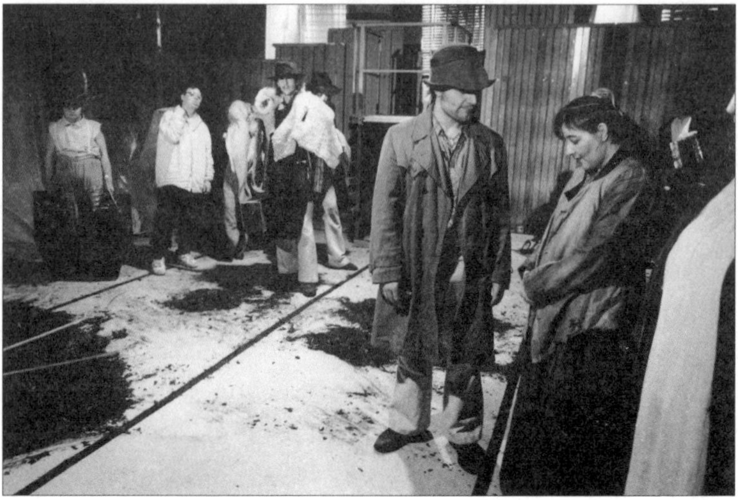

Auszug der Theatergruppe

um, schnauzt ihn an: „Jason, steh auf!“ und umarmt ihn. Immer wieder steht Nele lange hinten mit Hut und Köfferchen und lässt ihn zappeln. Da lässt eine sich nicht so schnell erweichen. Und einer ist kein Jason mehr. Zwei mit dem Down-Syndrom. Sie heißen im Programmheft „Die neue Medea“ und „Der neue Jason“. Eine bessere Zukunft mit mehr Menschen mit Down-Syndrom? Ja, lass es uns träumen.

Moritz und Nele waren später zehn Jahre lang ein Paar, mit Trennungen und Versöhnungen.

Die Frauen in unserem Stück hatten ihre Kraft nicht in der „Vernunft“, sondern in ihrer Archaik, Erdverbundenheit und ihren starken Gefühlen.

Dieses Stück und alles Drumherum verkörperten einmal mehr meine Vorstellung von einem Theater, das uns alle hier und die ganze Welt umschloss, Tragik und Komik gleichermaßen enthielt, ein Theater, das Raum für die Einzelnen ließ, für die Widersprüche in der Gesellschaft und im Individuum, für ihr Vibrieren und Atmen, für den Wald, die Steine des Strandes, für Lust und Angst, für Begegnung und für ihre Abgründe. Für das ganz persönliche Glück. (Ich hatte mich gerade wieder verliebt.)

Das alles hatte zu tun mit meiner Utopie von einer gerechten Gesellschaft. Wir hatten beschlossen, dass nur Schauspieler mit einer anderen geistigen Ordnung die großen Rollen spielen sollten. Kleine Nebenrollen, wie die Amme von Neles Medea (Mo Bunte) oder der große pelzige Hund in „Kkaffee" (Michas Vater Bodo), konnten auch Laien spielen. Die Erfahrungen hatten gezeigt, dass andere professionelle Schauspieler sehr schnell dominant wurden durch ihre Sprache und Schnelligkeit im Spielen. Fast automatisch rückten sie in den Vordergrund und bestimmten die Spielweise. Das interessierte uns aber nicht, es ging um die besonderen Fähigkeiten dieser Schauspieler. Die andere geistige Ordnung konnte sehr vielfältig sein, die einen lebten mit dem Down-Syndrom, andere litten unter epileptischen Anfällen oder Psychosen, hatten frühkindliche Hirnschädigungen oder waren lernbehindert gewesen und durch sehr ungünstige soziale Umstände in der Behindertenbetreuung gelandet. In Klaus' Gruppe gab es Schauspieler mit Spasmen und im Rollstuhl. Aber das spielte für uns keine Rolle, allen war gemeinsam, dass sie in kein normales Raster passten. Sie nahmen die Welt anders wahr und hatten einen besonderen Ausdruck. Sie brauchten besondere Bedingungen. Es waren Menschen vom Rand der Gesellschaft, da, wo auch die meisten Künstler leben. Von da hat man einen anderen Blick.

Und dann gibt es hier, logischerweise, plötzlich Differenzierungen anderer Art. In den Improvisationen wurde sichtbar, welche Hierarchien sich auftaten zwischen den Darstellern mit und ohne Down-Syndrom. Es stellte sich heraus, dass zu diesen drei Medeen die witzigen und defensiven Schauspieler mit Down-Syndrom in der Rolle des Jason nicht passten. Sie waren der Wucht dieser Frauen nicht gewachsen. Und plötzlich spielte das So- oder So-Sein eine Rolle. Es wäre wert, es einmal auszuprobieren mit ihnen als Jason, gewiss käme eine andere, versöhnliche Variante heraus. Ich wollte aber den unlösbaren Konflikt, der die Höhe der Tragödie rechtfertigen würde, den nur diese drei Frauen mit einer bereits schmerzhaft erlebten Biografie spielen konnten: Grit, Franzi und Patricia. Und das brauchte die entsprechenden Partner, die alle auch einen Jason in sich trugen: Joachim, der stolze, strenge, kraftstrotzende und leicht überhebliche Typ, Malte, der blonde, liebenswerte Charmeur, hübsch, weich und doch immer ausweichend, und Hannes, der männliche, schmeichelnde Rittertyp, der aber blitzschnell den Pascha hervorkehren konnte, nicht ohne Brutalität. Alle drei waren in ihrer Art sehr überzeugend und stark, und ihre Szenen des Verlassens waren von schneidender Grausamkeit.

Wo aber waren in diesem Stück die anderen, die meine Stücke bisher getragen hatten? Die mit dem Down-Syndrom. Moritz, Micha und Martin spielten die Feger, also Clowns der niederen Dienste. Sie müssen die von den Jasons rücksichtlos versprengte Erde immer wieder zusammenfegen, bis es ein Kreis ist. Sie machen das unnachahmlich: Fröhlich kommen sie nach den großen tragischen Szenen sich neckend und albernd auf die Bühne und kommentieren beim Fegen das Geschehen aus ihrer Sicht. Sie bewundern Glauke, doch sie wissen genau, dass sie nicht in Frage kommen. Aber sie tun so und singen sie mehrstimmig inbrünstig an wie Hunde vorm Balkon. Sie machen sich lustig, schlagen vor, Glauke aufzuteilen, Martin nimmt den Kopf, Moritz den Bauch und Micha den Unterleib, dann wollen sie es kochen und eine neue Glauke kreieren. Sie überbieten sich wie in einer Schlager-Show und heimsen Lacher und Erfolg ein, eben Clowns mit ihrer Volksweisheit. Sie bekamen immer Szenenapplaus, und nach ihrem Auftritt kamen sie hemmungslos immer wieder zurück auf die Bühne, um den Applaus entgegenzunehmen! Die Feger gaben den volkstümlichen Kommentar zu dieser mörderischen Jagd nach Rollen im Theater und im Leben. Diese Figuren und diese Schauspieler waren unverzichtbar für meine Arbeit im Zusammenspiel von Heiligem und Profanem. Die Schauspieler, insbesondere die mit Down-Syndrom, hatten ein untrügliches Gefühl für echtes Pathos, für Tragik und große Szenen, aber genauso lagen ihnen die erdenden, volkstümlichen, der Hochkultur abgewandten und das Pathos brechenden Seiten, die allen Harlekins, Pierrots und Clowns dieser Welt zu eigen ist. Für die andere Wahrheit, aus der Perspektive von unten gewonnen. Durch ihr witziges, parodistisches Spiel scheint bei diesen Darstellern immer der plebejische Blick durch. Der Blick von unten, der die „offizielle" Wahrheit entlarvt und verlacht. Sie verdrehen die Wörter, „missverstehen" angeblich, was ihnen gesagt wird, lachen sich hinter dem Rücken der Herrschenden (der Regisseurin) kaputt. In Medea sind es die *Feger*. Zwischen den großen Szenen finden ihre Clownsspiele statt.

Kürzlich sagte René: „Darf ich mitlachen? Von unten?"

Für „Medea" machte Jacob seine erste Theatermusik. Er war damals achtzehn, gerade ausgezogen und hatte noch wenig Erfahrung in Theatermusik, aber auf dem Synthesizer atmosphärische Klänge und Rhythmen erzeugt, die mich interessierten. Wir hatten eine Musikerin gebeten, mit ihm zusammen die Musik zu machen, aber die sagte sehr schnell: „Lasst ihn das machen, der kann das."

Jacob war viel auf den Proben und hat die Atmosphäre des Stücks genau beobachtet. Er hatte schon damals ein gutes Gefühl für die Szenen und ihre Atmosphäre. Ich wollte eine auf seinem Synthesizer produzierte Musik für den Anfang und ihn später als Musiker/ Drummer live auf der Bühne.

Seine Musik wurde sehr besonders. Die Anfangscollage erklingt, wenn die Schauspieler-Truppe die Mauern von Korinth erreicht. Es beginnt in völliger Dunkelheit, langsam hört man ein Saxofon, Geräusche einer Großstadt, Straßenbahn, die Lichter gehen langsam an, wie das Erwachen der Stadt, eine Callas-Arie ertönt, ein Vogel, ein Auto, ein sehnsüchtiger Melodiefetzen und dann eine Collage des Lebens, voller Schönheit, Schmerz und Schärfe. Es hat mich jedes Mal so vollkommen in alles, was es in diesem Stück geben wird, eingestimmt und darauf vorbereitet, dass es wie eine tiefe Meditation und Berührung war. Es fegte mich leer und öffnete die Seele. Danach war ich bereit: für Humor, Ärger, Schmerz, Freude, Wut.

Für den Live-Teil hatte er einen Freund dazugeholt. Sie wurden aus dem Tor der Stadt geworfen, Outsider, ausgespuckt, die Trommeln hinterher, zornig trommeln sie auf die Wellblechwände, später auf Fässer und gesellen sich zu denen, die es auch nicht schaffen werden, in der großen Stadt anzukommen. Mal benutzen sie das Akkordeon, mal das Saxofon. Es hat mir viel bedeutet, dass Jacob bei mir sein konnte und es so gut gemacht hat. In seiner Collage war schon alles vorhanden: seine Kreativität, seine Kraft, seine Empfindsamkeit, sein Zorn und seine Zärtlichkeit.

Medea in Wien

Wir hatten mit „Medea“ viele Gastspiele. Das schönste Gastspiel war im Akademietheater in Wien, einer Dependance des Burgtheaters. Angela war zum Intendanten des Burgtheaters Claus Peymann gegangen und hatte gesagt, dass sie uns unbedingt einladen müssten,

„Medea“ wäre großartig. Wir würden nichts brauchen. Auf der Bühne sei nur Erde, und die Schauspieler brächten die in Säcken barfuß mit. Die Theaterleitung stimmte zu, und das Akademietheater mit seinen 600 Plätzen war schon bald ausverkauft. Es war dann doch mehr als nackter Boden, was gebraucht wurde und das Burgtheater herausforderte, aber es konnte dann nicht mehr zurück und hat uns großartig unterstützt. Angela hatte sie mit ihrer List überrumpelt. Es wurde nicht bereut. Mit Peymann gewannen wir einen treuen Unterstützer.

Während dieses Gastspiels schneite es unaufhörlich. Wien war verzaubert, und wir waren es auch. Die Stille der verschneiten Straßen hatte etwas Feierliches. Als die Aufführung, der alle atemlos zugesehen hatten, zu Ende war, regnete es große Tulpen auf die Bühne, es war wie ein Triumph der anderen Vernunft. Die Wiener hatten für alle ein großes Buffet vorbereitet und feierten mit uns ein richtiges Fest. Unsere Aufführung war für viele eine Bestätigung und Ermutigung. Wien hat heute zwei Theater-Tanzgruppen für Menschen wie unsere RambaZambas. Wir waren so glücklich, die Arme voller Tulpen gingen wir durch den Schnee ins Hotel. Viele Zuschauer waren an dem Abend nicht mehr reingekommen und gingen enttäuscht, aber vom fallenden Schnee getröstet nach Hause.

Zu dem Gastspiel gab es eine Vor-Reise. Schon da lag Wien ganz im tiefen Schnee. Angela spielte gerade an der Burg, und wir sahen sie und all die einzigartigen Darsteller in Zadeks „Kirschgarten“, einer Aufführung, die zu den schönsten meines Lebens gehört. Anschließend gingen wir durch das winterliche Wien mit Uli Wildgruber, Sylvester Groth, Eva Mattes und Marcus Hering, der ebenfalls eine Tochter mit Down-Syndrom hat, zum Ente essen. Heute spielt auch diese Tochter in einer integrativen Theatergruppe in Wien. Die freundliche, liebevolle Atmosphäre dieses Abends ist mir unvergesslich. All das war dank Angela zustande gekommen, unserer unermüdlichen Unterstützerin. Sogar den Schnee hatte sie organisiert, oder? Als Uli Wildgruber später aus dem Leben ging, musste ich daran denken, wie er an diesem Abend war: so zärtlich und leise, so liebevoll zu uns und lustvoll am Entenbraten schwelgend.

Zwischenspiel

Moritz: Verlieren und Ankommen und Verlieren

Ich hatte mich erneut in eine Frau verliebt. Bianca.

Sie war Musikwissenschaftlerin und musikalische Kabarettistin in einem Duo. In der Kulturbrauerei betreute sie den Sektor Neue Musik und Kleinkunst. Ich sah sie oft auf dem Hof mit ihren dunklen kurzen Haaren, sie hob herumliegenden Müll auf, sortierte Flyer, damit sie nicht sinnlos in der Gegend herumflogen, und sie organisierte ein Musikprogramm, das frauenorientiert und experimentell ausgerichtet war. Das Programm war legendär. Sie holte Musikerinnen aus aller Welt und brachte sie im Kesselhaus zusammen.

Uns verband viel, unsere Ausbildungsbiografien in der DDR waren ähnlich, wir kamen aus demselben Stall. Aber wir waren uns gar nicht ähnlich. Ich holte sie ins RambaZamba, wo sie neben anderen für Musik zuständig war. Später wurde sie einige Jahre meine Stellvertreterin in der Geschäftsführung.

Acht Jahre schafften wir es, miteinander zu leben und zu arbeiten und unsere große Unterschiedlichkeit zu akzeptieren.

Es begann mit einer fast symbolischen Situation, in der alles schief ging. Wir hatten uns mit meinen Söhnen zum Essen beim Italiener an der Ecke Danziger verabredet. Bianca war sehr förmlich mit einer Sonnenblume gekommen, hatte sich ungewohnt chic verkleidet und hielt quasi bei den Jungs um mich an. Es war eine sehr künstliche Situation, mit der wir alle kaum umgehen konnten. Moritz nahm meine Lebensveränderungen wie das Wetter. Er war stets offen und freundlich allen gegenüber und voller Vertrauen in unsere Entscheidungen. Aber als ich ihnen meine neue Freundin Bianca vorstellen wollte, gab es doch eine bizarre Reaktion. Pasta mit Gorgonzola. Moritz, der alles und immer gern isst und auch alles verträgt, wurde so schlecht, dass Jacob eine halbe Stunde mit ihm vor der Tür umherlaufen musste. Bis heute isst Moritz keine Pasta mit Käse oder auch sonst keine Gerichte mit geschmolzenem Käse. Er hatte die seltsame Atmosphäre sehr genau erfühlt und damals noch nicht ganz verstanden, dass die Trennung von seinem Vater endgültig war, obwohl der schon seit zwei Jahren mit seiner neuen Frau zusammenwohnte. Und immer noch wohnte Katharina bei uns. Er konnte das nicht verdauen. Es sollte ihn noch unglaublich erschüttern, als er begriff, dass es die alte Familie nicht mehr gab. Das waren die einzigen Momente, in denen ich meine Entscheidungen der Befreiung als selbstsüchtig bereute.

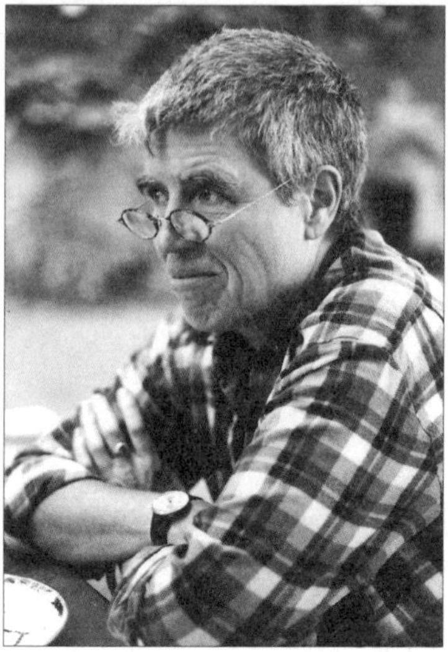

Bianca, meine Lebensgefährtin für acht Jahre

Moritz ist vor allem Schauspieler! Viele Jahre hat er in beiden Gruppen mitgespielt, bei mir in allen Stücken, bei Klaus in der „Verwandlung“, in „WOYZECK(en)“ und als großartiger Macunaima, erdverhaftet und zugleich wie ein geistiges Zentrum, wie ein kleiner Fels, voller Zartheit, mit verletzlicher Seele. Moritz war unglaublich diszipliniert bei seinen beiden Regisseuren und lernte für Klaus schwerste Texte, dabei das WC bevorzugend. Ich höre ihn noch heute aus unserem WC laut Rimbaud-Texte rufend. In „MEDEA“ hatte er die Schlussszene als neuer Jason, und da erlebten wir zum ersten Mal seine große emotionale Kraft und seine Fähigkeit, tiefen Schmerz auszudrücken und doch schnell zurückzukommen mit Humor und Witz. Das sollten wir immer wieder erleben als Orpheus und dann auch als Othello. Sein Spiel dort mit Juliana, sparsam, fast wortlos und voll tiefem Gefühl, kroch einem tief unter die Haut.

Moritz ist neben einigen anderen der motivierteste der Ramba-Zamba-Schauspieler und ein liebenswerter „Frauenliebhaber“, wie Juliana es formulierte. Wie früher im Zirkus hatte Moritz auch im Theater eine große Verlässlichkeit und bewies immer wieder sein Gespür für Timing und Abläufe. Er wusste genau, wer wann dran war und welchen Text er/sie hatte. Das gipfelte nach einem Gastspiel in der Züricher Schiffbauhalle, an dem Moritz ausnahmsweise nicht teilnahm und es prompt zu verzögerten bis falschen Auftritten kam, weil der „Bühnenhund“ Moritz fehlte, in der verzweifelten Ansage von meiner Assistentin Juliane: „Nie wieder ohne Moritz!“ Alle hatten sich daran gewöhnt, dass Moritz sie rausschickte, Tempo machte und alle mitriss. Dieses Mal fehlte er. Und offenbar hatten sich auf diesem Gastspiel gleich mehrere Spieler entschlossen, ihre „Selbstbestimmung“ auszureizen. Grit trat nicht auf, weil ein falscher BH eingepackt worden war, und als Juliane Sebastian U. auf die Bühne schicken wollte, weigerte er sich mit der Begründung: „Du hast mir nichts zu sagen, ich bin selbstbestimmt. Ich gehe, wann ich will.“ Das war schon unerhört, und das hätte er Moritz gegenüber nicht versucht.

Meine neue Dramaturgin Bettina beschrieb Moritz in unserem Buch „Ein Traum von Theater“ als Wenig-Worte-Meister mit ganz ungewöhnlicher Ausstrahlung, „als sei er auf der Bühne ganz zu

Hause und als wären seine besonderen Fähigkeiten, tiefe Gefühle leise und unbändig laut auszudrücken, nur hier sichtbar zu machen". Moritz bringt sich immer ganz auf die Bühne, es gibt keine Schonung. Sie beschreibt, wie er „trotz seines kleinen kräftigen Körpers durchsichtig wird bis auf die Seele und man um ihn fürchtet, wenn er seinen Schmerz als Orpheus rausschreit, dabei ist er im nächsten Moment witzig und frech". Sie beschreibt seine Bühnenintelligenz und seinen schier unversiegbaren Spieltrieb, verweist auch auf seine vielseitigen Talente als Maler und Schlagzeuger. Aber in erster Linie bleibt er für sie Schauspieler, „der Mann, der uns auf der Bühne nahegeht, so nah, wie wir es nicht für möglich gehalten hätten".

Wenn ich Moritz als Schauspieler vorstelle, korrigiert er mich stets mit: „Und Drummer!" Seit zwanzig Jahren ist der Schlagzeuger Stefan Dohanetz sein Lehrer und Freund. Er ist der Drummer der bekannten Ostberliner Band „Pankow" und spielt bei Eckart Wenzel. Bianca hatte 2002 beide miteinander bekannt gemacht, nachgefragt, ob er sich vorstellen könne, Moritz zu unterrichten, und so wurde Stefan Moritz' Schlagzeuglehrer und spielte in allen weiteren Inszenierungen von mir mit. Sie gehen ins Kino, zum Fußball und besuchen sich zum Geburtstag, zusammen mit ihrem Freund Christof, der mit seiner Gitarre seit der „Weiberrevue" eine nicht unwichtige Rolle im musikalischen Leben der Gruppe gespielt hat. Sie sind auch meine Freunde. Moritz gehörte mit seiner Leidenschaft zum Schlagzeugspiel und seiner Disziplin stets zu den Bands des Hauses, erst zur „Vier plus eins Band", jetzt zur angesagten Band „21 downbeat".

Moritz hat schwer gekämpft, um seine Liebe zu beiden Eltern/Regisseuren leben zu können und sich lange gegen Beeinflussungen zur Wehr gesetzt. Ab und zu durfte er auch bei seinem Vater schlafen, und immer wieder fuhr Moritz mit der neuen Familie von

Klaus in den Urlaub nach Zypern und Italien. Moritz hielt den Ausgleich. Viel später kam es zum Bruch mit seinem Vater, da er den wachsenden Druck durch die sich verschärfenden Widersprüche nicht ausgehalten hat.

Unser persönlicher Konflikt floss leider auch in die Arbeit ein. Ich ging von unseren Schauspielern aus und wollte, dass sie die Stoffe mit ihrer Wahrnehmung und ihren Ausdrucksmitteln auf die Bühne brachten. Ich schnitt die Stücke darauf zu, dass alle RambaZamba-Schauspieler mit Rollen zum Leuchten kamen, sei es in einer kleinen, aber bemerkenswerten Szene. Ich wollte das Publikum nicht brüskieren, sondern gewinnen, wozu aber auch eine Portion Provokation gehörte. Für manche war schon dieses Theater an sich eine Provokation, eine Herausforderung, keine „leichte Kost". Für andere war es eine Umarmung, ein lustvoller Schubs, die eigenen Vorurteile zu überprüfen. Viele gingen verändert aus der Vorstellung. Vielleicht machte ich es den Zuschauern auch leicht, weil meine Art des Theaters Durchsichtigkeit erzeugte. Die Zuschauer konnten den Schauspielern zusehen, wie sie ihre Rollen zähmten oder sie genossen, wie sie ein- und ausstiegen, und alle Mittel wie Bühne und Kostüm/Maske konnten sie handhaben und waren gemacht, um sie anzuheben. Klaus dagegen liebte es zu provozieren, den Leuten an den Hals zu gehen, sie zu brüskieren. Es gab großartige und abstoßende Momente, schönste Poesie in zu langen Stücken. Viele Zuschauer verdauten es nicht, andere wurden seine Fans. Eigentlich war es ein großer künstlerischer Reichtum, zwei so unterschiedliche Handschriften im Haus zu haben. Aber es wurde mehr und mehr zur Konkurrenz, zumal die Stücke meiner Gruppe ungleich häufiger zu Gastspielen eingeladen wurden.

Irgendwann konnte Moritz den Konflikt nicht mehr tragen, hat die Angriffe der Kalibani-Spieler (so nannte Klaus nun seine Gruppe) auf mich und ihn als „Verräter“ nicht verkraftet und trennte sich von Gruppe und Vater. Er beschloss 2005, nur noch in seiner Ursprungsgruppe, bei mir zu spielen, in der dieser Konflikt keine Rolle spielte. Jahrelang wollte er nichts von seinem Vater hören oder sehen. 2019 fragte ich ihn, ob er Klaus wieder treffen möchte, was er sofort bejahte. Auf meine Frage, warum er wolle, was er bis dahin heftigst abgelehnt hatte, waren seine Worte: „Frieden, Mama, Frieden. Er auch mein Vater. Ich liebe ihn auch.“ Sie haben sich getroffen.

9. AKT

Aus der Nase fließt das Blut (1999)

Parallel zu meiner eigenen weiblichen Bewusstwerdung fragte ich mich nach dem Geschlechterverhältnis in unserer Truppe. Ich sah, wie die Rollen verteilt waren, wie in den ersten beiden Stücken die Männer ohne Frage die Stars waren, aber auch in Medea sehr präsent. Aber so war es nicht nur in meiner, sondern stärker noch in Klaus' Gruppe. „Verwandlung" nach Kafka und „WOYZECK(en)" waren absolut männerdominant, sowohl die Verteilung der Rollen als auch die Präsenz der Frauen betreffend. Die Bilanz fiel schlecht aus, selbst in der einzigen gemeinsamen Inszenierung „Küchenliederrevue" musizierten ausschließlich die Männer, die Frauen kamen als Gogo-Girls mit Küchenwedeln auf die Bühne, waren klar unterrepräsentiert.

Zusätzlich beobachtete ich bei den Frauen unseres Theaters eine sehr starke „weibliche" Sozialisierung, die sie nach Meinung mancher Eltern schützen und unauffällig machen sollte. Während die eine sich schlank hungern musste und stets die Beine übereinanderschlug, durfte eine andere sich nicht die Haare grün färben, wie ich es damals tat (aus Wut über die Übergriffe auf die Vietnamesen in Rostock-Lichtenhagen und aus Enttäuschung über die geringe Zahl „normaler" Bürger auf den Gegendemos). Die Begründung der Mutter war, dass ihre Tochter so unauffällig sein müsse, dass man sie gar nicht sehen würde. Das schockierte mich. Es war wie zu sagen: „Es gibt dich, aber du musst unsichtbar bleiben." Wir beschlossen, eine Revue zu machen, in der die Frauen als Frontfrauen und sehr verrückt und wild auftreten durften, ganz gegen den braven Strich gebürstet. Wir wollten den Frauen eine Chance geben und ihre Stärken zeigen, das war unser wütender Anspruch mit einer „Weiberrevue".

Erst war es der Arbeitstitel, dann behielten wir ihn.

Zugleich ging ich wieder in den tiefsten Wald. Mit einem Jahr hatten wir eine deutlich kürzere Probenzeit als sonst und begannen rasch, Frauen für unser Stück zu casten, gern Frauen mit Down-Syndrom, weil wir um ihre Musikalität und spielerische Qualität schon wussten. So kamen Jennifer Lau, Juliana Götze (beide eng befreundet, bald ein Liebespaar) und Rita Seredßus zu uns. Juliana, sechzehn Jahre alt, war bereits in meinem Nachfolgezirkus und hatte langjährige Erfahrung in Tanz. In ihren Zauber verliebten wir uns sofort. Jenny, ein paar Jahre älter und schon ein wenig Diva, Röckchen, Perlenkettchen, Dauerwelle, hatte in Klaus' Gruppe angefangen, wollte nun aber unbedingt bei uns mitmachen. Sie fand es „schöner", bei uns zu tanzen, als bei Klaus im großen Ensemble unterzugehen. Rita wusste noch von nichts, war aber eine große Selbstdarstellerin. Sie kam, strahlte und sagte: „Ich bin Rita!" Wir waren begeistert, das war eine, die spricht. Nur war das vorläufig der einzige Satz, den wir verstehen konnten. Ansonsten das übliche Genuschel. Meine bekannten Darstellerinnen Anke (schon seit dem Zirkus bei uns), Grit, Franzi und Patricia vervollständigten das weibliche Personal. Später kam vorübergehend die schlanke, vollbusige Hilde dazu. Hilde brannte an zwei Enden, die Wilde Hilde, auch im Leben, und Moritz, damals noch nicht mit Nele zusammen, wurde ihr Geliebter, dem sie alles beibrachte, was ihn vermutlich später zu einem gefragten Liebhaber machte. Dann verließ sie uns sehr plötzlich wieder, aber das war eben Hilde. Unser Theater war ein Ende zu viel für sie.

Die Revue sollte von einem jungen Mädchen und seinem Hineinwachsen in eine wilde Frau erzählen. Keine durchgehende Story, nur Momente, Lieder, Begegnungen, Träume. Nele, die mir als junge Medea ans Herz gewachsen war, sollte dieses junge Mädchen spielen.

Nele Winkler kennen viele. Mit ihren schwarzen Augen und Haaren ist sie ganz die Tochter ihrer Mutter. Sie ist eine dunkle Schönheit mit wildem Gelächter und herzzerreißendem Weinen. Alle liebten damals ihre berührenden, unsentimentalen Szenen in „Medea“ mit Moritz, in denen sie so klar und direkt spielte, dass es einem das Herz öffnete. Später, in dem Stück „Mongopolis“, setzte

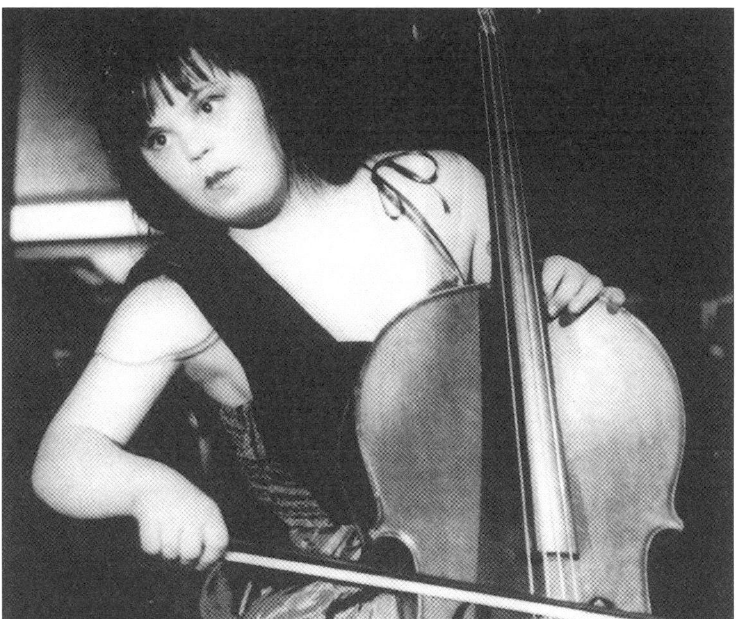

Nele mit Cello

sie diese Linie als Eva fort, Moritz spielte Adam, Liebe im Pappkarton, da sind sie schon ein Paar.

Wie Nele spielte, war von großer Besonderheit. Unangepasst, geradeheraus, mutig und eine Mischung aus frecher Kindlichkeit und angedeuteter schmelzender Sinnlichkeit. Es scherte sie nicht, was man erwartete, sie bewegte sich jenseits der Konventionen. Sie schlief auf der Probe ein, auch mal in der Vorstellung, raste wie ein junger Hund durch die Räume und landete auf jedermanns Schoß ohne Bedenken, da sie das von ihren drei Brüdern und dem Vater gewohnt war. Die anderen Damen waren da durchaus pikiert. Und dann lachte Nele mit ihrer rauen Stimme, ohne aufzuhören. Ich liebte es sehr, dieses wilde Kind, das so anstrengend war, weil wir ihre Freiheit nicht mehr hatten.

Als Programmheft produzierten wir Starpostkarten wie von Filmstars der UFA. Jörg Metzner, unser damaliger Fotograf, machte fantastische Fotos voll Glimmer und Glanz, die später in Plakatgröße die Zuschauer bereits im Theaterflur beeindruckten. Alle Frauen hatten auf den Fotos eine großartige Präsenz, jede war einzigartig und leuchtend.

Aber was konnten sie, die Neuen?

Die Erweckung der Frauen

Bevor die Frauen in den Probenraum kamen, legten wir all unsere Instrumente – Celli, Kontrabässe, Gitarren, Geigen, Posaunen und Trompeten – in die Mitte, Stühle standen einladend im Kreis drum herum. Ich war gespannt. Was würden die Frauen machen?

Die Frauen kamen und nahmen Platz. Die Instrumente lagen vor ihnen wie feindliche Tiere. Keine rührte eins an. Die Männer kamen und legten sofort los. Kein Instrument war sicher vor ihrer wilden Spielwut. Sofort verschlossen sich die Beine, Ohren und Arme der Frauen. Erstaunlicherweise können Menschen mit Trisomie sehr gut auf allen Blechblasinstrumenten blasen. Michael, Martin und Moritz hatten Kraft, gute Mund-Voraussetzungen und keine Hemmungen. Aber auch Geige und Cello, Bass und Blasharmonika entlockten sie die originellsten Töne. Sie waren nicht nur musikalisch, sie benutzten die Instrumente auch gestisch, als Waffen oder Frauen. Wieso nur die Männer? Die Männer „können eben alles", hieß es. Ich konnte es nicht glauben. Unsere Erwartungen stürzten innerhalb kürzester Zeit in den Keller. Nichts ging. Die Rolle der Frauen bestand also bisher im Beine Übereinanderschlagen und Ohrenzuhalten, während die Männer ungebremst die Instrumente malträtierten. Geduld, Geduld, sagte ich mir. Das war etwas, das ich in den Jahren mit Moritz gelernt hatte. Warten können. Ich war dennoch sehr verunsichert. Also wieder eine Männerrevue? Irrten wir uns, was die Fähigkeiten der Frauen betraf? Wir mussten die Frauen herauslocken. Wir versuchten es mit gemeinsamen Rhythmusübungen, Bodypercussion, Klatschkreisen unterschiedlicher Schwierigkeitsgrade. Diese Arbeit, an der auch die Musiker teilnahmen, war allen vertraut, aber es blieb dabei, mit den Instrumenten hirschten die Männer davon.

Schweren Herzens entschloss ich mich, die Männer aus dieser Produktion herauszunehmen. Was für Diskussionen. Mit den Darstellern, mit den Eltern, Betreuern. Und doch, es war unglaublich, welche Erleichterung bei den Frauen zu spüren war, als sie „unter sich" waren. Nur eine Mutter hatte es doch tatsächlich geschafft, dass wir ihren Sohn duldeten, als „Gast und nur Zuschauer". Ich hatte nicht wahrgenommen, dass seine Freundin Anke sich besonders über den Ausschluss der Männer gefreut hatte. Wie entsetzt sie aber darauf reagierte, dass ihr Freund auf den Proben sein durfte, traf mich sehr. Ich bereute es, konnte es aber nicht mehr rückgängig machen. Also, Leine kurz für den drängelnden einzigen Mann. Er spielte dann auch eine Frau und sang auf High Heels balancierend „Ich bin von Kopf bis Fuß“ auf einmalige, beeindruckende Weise. Es war eine Überraschung, wieviel Weibliches in diesem „richtigen Mann“ steckte.

Die Männer auszuschließen, war die richtige Entscheidung. Ermutigt von den Musikern probierten die Frauen alle Instrumente aus und zauberten nach und nach schöne und originelle Töne und Rhythmen. Sie stellten sich nicht weniger geschickt an. Ohne die Instrumente richtig spielen zu können, waren sie am Ende in der Lage, sie als Klangerzeuger zu nutzen, sehr kreativ Töne zu produzieren und damit spielerisch umzugehen. Ich war so erleichtert und hatte kein schlechtes Gewissen wegen der jaulenden Männer, die mich wöchentlich anriefen, wann sie denn wieder kommen könnten. Mit jeder Probe wuchs die Lust, besonders bei Nele, Jule und Jenny, an den Instrumenten, während Franzi ihre berühmten Koloraturen sang. Dann eroberte sie die Tuba. Sie strichen mit ihren Bögen über ihre Körper und sangen dazu oder bliesen in Flaschen. Sie vertrieben Posaune blasend die später im Stück hinzugekommenen Männer. Außer Nele, die ein wenig Trompetenunterricht extra hatte, konnte und lernte keine(r) Noten. Sie spielten wie ihre männlichen Kollegen nach Gehör und Stimmung. Dabei ließen sie sich von den anderen Instrumenten führen oder spielten mit der Band zusammen. Der Trompeter Uwe Langer, einer der „17 Hippies“ und lange auch bei RambaZamba, hat viel dazu beigetragen, dass wir keinen falschen Ehrgeiz entwickelten, sondern „dem Möglichen eine Chance“ gaben.

Das ging so einige Monate, aber dann stockte es wieder.

Musik, Tanz und Story kamen nicht zusammen. Wir tappten und klopften, strichen und klimperten also durch den dunklen Wald. Es gibt ihn auch im Stück, den dunklen Wald, und er enthält eine Belohnung, ein „Mahl der Diven", aber bis dahin war noch ein langer Weg. Die Schwierigkeit lag auch an der Art der offenen Proben. Um den Frauen auf die Schliche, sprich Talente zu kommen, konnten wir nicht vorgefertigte Versatzstücke benutzen, die sie erfüllen sollten. Wir mussten beim Dialogischen bleiben und offen forschen. Das schloss alle ein.

Ratlosigkeit überall. Die Band saß an der Seite, irritiert, verloren.

Die Band bestand aus freischaffenden und über ABM zu uns gekommenen Musikern. Erfahrung miteinander: Null. Erfahrung mit Schauspielern mit einer anderen geistigen Ordnung: Null. Dazu kam die Tänzerin Kerstin Rünzel für Tanz und Choreografie, auch ihre Erfahrungen auf diesem besonderen Gebiet: Null. Bianca war die Musikredakteurin. Ihre Erfahrungen glichen denen der anderen.

Zäher Nebel lag über unseren Proben. Später setzten wir ihn tatsächlich bewusst ein und fluteten die Bühne mit wallenden Nebelschwaden. Von den Musikern kam keine Idee, sie erwarteten wiederum die Lösung von mir, Kerstin Rünzel, die Tänzerin, nahm nur noch ihre eigene Musik zum Arbeiten. Wir gerieten immer mehr in Streit. Meine Hoffnung, dass dieses Stück mit überwiegend Frauen doch ganz einfach und harmonisch gelingen würde, erwies sich als Kinderglauben. Endlich explodierte Kerstin, weil ihrer Meinung nach die Musiker brauchbare Musik liefern müssten. Sie formulierte, was später sonnenklar war: „Ihr seid nicht für eure tolle Musik da, sondern für die Spieler. Denen sollt ihr helfen beim Tanzen und Singen!" Es war wie eine Erweckung. Die Pianistin schlug eine Verlangsamung des Tempos vor, und siehe da, plötzlich konnten Franzi und Grit ihr Lied „Kinder heut Abend, da such ich mir was aus“ singen. Endlich war deutlich, worum es ging: Was können die Musiker tun, um die Schauspieler zum Leuchten zu bringen? Welches Bett machen sie? Wie verlangsamen oder verkürzen sie ihr Spiel, damit z. B. Franzi ihre Koloraturen singen kann? Mit dieser Erkenntnis gab es den Durchbruch. Die Musiker stellten sich jetzt auf diese besonderen Schauspieler ein, sie übernahmen Anregungen aus deren Angeboten und Fähigkeiten. Die Musik war nicht mehr heilig, sondern alles wurde benutzt, um das Spiel auf der Bühne zu ermöglichen. Am Ende spielte die Geigerin einen witzigen Dialog mit Franzis Koloraturen, bei Nele musste die Pianistin damit rechnen, dass Zeilen oder Liedteile bei der „Seeräuber Jenny“ wegfielen, dann wurde die Begleitung angepasst und ob Micha mit seinem Trompetenspiel je aufhören würde, war nicht sicher. Alle Musiker hatten die Herausforderung angenommen und spielten in diesem Sinne als Unterstützer. Von da an waren die Musiker unsere Verbündeten und Ermöglicher.

Nele war sehr jung, und so irrlichterte sie anfangs durch die Revue wie ein kleiner taumelnder frecher Schmetterling. Sie antwortete, wann ihr so war, auch mal, wenn sie nicht dran war, tanzte, halb Kind, halb Frau durch die Szenen. In dieser Rolle, die sie über viele Jahre spielte, wuchs sie tatsächlich zur wilden Frau. Sie allein zog das Stück und machte es uns begreifbar. Sie war stark, frech, unkonventionell, spielte jeden Moment souverän und war zugleich berührend. Mit ihrer Interpretation der Seeräuber Jenny zeigte sie, wie viele starke Talente sie hat. Neles kraftvolle Interpretation hat das Publikum stets begeistert.

Jetzt ging es endlich los. Es wurde gesungen, getanzt, gespielt. Und alles fand seinen Platz.

Für die absurden und verrückten Szenen war ich zuständig, und damit in meinem Element. Ich ließ alles in einem nächtlichen Garten spielen, oft im Nebel, in den sich junge Mädchen in der Pubertät schleichen und die seltsamsten Begegnungen mit dem Erwachen und Erwachsenwerden haben: Da gibt es begehrende Tiere, Männer in Frauenkostümen, alte und junge Frauen, da sterben sie und werden aus einer Schlange wiedergeboren und feiern Orgien. Alle Türen auf für Fantasie und Nonsens. Alle Türen auf für die Erinnerungen an unsere eigene komplizierte Zeit im Übergang zum Erwachsenwerden. Vielleicht hatte uns das auch alle ein wenig befangen gemacht auf den Proben. Es ist keine einfache Zeit im Leben, das Erwachsenwerden. In der Szene, die wir „Frauen unter sich" nannten, spielten die Frauen ihre Fantasien zu eingespielter leiser Musik von Jacob: eine übte erotische Bewegungen auf zwei Stühlen, eine fesselte einen Stuhl, weil er sie verraten hatte, und drohte ihm alles an, was ihr eventuell blühen konnte, eine rollte kleine Bälle um ihre Brüste und lachte ins Mikrofon, eine andere kämmte sich leidenschaftlich. Von dieser Szene ging eine geheimnisvolle Magie aus.

Das „Mahl der Diven" war der Höhepunkt.

Nacht. Regen, ein Wolkenbruch überflutet die Bühne. Wenn er aufhört, leises Rauschen, Vogelgezwitscher, Nebel wallt über den Boden, und mitten im nebligen Wald gibt es einen Tisch, an dem Nele sitzt, überbordend gedeckt mit Kirschen, Bananen, Trauben, Blumen und Sekt darauf, den Jenny vorher gedeckt hatte. Da kommen sie, mit klackernden Absätzen, und tragen fantasievolle bunte Schirme aus Spitze und Seide, mit Bändern und Vögeln verziert, glamourös gekleidet. Abendkleider und Schmuck aus dem mütterlichen, geheimnisvollen Schrank und von ihrem Schminktisch. All das betont ihre Unschuld. Gestern noch waren sie Medea. Nun stehen sie da auf der Treppe, gehen schüchtern hinab, möchten zum

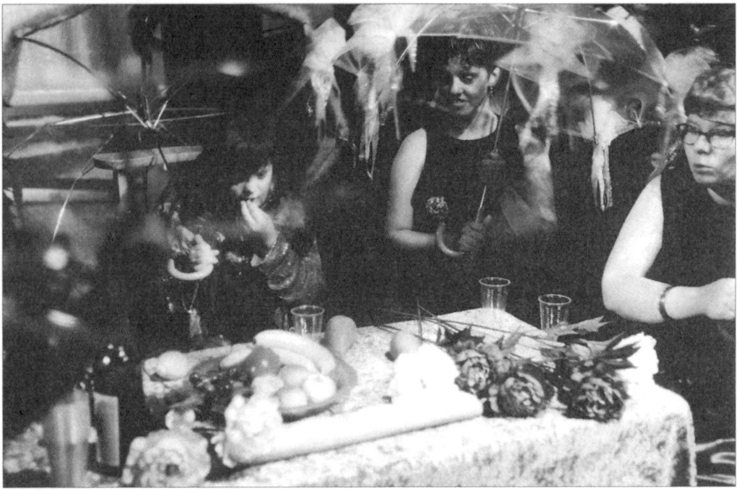

Mahl der Diven

Tisch, trauen sich nicht und gehen dann endlich langsam durch den Nebel. Klack, klack, klack. Vorsichtig setzen sie sich, schauen sich um, ob sie das denn dürfen. Eine nimmt sich Obst, die anderen folgen, eine wagt es, die Bananenschale hinter sich zu werfen, alle erstarren, mit strafendem Blick, und warten, was passieren wird. Nichts. Sie trinken vorsichtig und dann nicht mehr vorsichtig, und dann schlägt es um. Nachdem die Jüngste, Nele, ihren Kirschkern ins Publikum gespuckt hat, legen sie los, trinken Sekt, Sekt, Sekt, auch aus der Flasche, damit es schneller geht, essen das Obst mit beiden Händen, werfen die Obstreste weg, spucken Kirschkerne ins Publikum, rülpsen, singen und lachen unbändig. Frech und übermütig. Die wollen sich nicht anpassen, das soll sie lernen, die Jüngste, Nele. Aber die ist sowieso unangepasst. Es endet in wildem Gelächter. Und eine Frau ist ein Mann: Micha hat sich eingeschlichen. Mit Franzi liefert er sich ein Rülps-Koloratur-Duo, und nun kommen auch die anderen Männer, die eigentlich in diesem Stück nicht vorkommen sollten. Aber ich hatte nachgegeben, und immer wieder kommen sie nun in wechselnden weiblichen Verkleidungen. Auf diese Weise finden sie ins Stück. Sie spielen, was ihrem Begehren genau entspricht: Als Kammerkätzchen verkleidet, räumen sie zur „Tritsch-Tratsch-Polka“ tanzend den Tisch ab. Daraus entwickeln sie eine umwerfend komische Nummer, so dass in der Pause der Premiere Stimmen ertönten wie: „Also die Männer sind doch wieder großartig!“ Ich habe daran zu knabbern, aber die komischen Rollen sind eben die beliebtesten.

Unsere Frauen waren trotzdem dieses Mal die Überzeugenden. Sie waren leise und verliebt, neugierig, laut und frech und tanzten und sangen hinreißend mit gelungener Band-Begleitung. Das Agieren im Unlogischen, im Assoziativen entsprach ihrer Wahrnehmung von Welt. Da öffnete sich ihre Fantasie. Durch die Entscheidung, uns auf sie zu konzentrieren, konnten sich alle Frauen entfalten.

Neben Nele hatte Jenny eine eigene Szene, in der sie, den Tisch deckend, ihren Vers abzählte: „Er liebt mich, er liebt mich nicht, doch, doch er liebt mich, oder doch nicht? Ich lieb ihn … nicht.“ Sie variierte das, und hinten saß Moritz als Wolf und spielte jeweils Glück und Kummer, je nach Jennys Aussage, und wenn es zu regnen beginnt, versucht er, sie zu beschützen, bekommt aber den Schirm nicht auf, hält ihn trotzdem ungeschickt über sie beide, rennt neben ihr her, und so gehen sie untergehakt ab. Mit dem ungeöffneten Schirm über sich dreht Jenny sich im Abgehen um und sagt erleichtert: „Er liebt mich doch.“ Wir hatten erst einen längeren Text für Jenny, aber sie konnte ihn nicht behalten, es wurde zur Qual. Ich entschied mich für den Abzählreim und öffnete ihr damit den Weg ins lustvolle Spiel. Sie genoss ihr unbekümmertes Spiel und bekam Szenenapplaus.

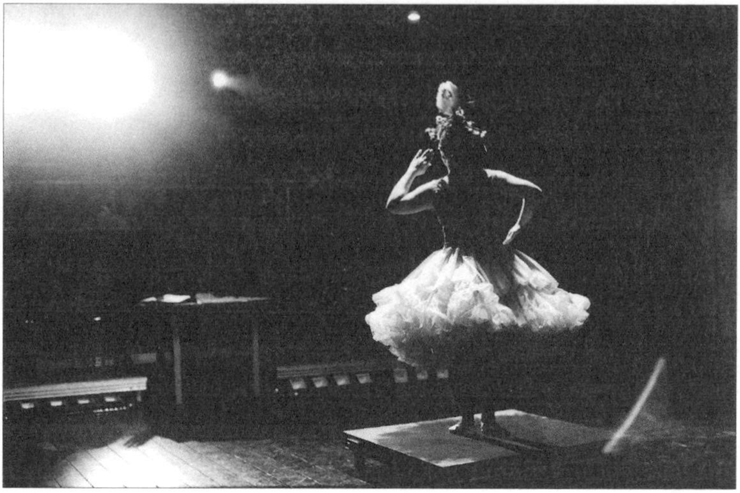

Jenny tanzt Flamenco

Für die Revue fehlte uns noch immer ein Motto. Auf einem der Gastspiele von „Medea“ sang Nele plötzlich: „Mir geht's gut, aus der Nase läuft das Blut, gebrochen ist das Nasenbein, doch mir geht's gut. Mir geht es bien, mir geht es bene, gebrochen drei Rippen, nur noch vier Zähne. Mir geht's gut“ zur Melodie von „Ain't she sweet“. Dieses Lied hatte Neles Oma nach dem Krieg, als sie mit vier Kindern und ohne Mann über die Runden kommen musste, immer gesungen. Und das wurde dann endlich unser Motto. Es passte zu allem, zur Pubertät, zum Traum, zur Revue, zum Surrealismus des Stücks. Allerdings: Üben, üben üben.

Eine verpatzte Premiere mit großem Erfolg

Wir hatten eine ungewohnt kurze Probenzeit und in den letzten vier Wochen bei tropischer Hitze und „bohrenden“ Bauarbeiten an allen vier Außenwänden geprobt. Die Kulturbrauerei wurde damals in ihren Außenbereichen grundsaniert, auch unsere Außenfassaden.

Die Premiere kam mit vierzig Grad. Die Erwartungen des Publikums waren nach der Medea-Inszenierung sehr hoch, der Saal war voll, es gab keine Kühlung. Nacheinander waren am Nachmittag Licht- und Tonpult ausgestiegen und zur eiligen Reparatur gebracht worden. Wir schwitzten noch mehr, während wir angstvoll warteten, dass die Geräte repariert zurückkamen. Es waren ja alles gebraucht gekaufte Geräte, unser Budget war klein. Die Senatorin für Soziales, Frau Stahmer, und ein wichtiger Sponsor hatten sich angekündigt und natürlich die Presse ... Als endlich der Ersatz eine Stunde nach dem geplanten Beginn der Vorstellung eintraf, waren die wartenden Zuschauer weggeschmolzen, ebenso wie die Schminke der eingeschlafenen Hauptdarstellerin. Die Senatorin hatte gehen müssen wegen eines anderen Termins. Alle stöhnten. Wir weckten Nele, spielten dann doch noch, fingen uns heftige Kritik des wichtigen Sponsors ein, der vor allem die leicht bekleideten Frauen verabscheute. Die Presse liebte sie jedoch.

Leider war die erste missglückte Premiere ausgerechnet die mit meinen Frauen. Aber ich erinnere mich nicht, zerstört gewesen zu sein. Ich hatte immer das Gefühl, dass etwas noch nicht ganz richtig war. Wir machten weiter, lernten mit jeder Vorstellung und hatten letztlich *die* Erfolgsrevue. Über 100 Vorstellungen, zig Gastspiele, immer ausverkauft, ein Publikums-Catcher ohne Vorbild. Wir machten unserem eigenen Renner „Kkaffee Leben und Tod", der immer noch ausverkauft durch Europa tourte, Konkurrenz.

Die „Weiberrevue" hatte ihre eigene Form und Sprache gefunden, ihre eigene Musik. Wir holten im Lauf der Jahre neue Gäste dazu, Stefan Dohanetz wurde mit seinem Schüler Moritz die neue Schlagzeugbesetzung, und so gab es immer auch neue Titel und

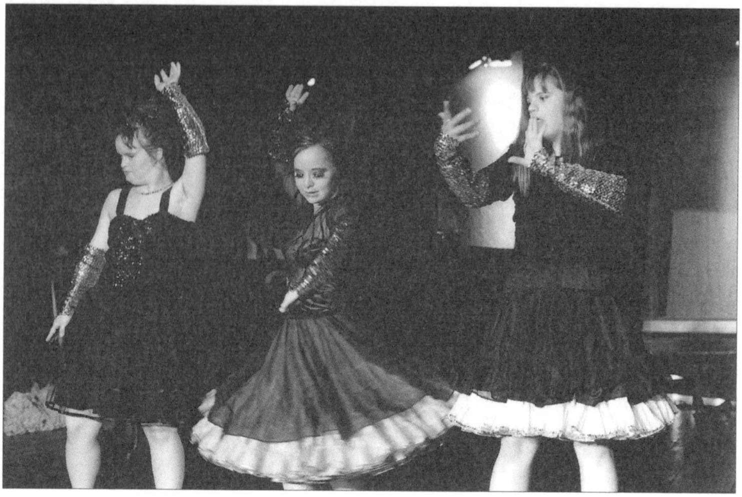

Entdeckung der Weiblichkeit

Nummern. Die Grundstimmungen jedoch blieben die zarten und wilden Begegnungen auf der Bühne, in den fantasievollen Kostümen und Schirmen, beides von Angelika entworfen, ebenso wie die einfache, aber doch effektvolle Revuebühne mit Treppe und Revuefenster, die poetischen musikalischen Ermutigungen im Nebel, und die Eigenart der Darstellerinnen, die hier deutlich wurde und sie aufleuchten ließ.

Diese Arbeit wurde wichtig für die nachfolgende musikalische Arbeit.

Nele spielte in all meinen folgenden Stücken mit, unter anderem in „Orpheus ohne Echo", „Mongopolis", „Ein Herz ist kein Fußball" und „Frieden". In „Alice in den Fluchten" spielte sie Mieze, die „beste Freundin ohne Gewissen" als Idealbesetzung. Neles Präsenz, ihr Witz, ihre Klarheit, dazu ihre ganz freie Art zu spielen bekommen dem ganzen Stück. Aber Nele spielte weiter, die Ophelia, sang den Leiermann in der „Winterreise" zum Heulen gut …

Neles große Rolle war jedoch lange Zeit das Mädchen in der „Weiberrevue“, das zur Frau werden will.

Auf den Plakaten zum Stück stand erstmals „Das total verrückte Theater“.

10. Akt

Vielleicht werd' ich plötzlich verschwinden, weil die Luft nicht mehr reicht und nicht aufzufinden ist die Leich'

Ermutigt von den Entwicklungen unserer Schauspieler schwangen wir uns zu Höherem auf. Angelika drängte mich schon lange, Bianca biss an: Ich wollte eine RambaZamba-Oper machen.

Waren wir wahnsinnig? Eine Oper? Das höchste musikalische Gut? Wie immer ging es darum, eine ganz eigene Form zu finden und keine Angst vor dem Genre zu haben. Eine RambaZamba-Oper über „Orpheus bzw. Eurydike" mit Gesang, Tanz, Spiel und „großer" Musik bedeutete eine neue Umlaufbahn. Neu für uns war die Auseinandersetzung mit Opernmusik. Wir wollten sie in Beziehung bringen zu eigener, mit den Schauspielern und Musikern erfundener Musik. Dazu gab es dieses Mal sehr konkrete Vorüberlegungen von Bianca, die das Projekt musikalisch betreute: Die Klänge für Atmosphäre, Arien und Klagelieder sollten die Schauspieler gemeinsam mit zwei Furien-Musikern entwickeln und live musizieren.

Die Darsteller des Orpheus sollten die Streichinstrumente, die Darstellerinnen der Eurydike die Blasinstrumente spielen. Dazu würde René, der geizige Sprücheklopfer aus „Kkaffee Leben und Tod", am Beckenbaum brillieren. Jacob komponierte eine raffinierte Floßmusik, die als geheimnisvolles Thema den endgültigen Weg in die Unterwelt begleitete.

Orpheus legten wir als modernen Popstar an, der seine neue CD präsentiert, für Eurydike wählten wir Arien aus, die ausschließlich von Maria Callas gesungen wurden. Ich bin ihr großer Fan. Aber den tieferen Grund für diese Entscheidung versteht, wer die Biografie von Maria Callas kennt und ihre trotz Weltruhm demütige Haltung Männern gegenüber. Diese Oper setzte unsere Linie der Stärkung und Sichtbarmachung der Frauen fort.

Eurydike, die makabre Selbstmörderin

Ich hatte mich für die Geschichte von Eurydike entschieden, weil wir uns weiterhin für die weibliche Seite der Mythologie interessierten, und die Geschichte von Eurydike im Mythos und in der Oper nicht erzählt wird. Ein Schlangenbiss, und tot ist sie. Dann in der Unterwelt bleibt sie blass, stirbt gleich wieder, also eigentlich war sie nur Folie für die große Orpheus-Erzählung. Die Geschichte dieser Eurydike, die immer hinter Orpheus bleibt, hatte viel von der Dynamik und Entwicklung der Frauen des Ensembles. Auch sie hatten sich anfangs hinter den selbstbewussten Männern versteckt. Aber inzwischen waren sie alle gar nicht mehr schüchtern und brav, sie hatten gelernt, sich zu trauen und waren selbstbewusster. Das wollte ich weitertreiben. Ich wollte die Geschichte ihres wachsenden Selbst-Bewusstseins erzählen. Dass der Titel „Orpheus ohne Echo“ blieb, hatte reine Marketinggründe. Wer kennt schon Eurydike?

Unsere Eurydike war keine Callas, sondern die Opernsängergattin im Pelz mit unausgelebten eigenen künstlerischen Ambitionen. Der Plan war, ihre mögliche Geschichte durch die Episoden mehrerer Frauen zu erzählen, ähnlich der Medea-Struktur. Aber anders als bei „Medea“ blickten wir auf Orpheus und Eurydike mit mehr

Abstand und Humor. Das hier waren auch wir selbst, als suchende, eitle, liebende und liebenswerte Schauspielerin, Regisseurin, Bühnenbildnerin, Dramaturgin, was erschütternde Momente nicht ausschloss.

Ich hatte sieben Eurydiken und fünf Orpheuse. Zum ersten Mal überwogen die Frauen in der Zahl, und das gefiel mir. Jede von den Frauen, die hinter ihrem Orpheus stand, war eine Diva. Und jeder der Männer war ein Star. Nicht nur in der Rolle. So wollten wir das. Sie sollten wissen, wie einmalig sie sind und nicht bescheiden und demütig sein. Ihre Eurydiken haben Ansprüche.

Die erste Entscheidung, Eurydike als selbstbestimmtes Wesen zu zeigen, bestand darin, dass es keine Schlange gab, an deren Biss sie starb. Die Frauen selbst nahmen die Küchenmesser, setzten sie an ihre Kehle und kamen mit dem Messer an der Kehle im Gänsemarsch auf die Bühne. Mit Blick zu den Sternen schnitten sie sich die Kehle durch und sanken hinab.

Die Probe fand mal wieder in einem der vielen Ausweichprobebühnen in der Kulturbrauerei statt, dieses Mal in der Kantine. Es gab kaum Licht, überall Sessel und Tischchen, und da ließ ich die sieben Eurydiken mit ihren Messern am Hals kommen, bat sie, den Stern am Himmel zu suchen, unter dem sie gern sterben wollten und ließ sie einfach hinsinken. Es war profan und tragisch, genau richtig, auch weil gerade die richtige Musik lief. Bianca, meine musikalische Mitarbeiterin in „Orpheus", war in der Probe eingeschlafen. So hatte sie verpasst, welcher Titel gerade zu der Szene gelaufen war. Ich wollte ihn aber unbedingt, und so spielte mir Bianca über Wochen Callas-Arien vor, sie in der Küche, ich im Wohnzimmer. Nie war dabei, was ich brauchte. Ich konnte schon nichts mehr von der Callas hören, als eines Tages „Suicidio!" durch die Wohnung gellte. Ich sprang elektrisiert hoch, das war die Arie. Das war es, genau der Gestus, den wir brauchten, wild, empört, verzweifelt, ein Schrei. Und dann hieß die Arie auch noch „Suicidio“ und stammt aus der Oper „Gioconda“ von Ponchielli. Maria Callas sang sie auf der von uns verwendeten Aufnahme herzzerreißend. Wir hatten die Nadel im Heuhaufen gefunden. Jubel in der Küche.

Unsere Geschichte beginnt: Die Eurydiken haben es satt, in Orpheus’ Schatten zu stehen. Bevor sie in die Unterwelt gehen, auf ihren hohen Schuhen, in Pelzmäntelchen und mit Handtaschen, nehmen sie Abschied. Sie sprechen Gedichte von Inge Müller und Elsa Lasker-Schüler, eine jede für sich. Auf ihre Lider sind große Augen gemalt, die uns anblicken, wenn die Schauspielerin ihre Augen schließt. Da werden sie präsent, all die Frauen in der Geschichte, die das Leben nicht mehr ertragen. Denen es Last und Würgeengel ist. Leise singt Anke die Zeilen von Inge Müller „Vielleicht werde ich plötzlich verschwinden …“, vertont von Bianca. Dann stöckeln sie los, ins unwegsame Unterweltsgebirge.

So tief berührend diese Szene und der folgende schreckliche Kummer der Männer ist, so frech und komisch spielen die Frauen die folgende Szene, in der sich die Eurydiken hinkend und über den unerwartet steinigen Weg jammernd von ihren hohen Schuhen befreien, die sie nur „wegen Orpheus“ tragen. „Wirf sie doch weg!“, und schon werfen sie ihre High Heels über die Schulter und lümmeln sich in die Liegestühle. Und da beginnt auch schon ihr Zickenkrieg darüber, wer im Leben beeindruckender von ihrem Orpheus abgeholt worden war, da sie alle „nie laufen mussten“: mit dem Auto, mit dem Schiff, dem Flugzeug, in der Kutsche … Das gipfelt im Wettstreit um den besten Selbstmord, um das meiste Blut, den größten Effekt dabei (betrunken Motorrad gefahren, in der Badewanne die Pulsadern aufgeschnitten und den Föhn genommen). Manchmal wird vergessen, wie es war, weil man „ja schon tot war“.

Dann helfen die anderen. Unnachahmlich, mit welcher Grandezza Jenny ihre Handtasche auspackte mit dem Taschentuch zum Weinen für Orpheus, Labello, um die Lippen wunderbar geschmeidig zu machen fürs Küssen, mit Rouge für die Wangen, damit sie auch als Leiche schön aussehe, und dann dem Wichtigsten, „oberwichtig", ihre Gifttabletten. „Ich habe mich ins Bett gelegt, mir die Lippen rot geschminkt und fünfzig Tabletten geschluckt. Dann war ich tot."

Aber dann spricht sie heimlich Orpheus auf den Anrufbeantworter und teilt ihm mit, wo seine Tabletten seien, dass sein Anzug für die nächste Tournee noch in der Reinigung sei und er sie nicht suchen müsse, sie sei „schon tot".

Die Zuschauer liebten diese makabren witzigen Szenen, in denen die Frauen unvergleichlich waren in ihrer Eifersucht, ihrer Spiellust, und ihrem/meinem rabenschwarzen Humor.

Grit spielte Hekate rau, wild und hemmungslos, mit einer freien Brust wie eine Amazone. Wenn sie den Text im Headset nicht verstand, beschwerte sie sich laut, warf es auch mal wütend weg, lachte, wenn wir uns ärgerten. Unsentimental, pragmatisch. Immer Hekate. Immer im Kampf und Streit mit ihrem Mann Hades, dem sie die Leichen von Eurydike stiehlt und Stoffpuppen hinterlässt. Die Rolle des Hades spielte Hans-Harald Janke. Wenn Hannes als Hades auftritt, ist für die Eurydiken alle Emanzipation vergessen. In die Liegestühle drapiert bieten sie sich ihm verzückt dar.

Hades: „Ich begrüße Sie in der Welt des Theaters. Die Oper, nur dafür lohnt es sich zu sterben. Die Frau im Schatten sein, ja, wer will das schon! … Jetzt dürfen Sie die Hauptrolle in meiner Oper spielen, wenn Sie es wollen. Einmaliger Ruhm, Schönheit und tödliche Leidenschaft sind Ihnen sicher. Darf ich bitten, wer beginnt?"

Er traf ihren Schwachpunkt! „Ja, da muss man sich doch einfach …" Und so lauschen sie ihm, machen sich schön, und jede

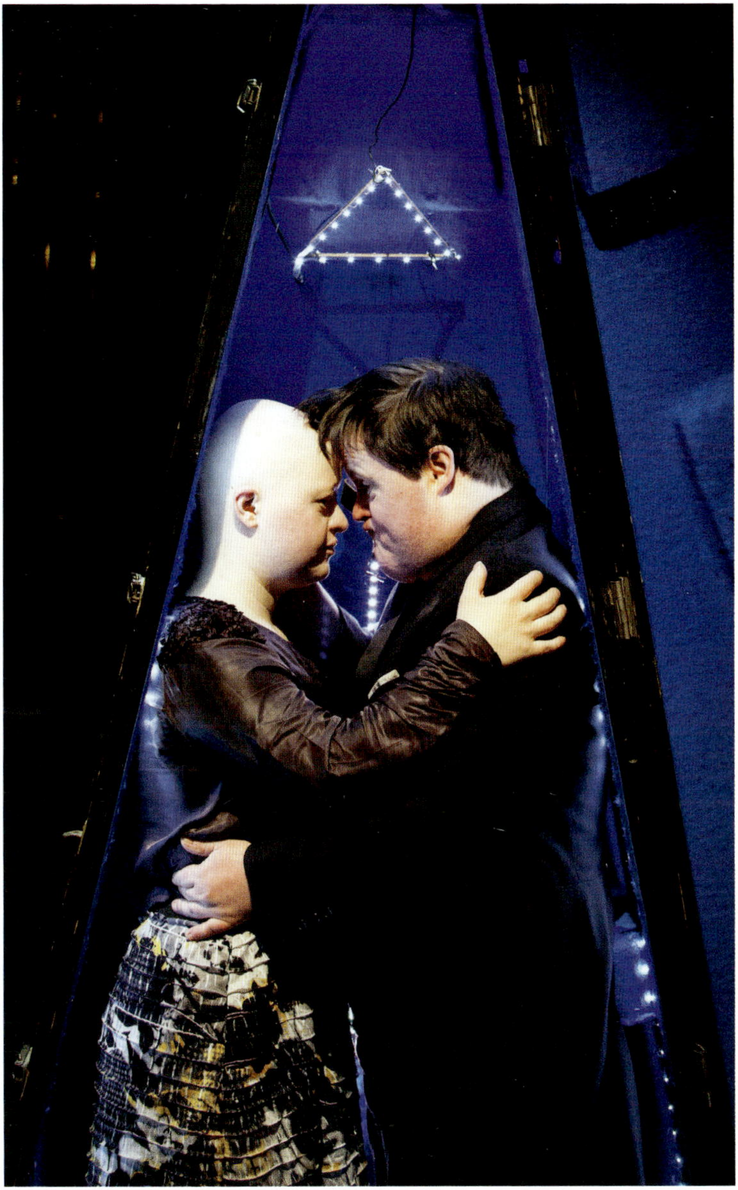

24 Trügerische Liebe für Besche, „Der gute Mensch von Downtown“

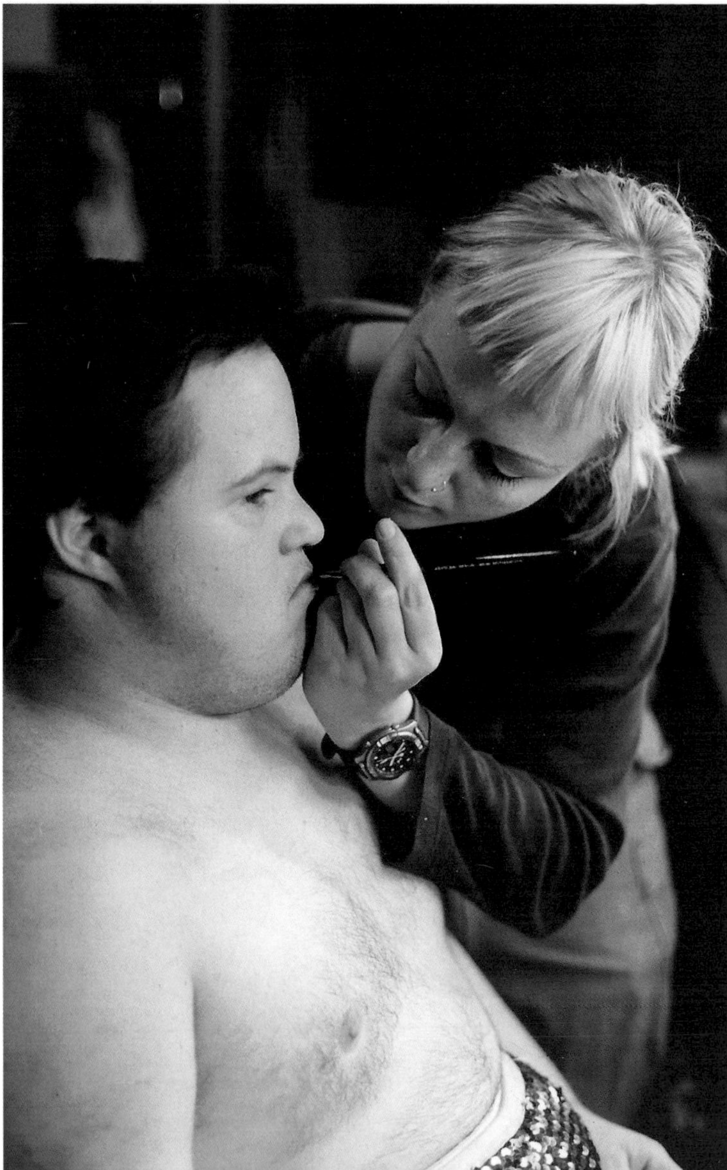

25 Moritz in den Meisterhänden von Beatrix

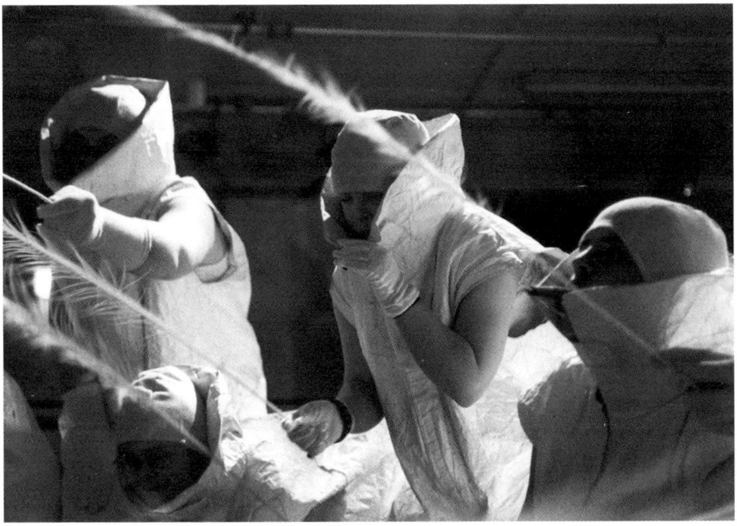

26 Wassersuche in Mongopolis

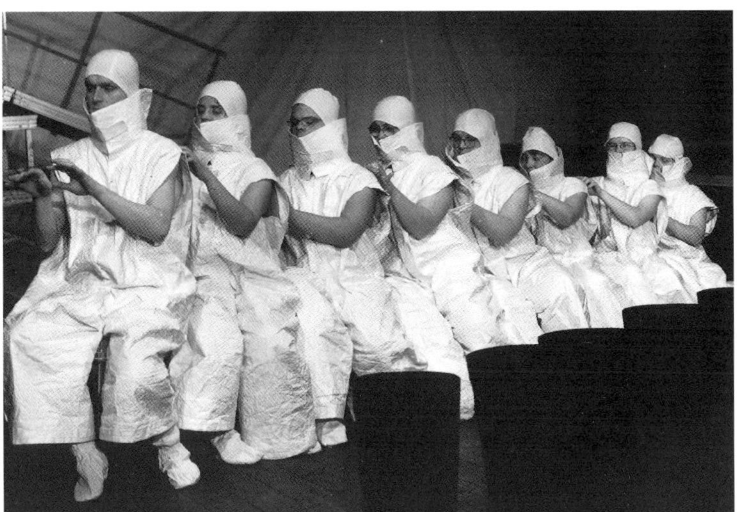

27 Die „Perfekten“ arbeiten „perfekt“ in „Mongopolis – Fisch oder Ente“

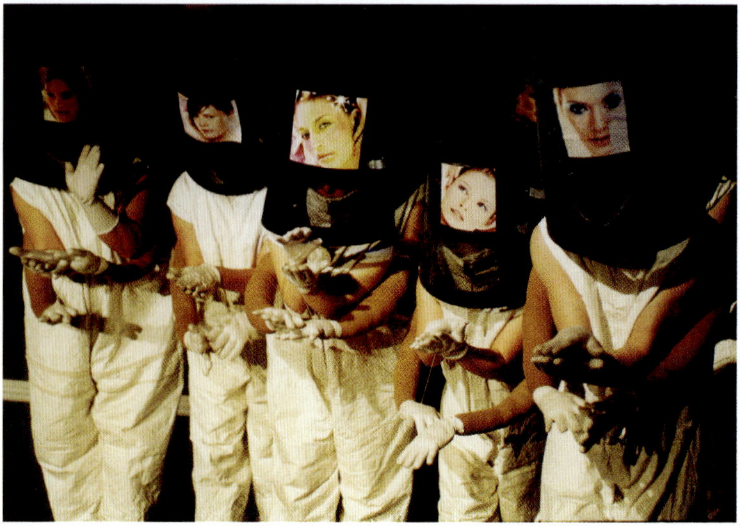

28 Das Mongopolis der „Perfekten“

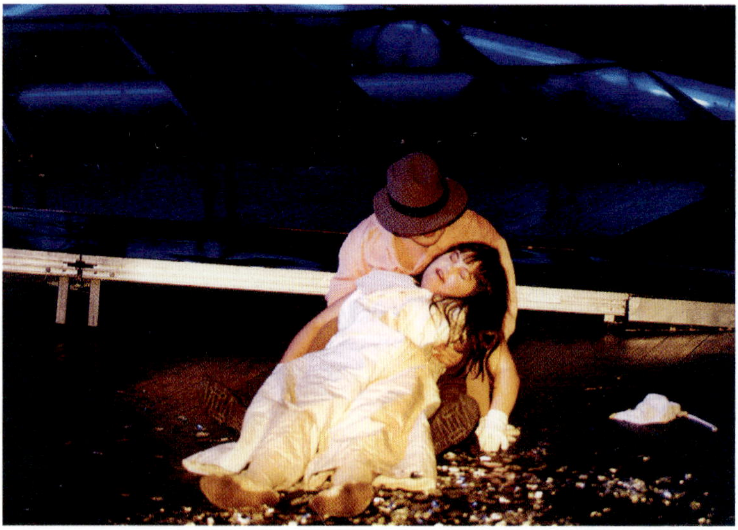

29 Adam entdeckt Eva, damit verliert sie ihre Perfektion, „Mongopolis“

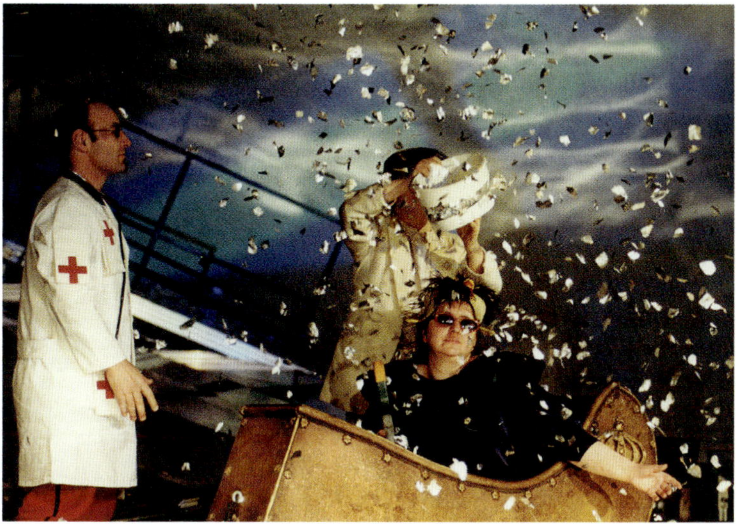

30 Verschwendung des kostbaren Wassers durch den Clan der Bösen

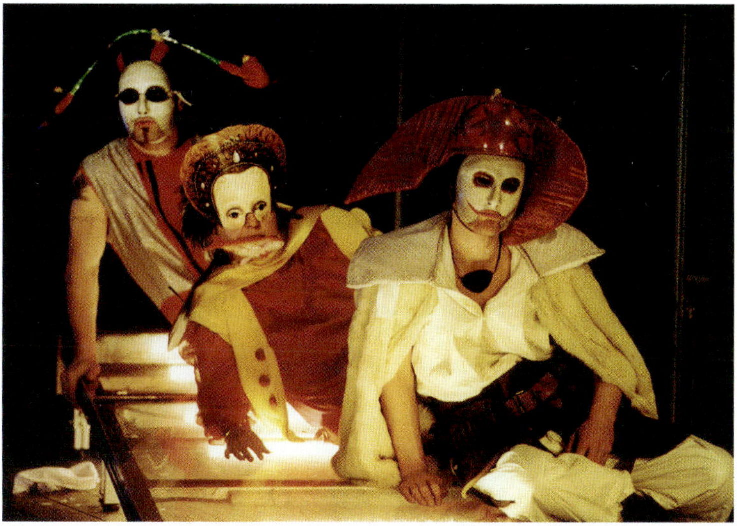

31 Dr. Teufel, die Bürgermeisterin und Dr. Downhunter haben Mongopolis im Griff

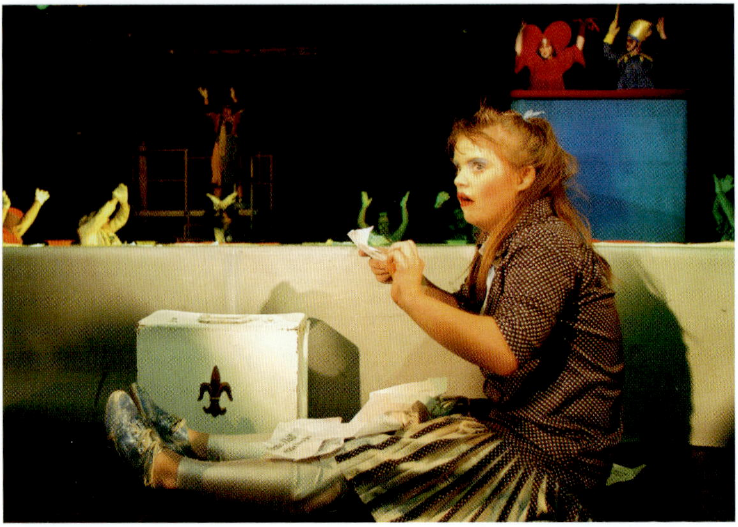

32 Alice ist verwirrt durch die klugen Sprüche, „Alice auf Kaninchenjagd“

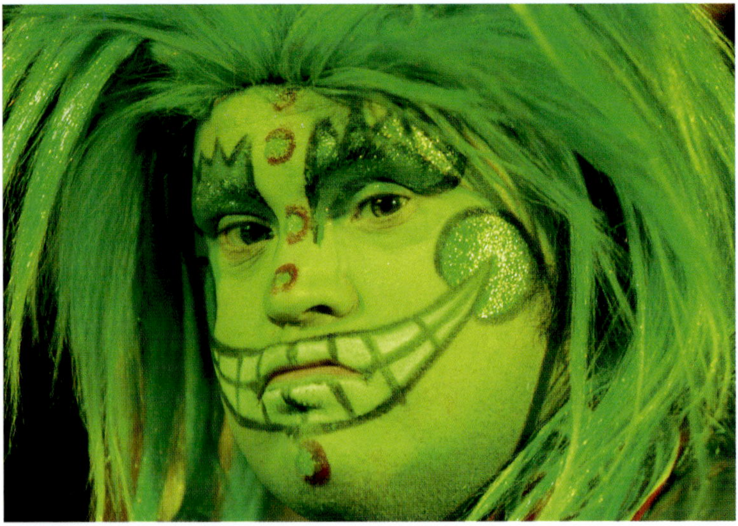

33 Die blätterfressende weise Raupe, „Alice auf Kaninchenjagd“

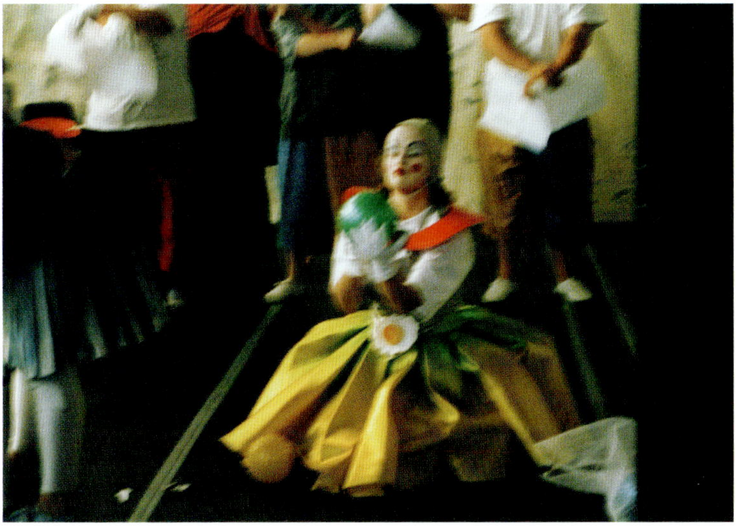

34 Jennys besondere Taube

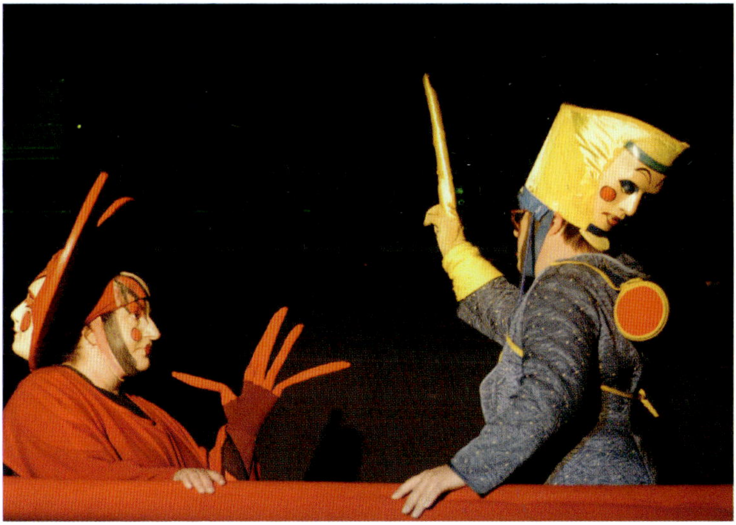

35 „Zu spät, Kopf ab!“, ruft die rote Königin

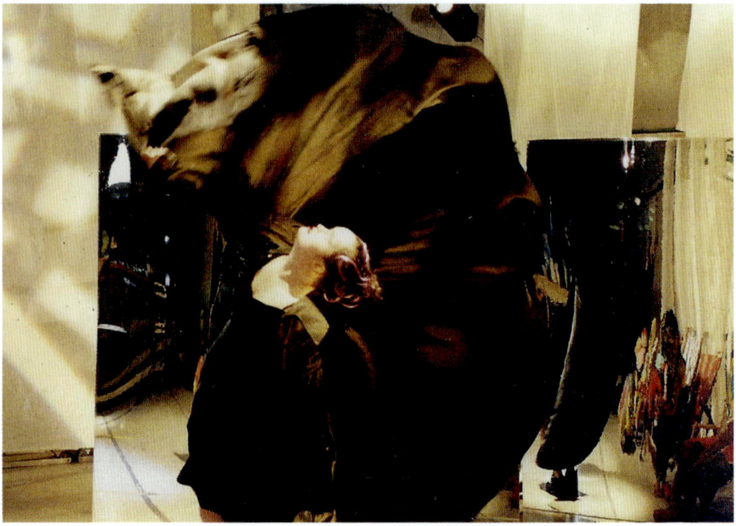

36 Eurydike tanzt für Hades, um bei ihm zu bleiben, „Orpheus ohne Echo“

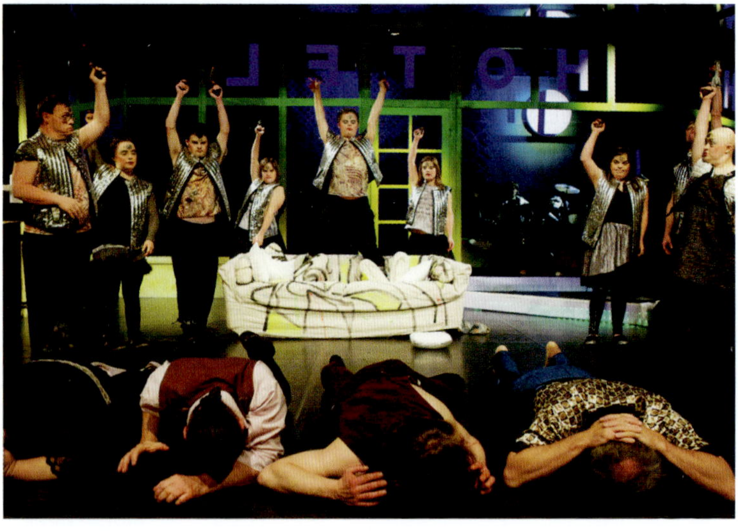

37 Überfall der Trisos, um Nachwuchs zu zeugen, „Am liebsten zu dritt“

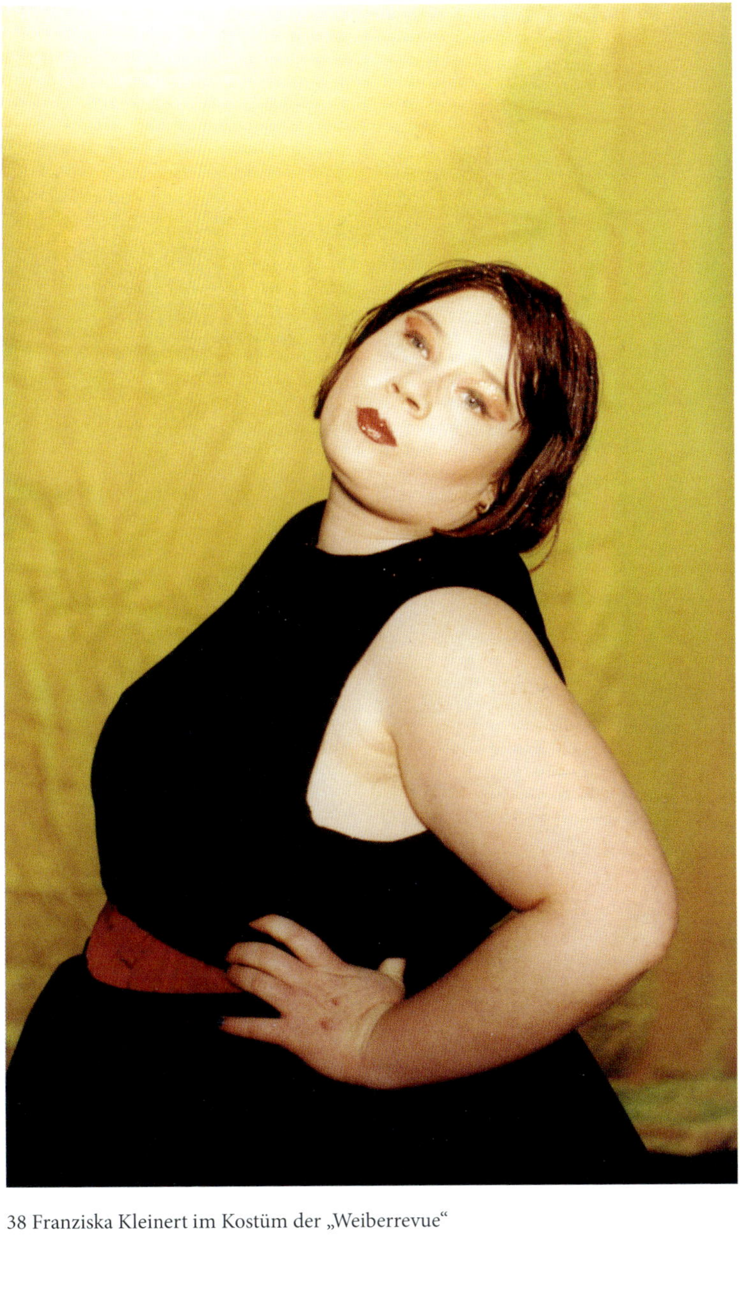

38 Franziska Kleinert im Kostüm der „Weiberrevue“

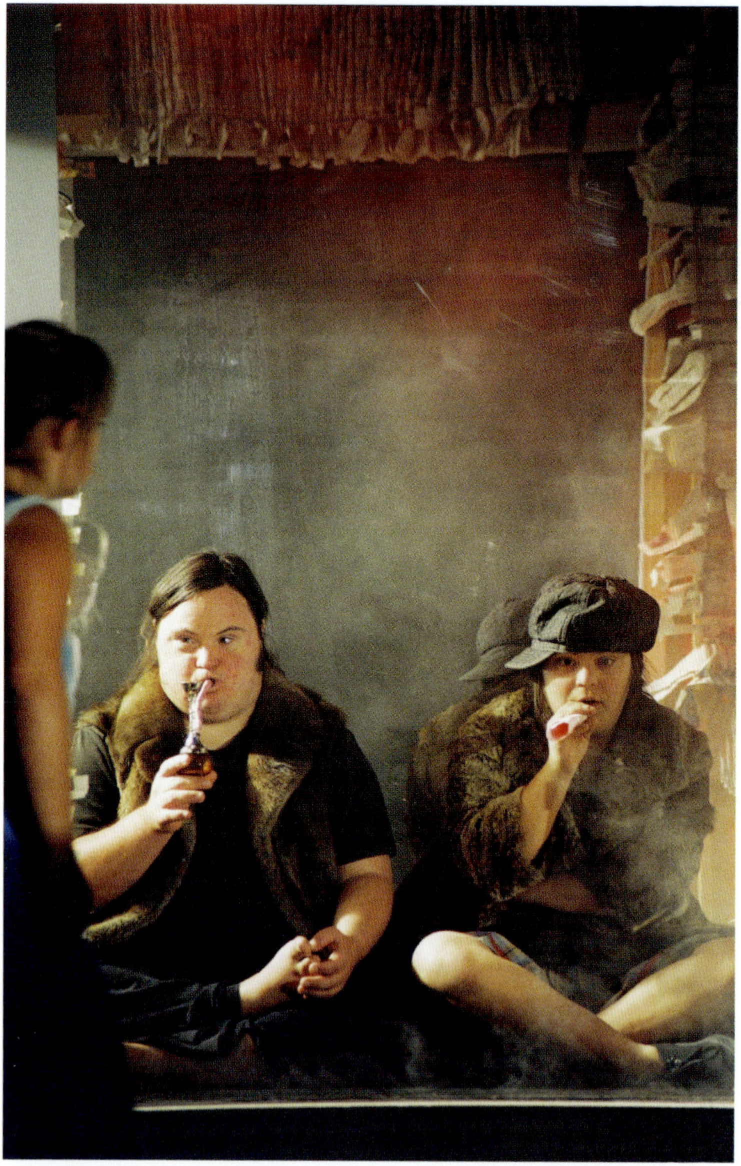

39 Die bekifften Freunde sind keine Hilfe, aber im Besitz der Wahrheit in „Alice in den Fluchten“

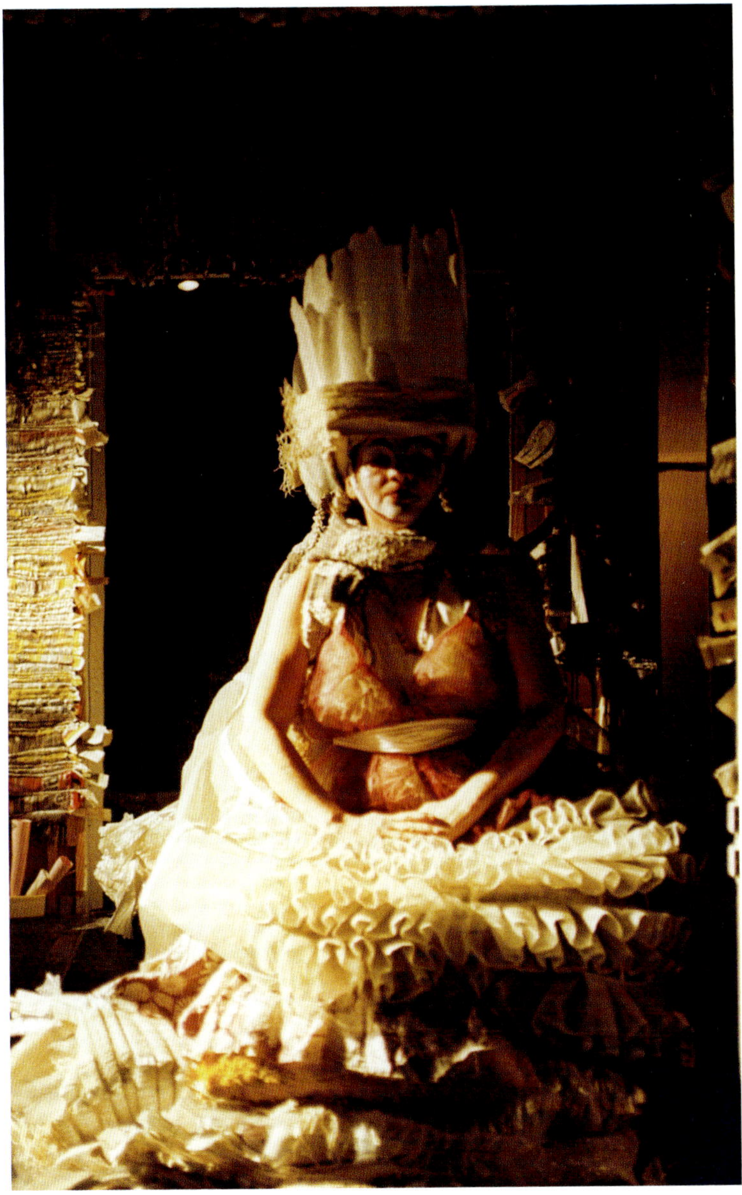

40 Die Ahnin bleibt die Begleiterin von Alice

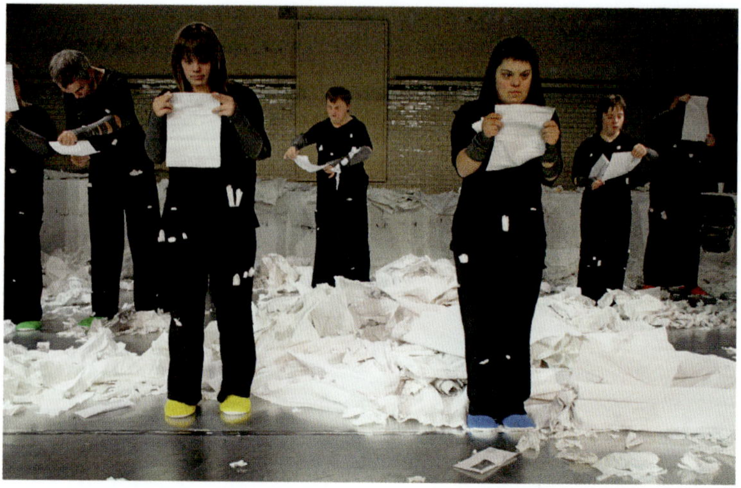

41 Die Post bringt keinen Trost in die „Winterreise – Und sind wir selber Götter“

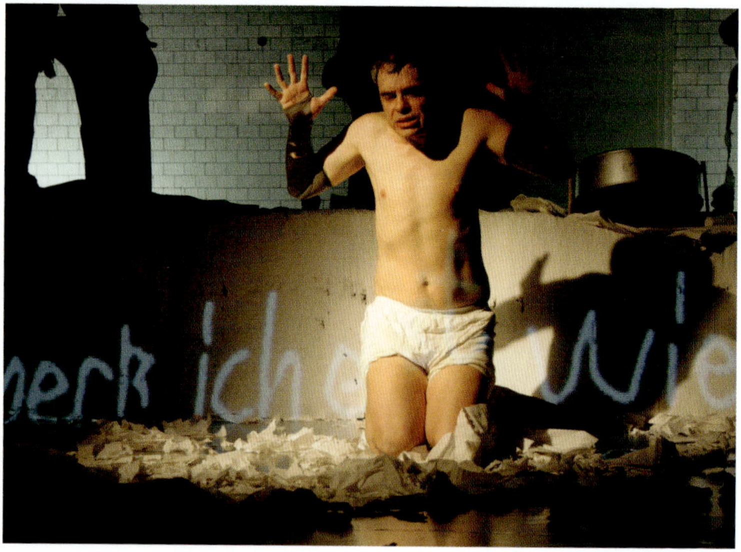

42 Schmerzerfahrung auf der „Winterreise“

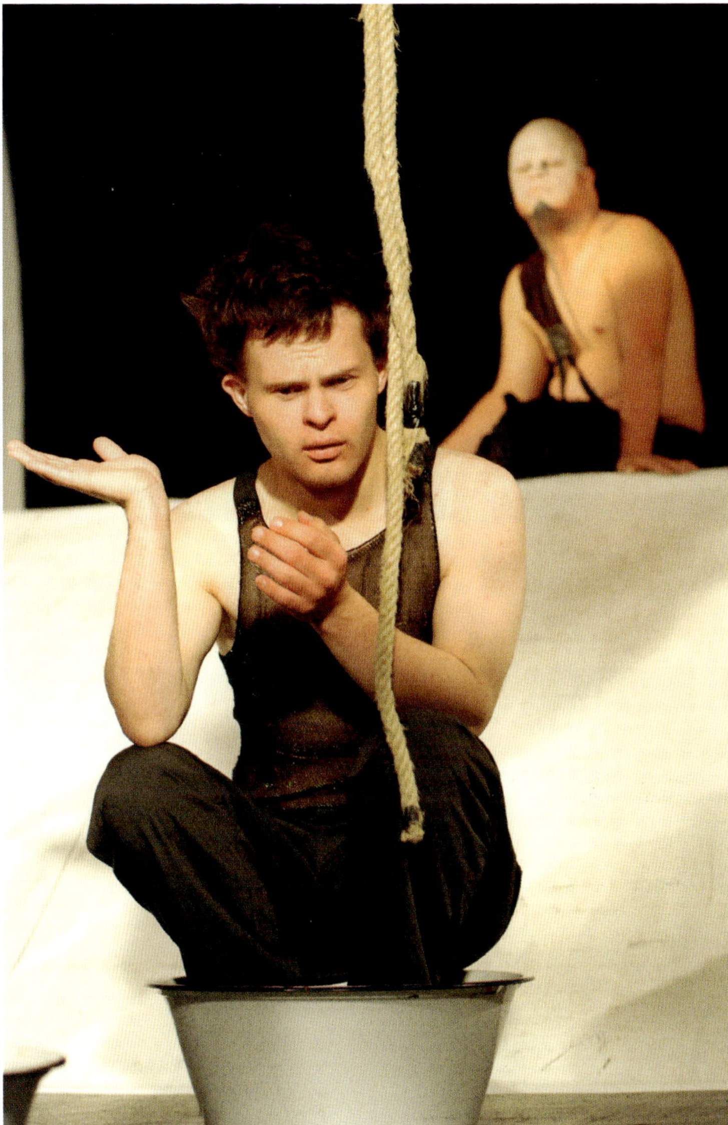

43 „Am liebsten bin ich Hamlet“ betitelt Sebastian später sein Buch, nachdem er in „Lost Love Lost“ den Hamlet gespielt hat

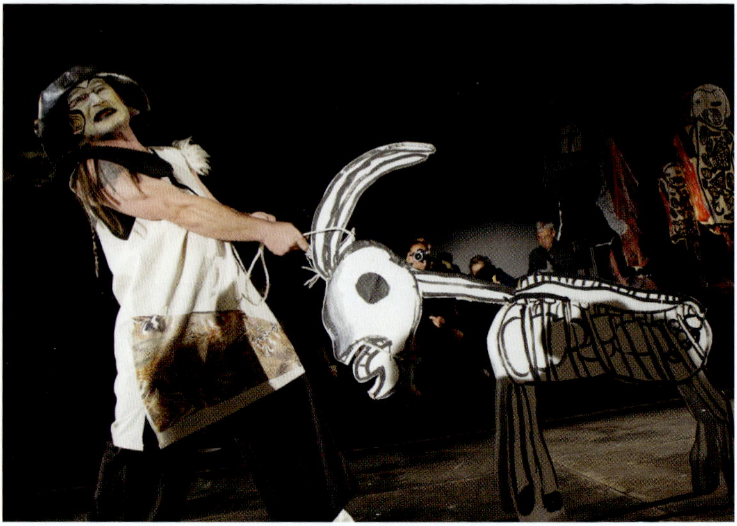

44 Leider stirbt die Ziege gleich, und Trygajos muss den Frieden von den Göttern zurückholen, „Der Frieden – Ein Fest“

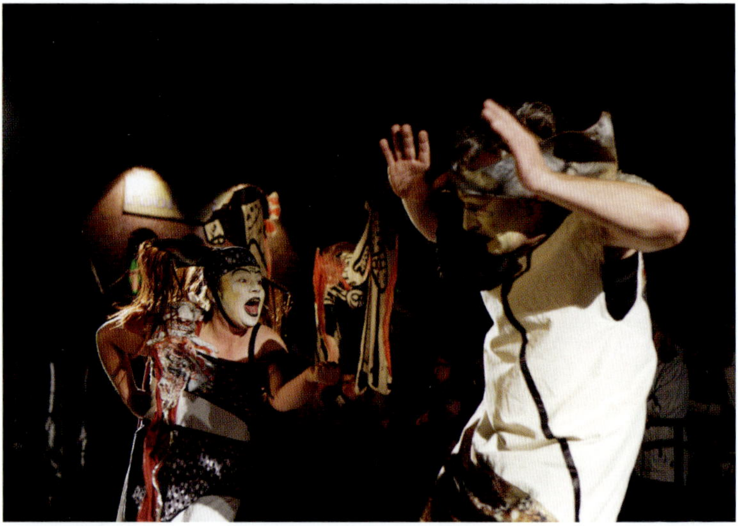

45 … schon wegen der wütenden Töchter, „Der Frieden – Ein Fest“

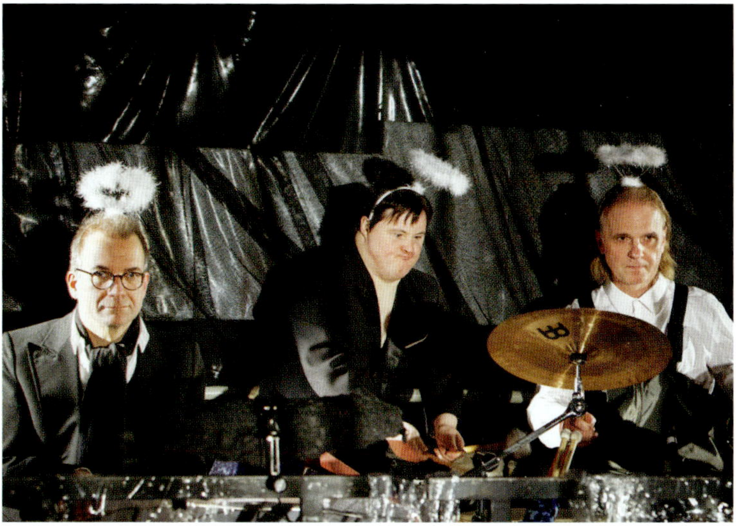

46 Ernst Bechert, Moritz Höhne und Stefan Dohanetz, die coole Band in „Der gute Mensch von Downtown“

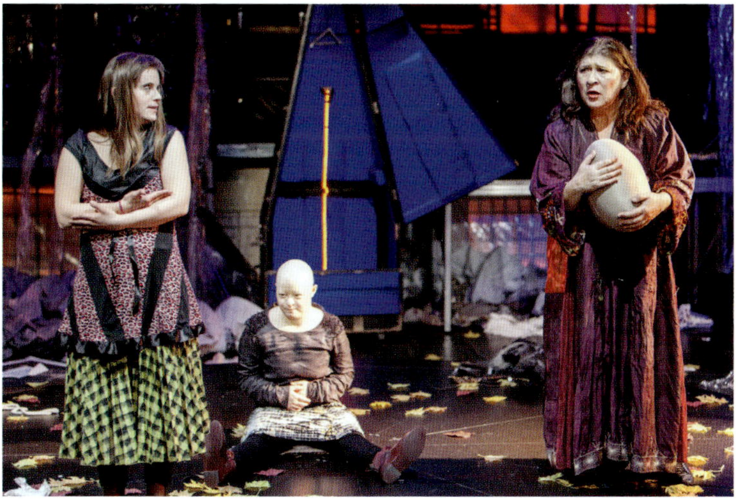

47 Als Engel Gabriel verteidigt Eva Mattes das ungeborene Engelskind, „Der gute Mensch von Downtown“

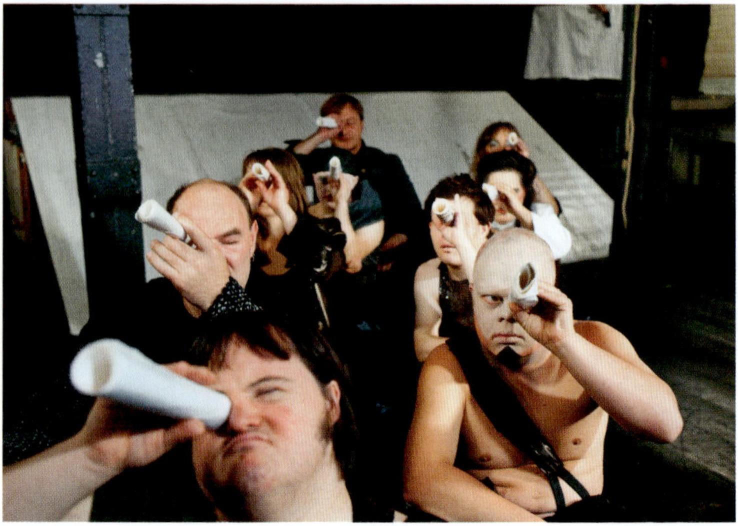

48 Nach stürmischer Seefahrt endlich Land in Sicht – eine trügerische Hoffnung, „Lost Love Lost“

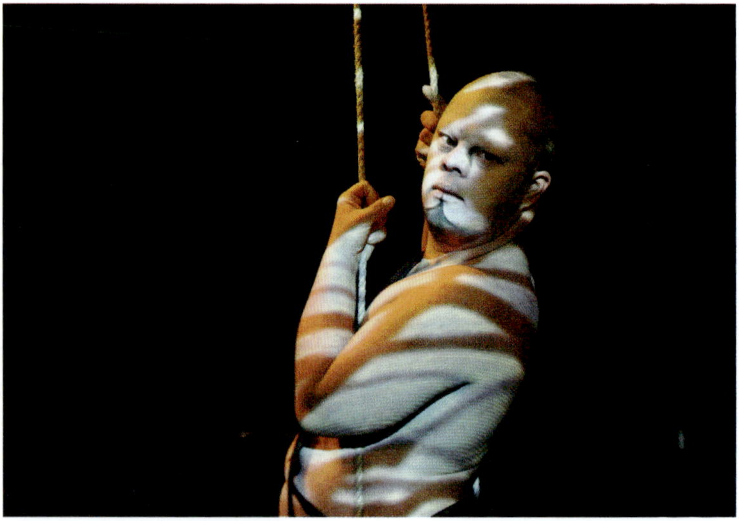

49 Jan Patrick Kern beantwortet als Kaliban die brutale Machtspiele mit Bosheit, erlebt die Liebe und gibt Hoffnung – danach verließ er uns leider, „Lost Love Lost“

tanzt zu ihrer persönlichen Callas-Arie für einen Moment die Skizze ihrer Sehnsucht, um eine der Calla(s)blumen zu bekommen, die Todesblumen. Jede nur eine Minute, aber welch ein Sehnen, welche Lebenslust und welcher Verführungswunsch! Wenn sie doch einer so sähe! So frech, so sehnsüchtig, so mutig sind diese Frauen geworden: Die auftrumpfende, laut lachende Patricia, die sich über die Bühne schiebt wie eine warme Buchtel, Franzi, die mit ihrer Arie unter Aufbietung großer körperlicher Explosionen das hohe C erreicht, den Oberkörper hochschnellend wie eine Callas auf Speed, die engelsgleich singende, versunkene Anke, die junge, in den Schmerz hineintauchende Juliana, die ehrgeizige, ihre Gefühle bündelnde und verdrängende Managerin Jenny, die emanzipierte Rita, ein hingetuschter Kirschzweig und das junge, vorlaute Mädchen Nele.

Sie alle sind ihm verfallen: Hades, Hannes.

Weiter, weiter, in die Unterwelt! Die Orpheuse kommen!

Die Darsteller des Orpheus, Joachim, Martin, Micha, Helmut und Moritz, folgen den Eurydiken in ihren langen Staubmänteln und Hüten wie Billy-the-Kid-Verfolger, in versammelter Lässigkeit in die Unterwelt. Dabei zerkratzen und zerschaben sie auf ihren Instrumenten oder Waffen jegliche Klassik-Erinnerung. Auf dem Weg in die Unterwelt wurden die Frauen begleitet von Acheron, dem Führer über den Fluss, besetzt mit René Schappach. Wir kennen ihn, der „kein K" sprechen kann, aber dafür immer den richtigen Kommentar parat hat. Das Stück wäre halb so schön geworden ohne seine Zwischenspiele. Er richtete ein, räumte auf, bereitete vor, lockte die Männer aufs Floß, kommentierte und sang. Seine Kommentare waren witzig und lakonisch, so zu den Eurydiken: „Hier wird nicht gestritten, egal wie man stirbt, Hauptsache, ihr seid hier bei mir!" Zu den Orpheusen: „Weiter nach unten! Die Treppe runter! Nehmen Sie den Fahrstuhl, und dann am Klo vorbei, da wo die meisten Fliegen sind. Hahaha." „Wenn das nicht Orpheus gewesen ist, dann fress' ich meinen Trommelstiel mitsamt den Borsten." Es waren immer seine Worterfindungen. Singend versucht er, eine der Frauen zum Kartoffeln schälen zu gewinnen, natürlich mit ihm. Aber gerade haben sie ihren Körper wiedergefunden und kommentieren, wie verändert er ohne ihre Pflege ist. Keine will Kartoffeln schälen. Franzi singt: „Ich hab' zu lange Fingernägel", Nele: „Ich bin erkääältet". Bis Rita, seine Freundin im richtigen Leben, singt: „Ich will mit dihir/ Kartoffeln schälen", und er antwortet ebenfalls singend „Halleluja", tänzelt mit seiner Schüssel über die Bühne zu Rita, übergibt die Kartoffeln und trippelt, fast im Spitzentanz, glücklich ab. Ich liebte ihn für dieses Spiel, er liebte Rita.

Wenn dann Stille einsetzt, alle sich an ihren Orpheus erinnern, „Orpheus fehlt mir", Rita die Kartoffeln schält und Anke mit glockenklarer Stimme singt: „Vielleicht werd ich plötzlich verschwinden, weil die Luft nicht mehr reicht und nicht aufzufinden ist die Leich", gibt es Stille und Gänsehaut.

Sieh mich an! Hör mir zu!

Bis zur Pause hatte ich Gruppenszenen spielen lassen, es gab viel zu lachen, und man konnte die schönen, witzigen Frauen und die Musik genießen. Die Eurydiken kamen als übermütige Bande mit ihren Blasinstrumenten auf die Bühne und bewegten sie unzüchtig, feierten ihre Freiheit und entdeckten doch beim Kuscheln mit ihren Leichenkörpern, dass sie die Orpheuse vermissen. Schnell werden die verräterischen Körper bei Hekate verbrannt … aber zu spät, schon stehen die fordernden Orpheuse da, jammernd, streng, vertraut. Und alle geben auf, eine nach der anderen, obwohl sie sich gerade so stark gefühlt hatten, als Gruppe, mit Blasinstrumenten und mit den aufgemalten Augen. Sie gehen mit, eine bleibt bei Hades, und ein Orpheus nimmt zwei.

Im zweiten Teil schlug das Leben zu, keinem einzigen Paar gelang es, wieder zusammen zu kommen. Die Geschichten entstanden so durch die Zusammenstellungen der Paare. Joachim mit Rita. Es war eine wirkliche Emanzipationsszene, in der Ritas Eurydike immer wieder darauf beharrt, zu sein wie sie ist, und Orpheus bittet: „Sieh mich an!" Joachim spielte seinen Zwiespalt umwerfend. Er tut es nicht, er sieht sie nicht an, er darf es nicht und schwärmt von ihrem langen Haar (dabei ist Ritas Haar raspelkurz), von ihren langen Beinen (ihre sind kurz und stämmig), und ihrer langen Gestalt (sie aber ist klein). Immer wieder ruft sie: „Ich habe kurze Haare, bin klein und dick und habe kurze Beine. Sieh mich an!" Er sieht sie nicht nur nicht an, er hört ihr nicht zu! Erst als sie anfängt, sich andere Männer zu fischen und mit ihnen zu tanzen, dreht er sich verzweifelt um und entdeckt glücklich: „Das ist ja gar nicht meine Frau!" Damit ist sie jedoch verloren, allerdings wartet Acheron schon mit den nächsten Kartoffeln auf sie.

Julianas tanzsüchtige Eurydike lässt sich von Hades manipulieren und tanzt für ihn, obwohl sie krank ist (wie Olympia in „Hoffmanns Erzählungen") und der Tanz ihren Tod bedeutet. In diesem Stück fiel mir die Darstellungstiefe von Juliana auf. Juliana drückte ihre Gefühle so überzeugend aus, dass ich oft dachte: Woher hat dieses behütete Mädchen diese abgrundtiefe schmerzliche Erfahrung, die sie gerade spielt? Sie lebte bei ihren Eltern und ihrem Bruder und wurde unvergleichlich geliebt, behütet und gefördert. Aber als hätte sie einen besonderen Zugang zu unseren archaischen kollektiven Erfahrungen, konnte sie tiefes Leid ausdrücken. Woher das kam, war nicht zu erfragen, sie selbst wusste es nicht. Aber das forderte auch eine besondere Behutsamkeit im Umgang mit ihr. In der Erarbeitung von schweren und schmerzlichen Szenen gab es auch später stets einen Moment, in dem sie bitterlich weinte. Ich konnte sie dann immer in den Arm nehmen. Aber wenn ich sie deshalb schonen wollte, wehrte sie ab. „Ich kann das. Es ist jetzt gut." Und es war gut. Sie brauchte diese tiefe Berührung mit der Rolle. Dann weinte sie nie wieder und war absolut professionell in der Wiederholung des Gearbeiteten. Wenn sie stirbt am Ende des Tanzes, sticht es ins Herz.

Die zweite, seine „richtige" Eurydike (Franzi) verliert Joachims Orpheus ebenfalls, weil er sie in seinem Ehrgeiz antreibt, eine große Sängerin zu werden und übersieht, dass sie ein Kind von ihm bekommt. Als er verspricht, sich zu ändern, sitzt sie bereits in Acherons Käfigwagen, der sie in die Unterwelt bringen wird, und sagt sehr still: „Aber ich kann mich nicht ändern." Der Satz trifft.

Die Szenen mit Helmut, einem älteren Mann mit Down-Syndrom, der gerade erst zum Ensemble dazu gekommen ist, gehörten zu den beliebtesten und zugleich traurigsten. Patricia eine Walküre, er ein liebenswertes, mageres älteres Männlein. Er stand im rieselnden Schnee mit seiner Geige, ohne die geringste Absicht, Eurydikes Aufforderungen nach oben zu folgen. Er stellte sich dumm, „verstand" sie nicht, spielte auf seiner Geige und gab absichtlich verwirrte Antworten. Er „missverstand" Patricia ständig und kam mit immer neuen Ausflüchten, die er auf der Geige „unterstrich". Sein Dialog mit der Geige war ein Glanzstück, den die Geigerin AK

Kaufmann sehr einfühlsam mit ihrem Instrument unterstützte. Jedes Mal etwas anders, aber die Richtung stimmte immer. Das Publikum war begeistert von seinem Witz und seiner List. Eurydike beendete diese unfruchtbare Diskussion, indem sie Helmut die Geige wegnahm und ihm, der sich laut und bitter heulend wehrte, einen Strick um den Bauch band, über ihre Schulter legte und ihn bei aufwirbelndem Schneesturm wie einen Esel von der Bühne zog. Dieses Bild, wie sie das kleine Männlein, dem nichts Gutes drohen konnte, im Schneesturm mit sich zerrte, beeindruckte mich. Es erinnerte mich an den Film „YOL", wo eine verstoßene Frau in sommerlicher Kleidung dem Ehemann und Sohn durch den Schneesturm folgen muss und verloren sein wird.

Helmut bat mich immer wieder um eine andere Partnerin. Er liebte (tatsächlich) Juliana, aber die hatte einen anderen Orpheus. Auf der öffentlichen Generalprobe geschah es: Er trat nicht auf, sondern suchte mich im Zuschauerraum. „Gisela, wo bist du?" Ich hatte ein Mikrofon in der Hand und so hörten alle unseren leisen Dialog. „Helmut, was möchtest du?" – „Sie soll sterben." – „Wer?" – „Eurydike." – „Warum?" – „Ich mag sie nicht, ich bring sie um, bitte." – „Nein, Helmut, du kannst sie nicht umbringen. Wir haben das anders geprobt. Du hast das immer so schön gespielt." – „Ich mag sie nicht, bitte." – „Helmut, bitte spiel jetzt die Szene wie verabredet." – „Bitte, nur heute!" – „Nein, das geht nicht" – „Schade."

Hier hatte er seine Chance gewittert, und vielleicht hatte er geglaubt, dass er es endlich erreichen konnte, seinem Schicksal mit Patricia zu entgehen. Man muss nur den richtigen Moment abwarten, dann …

Helmut wusste genau, was Sache war, und versteckte sich immer wieder hinter theatralischen Auftritten. Vielleicht hatte er das als Kind gelernt, wo er ja auch vorgeben musste, ein anderer zu sein.

Wenn zuletzt Moritz als verlassener Orpheus seinen Schmerz herausschreit, tobt, weint, nachdem seine Eurydike (Jenny), die zugleich seine Managerin ist und bisher seine Anzüge in die Reinigung gebracht, seine Tabletten abgezählt und seine Konzerte organisiert hatte, bei Hades bleiben will und ihn in den Fahrstuhl nach oben einsperrt, löst das eine tiefe Erschütterung aus. Er bittet voller Zärtlichkeit, vergebens, erinnert an ihr schönes Leben mit „Kindern, Weißwein und Garten". Aber Acheron fährt ihn ab, nach hinten, nach oben, während Eurydike mit Hades tanzt. Wie Moritz seinen Schmerz ungefiltert herausschrie, trieb uns allen Tränen in die Augen. Die Szene schien auch Moritz sehr mitzunehmen. Aber wie er danach zum Finale hinten über die Bühne sprang, bewunderte ich ihn jedes Mal. Als wäre nichts gewesen. In der Kantine holte es ihn dann aber doch ein. Eben ein Schauspieler.

Am Ende gab es die Versöhnung. Hades zu Hekate: „Wie wär's, wenn die Eurydiken den Orpheusen und die Orpheuse den Eurydiken verzeihen würden. Der Streit ist ja schon tausend Jahre alt, und schließlich sind wir ja in einer Oper."

Und Franzi ging als erste los zu den Orpheusen, um die Verzeihung zu beginnen, blieb aber plötzlich stehen, riss theatralisch die Arme hoch und rief: „Ich verzeihe dir, Scheinwerfer. Ich verzeihe dir, Kostüm. Ich verzeihe dir Orpheus." Und nun folgten alle und verziehen allen und allem und parodierten die allzu leichte Versöhnung der Geschlechter. Für diesen Schluss hat mich eine Mitarbeiterin verlassen. Zu wichtig war ihr ein verurteilendes Ende. Sie wollte die Parodie nicht verstehen.

Am Ende ein musikalisches Finale mit allen.

Zwischenspiel

Hannes – Hades

Hans-Harald Janke, kurz Hannes, war die Rolle des Hades wie auf den Leib geschneidert. Als wortgewandter Verführer, schmachtend bei den Arien der Callas, ein tobender Macho und zugleich bettelnd um die Liebe der Hekate, erlebten wir die ungelebte und sich nun auf der Bühne erfüllende Sehnsucht, Casanova zu sein. Es gelang ihm, während des Stücks zu altern, zu verfallen, und doch immer wieder als Verführer in seiner Schönheit aufzuerstehen, wenn es nur eine noch so kleine Chance für ihn gab. Nicht zufällig verwechselten die Kolleginnen nach diesem Stück Hannes oft mit Hades.

Seit 1991 spielte Hans-Harald Janke in beiden Theatergruppen große Rollen. Sein großer sperriger, immer leicht taumelnder Körper mit einem Gang wie auf schwankendem Untergrund, nicht nur auf den High Heels in der „Weiberrevue", ließ mich oft befürchten, dass er stürzt. Aber er stürzte auf der Bühne nie, lachte über unsere Ängste, umgarnte uns mit seinem Spiel und trotzte allen Befürchtungen. Wie er die Figuren sprachlich konkret ausreizte, mit Schärfe zupackend bis zur schmerzlichen Lautstärke oder voll schmeichelnder Süffisanz, ist einmalig im Ensemble. Wenn er auf der Bühne steht, ist er stark und präsent, auch wenn er sich gerade mal wieder weggeträumt hatte und sich mit einem Schlenker lachend zurückholt, ein sensibler und helfender Kollege mit einer tiefen Liebe zum Theater und seinen Kollegen. Keiner außer ihm nimmt die Frauen des Ensembles so ernst, und nie versäumt er, an den Geburtstagen der Damen und zum Frauentag Blumen mitzubringen. Er bäckt originelle Kuchen in Form von Büchern und Silhouetten, bringt oft interessante Bücher zu den Themen, die wir bearbeiten. Kaum einer genießt seine Theaterexistenz und seinen Erfolg so tief, besonders wenn eine Angebetete im Publikum sitzt. In „Alice in den Fluchten" überrascht er später mit einer unvergleichlichen Interpretation seiner surrealen Rolle als „Duft"! „Ich bin ausgezeichnet worden, in Paris, ich bin ein Liebesduft!" Er konnte den Major in „WOYZECK(en)" ebenso spielen wie den romantischen Duft.

Aber er hatte auch seine dunkle Seite und uns nicht selten in Wut gebracht. Seine zunehmende Schwerhörigkeit nutzte er, um auf den Proben und sogar manchmal während der Vorstellung seinen Tagträumen nachzuhängen. Er musste immer und immer wieder laut mit seinem Stichwort gerufen werden, seine Ausreden waren vielfältig. Unseren Ärger nahm er nicht sehr ernst. Zwischen den Auftritten half er den Damen, die Kostüme zu wechseln, die Strümpfe anzuziehen, und danach: Konzentration adé! Bei Gastspielen taumelte er, ohne hinzusehen, über die Straße, die anderen hinterher, Juliane, meine Assistentin, ist nicht wenige Tode gestorben durch ihn. Er, der so Vernünftige und Kluge, war der Unvernünftigste, und das war auch richtig so. Ein Mensch voller Bedürfnisse und Träume mit einem großen und abgründigen Wunsch nach Freiheit, das ist er für mich.

Das Überleben von Helmut Müller

Helmut kam 2000, als wir bereits in den „Orpheus"-Proben waren. Wir konnten gut noch einen Orpheus gebrauchen, und Helmut war so anders als alle anderen, klein und dünn und schon ein wenig gebrechlich. Er war bereits einundsechzig und damit der Älteste in der Gruppe. Helmut war auch der älteste Mensch mit Down-Syndrom, den ich je getroffen hatte.

Er hatte den Wunsch, Theater zu spielen, und die Betreuerinnen seiner WG, die um seinen Gemütszustand fürchteten, brachten ihn zu uns. Am liebsten wollte er „Steherben" spielen. Vermutlich wollte er auch sterben. Ich wusste oft nicht, wann er „gespielt" hat und wann er seine Rolle einfach lebte.

Dann erfuhren wir seine Geschichte. Ich kann nicht über ihn schreiben, ohne diese Geschichte zu erzählen. Eigentlich dürfte er gar nicht bei uns sein. Wenn es nach dem Willen der Nazis gegangen wäre, hätte er die Gaskammer oder das Luminal nicht überlebt. Helmut kam 1940 in einer Berliner Mittelschicht-Familie zur Welt. Zu dieser Zeit lief das „Euthanasie-Programm T4" auf Hochtouren. Als „T4" wird rückblickend die systematische Ermordung von mehr als 70.000 Menschen mit Behinderungen in Deutschland bezeichnet, die unter Leitung der Zentraldienststelle Tiergartenstraße 4 zwischen 1940 und 1941 durchgeführt wurde. Nach den aktiven Ermordungen, die 1941 vor allem durch Proteste der katholischen Kirche, insbesondere des Bischofs Galen, beendet wurden, ging das Morden in den Krankenhäusern und Heimen durch Aushungern und die Gabe des Schlafmittels Luminal weiter, ihnen fielen insgesamt über 200.000 Menschen zum Opfer. Es zog sich bis in die Nachkriegsjahre.

Kaum eine Familie behielt in der Nazizeit ihr Kind mit Behinderung, also „lebensunwertes Leben", bei sich. Die meisten Menschen mit Beeinträchtigung lebten in Anstalten, von dort brachte man sie in grauen Bussen zu Tötungsanstalten, wo man sie vergaste. Hadamar und Grafeneck waren die bekanntesten. Die Eltern bekamen die Nachricht, ihr Kind sei „an einer Lungenentzündung" oder einer anderen schweren Erkrankung gestorben und nun erlöst. Die

Familien waren nicht selten erleichtert. Menschen mit Behinderungen und psychischen Erkrankungen waren übrigens die ersten, an denen die Nazis die massenhafte Vergasung ausprobiert hatten.

Ich stelle mir vor, wie viel Mut dazu gehört hatte, Helmut in der Familie zu behalten. Im ersten Jahr fiel es vielleicht noch nicht so auf, und die Mützchen und Deckchen im Kinderwagen konnten die Mandelaugen gut verdecken. Später wurde es heikel. Kam es raus, dass sie so ein Kind zu Hause hatten, konnte es schwierig werden, da den Familien dann Repressalien und gekürzte Lebensmittelrationen drohten. Aber nur wer in der Familie lebte, war geschützt vor dem Morden, und das waren in Kriegszeiten nicht viele. In den Anstalten war keiner sicher.

Helmut wuchs heran und war nicht mehr zu verstecken. Die Eltern entschieden sich zur Flucht nach vorn. Sie präsentierten ihn schon als kleinen Jungen in Hitlerjugend-Outfit. Sie kleideten und frisierten ihn wie einen Pimpf. Es gibt ein Foto, auf dem er mit Hitlerjugend-Frisur und entsprechender Kleidung in die Kamera schaut. Das Foto ist grotesk, denn dieses Outfit betont noch seine schräg stehenden Augen. Es ist ein Foto, von einem Fotografen abgezogen, wenn nicht sogar gemacht. Sah der das nicht oder drückte er einfach beide Augen zu, oder war er im heimlichen Widerstand? Vielleicht bewunderte er einfach diese mutigen, liebevollen Eltern. Von Helmuts Bruder Olaf erfuhren wir, dass es ein Netz von befreundeten Familien gab, bei denen er abwechselnd lebte, mutig beschützt. Auf diese Weise überlebte er die für ihn eigentlich mörderische Zeit. Ich habe einige dieser Familien auf einem großen Geburtstag von Helmut (es gab nur große Geburtstage von Helmut) kennengelernt. Es waren alles beherzte Berliner des Mittelstandes, die wussten, „was sich gehört", ihre Moral nie aufgegeben hatten und das Leben mit ihren Freunden lebten und feierten. Ich beneidete sie. Olaf Müller, der jüngere Bruder, war „Weltenbummler“ geworden, so stand es auf seiner Visitenkarte. Auch ein bisschen ein Orpheus.

Ich kann mir vorstellen, wie eng die Beziehung von Helmut zu seiner Mutter war und umgekehrt. Sie hatten bis zu ihrem Tod zusammengelebt. Vor kurzem war seine Mutter im Ehebett, in das Helmut nach dem Tod des Vaters eingezogen war, neben ihm gestorben. Nach zwei Tagen, als sie immer noch nicht erwachte, hatte er Hilfe geholt. Zuletzt lebte er in einer WG.

Frauen

Bea. Die fantastischen Kostüme und Masken hatte Beatrix Brandler, die bereits bei diesem ersten eigenen Stück enormes Talent bewies, entwickelt. Kerstin, die andere Masken- und Bühnenbildnerin, inzwischen Klaus' Frau, arbeitete nur noch für ihn. Von da an wurde Beatrix meine Mitarbeiterin. Als die Orpheus-Geschichten sich entwickelten, habe ich sie darum gebeten, die eingeschriebene „Zähmung“ im Kostüm der Eurydiken deutlicher zu machen. Sie nähte für jede Frau zusätzlich eine breite Schärpe, die sie über dem Kostüm trug und nie abnahm. Im Lauf ihrer unterweltlichen Befreiung warfen sie alles von sich, Hackenschuhe, Taschen, aber nie nahmen sie die Schärpen ab, die ihnen „Haltung“ gaben. So blieben sie bei aller Befreiung doch immer in einer „Fassung“. Bis zu meinem letzten Stück bei RambaZamba war die Zusammenarbeit mit Bea eng und außerordentlich, wenn auch immer ein kleiner Nervenkrieg, weil die Kostüme und Masken manchmal sehr spät kamen, knapp vor dem ersten Auftritt zur Premiere, aber immer genial. Manchmal wurde während des ersten Teils des Stücks ein Kostüm fertig genäht, um es dann im zweiten Teil schnell anzuziehen. Über die Kostüme und Masken lieferte sie stets eine weitere Erzählebene, keine Illustration, sondern kluge Beiträge zur Figur. Und immer blühten die Darsteller in ungeahnter Schönheit auf durch sie, wobei die Eigenart oder „Behinderung" nie weggeschminkt wurde.

Jenny. Sie hat in diesem Stück ihren Durchbruch. Jennifer Lau gehört seit 1999 zum Ensemble. Sie ist schlank, hungert auch dafür oder setzt Nadeln ins Ohr. Ihre Hüften bleiben aber rund, wie bei einer schönen Wespe. Jenny arbeitete lange im Café der Schwartzschen Villa, auf einem Integrationsarbeitsplatz. Sie bediente dort freundlich, und anschließend kam sie zur Probe. Sie kam immer in ihrem knielangen Rock, der weißen Kellnerinnen-Bluse und flachen Schuhen, dazu ein Perlenkettchen. Lange Zeit hatte sie Dauerwelle.

Jenny war in ihrem Leben eine wichtige Person. Sie konnte als erste sechs Jahre lang die Fläming-Schule, eine Berliner Grundschule, besuchen. Schlingensief ließ sich mit ihr fotografieren, und zusammen mit ihrer Mutter redete sie auf vielen Tagungen über das Leben mit dem Down-Syndrom. Es gibt Bücher und einen Film über sie. Den Schmerz um den geliebten, viel zu früh gestorbenen Vater, der sich stets um sie gekümmert hatte, lässt sie selten raus, Tränen leugnet sie.

Im Theater probt sie stets mit vollem Einsatz. Das Besondere ist ihr großes spielerisches Talent gepaart mit Tiefe und einer enormen Beherrschtheit. Sie hat immer eine gebündelte Form, elegante Bewegungen, Talent beim Tanzen, und ihre Sprache ist, weil schwer erarbeitet, zur beeindruckenden Kunstform geworden. Aber unter dieser enorm beherrschten Oberfläche spürte ich stets ihre Tiefe, ihre Sehnsucht, ihren Schmerz und ihre Eifersucht. Diese Paarung machte es aus. Dabei war sie nicht leicht zu knacken. Sie wollte auf die Bühne, ganz und gar, wobei ihr Ziel Schönheit ist, die Schönste sein. Und sie überdeckte alles, was dem nicht entsprach, mit Lächeln, so kam ich längere Zeit nicht an ihre Gefühle. „Ich habe keine Wut. Ich bin schön." Aber Schönheit ohne Lebendigkeit, das wird nichts. Lange wollte sie das nicht verstehen, so hatte sie es verinnerlicht, und es gab viel Eifersucht, weil ihre Liebste, die ganz natürliche Juliana, mehr zu Spielen bekam. Dennoch, es lohnte, mit Jenny intensiver zu arbeiten, den Schatz anzubohren. Ihre Improvisationen waren vielversprechend und originell. Ich ließ also nicht nach, und so wurde sie irgendwann sehr wütend auf mich und schrie mich an: „Du bist nicht meine Mutter! Lass mich in Ruhe. Ich hasse dich!" Endlich. Damit war die Schallmauer gebrochen. Wir konnten lachen, und sie konnte wütend sein und auch böse und musste keine Angst haben, nicht schön zu sein. In der „Weiberrevue" bekam sie für die „Fesche Lola" stets Szenenapplaus wie auch nach ihrer Tanzminiatur in „Orpheus ohne Echo", so wie sie in diesem Stück ohnehin der weibliche Star ist.

Achim Freyer, Maler, Regisseur und Bühnenbildner und Freund des Hauses, war begeistert von der Aufführung, den fantastischen Kostümen und Masken und von meiner Regie. Er machte mir große Komplimente als Regisseurin und schlug mir vor, an einem „normalen" Theater zu arbeiten. Ich hatte dazu nie Lust. Ich wäre anders in der Theaterszene anerkannt worden, aber mich interessierte unser besonderes Theater.

Moritz auf Leben und Tod

Im September 2001 erkrankte Moritz schwer. Er kam mit seinem Vater und dessen Familie aus Italien, wo sie gemeinsam Urlaub gemacht hatten. Schon am ersten Tag in Berlin spielte er seine große

Hauptrolle in „Macunaima". Das ist ein wichtiges Stück von Klaus, in dem Moritz vollen Körpereinsatz braucht. Wie so oft schlief er an den Tagen, an denen er bei ihm spielte, bei Klaus. Moritz schien erkältet und kaum in der Lage, seine Rolle zu spielen. Er bat darum, nicht spielen zu müssen, was noch nie vorgekommen war, aber keiner glaubte ihm. Als ich ihn nach den Vorstellungen von Klaus übernahm, hustete er ständig, erbrach alles Essen und war sehr krank. Unser Haus wurde gerade restauriert, alles war offen, keine Fenster, WC auf der Straße und ein eiskalter September. Aber Klaus lehnte ab, ihn bei sich zu behalten. Es wurde eine ganze angsterfüllte Woche. Moritz musste von mir auf der Wohnungsbaustelle versorgt werden, er hustete pausenlos, bis die Ärztin ihn endlich ins Krankenhaus einwies. Selbst da musste er, unentwegt hustend, bis in die Nacht auf die Diagnose warten, obwohl das Röntgenbild und die Blutwerte längst da waren. Als ich mich beschwerte, dass alle später Gekommenen vorher behandelt wurden, erinnerte „man" sich, und nun sollte alles ganz schnell gehen. Die Diagnose war klar. Moritz hatte eine schwere beidseitige Lungenentzündung. Der Zustand war höchst beunruhigend. „Sofortige Einweisung und an den Tropf." Aber keiner hatte damit gerechnet, dass Moritz sich nicht stechen ließ, keine Nadel hatte ihn seit seiner Kindheit gestochen, ganze OPs wären daran gescheitert, wenn nicht verständnisvolle Ärzte kreative Lösungen gefunden hätten, auch in diesem Krankenhaus. Für eine Leistenbruch-OP drei Jahre zuvor nahm der Arzt erst in der Narkose das Blut ab, so dass Moritz nicht gequält wurde. Dieser Arzt sagte nur: „Wenn er sich nicht stechen lassen will, dann gehen Sie eben wieder nach Hause." Damit verschwand er. Kein Angebot, die Antibiotika oral zu geben und ihn trotzdem aufzunehmen. Es war fast Mitternacht, wir waren schon acht Stunden dort. Er zitterte vor der Nadel, und wenn Moritz sich wehrte, hatte er enorme Körperkräfte. Ich zitterte um ihn. Wieder hatte ich große Angst um Moritz. Ich war hilflos, zutiefst im Wald. Dann sprach ich mit ihm sehr ernst über seine Situation, dass er sterben könne und doch inzwischen erwachsen sei. Zwecklos. Aber wenn die Gefahr groß ist, ist Hilfe nicht weit. So kam ein junger Arzt in Turnschuhen herein, gut gelaunt und salopp. Er fragte freundlich, was das Problem sei, und setzte sich zu Moritz ans Bett. Sie redeten eine kleine Weile über Fußball und dass die Fußballer auch manchmal Spritzen bekämen. Und plötzlich ging es. Er legte Moritz an den Tropf, lobte ihn und organisierte, dass ich bei ihm bleiben konnte auf der Station. Ich hätte den Arzt gern umarmt.

Die Odyssee ging jedoch weiter. Ich bekam ein Zimmer mit Moritz auf der Abteilung für innere Medizin. Wie nötig meine Anwesenheit und Unterstützung war, sollte sich noch zeigen. Er hatte hohes Fieber und bekam Paracetamol. Dadurch schwitzte er so, dass ich stündlich das Nachthemd wechseln musste. Dann kam eine Schwester mit den Medikamenten „für Herrn Müller". Moritz heißt Höhne wie ich. Er war so benommen, dass er das nicht gemerkt hätte. Später sollte Blut abgenommen werden, aber wieder stimmte der Name nicht. Klaus schlief eine Nacht bei ihm, um mich abzulösen, nur Moritz schlief nicht. Er hörte Klaus schnarchen. Nach Tagen, als nichts besser, der Keim nicht gefunden wurde und der erste Antibiotika-Durchfall kam, den ich versorgt habe, bat mich ein Arzt im Nachtdienst, morgens in seine Praxis zu kommen, um die Sauerstoffsättigung zu prüfen. Das hatte bisher keiner gemacht. Natürlich war sie viel zu niedrig. Nun bekam er Sauerstoff. Aber Moritz schlief nicht, hustete Tag und Nacht und wurde immer schwächer. Nichts half, der Keim war nicht zu identifizieren. Jetzt auf die Intensivstation. Es war so ernst, dass der Chefarzt die Pfleger anschnauzte, weil Moritz von der Trage zum Bett selbst gehen sollte. Ich hatte noch nie eine Intensivstation von innen gesehen und war verschreckt von all den Schläuchen, Bildschirmen, Kurven und Tönen. Aber unser Kollege Kay, selbst Pfleger, nahm uns die Angst, und wir alberten mit den Schläuchen herum. Es gab noch einen mehrtägigen Kampf mit dem Chefarzt, den ich mit Hilfe anderer Ärzte gewann. Nachdem ich die erste Nacht in einer Art Stuhl verbringen sollte, brachte der diensthabende Arzt das Bett, das für die Bereitschaft vorhanden war, in Moritz' Zimmer, damit ich bei ihm bleiben konnte. So fürsorglich war er, dass es mich sehr rührte. Wir waren unendlich erleichtert. Inzwischen hatte sich die halbe Theatergruppe als ständige Besucher eingenistet. Immer war jemand da, Angela Winkler kam täglich, Jacob, Juliane, Schauspieler und Mitarbeiter. Wir lachten mit Moritz gegen die Angst, erzählten heitere Geschichten und verbargen die Sorge dahinter. Im Fernsehen sah ich am Abend den Einmarsch der Amerikaner im Irak, 9/11 hatten wir vorher verfolgt, als Moritz noch zu Hause war. Die Bedrohung war innen und außen. Wo würden sie hinführen – die Schlachten?

Unsere Freunde brachten Blumen, Kekse und Obst, und es sah aus „wie bei den Zigeunern", beschwerte sich der Chefarzt wieder. Da konnte ich schon charmant sein und ihm ein Lachen abgewinnen. Schauspieler sind doch Zigeuner? Wir hatten später ein gutes Gespräch mit ihm über Moritz und unser Theater, und er sah ein, wie hilfreich all das war, was wir taten, um Moritz zu helfen. Als es nach zehn Tagen besser wurde und ich bis dahin Moritz viermal täglich aus seinem Durchfall geholt hatte, bedankte er sich sehr und meinte, dass sie es ohne mich nicht geschafft hätten. Moritz hatte auch noch eine Venenentzündung bekommen, weil von den Ärzten der „Inneren" der Zugang schlecht gelegt worden war. Das hatte auch ich entdeckt. Er hat es geschafft, wir haben es geschafft, und spätere Ärzte, die auf das Röntgenbild sahen, haben sich stets darüber gewundert. Es war knapp.

Bis heute bin ich froh, dass ich mich durchgesetzt habe und Moritz nicht von der Seite gewichen bin. Vor Jahren gab es eine Sendung im Fernsehen, die berichtete, dass Patienten wie Moritz mit nicht zugelassenen Medikamenten getestet werden können, wenn sie allein stationär aufgenommen wurden. Die Gesetzgebung ist schwammig. Nichteinwilligungsfähige Menschen können getestet werden, wenn es der Allgemeinheit dient. Das hatte mich alarmiert. Aber vor allem war die emotionale Verbindung zwischen uns wichtig, und ich hatte in jeder Minute Kontakt zu ihm und seiner großen Seele.

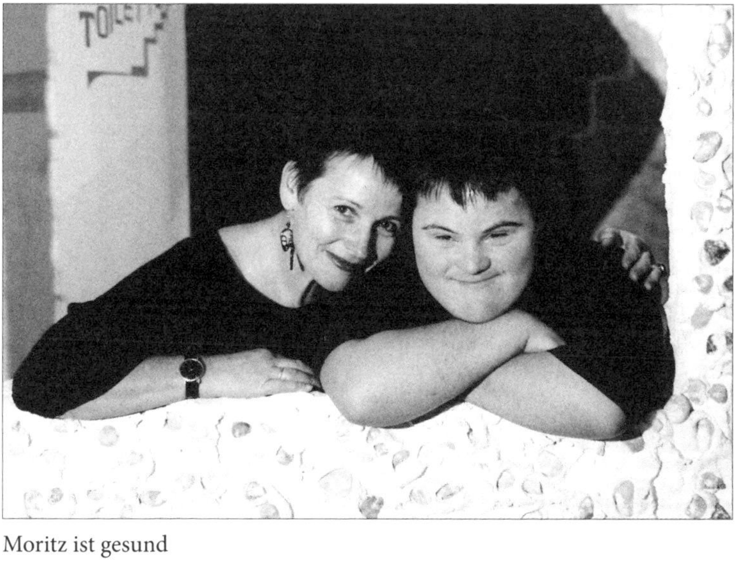

Moritz ist gesund

Endlich Förderung des Theaters – das Leben wird nicht leichter

2001 hatten wir zehn Stücke im Repertoire, die abwechselnd gespielt wurden. Alle Stücke wurden sehr professionell erarbeitet und begleitet, und es brauchte den Aufwand des ganzen Hauses, um sie so auf die Bühne zu bringen, dass der Anspruch unseres Theaters sichtbar wurde: Professionelles Theater mit außergewöhnlichen, begabten Schauspielern. Repertoire spielen bedeutet, dass die Stücke wöchentlich wechseln. Ab- und Aufbau, abendlicher Spielbetrieb kosteten sämtliche Reserven. All das ist kompliziert, wenn nur Kräfte des sogenannten zweiten Arbeitsmarktes zur Verfügung stehen.

In diesem Jahr jedoch bekamen wir mit Wowereits Hilfe – er war damals noch im Hauptausschuss und Unterausschuss Theater – eine dauerhafte Kultur-Förderung von jährlich 100.000 Euro durch den Berliner Senat ab dem kommenden Doppelhaushalt. Wir hatten den jährlichen Antragsmarathon unermüdlich absolviert, viele Abgeordnete angesprochen, donnerstags wie Wegelagerer vor dem Casino im Abgeordnetenhaus gewartet, um endlich oder immer wieder die Richtigen anzusprechen, und so war bereits der „Winternachtstraum“ eine vom Hauptstadtkulturfonds geförderte Produktion, ebenso wie „Kkaffee Leben und Tod“ und später „WOYZECK(en)“ und „Medea“. Dazwischen war jeweils Ebbe und Antragszeit.

Erst diese institutionelle jährliche Förderung ermöglichte ein zaghaftes Aufatmen. Wir konnten davon acht Stellen einrichten. Schlecht bezahlte, aber feste Stellen! Da hatten wir dann endlich einen Buchhalter, einen technischen Leiter, eine Stelle für Kostüm und Maske. Auch ich bekam eine Stelle als Theaterleiterin. Was für ein Sieg!

Dass das möglich wurde, haben wir auch Angela Winkler zu verdanken. Sie hatte bundesweit Unterschriften der wichtigsten Regisseure und Schauspieler gesammelt, auf getrennten vorbereiteten Bögen, um jegliche Animositäten zu vermeiden, und das dem Präsidenten des Abgeordnetenhauses Walter Momper offiziell und öffentlichkeitswirksam übergeben. Im gleichen Atemzug spendete sie das Geld, das sie mit der Verleihung des Eysoldt-Ringes bekommen hatte, an das Theater. 10.000 DM.

Die endlich gesicherte Theater-Zuwendung war ein unglaublicher Erfolg und ganz an der Kulturverwaltung vorbei durchgesetzt worden. Der Staatssekretär, der zu spät kommend fröhlich die Treppe hinaufsprang, während ich glücklich hinuntersprang, sagte mir sofort, dass das NUR ein Irrtum sein könne. Aber es war keiner, und nach anfänglich ablehnender Haltung wurde die Kulturverwaltung zu einer zuverlässigen und uns stets unterstützenden Behörde, der wir viele gute Hinweise und Gespräche verdanken.

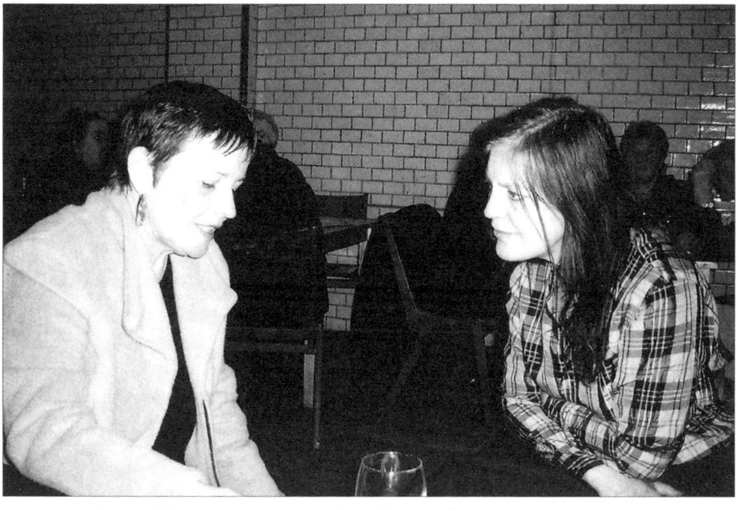

Mit Angela Winkler im Gespräch über das Perfekte

Dennoch ging und geht es immer noch nicht ohne die Stellen des zweiten Arbeitsmarktes.

Später als Bürgermeister stemmte sich Klaus Wowereit mit aller Macht gegen eine Erhöhung der Förderung, die wir ab 2001 erhalten. Immer wieder betont er: „Da hilft man mal einem kleinen Projekt, und dann wächst es einfach weiter und hat Forderungen, ohne uns zu fragen." Dass gute Projekte das nun mal so an sich haben, dass man das nutzen muss, um Innovationen in die Gesellschaft zu bringen, war ihm als Bürgermeister vielleicht bewusst, aber nicht in seinem nach Hochkultur aufgestellten Sinn.

Er verlor auch nie seine gönnerhafte Haltung zu uns. Als er wieder mal einen Besichtigungsparcours in der Kulturbrauerei absolvierte und auch kurz in unser Theater kam, ohne dass das Protokoll auch nur eine Minute für ein Gespräch vorsah, spielte Klaus spontan irgendetwas vor, das allen ein wenig peinlich war. Es war unvorbereitet und man spürte die Absicht ... Aber am schlimmsten reagierte Wowereit. Als seine Begleiter Klaus höflich stoppen wollten, meinte er herablassend: „Lasst den doch, der ist doch lustig. Das ist doch ein Clown", und ging.

Die Summe reichte nicht. Die Förderung betraf nur das Theater, alles andere musste aus Spenden und Mitgliedsbeiträgen oder aus kleinen Anträgen finanziert werden. Es blieb immer weniger Kraft und Geld für die anderen Künste.

Mit großer Anstrengung setzten wir die Projektarbeit in der Bildenden Kunst fort, und immer wieder gab es gemeinsame kleine Workshops, immer in schönen Landschaften, so an der Elbe oder am Frauensee. Zu dieser Zeit gab es noch viele ungenutzte Ferienobjekte aus DDR-Zeiten, in denen wir ohne viel Geld und Luxus kreativ arbeiten und auch übernachten konnten. Fern der gewohnten Abläufe und Vorurteile brachten wir Künstler von Sonnenuhr mit anderen zusammen. Es waren für alle bereichernde künstlerische und menschliche Begegnungen ohne Zwang und Vorurteile.

Es ging um Weiterarbeit und Ausbildung. Das brauchte einen langen Atem und einen starken Kampf. Klar, dass das nicht mit verbalen Absichtserklärungen und in vorhandenen Strukturen möglich sein würde. Denn das war es ja, diese Künstler und Schauspieler passten nirgends rein, in keine Kunstrichtung, keine Kursabläufe, keine Lehrmethoden. Keine Kunsthochschule nimmt Menschen mit einer anderen geistigen Ordnung auf, obwohl deren Talent groß sein kann. Das Exzellenz-Prinzip der Universitäten macht das immer noch (2023) unmöglich. Es galt, die Politik weiter von unserem Vorhaben so zu überzeugen, dass sie diese Kunst und auch diese Künstler als gleichwertig anerkannten und förderten. Es galt, die Ausbildungsstätten aufzuwecken und Verbündete zu finden. Also keine Pause.

Das führte dazu, dass unser technischer Leiter Andreas, der bisher auf ABM hervorragend gearbeitet hatte, seine nun feste Stelle nicht antrat, sondern uns verließ. Die Ankündigung von Klaus, dass wir nun erst recht noch mehr beweisen und leisten müssten, schreckte ihn ab. Er hatte, wie andere auch, immer alles gegeben in der Hoffnung, dass wir eine Förderung bekommen und damit ein wenig Normalisierung einsetzen würde. Er hatte vieles ausgeglichen, war ein guter Leiter für den zusammengewürfelten, schwierigen Technikerhaufen, aber nun war Schluss. Er wollte nicht wie ein im Rennrad rasender Hamster leben und wurde zu aller Überraschung Betreuer in einer Wohngemeinschaft für schwierige Jugendliche. Und mit denen kam er manchmal in unser Theater.

Aber die Dinge änderten sich. Zehn Jahre später – es war an einem Abend des Jahres 2011 im Abgeordnetenhaus –, Wowereit hatte schon die entscheidende Sitzung des Kulturausschusses, in der die Budgetplanung der nächsten Jahre entschieden wurde, verlassen. Endlich komme ich an die Reihe und halte vor den Abgeordneten eine Rede, auf die ich heute noch stolz bin. Sie sind eigentlich alle schon müde, blicken mehr oder weniger heimlich in ihre Handys oder Laptops. Ich weiß, ich muss es schaffen. Ich beginne und bringe das Geheimnis des Theaters in den nüchternen Sitzungsraum. Ich spreche leise, mache Pausen, lasse Fantasie und Zauber arbeiten. Und plötzlich hören sie zu, sehen mich an, und ich habe sie. Sie folgen meinen Beschreibungen und der Performance über das Theater, kein Blick mehr ins Handy, Laptops bleiben geschlossen. Shakespeare und unsere Schauspieler sind stärker. Ich hatte die Atmosphäre, den besonderen Ausdruck der Schauspieler, ihre ungewöhnliche und packende Art des Spiels und die begeisterten Reaktionen des Publikums nacherlebbar geschildert und dann die Umstände, unter denen wir das alles stemmten. Alle Abgeordneten votierten für die erhoffte Erhöhung der Zuwendung, die über zehn Jahre gleichgeblieben war. Wieder einmal ein Beweis für die motivierende Wirkung von Theater, denn ich hatte ein wenig Theater gespielt, sie zu einem Moment der Verzauberung verführt.

11. Akt

Der unperfekte Mensch – Fisch oder Ente (2003)

2001 begann ich einen Stoff zu suchen, der die Existenzberechtigung von „unperfekten" Menschen, zu denen auch Menschen mit einer Behinderung gezählt werden, stärker in den Fokus rücken sollte. Gleichzeitig wollte ich auf der Bühne weg von den Verführungen in die schöne Welt der Revuen und der Oper, wo das Publikum vergessen konnte und sollte, dass sie Menschen mit einem Handicap sahen. Das war zwar auch erwünscht, aber zugleich schummelten wir uns damit weg von der brutalen Tatsache, dass es im täglichen Leben für diese Menschen rauer zuging. Es wurde Zeit, das deutlich zu machen. Ich wollte, dass die Zuschauer in der Vorstellung nicht nur lachen und weinen, sondern dass ihnen das Lachen im Halse stecken bleibt.

Der Stoff lag auf der Hand bzw. in den Frauenkliniken. Das neue Gesetz zum Paragraf 218 gab Frauen eine neue Freiheit bei der Entscheidung, ob sie ihr behindertes Kind bekommen möchten oder nicht. Die diesbezügliche Ethik-Debatte tobte nicht nur in den Medien. Für mich war es das Thema meines Lebens. Dass Frauen in manchen Situationen des Lebens kein Kind bekommen möchten, kann ich nachvollziehen, auch ich habe ein drittes Kind nicht zur Welt gebracht. Aber dieses Gesetz ließ sogar Spätabtreibungen im Falle einer Behinderung des Fötus bis kurz vor der Geburt des Kindes zu. Während „normale" Föten nach der Frist von drei Monaten nicht mehr abgetrieben werden dürfen, ist es bei solchen mit Behinderung oder Fehlbildungen erlaubt, selbst wenn sie bereits lebensfähig sind. Als Begründung reicht „eine unzumutbare Belastung der Mutter". Meine Empörung richtete und richtet sich dagegen, dass eine Behinderung Grund genug sein soll, das Kind abzutreiben, auch zu töten. Dass die Frauen und Familien nun sagen können: „Ein Kind ja, aber nur wenn es ganz gesund ist." Diese legale Selektion läutete die zweite und subtilere Phase der Euthanasie insbesondere von Menschen mit Genabweichungen ein. Bei den gängigen Voruntersuchungen ist es vor allem möglich, Gendefekte festzustellen, am häufigsten die Trisomie 21. Das Ergebnis war, dass bei hundert dieser festgestellten Fälle mit Trisomie 21 ca. dreiundneunzig Frauen oder Familien ihr Kind abtreiben ließen. Diese Zahl hat sich seitdem kaum verändert. Das trieb mich um, trieb uns alle an, mehr aufzuklären, mehr mit den Politikern zu sprechen, mehr betroffene Mütter zu erreichen. Das aber macht der Datenschutz fast unmöglich. Inzwischen gibt es die elegantere Lösung der frühen Blutuntersuchung, was es den Frauen noch leichter macht. Während sie vorher nur über eine Fruchtwasserpunktion letzte Gewissheit bekamen, reichen nun ein paar Tropfen Blut. Und nun haben die Kassen die Kosten für diese frühe Blutuntersuchung übernommen. Abgesehen von der Ungerechtigkeit, die es bisher zahlenden Patientinnen schon vorher erlaubt hatte, gleicht es einer Ermutigung für alle Frauen, die Untersuchung machen zu lassen. Diese Entscheidung der Gerichte ist ein Einfallstor für viel weiter reichende Selektionen in der Zukunft und für immer stärker auf Leistungseffizienz eingestellte Gesellschaften. Mit dieser Kostenübernahme für den Bluttest sind wir leider heute noch weiter in die falsche Richtung unterwegs.

Ich verurteile keine der betroffenen Frauen. Aber, was man entscheiden darf, das entscheidet die gesamte Gesellschaft, entscheiden die Gesetzgeber, nicht die überforderten Eltern! Aber damit werden die Entscheidungen und die Verantwortung individualisiert und, wie Sigrid Graumann in der Wochenzeitung „Freitag" schreibt, „... auf die ‚Endnutzerin' abgeschoben, politische Weichenstellung entpolitisiert und lediglich als Erweiterung der Wahlmöglichkeiten deklariert, immer unter Berufung auf den medizinischen Fortschritt."

Wenn ich Moritz, Nele, Zora, Grit, Debbie, Michael und all die anderen ansehe, wenn ich erlebe, wie sehr sie unsere Gesellschaft bereichern, wie überzeugend sie Theater spielen, aber auch im Leben durch ihre Feinfühligkeit und ihre Lebensweisheit auffallen, begreife ich nicht, warum sie nicht existieren sollen. Sie sind ein Korrektiv der Gesellschaft, was Tempo, Effizienz- und Karrieredenken, was menschliches Miteinander betrifft. Auch wenn sie wild und anstrengend sind wie Grit, gehören sie ins Leben, in unser Leben. Sie zeigen uns, dass es viele Sichten und sehr unterschiedliche Weisen zu leben gibt. Sie befreien von Dogmen und Verbissenheit.

Ein behindertes Kind zur Welt zu bringen, bedeutet kein unglückliches Leben. Ich konnte wegen Moritz nicht wie bisher als Schauspielerin weiterleben. Dennoch sind wir mit unseren Kindern sehr glücklich. Wir haben trotzdem etwas aus unserem Leben gemacht, vielleicht sogar deshalb. Man weiß das nicht vorher, aber was weiß man denn schon vorher? Das geliebte „gesunde" Kind hat einen Unfall, die Frau verlässt die Familie, ein Sturm vernichtet die Existenz ... Wir können persönliches Glück von der Gesellschaft nicht einfordern, „gesunde" Kinder einklagen. Glück ist nicht einzufordern, es ist da, wo wir offen für die Überraschungen des Lebens sind, wo wir es annehmen.

Aus Struwwelpeter wird Mongopolis

Wir begannen uns mit Struwwelpeter zu beschäftigen, diesem Buch zur Erziehung der Kinder mittels grausamer Strafen. Aber nicht das reizte uns, sondern die Thematisierung von sogenanntem „schlechtem Benehmen". Wir versuchten, abweichende individuelle Äußerungsformen zu verteidigen und Normen zu befragen. Immer wieder hatten wir die Reglementierungen unserer Schauspieler erlebt („Behinderte dürfen nicht frech sein", so Passanten während eines Gastspiels in Mainz, „sondern dankbar"). Für sie galten offenbar noch strengere Regeln, um Akzeptanz zu finden.

Wie gewohnt improvisierten wir. Es blieb aber unklar, wohin wir wollten. Gutes Benehmen verteidigen? Das war nicht unsere Aufgabe. Schlechtes Benehmen verteidigen? Das war ein dünnes Brett. Irgendwann wurde mir – wie immer morgens um vier Uhr – klar, dass es nicht um gutes oder schlechtes Benehmen ging, sondern um die Zuspitzung, um die reine Existenz: Sollten sie überhaupt da sein? Wer durfte überhaupt da sein? Und wer nicht? Und wer entscheidet das?

So begannen wir die Proben zu einem Stück über die Selektion unperfekter Wesen. Die Erarbeitung dieses Stückes erforderte mehr als Feingefühl, denn das Thema war für unsere Spieler das schwierigste überhaupt. Wir hatten bereits unsere Erfahrungen damit gemacht. 1994 bereiten wir im Deutschen Theater eine Matinee mit dem Titel „Die nutzlosen Esser" vor. Schauspieler des Theaters, u. a. Christian Grashoff und Jutta Wachowiak, sollten auf der Bühne Berichte von Menschen lesen, die die berüchtigte „Aktion T4" als Zeugen miterlebt hatten, Schwestern, Überlebende, Busfahrer. Im Wechsel mit den Texten sollte der jüdische Klezmer-Musiker Giora Feidman mit Teilnehmern eines Musik-Workshops musizieren.

Also die, um die es in den Texten ging. Nach den ersten Zusammenkünften nahmen einige Betreuer ihre Schützlinge raus, da schon das Wort Euthanasie für sie eine alptraumartige Bedrohung war. Das mussten wir akzeptieren. Wir wurden vorsichtiger. Für Feidman war es die erste Zusammenkunft mit diesen besonderen Menschen, aber es war faszinierend, wie er sie sofort in sein Herz schloss und respektierte. Er spielte auf seiner Klarinette und forderte jeden auf, auch etwas zu singen oder zu spielen auf den bereitliegenden Instrumenten. „They have the channel!", rief er dann jubelnd.

Zum Eklat kam es, als er verstand, welches Thema die Matinee hatte. Er hatte es vorher nicht wirklich verstanden und wollte nun aussteigen, da er es unverantwortlich fand, dass unsere Teilnehmer bei den Lesungen dabei waren. Zuletzt entschieden wir gemeinsam, dass die Workshop-Teilnehmer während der Lesung der Augenzeugenberichte die Bühne verließen. Zum Musizieren kamen sie wieder. Das war 1994. Wie schützen wir jetzt die Schauspieler, oder sind sie nicht schon viel weiter?

Wir setzten die Proben fort, und ich schob die Konfrontation mit der ganzen Härte des Themas hinaus. Wir sprachen viel über Perfekte und Unperfekte. Wir, das Team, waren zum Missfallen einiger Spieler auf der Seite der Unperfekten, so wollten sie aber nicht sein. Grit fand, dass sie perfekt sei und Weichherz-Micha fand, dass Perfekt ein besonderes Konfekt sei.

Ich hatte seit der „Orpheus"-Arbeit eine neue Dramaturgin, Bettina Bartz, die eigentlich Dramaturgin und Autorin bei Opernregisseuren wie Peter Konwitschny war, die Arbeit bei uns aber immer sehr liebte. Bettina war eine absolut originelle, kluge Mitarbeiterin. Zierlich, mit wilder Lockenmähne, immer unterwegs, anderen zu helfen, die es brauchten, ausgestattet mit einem unerschöpflichen Wissen, wurde sie stets in Bibliotheken fündig zu den Themen, an denen wir forschten. Sie fand einen französischen utopischen Text über ein Kaufhaus, in dem man die missratenen Kinder umtauschen konnte. Das war ein echt theatralisches Fressen. Ich inszenierte nach einem Grand Guignol-Vorspiel über eine Gruppengeburt, in der alles „Unbrauchbare" weggeworfen wird, die Fötusreste bleiben das ganze Stück über liegen, einen Prolog, in dem Eltern sich im Wartezimmer zu Gott mit ihren unerwünschten oder „missratenen" Kindern einfinden, um ein besseres Kind einzutauschen. Beim Umtausch der unperfekten Kinder bei Gott konnten wir noch Struwwelpeter-Reste „verbrauchen", denn man benötigte zum Umtausch „nur ein Teil", so wird manchmal nur die Urne oder ein Schuh des verbrannten Kindes, ein Stück Haut oder die Fische, die Hans Guckindieluft verspeist hatten, abgegeben. Wie in einem Katalog wird der Rückgabegrund angekreuzt: Farbe gefällt nicht, Material gefällt nicht, anders als erwartet usw. „Ja, das stimmt! Anders als erwartet!" Aber welche Enttäuschung: Das Wunschkind darf mit nur einem Wunsch gekennzeichnet werden. Schlank oder raucht oder blond oder groß? Zum Glück gibt es die Kategorie „perfekt". Damit sind alle zufrieden. Gerade diese surreale Elternszene im Wartezimmer zu Gott wurde so ernst und witzig, so fein und subtil von allen gespielt, dass „man" sich oder die Nachbarn durchaus wiedererkennen konnte. Natürlich kommt nicht Gott, er meldet sich krank angesichts solcher Elternhärte und schickt seinen Stellvertreter Dr. Teufel, der alles gebrauchen kann, von Joachim Neumann, bekannt als Jason und Orpheus, grandios gespielt. Der tauscht dann mit dem Bürgermeisterpaar (Patricia, noch als Hermia und Eurydike in Erinnerung, und René, der Sprücheklopfer, schriller ging es nicht) das Wasser der Erde (ist ja billig) gegen Perfekte. Somit nimmt die Tragödie lustig ihren Lauf.

Anouk Meyer beschrieb im „Neuen Deutschland“, dass noch nie eine RambaZamba-Inszenierung den (Wissenschafts-)Traum vom perfekten Menschen so direkt hinterfragt hatte.

Die weitere Story: Dr. Teufel, das Bürgermeisterpaar und der Arzt Dr. Downhunter versuchen nun, die Perfekten bei möglichst wenig Wasser möglichst viel arbeiten zu lassen. Die in weißen Ganzkörperanzügen steckenden Perfekten schuften. Ihre gleichförmigen Bewegungen werden 12-fach auf die Rückwand übertragen und so von den „Bösen“ überwacht. Aber auch Perfekte brauchen Wasser. Fehlt es, brechen sie aus oder zusammen, während die drei Bösen ihre Orgien feiern. Der Krimi beginnt. Ein Kommissar beobachtet das Verbrechen, ein galaktischer Reporter berichtet ins All über die verdächtigen Zustände in Mongopolis („tote Fische, Kinder werden in den Fluss geworfen, ein Doc ist tot“). Inzwischen überreden Adam und Lilith Gott, der gerade sterben will, mit ihnen nach Mongopolis zu gehen, um das Wasser für die Menschen zu retten. Dort verliebt Adam sich in eine Perfekte und nennt sie Eva. Damit ist sie nicht mehr perfekt, sondern ein Individuum. Heimlich lieben sie sich, aber auch die anderen wollen jetzt einen Namen. Da das Wasser nur noch für drei reicht, ordnen „die Bösen“ eine Selektion an. Bis dahin hatten wir viel Spaß auf der Probe.

Um kein Mitleid und keine Art von Belehrung aufkommen zu lassen, entschied ich mich, das Stück als Sciencefiction-Krimi-Comic zu inszenieren, frech, überzogen, schrill (geniale Kostüme von Beatrix), mit berührenden Zwischenszenen und einem brutalen Ende. Das Ganze spielte auf einer gewaltigen futuristischen Plexiglaspyramide von Angelika, mit zahlreichen Klappen und schrägen Flächen versehen. Transparent und spiegelnd, nicht rutschfest, uneinnehmbar.

Am Ende des Stückes soll die Szene der „Auswahl“ kommen. Moritz spielt Adam. Als Diener von Dr. Teufel soll er nun die drei Kandidaten auswählen, die für ein nächstes Experiment neu geboren werden sollen. Die anderen kämen zum Müll. Ich ahnte am Beginn der Proben zu dieser Szene nicht, dass hier der Boden aufreißen würde. Moritz wählte versehentlich vier aus. Dr. Teufel schrie: „Drei, nicht vier!“ Also musste einer raus. Im gleichen Moment weinte JP (Jan Patrick), einer der vier ausgewählten Schauspieler, bitterlich. Moritz hatte noch nichts gesagt, aber die beiden waren nicht eng befreundet, und irgendwie war JP klar, dass er „geopfert“ werden würde. Auch Moritz verstand augenblicklich, dass er fast etwas Grausames getan hätte und weinte ebenfalls. Ich brach die Probe ab, und plötzlich hatten alle das Problem verstanden. Viele weinten. Wir trösteten sie und sprachen lange miteinander. Es gab viele Gespräche und Spiele, um allen die Sicherheit zurückzugeben, dass es nicht um sie selbst ging, sondern um Geschichte, und dass wir das spielen wollen, damit Menschen wie sie weiter auf die Welt kommen dürfen. Für JP, diesen jungen neuen Spieler, der sehr darunter leidet, mit dem Down-Syndrom zu leben, war aber genau das nicht wünschenswert.

Ja, was für eine Arroganz von uns, dass wir ihnen sagen wollten, ihr Leben sei in jedem Fall „lebenswert“. Mit welchen alltäglichen Schwierigkeiten, Enttäuschungen, Kränkungen und Misserfolgen mussten sie leben und das immer wieder kompensieren. Die dicke Haut der oft molligen bis übergewichtigen Menschen mit Down-Syndrom wirkt wie eine Sichtbarmachung dessen.

Wir konnten die Szene dann so spielen: Moritz weigerte sich mittlerweile total, jemanden auszuwählen. „Alles meine Freunde.“ Das übernahmen wir ins Stück und Dr. Teufel forderte das Publikum zur Auswahl von drei Perfekten auf, „die neu geboren werden sollen. Es kann doch so schwer nicht sein!" Die Bühne wurde dunkel, und auf der Rückwand erschienen nacheinander die Großaufnahmen der Spieler, müde, verschwitzt, mit verrutschter Schminke, sehr bei sich, von leisen Klängen wie Wal-Rufen begleitet schwebten sie in der Galaxis. Schon nicht mehr bei uns. Schon vergast. Ein tief beeindruckender Moment.

Aber wie im Märchen besiegt Adam den Teufel, und alle sind befreit. Nur dass die Menschen mit Down-Syndrom den Planeten verlassen. „Wir gehen. Wir suchen einen anderen Stern!"

Das betroffene Schweigen der Zuschauer während dieser Szene kannten wir schon bald. Selten kamen sie danach in die Kantine zum lockeren Plausch, wie es sonst immer geschah.

Bei einem Gastspiel in Eschwege mit 800 Zuschauern mit und ohne Behinderung verschlug es uns die Sprache, als die Bewohner einer betreuten Wohngruppe laut auswählten und natürlich die schöne Juliana und Jenny erkoren und alle anderen laut ablehnten. Nicht nur uns stockte der Atem. So mancher hat sich gefragt, ob sie nicht genau das laut aussprachen, was die anderen sich nicht trauten.

Zum Team gehörte auch Jacob. Er war mit Videoinstallationen und der Stück-Musik betraut. Das war nicht unwesentlich für das Genre des Comics. Dieses Mal war er auf keiner Probe gewesen. Wie ein scheuer Fuchs hatte er sich in seine Schallkabine zu Hause verkrochen, und als ich meinte, dass es so weit war, wollte ich die Musik bei ihm abholen. Da er als Perfektionist anderer Meinung war, wollte er sie nicht hergeben, aber ich blieb in der Tür stehen, bis er sie rausrückte. Und sie passte, die Musik, wie die berühmte Faust … Die elektronische Musik und die Videoeinspielungen von Jacob ergänzten das Spiel kongenial und haben dem Stück eine eigene Ästhetik gegeben. Wir alle, aber auch er selbst staunte, wie passend die Musik war, obwohl er keine Probe erlebt hatte.

Die göttliche Rettung – Rita

Bald sollte Premiere sein. Davor kam es fast zur Katastrophe mit Gott: Monatelang hatten wir mit Helmut als Gott geprobt. Dabei war mir seine Geschichte immer präsent, sein Überleben. Als Gott war er eine ideale Besetzung: das kleine ohnmächtige Männlein, das es satthat, seine Güte gegen Dr. Teufel und die gierigen Menschen zu setzen. Nachdem die harten Eltern ihre ungeliebten Kinder abgegeben hatten, beschließt Gott-Helmut, zu sterben. Das war seine Lieblingsszene. Er war von überwältigender Trauer, schwieg lange und sagte dann sehr leise: „Ich bin müde. Ich will sterben." Er ging langsam nach hinten und legte sich regelrecht sorgfältig auf eins der Plexiglaspodeste, unter dem ein Licht erstrahlte, und seufzte glücklich „Sterben". Nebel wallte heran, Gott schwebte auf den Wolken. Aber Adam und Lilith kamen aus einer Pappkiste und ließen ihn nicht in Ruhe sterben, „solange der Teufel noch lebt". „Das Wasser muss gerettet werden!" Gott ließ sich darauf ein, allerdings nur, weil Juliana die Lilith spielte, und mit der ging Helmut gern auf die Erde, um dem Teufel das Handwerk zu legen. Er spielte das hinreißend, auch seinen späteren Grundsatzstreit mit Dr. Teufel. Aber vor der Premiere lagen die Ferien, und danach stieg Helmut aus. Er sei müde, und er war auch müde. Er wollte auch nicht mehr auf Gastspielreisen gehen mit „Orpheus" und „Weiberrevue", in der er inzwischen als Gast glänzte.

Wir waren in heller Panik. Es war das „Jahr des Unperfekten Menschen", die Premiere von „Mongopolis" sollte deshalb auf der Bühne der Akademie der Künste stattfinden und war bereits hochrangig ausverkauft. Im Bundestag hatte der Bundespräsident öffentlich von uns geschwärmt, die Erwartungen waren hoch. In der Not filmten wir Helmut und wollten ihn per Video einspielen. Riesen-

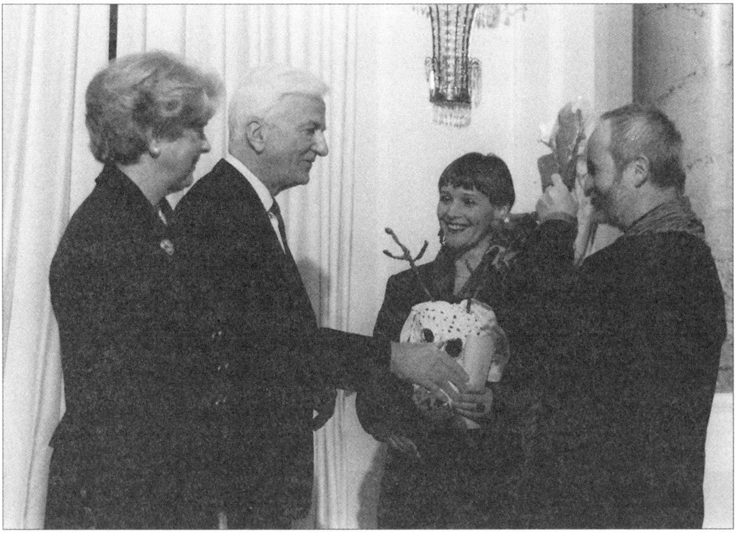

Neujahresempfang bei Bundespräsident Richard von Weizsäcker

aufwand mit Bluescreen und so weiter. Es wurde nichts. Wir waren verzweifelt. Da lief mir Gott buchstäblich „durchs Bild“: Rita. Sie ging einfach von links nach rechts über die Bühne und rief einen Scherz, und ich wusste plötzlich, dass sie die einzig mögliche Besetzung für Gott sein konnte. Rita, eine kleine Frau mit Down-Syndrom, war seit der „Weiberrevue“ bei uns und hatte sich in „Orpheus“ mit ihren klaren Sätzen „Ich bin klein und dick. Sieh mich an“ gegen männliche Fremdbestimmung behauptet.

Rita sagte sofort zu. Sie spricht zwar undeutlich und lernt schwer Text, aber sie kann sich mit so viel Grazie und Anmut bewegen, dass man die Sprache nicht vermisst. Rita wurde Gott:

In ihrem blauen indisch anmutenden Göttinnen-Kostüm von Beatrix, das sie fremd und zugleich kindlich ungeschützt aussehen lässt, bezauberte sie alle. Sie lernte diszipliniert Texte, probte verantwortungsvoll und ehrgeizig. Aber sprechen kann sie nur das, wovon sie ganz überzeugt war. Sie wollte sie selbst bleiben und doch gesehen und geliebt werden. Sie tröstete. Sie wollte alle sein und alle umfangen. Sie liebte jede ihrer Kreaturen: „Alle Tiere und Menschen, Kranke und Gesunde, Schwäne und Hunde. Sie sind mein Werk! Perfekt ist falsch!" So sah sie das auch. Federleicht zauberte sie alle Fragen weg.

Mit der Problematik unseres Stücks wurden wir später noch einmal konfrontiert, als Götz Aly, ein Freund des Hauses und ein unerbittlicher Forscher und Historiker zum Thema Euthanasie, uns bat, ihn bei der Vorstellung seines neuen Buches „Die Belasteten" künstlerisch zu begleiten. Viele Jahre waren vergangen seit der Matinee mit Feidman, „Mongopolis" war bereits gelaufen, und wir hatten das Thema immer wieder vorsichtig behandelt. Für die Buchvorstellung mit Götz Aly hatten wir erwogen, ähnlich wie 1994 bei der DT-Matinee, die Gruppe während der Texte, die von zwei Schauspielern mit Körperbehinderung gelesen wurden, abgehen zu lassen. Gabi Helmdach und Sven Norman saßen im Rollstuhl und hatten bereits Erfahrungen mit dem Lesen solch schwieriger Texte. Alljährlich findet in der Philharmonie ein „T4-Gedenktag" statt, da sich in der Tiergartenstraße 4 die Zentrale der „Aktion T4" befand. Beide hatten dort bereits ähnliche Texte gelesen. Es fiel ihnen nicht leicht, aber sie konnten es besser verarbeiten als die Schauspieler mit einer anderen geistigen Ordnung. Bei den Proben, als wir die Texte von Götz Aly, seine Erklärungen und unsere Gedichte und Lieder aus „Orpheus ohne Echo" und aus der „Winterreise" abwechselnd probten, konnten die Schauspieler jedoch ganz gut dabei sein, so dass wir entschieden, dass sie während der Texte nicht abgehen würden. Nur Franzi war bei den Proben nicht dabei. Die Veranstaltung fand in der Charité in dem steil ansteigenden Vorlesungsraum statt, in dem die Rassenlehre vor über 70 Jahren unterrichtet worden war. Jeder

Platz war besetzt. Die Schauspieler kamen schweigend mit schwarz-weißen Stabpuppen aus einer neuen Inszenierung (Der Frieden) in den Raum, stellten sie an die Wand und setzten sich in einfacher Würde davor. Hinter ihnen die papiernen Stabpuppen wie Seelen oder Ahnen. Aber Franzi hörte nun die Texte zum ersten Mal, die Tränen liefen aus ihren Augen, sie schluchzte. Eine Assistentin ging, sie sanft umfassend, mit ihr hinaus. Man hörte Franzis lautes Weinen während der Texte noch lange durch die hohen Gänge hallen, die wie Anstaltsflure wirken. Dann kam sie wieder, um ihr Lied zu singen.

Die Schauspieler lernten bis zur Premiere von „Mongopolis", mit dem Problem umzugehen und liebten das Stück wegen dem vielen Unsinn darin sehr. Es gab kleine erschütternde Einzelszenen, JP bettelte den galaktischen Reporter um einen Namen an, er wollte keine Nummer mehr sein, und Jenny bot sich gleich ganz „als Ersatzteil" an.

Das Stück hatte comic-gemäß eine klare Einteilung zwischen Guten, Bösen und Beobachtern. René spielte als Bürgermeister einen wirklich Bösen. Als zur Vorhangordnung der Ruf „Die Bösen!" erscholl, trat er jedoch nicht auf. „Ich bin kein Böser", war seine Erklärung. Er war wie viele Politiker davon überzeugt, dass der Bürgermeister alles richtig machte: billiges Wasser gegen Perfekte tauschen. Wir erklärten es ihm. Er wurde wütend. Er wollte keinesfalls ein Böser sein. Dann schwieg er und gab nach. So dachten wir. Zur Premiere trat er mit den Bösen auf und rief zu aller Überraschung: „Ich bin der Gute, ich bin der Gute!! Jaja!" Er hatte wieder mal gewonnen.

Auf die Frage einer Journalistin nach seiner Motivation antwortete er: „Weil's Spaß macht. Ich spiele immer die Rollen, die mir am Herzen liegen. Und besonders wenn die Kasse klingelt!"

Filme

Eines Tages standen eine große elegante Frau mit langen blonden Haaren und eine andere sympathisch wirkende Frau in unserem Theatervorraum. Der ist immer etwas abgedunkelt, voll mit Bühnenteilen und Kostümständern, und man unterhält sich dort nur kurz, es entscheidet sich schnell, ob das Gespräch fortgesetzt wird oder nicht. Die beiden standen ein wenig „wie Falschgeld" herum, sie hatten „Orpheus ohne Echo" gesehen und fragten, ob sie einen Film über uns drehen dürften. Sie hatten einen Platz bei Arte für einen 90-minütigen Film bekommen und nachdem sie den Artikel von Christine Claussen im „Stern" mit den Fotos von Sibylle Bergemann gesehen hatten, wollten sie ihn gern über uns machen. Wir trauten unseren Ohren nicht. Einen 90-Minuten-Film zur besten Sendezeit auf Arte, das bedeutete endlich ein Ankommen in der Gesellschaft als ernsthaftes, professionelles Projekt und nicht mehr als Randprojekt mit sozialem Touch.

Also gab es am gleichen Abend ein Gespräch und viele weitere in der folgenden Zeit mit Sylvie Banuls und Sabina Engel. Sylvie ist eine feinfühlige, tiefgründige Filmemacherin mit einem offenen Geist. Sie hatte damals schon mehrere Dokumentarfilme gedreht, die meisten von Arte gesendet. Ihr sehr sympathischer und politisch engagierter Mann war ihr Produzent. Sabina war das Gegenstück von Sylvie, handfest, entschlussfreudig und mit viel Humor. Die Frage war ganz schnell nicht mehr ob, sondern wie sie den Film machen konnten. Da ein reiner Theaterfilm nicht infrage gekommen wäre, bauten sie den Film um ein Quartett herum: Juliana, die Jüngste, Helmut, der Überlebende, der Älteste, Moritz und Nele als Kinder von Theaterleuten und auf der Bühne oft ein Paar. Wir trafen die Verabredung, diesen Film 2003, während der Proben zu „Mon-

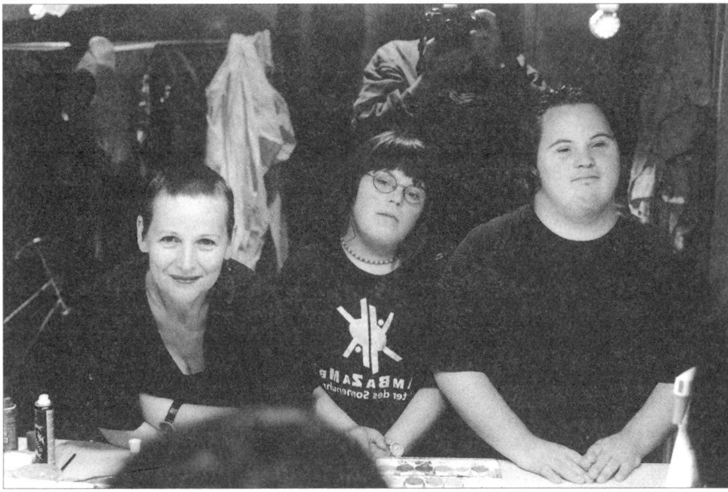

Mit Moritz und Nele in der Garderobe

gopolis“, zu drehen. Sylvie und Sabina begleiteten uns viele Monate, unauffällig, liebevoll, anteilnehmend. Sie erlebten die Mongopolis-Arbeit in Szenenproben, sahen Aufführungen der laufenden Stücke und interviewten die vier Protagonisten und ihre Eltern, und Helmuts Bruder. Wie war es am Anfang? Wie schwer war die Nachricht vom Down-Syndrom zu verkraften, wie lange brauchten Julianas Eltern, um sich ihr zu nähern, wie mutig waren die Eltern von Helmut? Und welches Glück bedeutet dieses Theater nun? Es dauerte nicht lange, und wir waren Freunde und saßen viele Abende in meiner Küche oder im großen Wohnzimmer bei Suppen und Wein bis spät in die Nacht. Die Gespräche wühlten uns auf, oft konnte ich gar nicht schlafen danach. Es war wichtig, dass wir gerade an diesem Stoff arbeiteten, während der Film entstand. So war man schnell am Existentiellen. Irgendwann war die schöne, bereichernde Zeit des Drehens vorbei, das Filmteam zerstreut bzw. mit der Endfertigung beschäftigt.

Die Titelsuche dauerte sehr lange. Wir waren nie zufrieden. Wie so oft sagte Moritz bei einem Telefonat mit Sylvie: „Liebe dich". Damit war der Titel da: „Liebe dich …" (info@basisfilmdvd.de).

Sibylle Bergemann, der wir diesen Zugang verdanken, war eine bedeutende Fotografin, die erst in der DDR, besonders in der Zeitschrift „Sibylle", dann in der Bundesrepublik eine unverwechselbare Sprache in der Fotografie besaß. Ihre Bilder waren geheimnisvoll, dem Mainstream entgegen, wie Gemälde gebaut und oft ein bisschen der Moment vor oder nach dem „Ereignis". Sie gehörte zu den Gründern von Ostkreuz, Agentur der Fotografen. Sie hielt RambaZamba die Treue bis zu ihrem viel zu frühen Tod.

Fünf Jahre später drehte die in Amsterdam lebende Filmemacherin Rosemarie Blank die Langzeitbeobachtung „Als wär's das wahre Leben". Rosi, eine Freundin von Angelika, ist eine kleine, äußerst agile Künstlerin, prall voll mit Plänen und Ideen und Aktivitäten. Sie besorgte beim Kulturfonds Geld für eine Video-Installation über das Theater. Dabei beschränkte sie sich auf nur ein Stück. Sie drehte immer dann, wenn wir für „Orpheus"-Vorstellungen probten oder Vorstellung hatten. Dann waren alle im Kostüm oder zogen sich gerade um und probten Texte. Zugleich waren sie noch privat. Die kleine Kamera stand unbeachtet im Aufenthaltsraum auf dem Tisch, und alle kleinen und großen Dramen wurden aufgezeichnet. Dieses Material schnitt sie dann zu einem eindrucksvollen Filmporträt unserer Schauspieler. Außer den Schauspielern gibt es keine anderen Personen. Nichts ist inszeniert. Jenny sieht man wiederholt auf der Fensterbank des Vorraums zur Toilette ihren Text üben und zu zweit mit Juliana in der Toilette verschwinden, dann hört man ihre Texte. Moritz und Martin üben die Arie „Ach ich habe sie verloren", von René falsch dirigiert. Man erlebt dramatische Ausbrüche von Hannes wegen seiner Uhr, „Wenn es um meine Uhr geht! Da kenn ich nichts!", Anke weint still, Jenny tröstet Hannes. Man erlebt das Liebespaar Moritz und Nele, auch sie weint, und er tröstet sie, will aber eigentlich zur Probe. Franzi provoziert Joachim, und für einen Moment denkt man, dass es auch Gewalt geben könnte. Wenn alle zum Auftritt eilen, stellt sich Rita, scheinbar unbeobachtet, vor den Spiegel in verschiedene Posen und singt das Lied von Katja Epstein: „Theater, Theater".

Zwischenspiel

„UNKRAUT ERDE MENSCH" (Vol. 2, 2005)

Sonnenuhr wird fünfzehn, wir feiern das dritte Festival, das zweite unter diesem Titel.

In der DDR erhielt jeder junge Mensch anlässlich der Jugendweihe einen Band mit dem Titel „Weltall Erde Mensch". Er erklärte den Vierzehnjährigen die Entwicklung des Weltalls, die Entstehung der Erde und des menschlichen Lebens bis hin zu gesellschaftlichen und sozialen Lebensformen, die in gerader Linie bis zum unweigerlich eintretenden Kommunismus führte. Alle aus dem Osten kennen es. Bei uns nun Unkraut statt Weltall, von der großen Utopie zurück zur kleinen. Das scheinbar nutzlose, überflüssige Unkraut auf der Erde, wenig wertgeschätzt, zertreten, an den Rändern wachsend, das feierten wir. Menschen wie unsere Künstler wurden nicht anders gesehen: nutzlos, überflüssig, wenig geschätzt. Es passt nicht in die Ernte. Oder doch? Was wäre alles Leben auf der Erde ohne dieses Unkraut, das an den Rändern Korn- und Mohnblumen, Senfkraut und Schierling, Brennnessel und Disteln hervorbringt, oft mit prächtigen Blüten, das Krankheiten heilen und das Gleichgewicht in der Natur erhalten kann. Schmetterlinge und Bienen lieben es.

2005, in einem glühend heißen Sommer, war die Grundsanierung der Außenbereiche der Kulturbrauerei abgeschlossen. Die Gebäude und Fassaden waren den historischen Vorbildern nachempfunden, sehr geschmackvoll, alles ein bisschen chic, aber ohne Grünflächen auch ein wenig steril. Kaum einer setzte sich zum Verweilen auf diesen Hof.

Der Unkrautgedanke aus dem vorigen Festival war für uns noch gegenwärtig, und wir fühlten uns auf dem Hof nicht wirklich wertgeschätzt. „Aus ethischen Gründen sei das Projekt zu begrüßen, aus künstlerischer Sicht seien es aber doch keine richtigen Künstler." So die Meinung einiger. Es blieb der Geruch des „Unkrauts" an uns hängen. Für uns war das in Ordnung, und wie Unkraut breiteten wir uns zum Festival auf dem Hof aus.

Eines Morgens ist etwas anders, die sterile Atmosphäre gestört. Im ganzen Hof stehen, sitzen und hängen seltsame Figuren. In den Fenstern, sogar auf dem Dach, am hohen Schlot und in den Nischen sind überlebensgroße Puppen, krumm und schief, ein bisschen schmutzig und bunt. Endlich Unkraut! Es war aufdringlich und übergriffig. „He, sieh uns mal an! Haste mal 'ne Mark?"

Für die Orpheus-Inszenierung 2001 hatten wir mit den Sonnenuhr-Künstlern in einem großen Projekt lebensgroße und überlebensgroße Puppen hergestellt. Wir nahmen gespendete Kleidung und Kostümteile und stopften sie aus, nähten sie zusammen, meist krumm und schief, und ließen sie von den Spielern bemalen mit grellen, starken Farben. Diese Puppen dienten in „Orpheus" als Körper der Eurydiken, die nach dem Selbstmord auf der Erde zurückgelassen wurden. Die Orpheuse finden sie und nehmen sie mit. Mit ihnen wurde geweint, getanzt, sie wurden in den Abgrund geworfen, ermordet.

Wir hatten jedoch viel mehr Puppen als wir brauchten. Und so nahmen wir für unser Fest die vielen krummen, bunten Menschenpuppen und verteilten sie in den Fenstern und Türen des Hofes. Alle

Mieter machten mit und ließen uns die Puppen postieren. Sie waren die anderen Botschafter: „Wir sind da, wir sind immer da!" „Unkraut vergeht nicht!"

In der ungewöhnlichen Hitze dieses Jahres spielten wir mit den Puppen Straßentheater und hatten für den Abend die wildeste Band Berlins gemietet: die bolschewistische Kurkapelle. Und so feierten wir wieder mit vielen Gästen und spürten, wie lebendig wir waren. Wir merkten aber auch, wie kräftezehrend all das für uns war, zumal Klaus und ich uns immer erst durch gegensätzliche Positionen wühlen mussten, um dann zu einem dann doch immer gelungenen gemeinsamen Ergebnis zu kommen. Das wurde immer schwerer.

Abends, wenn es kühler wurde, saßen wir noch auf dem Hof und genossen die „Unordnung", die wir hinterlassen hatten.

12. Akt

„Zu spät, Kopf ab!“, ruft die Königin

Wir hatten in Berlin einige heiße Sommer mit warmen Sommernächten erlebt, und überall entstanden erste Open Air Bühnen. Es gab große und kleine Vorstellungen und die ersten Festivals im Freien. Das Theater verließ die Innenräume, wurde auf Schiffen gespielt, in Flusslandschaften, Hinterhöfen und im Monbijou Park. Kunst-Karawanen zogen von Moskau über Berlin bis Beirut. Theater im Freien, mit der Landschaft und dem sich verändernden Licht als Mitspieler, das lockte mich. Ich bekam Lust auf diese südliche Art des Theaterspielens, darauf, teilzuhaben an der Leichtigkeit der sommerlichen Flaneure. Es war die Zeit, da die Straßencafés und Biergärten die Bürgersteige und Höfe Ostberlins bis in die Nacht überfluteten und die erst begeisterten, dann genervten Anwohner mit Musik, Lachen und Diskussionen am Schlafen hinderten. Wenn wir nachmittags in den maroden Höfen Kaffee oder Wein tranken und von einem neuen Leben und einer neuen Kunst träumten, erfasste uns eine wunderbar müßige Stimmung. Ein bisschen Dolce Vita. So mitten am Tage, das waren wir ostdeutschen Protestanten nicht gewöhnt. Wir saßen zwischen Papierkörben, Blumen, Lampions und alten Gartenstühlen. Noch war vieles unrenoviert. Und so an der frischen Luft dachten wir über unser Theater nach. Wir spürten, wie verwundbar wir nach den schweren Themen waren. Wir brauchten einen leichteren Stoff, einen, der der grenzenlosen Fantasie unserer Spieler, ihrem Bedürfnis nach Tanz und Ausdruck entgegenkam. Auch ich brauchte das. Da dachten wir zum ersten Mal über eine Open-Air-Produktion nach. Jacob und Beatrix schlugen „Alice im Wunderland" vor, wie immer als Stoff, um den herum die Schauspieler frei erfinden und improvisieren konnten. Und bald stand fest: Wir inszenieren auf dem Hof der Kulturbrauerei ein Stück für Kinder. Unmittelbar nach „Mongopolis" begannen wir das Alice-Projekt.

Warum Alice? Es lag auf der Hand, dass dieser Stoff unseren spielwütigen Schauspielern ein Fressen sein könnte. Aber ich erinnerte mich an meine früheren Vorbehalte. Ich hatte die Geschichte meinen Söhnen nicht vorgelesen, obwohl ich diese schöne Ausgabe aus dem Lucie-Groszer-Verlag besaß. Ein großes Buch mit schwarzweißen Illustrationen, das wir alle liebten, das ich aber nicht lesen mochte. Bei der neuen Lektüre wurde mir immer deutlicher, was mich so beunruhigt hatte: Der Fall ins Kaninchenloch katapultiert Alice in eine absolut unerklärliche und bedrohliche Welt, in der nichts Bekanntes gilt, die Regeln verloren sind und in der es keine Verbündeten gibt. Keiner antwortet Alice verständlich, keiner begegnet ihr ein zweites Mal, und wenn, dann ist diese Person plötzlich fremd und feindlich oder verwandelt sich vor ihren Augen, wie die Grinsekatze. Vielleicht hatte ich meine Kindheits-Welt ähnlich erlebt.

Jetzt als Erwachsene reizten mich die Geschichten von Alice. Ich entdeckte, dass die beiden Alice-Bücher zu den ersten Büchern der Moderne gehörten und sich mit Entfremdung und Isolation auseinandersetzen, mit der Relativität von Wahrnehmung und dem verlorenen Ich, einem zur Entstehungszeit und heute immer noch wichtigen Thema. Ich hatte meine Doktorarbeit über Wahrnehmungsveränderungen auf Grund der modernen Verkehrsmittel im 19. Jahrhundert und ihre Auswirkungen auf die Kunst des Naturalismus geschrieben. Plötzlich wurde sie in diesen Büchern für mich noch einmal lebendig. Ich wurde immer neugieriger. Mit all den surrealen Abläufen und Figuren, die meist jeglicher Logik entbehrten, war der Stoff ein ideales Angebot für die überbordende Fantasie der Schauspieler. Die meisten unserer Spieler hatten im Leben längst ihre Erfahrungen mit einer „undurchschaubaren" Umgebung gemacht und hatten keine Probleme mit der Alice-Geschichte.

Während ich las und eintauchte, kam mir immer wieder eine unserer Schauspielerinnen in den Sinn. Es war, als hätte Carroll sie vor Augen gehabt: Juliana, die junge begabte Schauspielerin, die mit fünfzehn zur „Weiberrevue" zu uns kam, mir bereits in „Orpheus ohne Echo" durch ihre Tiefe der Darstellung aufgefallen war und die in „Mongopolis" die Lilith tanzte. Inszenierung für Inszenierung hatte ich erlebt, wie sie wuchs und sich entwickelte. Juliana war dran, endlich eine große Rolle zu bekommen. Jetzt ist sie Mitte zwanzig. Im täglichen Leben ist sie unauffällig, von eher fadem Blond, schlank, mit anmutigen Bewegungen. Allerdings schlurft sie meist mit ihrem immer zu schweren Rucksack auf dem Rücken über den Hof der Kulturbrauerei, dass man kaum ihre Begabung vermuten kann. Juliana ist gern albern und extrem bescheiden. Nach „Prinz Weichherz" würde es nun das erste Mal sein, dass ich ein Stück mit nur einer tragenden Hauptrolle entwickelte.

Wir konnten für das Stück eine Tänzerin vom Tanztheater Pina Bausch gewinnen. Julie Stanzak, sie hatte sich schon bei „Mongopolis" als Choreografin eingebracht und uns in Workshops ermutigt, aus Alltagsbewegungen ganze Choreografien zu entwickeln. Sie wird Juliana beim Tanzen unterstützen. Es ist die Zeit, in der wir regelmäßig nach Wuppertal fahren und uns die Stücke von Pina Bausch ansehen. Mit Julie befreundet zu sein, ist ein besonderes Geschenk, und so genießen wir ihren Einsatz bei uns und zugleich die „Nähe“ von Pina. Wir beide sind schnell ein Arbeitsgespann, laufen auf derselben Welle und feuern die Spieler um die Wette an.

Die Rolle der Alice ist wie für Juliana gemacht. Sie versteht sofort, wer diese Alice ist, und erfindet selbst Tanz-Bewegungen und Texte. Manchmal, wenn ich ihr eine Szene erkläre, habe ich den Eindruck, sie weiß gar nicht, wovon ich rede. Aber wenn sie spielend oder tanzend die Bühne betritt, erlebe ich eine Metamorphose. Sie hatte alles verstanden, und aus der „grauen Maus“ wird eine strahlende Persönlichkeit, die alles kann: spielen, sprechen, singen, aber vor allem tanzen. Das Strahlen ihrer Augen erfasst ihren Körper, ihre Haut, ihre Haare, ihre Stimme und ihre Bewegungen. Sie sieht die Zuschauer direkt an und bezaubert und fasziniert sie.

Es waren die schönsten Zeiten für mich, die mir viel gegeben haben an Liebe, Arbeitslust, buddhistischer Gelassenheit und feurigem Willen zur Qualität in der Arbeit. Wochenlang tobten wir zum Missvergnügen der anderen Mieter und zum Spaß der Passanten auf dem Hof der Kulturbrauerei auf unserer Open-Air-Bühne mit Live-Musik (Moritz als Raupe am Schlagwerk, Bianca am Akkordeon und dazu eingespielte, von Jacob elektronisch bearbeitete Rhythmen aus Ravels „Bolero“). Die Literaturwerkstatt hat ihr Domizil im hinteren Hof und war voll im Beschallungsbereich. Die freundlichen Mitarbeiter baten uns, wenigstens die Zeiten der Sprachaufnahmen nicht zu zertrommeln. Sie konnten unsere Texte bald auswendig, und am Ende verlegten sie alljährlich ihre Arbeitszeit während unseres Aufführungszyklus in die Nacht. Trotz strapazierter Nerven verloren sie nicht ihren freundlichen Humor. Wir kämpften gegen die täglichen Warenlieferungen, die Müllabfuhr, die Baufahrzeuge und einfach unsensible Auto- oder Motorrad-, später Radfahrergruppen. Aber wir waren lauter. „Morgenstund hat Wurst im Mund!“ „Meine Eltern sind keine Hasen!“ „Für die Gäste die Reste!“ „Ohne Fleiß kein Scheiß!“, erscholl es.

Zwei Hasen, unnachahmlich gespielt von Joachim Neumann und Mikel Ulfik, die die Eltern von Alice darstellen, jagen zur Königin, um die besten Sprüche abzugeben. Aber sie sind zu spät. „Kopf ab!“, ruft die rote Königin (Patricia) mit Vergnügen, und Alice gerät auf der Suche nach den Eltern an surreale Figuren und Situationen. Sie fragt die Raupe (Moritz in hinreißender Maske und mit großer Abgeklärtheit), warum sie mal für etwas zu klein und mal zu groß ist. Aber die Raupe findet das „wunderschön, mal groß, mal klein, mal dick, mal dünn, mal dumm, mal schlau“ zu sein. Sie (tatsächlich Moritz) hat ein Lied für Alice erfunden und ist überhaupt der gute Geist, der Buch-Blätter und Pilze frisst.

Die Verkehrung der „guten“ Sprüche war der Kern der Inszenierung. Alles konnte man befragen, alles umdrehen. Aber solange Alice bei sich blieb, tanzte und die Regeln nicht verstand, war sie gerettet, denn sie hörte auf ihren Bauch und ihr Herz. Die Raupe wurde zum Schmetterling.

Wir hatten beim Inszenieren genauso viel Spaß wie die Zuschauer später. Und unser Prinzip Tutti-Soli ging auf. Die Spieler, die als Chor choreografiert waren und dazwischen als Taube, Schweinchen, Katze etc. heraustraten, gaben den Tutti-Chor zu Alice. Das Stück hatte auch etwas Böses mit dem „Kopf ab!“ der Königin und dem Bankett, an dem die Kuscheltiere gefressen wurden, aber unsere Schauspieler mochten gerade das besonders. Wenn wir wegen Regenwetter drinnen spielten, gingen sehr kleine Kinder zuweilen mit den Eltern raus, denn hier potenzierte sich der Gruseleffekt. Fast alle Kinder von fünf bis achtzig liebten dieses Stück und hatten ihr großes Vergnügen an der Alice-Geschichte, an den Hasen, der Raupe, den witzigen Requisiten, Kostümen und Masken, an der Musik und am großen, über allen wehenden Sonnensegel, das Moritz entworfen hatte.

Mir wurde klar, dass wir mit dieser Produktion für Kinder den Stoff, der aktueller war als anfangs gedacht, nicht ausschöpfen würden. Ein zweites Stück zu Alice, im Theater und für Erwachsene und Jugendliche geeignet, sollte folgen, auf alle Fälle wieder mit Juliana. Ich freute mich darauf, mit ihr intensiver zu arbeiten, mit diesem feinen begabten Mädchen. Wir hatten uns gleich schon an die Arbeit gemacht, dieses nächste, ernster angelegte Stück unter dem Titel „Alice in den Fluchten" zu erarbeiten, als wir den Auftrag erhielten, ein Stück zur Fußball-WM 2006 in Deutschland zu erarbeiten. Kurator war kein Geringerer als André Heller.

13. Akt

Ich weiß, was eine Schwalbe ist

Ich weiß, was eine Schwalbe ist. Vor dem richtigen Mann im richtigen Moment fallenlassen.

Vor einiger Zeit gab es ein Fußballspiel von Bayern gegen Argentinien. Ich redete mit Moritz darüber, dass Bayern doch da schon mal verloren hätte, da kommt die empörte Antwort: „Mama! Deutschland hat verloren, nicht Bayern!" Er hat Recht, ich hatte die Nationalmannschaft mit Bayern verwechselt, was ja auch nicht wundert, aber er weiß es genauer. Ich bin platt und sage spontan: „Du bist ja gar nicht behindert." Und er lacht und sagt: „Nein."

Ich weiß nicht, ob ich ohne die Fußball-Leidenschaft von Moritz dieses Stück gemacht hätte. Ich beschäftige mich nur mit Fußball, um mich mit ihm darüber unterhalten zu können. Wenn andere da sind, überlasse ich es gern ihnen, seine Gesprächspartner diesbezüglich zu sein. Aber da das eins seiner wirklichen und über Jahre anhaltenden Hobbys ist, komme ich nicht umhin, mir Spielernamen, Trainer und Mannschaften zu merken, sogar ein Fan von Union zu werden. Regeln bleiben mir immer undurchschaubar, und ich hätte nie geglaubt, dass ich mich eines Tages intensiv mit Fußballregeln, Geschichte und Begriffen wie Blutgrätsche und Schwalbe beschäftigen müsste.

2005, ein Jahr vor der Fußball-WM, wurden wir von der Bundesvereinigung der Lebenshilfe gebeten, eine Mappe mit Fotos vorbeizubringen. Am nächsten Tag sollte von André Heller, dem Kurator des offiziellen Kulturprogramms zur WM, die Auswahl getroffen werden, welche Künstler und Theater an diesem Programm mitwirken dürften. Fünfzig kämen in Frage, fünfhundert Bewerbungen gab es. Wir machten uns wenig Hoffnung, da sowohl berühmteste zeitgenössische Theaterkünstler wie Pina Bausch (die übrigens aufgab und nichts machte) als auch Bob Wilson und William Forsythe unter den Bewerbern waren.

Ich war mit einem Infekt krank zu Hause und bummelte so herum, froh, dass mich keiner störte. Aber es kam der Anruf, dass Heller sich für uns entschieden hatte. Ich sollte noch am gleichen Tag das Exposé für ein Stück abliefern: Eine Seite mit Idee und Ausführung, dem Tourneeplan durch Deutschland (um für die dann folgende Special-WM zu werben) und dem groben Finanzierungsplan.

Mein Schreibtisch ist mein Freund und Feind. An diesem Tag war er mein Freund. Meine Herangehensweise, vor allem nach dem größtmöglichen Konflikt zu suchen, fruchtete.

Es würde ein Märchen werden, in dem der Ball, der einzige, mit dem man spielen kann, verschossen, ja sogar ins Weltall geschossen wird. Natürlich durch einen Regelverstoß, aus Verliebtheit in ein Mädchen aus der gegnerischen Mannschaft. Damit ist alles aus, beide Mannschaften, die zuvor bei intensivstem Training und Aufmuskel-Ritualen zu sehen waren, fallen in einen Abgrund der Verzweiflung. Krieg bricht aus. Während der fieberhaften galaxisweiten Suche tobt die Schlacht. Aber der Schiri beendet das, und dann wird mit Tanz und Instrumenten gekämpft. In einem philharmonischen Fußballspiel kämpfen Streicher gegen Bläser um den imaginären Ball. Währenddessen findet ein kleiner „mongolischer" Junge auf einem fernen Planeten den Ball und läuft durch mondartige Gefilde, die wir im Kalktagebau in Rüdersdorf drehen wollen, um ihn zurückzubringen. Inzwischen aber haben sich die beiden Mannschaften in Musik und Tanz gefunden, und das Fußballfeld strahlt mit vielen kleinen leuchtenden Bällen.

Heller gefiel die Geschichte, der Auftrag kam. Mit dem Auftrag kam viermal so viel Geld wie unsere Jahreszuwendung und große Eile. So wenig Zeit hatten wir noch nie für eine Inszenierung. Das Geld erlaubte es aber, die Band aus den uns vertrauten Musikern zusammenzustellen und sie für diesen Zeitraum ganz zu engagieren. Damit war eine der wichtigsten Ausgangspositionen gesetzt. Wir hatten auch Julie engagiert, und sie kam, sobald sie sich von Pinas Proben aus Wuppertal wegstehlen konnte und choreografierte bei uns. Die Schauspieler bekamen ausnahmsweise ohne Schwierigkeiten von ihren Werkstätten frei, um für das große Ereignis proben zu können.

Die Proben waren ein Vergnügen. Wir hatten Lust und Druck. Aber der Druck beflügelte alle, er erdrückte uns nicht. Nie zuvor haben wir derart viel getanzt, trainiert und musiziert. Alle nahmen ab und liefen wie Fußballer: federnd und Muskeln zeigend.

Die Proben fanden in der Aula einer ehemaligen alten Schule statt, ein alter Klinkerbau. Der Raum war riesig, hoch, ungemütlich, schmutzig, hatte nur Neonlicht, die Fenster schwer zu bewegen. Wir richteten uns dort ein, reinigten die wichtigsten Stellen und kamen mit Sack und Pack, mit Instrumenten und Kostümen und mit meinem neuen, teuren Kaffeevollautomaten, den ich von den Kollegen zum Geburtstag erhalten hatte. Es sollte uns gut gehen. Am zweiten Tag lag die Kaffeemaschine in tausend Einzelteile versprengt tot am Boden. Eine Praktikantin hatte das Fenster, vor der die Maschine stand, nicht wieder geschlossen, der Sturm hatte nachts das Fenster aufgedrückt. Ein schlechtes Omen? Nein. Es war nur eine Kaffeemaschine, kein „Kkaffee“. Fußballer halten durch. Wir kochten Kaffee auf dem Flur, richteten eine kleine Pausenecke ein und wurden heimisch.

Angelika entwarf eine Bühne wie ein aztekisches Fußballfeld, das in seiner Größe für das Kesselhaus der Kulturbrauerei und die anderen Tourneetheater konzipiert war, und später nie in unser Theater passte. Moritz entwarf das Fußballtor, und Jacob produzierte aus den Mustern verwirrende und verstrickende Videos, in denen der Ball sich in einem Universum voller Monde und Planeten verirrte und davonflog. Beatrix stellte Kostüme und Masken her, die die kräftigen und untersetzten Körper der meisten unserer Spieler mit Tattoos und Körperbemalungen bedeckten, so dass sie an Maoris erinnerten. Die Kostüme kamen wieder in letzter Minute, ein Heer von Praktikantinnen wurde einbezogen und fluchte. Aber meine Begeisterung steckte alle an, die gelungenen Kostüme und Körperbemalungen entschädigten für den Stress. Wir hatten Spaß, einmal so richtig aus dem Vollen zu schöpfen.

Inhaltlich freute ich mich darauf, die Regeln des beliebtesten Sports anders auszulegen, mit ihnen zu spielen, die Begriffe zu verwirren, wie wir es auch schon bei Alice geübt hatten, und sportlich ins AUS zu schießen. Unsere Männer, und besonders Moritz, waren Feuer und Flamme. Die einen wegen Fußball, die anderen, weil sie endlich richtig viel tanzen und Unsinn machen konnten. Moritz wegen Fußball und Schlagzeug. Aber auch die Frauen trainierten im Team, fieberten für ihre Mannschaft, und Jenny wusste, was eine Schwalbe ist „… vor dem richtigen Mann im richtigen Moment hinfallen. Ahhh!“ Und sie sank, die Hand elegant an der Stirn, dahin. Juliana griff es sofort auf und machte ihr eifersüchtig Konkurrenz, und schon sanken alle Frauen „vor dem richtigen Mann im richtigen Moment“ mit „ahhh“ dahin, und die Männer schwirrten und rutschten als „Schwalben“ auf dem Bauch über die silberne Bühne. Nach den Vorstellungen auf der Tournee waren wir oft noch in Restaurants, und immer hörten wir an einzelnen Tischen: „Vor dem richtigen Mann im richtigen Moment hinfallen … ahhh“ und glückliches Lachen.

Zwischenspiel

Wolfgang Lang

Eine besondere Entdeckung war Wolfgang. Wir hatten drei Schiedsrichter. Der kleine René war der Chef, die körperlich größeren Männer Wolfgang und Hannes sozusagen seine Assistenten, die Linienrichter. Wolfgang war ein hochbegabter, fantasievoller und verrückter Schauspieler, ein großer schlanker Mann, der sich täglich mit ausgesuchter Eleganz kleidet, meist im Stil der 50er Jahre mit Knickerbocker-Hosen, Kniestrümpfen, Weste und Mütze, immer perfekt. In der Wohnung von Wolfgang stehen unzählige Kleiderständer mit genau sortierten Jacken, Jacketts, Hosen, Westen, Mänteln. An den Wänden stapeln sich Kartons mit Accessoires, Wäsche, Hemden, Krawatten, Strümpfen, Pelzen … bis unter die Decke. Jeder Theaterfundus wäre neidisch. Und damit verkleidet er sich täglich.

Wolfgang hatte erst bei Klaus gespielt, sich mit ihm verkracht und mich gebeten, bei mir spielen zu dürfen. Ich wollte es nicht, um keine Konflikte zu provozieren. Aber er war so hartnäckig, dass wir ihn in einer Notsituation als Kommissar in „Mongopolis“ einsetzten. Wir waren beeindruckt, blieben aber zurückhaltend. Dann erbettelte er sich eine Rolle im Fußballstück, und ich gab sie ihm gern.

Er malt, dichtet und singt, verwirrend und geheimnisvoll. Wenn Wolfgang leise und schnell spricht und einen so zwingt zuzuhören, verwickelt er sein Gegenüber schnell in seine verworrenen, philosophisch klingenden Gedanken, die nie zu etwas führen. Und genau diese Lust am Verworrenen war die Voraussetzung für „seinen“ Schiedsrichter. Ich gab den beiden Schiri-Assistenten nur Nonsens-Texte, die ich mir ausdachte, nachdem ich die ersten englischen Fußballregeln gelesen hatte. Die waren von sich aus schon witzig und absurd. Aber ich spitzte sie zu, und während Hannes fast zerbrach an den für ihn unlogischen Texten und einer Tablettenumstellung, badete Wolfgang regelrecht in diesem Nonsens. Beflügelt raste und rauschte er von Ost nach West, von Nord nach Süd, flog regelrecht die steile Schräge hinauf und schwenkte die Fahne wie ein Tänzer.

Moritz hatte seinen Traumauftritt. Zum ersten Mal hatten wir zwei komplette Schlagzeuge auf der Bühne, rechts saß Moritz, links Stefan. Sechzig Minuten spielte die Band ohne Pause. Stefan und Moritz hatten nur Augenkontakt und Kopfhörer. Sie hatten rasende Duos, Soli und gemeinsame „Melodien“. Ein Dreamteam der Inklusion.

Mikel Ulfik, eine unserer Orpheus-Furien und ein Elternhase in „Alice“, war in seiner Vergangenheit ein bekannter Sänger einer Punkband, erlangte aber in der Fußballband nie die Anerkennung der anderen Musiker. So besteht eben jeder auf seinem Terrain. Dafür aber tanzte er mit Joachim Neumann, beide die jeweiligen Anführer der Mannschaften, ein rasantes Tanzduo. Da flog er strahlend über die Bühne und verzauberte uns durch sein Können und seine Leichtigkeit. Last but not least machten die Bandos mit, eine auf Fässern trommelnde junge Truppe, die Stefan bereits zu internationalem Ruhm gebracht hatte. Sie integrierten sich voller Lust und Hingabe, unterstützten die RambaZambas und umgekehrt. So konnte Inklusion gelingen, in der alle sich dem theatralen Fußballwunder unterwarfen.

„Künstlerisch höchste Qualität und zusätzlich herzzerreißend […,] ein hochprofessionelles Theater, wo hauptsächlich geistig Behinderte spielen. Die haben ein Stück erarbeitet zum Thema von so einer Verrücktheit [...]. Du gehst wirklich mit einer positiven Erschütterung aus diesem Abend heraus, die nachhaltig ist. Ich war so froh, dass wir dieses Programm gestartet haben, nur wegen dieses einen Abends hätte es sich schon ausgezahlt. Großartig – Ramba-Zamba" (André Heller).

Die Premiere im Kesselhaus der Kulturbrauerei fand mit jeder Menge Prominenz statt, unter anderem Wolfgang Schäuble, der damals Innenminister war. Er war sehr begeistert vom Stück und den Spielern und hat sich nach dem Applaus lange mit unseren Schauspielern auf der Bühne aufgehalten und fotografieren lassen. Das war sehr ungewöhnlich, wie uns die Begleiter erzählten. (Später hat er mir zum Bundesverdienstkreuz gratuliert.)

Mitte Mai fahren wir auf unsere fast vierwöchige Tournee mit einem Tross von fünfzig Leuten, darunter sieben Musiker, acht Techniker, Betreuer, künstlerisches Personal und die Schauspieler. Draußen ist Frühling, sonnendurchflutete Frühlingslandschaften. Erst blühen die Obstbäume, dann die Haselnüsse und dann der Heuschnupfen. Mindestens jeden zweiten Morgen lärmen wir mit unseren Rollkoffern vom Hotel zum Bus. Die Tournee ist gut geplant. Wir haben Auftritte an zehn Orten, in Stadthallen, Theatern und anderen geeigneten Auftrittsorten. Da es eine lange Zeit ist, in der wir alle gut miteinander auskommen müssen, haben wir gute Hotels und bestes Essen gebucht und immer mal freie Tage zwischen den Auftritten. So kommt es zu keiner einzigen Katastrophe, es gibt kein Heimweh, aber jede Menge Episoden.

Bei der Vorstellung in der Stadthalle in Dortmund verwirrten sich Realität und Theater vollends. Zwei Mal waren die Sicherungen durchgeknallt, die Bühne im Dunkeln. Alle glaubten, es sei inszeniert. Die Sicherungen wurden dann für alle sichtbar per Hand durch einen Techniker festgehalten. Dann kamen zwei Polizisten in den

Zuschauerraum und liefen durch die Gänge. Keiner wusste, was los war. Auf der Bühne fanden sie Gehör beim Schiedsrichter, natürlich war es Wolfgang, der das Anliegen der Polizisten auf seine Weise ins Publikum weitergab. Sie suchten die Besitzer von PKWs, die im Parkverbot standen. Aber alle lachten nur. Es gehörte für sie zum Theater.

Bianca

Nach mehreren Versuchen trennten wir uns endgültig. Wir hatten unsere Beziehung als anspruchsvolles Projekt begonnen, wollten frei von Besitzansprüchen und immer zu klärenden und guten Gesprächen bereit sein. Wie wenig Worte klären können, haben wir in dieser Zeit zutiefst erfahren.

Bianca hatte ihr musikalisches Kabarettprogramm und ihre zu versorgende Mutter. Ich hatte die Söhne und das Haus in Klaber. Dieses Haus habe ich aufgegeben, keiner außer mir wollte da noch hin, und für mich allein war es nicht zu schaffen mit dem großen Garten, der einstürzenden Decke und der abgerissenen Dachrinne … Aber auch ohne das Haus blieb unser Zusammenleben kompliziert.

Es hatte Eifersuchten von allen Seiten gegeben. Biancas Mutter wollte sie für sich und wohnte fast permanent bei uns, Biancas künstlerische Partnerin, mit der sie im Kabarett auftrat, wollte mehr Zeit zum Proben und Auftreten. Bianca aber war inzwischen meine Stellvertreterin, damit hatte auch ich Ansprüche, dazu kam ihre Eifersucht auf meine Söhne, und all das vertrug sich nicht. Ich fühlte alles wie Blei auf mir lasten und wusste keinen Weg. Also stürzte ich mich in die Arbeit. Nur in den Proben hatte ich meine gewohnte Leichtigkeit. Wir trennten uns mehrfach und kamen wieder zusammen, aber es führte uns nicht weiter. Ich hatte das komplizierte Geflecht unserer vielfältigen Beziehungen und Prägungen unterschätzt. Wir waren fast Mitte fünfzig.

Nachdem Bianca ausgezogen war, noch vor den Proben zum Fußballstück, genoss ich es, mit Moritz und auch wieder mehr mit Jacob allein zu sein. Ich kaufte ein neues kleines rotes Auto mit einem viel zu starken Motor, das ich zwölf Jahre gefahren bin, und ein leichtes Fahrrad. Es war wie eine Metapher: Mit Bianca zusammen hatten wir uns Räder gekauft, ich auf Anraten des Verkäufers eines mit Vollfederung. Dieses Fahrrad war mein Fluch! Es fuhr enorm schwer an und blieb träge und langsam, als müsste ich einen Anhänger ziehen. Da Bianca die gleiche Marke hatte, aber ohne Federung, verstand sie mich nicht. Ich fühlte mich permanent zu schwach und mit zu schwerem Gepäck. Wir dachten nie an die Federung, bis mich ein Fahrradhändler, der es reparieren sollte, fragte, warum ich mir das Leben so schwer mache. Mit dem neuen Fahrrad, das ich auch noch heute fahre, bekam ich Flügel. Als meine sportliche Schwester mich besuchte, lieh ich ihr das alte Fahrrad, und sie verfluchte mich. Dann warf ich es weg.

Heute ist Bianca meine gute Freundin.

14. Akt

Neue Strukturen und der Verlust der Illusionen nicht entfremdeter Arbeit

Endlich! Nach siebzehn Jahren Freizeitstatus werden unsere Schauspieler als Profis anerkannt. In den zurückliegenden siebzehn Jahren waren sie zu nationalem und internationalem Ruhm gekommen, hatten große Anerkennung und die Theaterförderung erhalten. Aber erst jetzt konnten sich Hannes, Franziska, Grit, Moritz, Joachim und all ihre Kollegen endlich offiziell als Schauspieler bezeichnen. Jetzt waren Juliana, Jenny, Micha und Rita keine „Amateure" mehr. Schauspielen war nun ihre Arbeit. Die Senatsverwaltungen Soziales und Kultur hatten grünes Licht gegeben: 2008 vereinbarten wir, mit der VIA-Werkstatt Berlin, einer Werkstatt für Menschen mit Behinderung (WfbM), Arbeitsplätze für Schauspieler einzurichten. Wir wurden Kooperationspartner.

Was für ein großer Erfolg für die Schauspieler und welche Erleichterung ihres bisher angespannten Lebens.

Kurioserweise entstand sehr schnell eine Art „Beamtentum". Während sie zuvor bis zu drei Mal wöchentlich nach der Arbeit gekommen waren und in den Abend hinein geprobt hatten, ohne zu klagen, fiel ihnen jetzt um 16 Uhr alles aus der Hand. Feierabend, Gisela! Probenschluss. Sie genossen es! Und ich verstand sie, sie hatten Rechte. Verstärkt wurde das durch die Begleitdienste, die bereits Viertel vor vier ihre Köpfe durch die Tür steckten und auf die Uhr zeigten. Ich habe sie manchmal verflucht. Aber es half nichts, wir brauchten die Fahrer.

Der Kampf begann nun auf anderer Ebene. Das Glück der Schauspieler war die eine Seite. Uns hob das in eine neue, erst kaum zu bewältigende Umlaufbahn: fünf Tage in der Woche sieben Stunden mit ihnen tätig und verantwortlich sein in relativ festen Arbeitszeiten. Wir konnten sie nicht mehr nach Hause schicken nach der Probe, sondern immer erst nach sieben Stunden, und Leitungsarbeit des Theaters, Sponsoring, Stückentwicklung, Lobbyarbeit usw. warteten trotzdem im Büro. Für Spontanität war weniger Raum, die Unregelmäßigkeiten eines Proben- und Spielbetriebs bissen sich mit den Werkstattregeln. Geld für die benötigten Honorarkräfte fehlte auch. Das barg anfangs nicht wenig Konfliktpotential. Schon die Abholdienste zum Vorstellungsende zu 22 Uhr zu bestellen, ging erst mal gar nicht. Wir hörten stets: „Welcher Mensch mit Behinderung ist denn noch um 22 Uhr unterwegs? Da fahren wir nicht mehr“. Menschen mit Behinderung als aktive Teilnehmer des Kulturbetriebs gab es in den meisten Köpfen einfach nicht. Daher gab es zu später Stunde auch keinen Begleitdienst für sie. Der Kulturausschuss tagte in Anwesenheit des Staatssekretärs für Soziales zum Thema „Teilhabe an der Kultur“. Ich wurde eingeladen und konnte deutlich machen, dass es nicht nur um passive, sondern aktive Teilhabe geht, und dass dazu die Bedingungen geschaffen werden müssen, in diesem Fall die Begleitdienste. Es gelang.

Wir rieben uns weiter an den für eine Werkstatt nötigen, aber uns hinderlichen Regeln. Dabei ging es um überschaubarere Strukturen und Abläufe, wie sie die Werkstatt brauchte. Vor allem für Klaus waren die fest strukturierte Arbeitszeit (9 bis 16 Uhr) und die seine persönliche Kreativität einengenden Regeln ein enormes Hindernis, da nur die Hälfte seiner großen, dreißig Mitglieder umfassenden Gruppe Arbeitsplätze bekam, die anderen probten weiterhin in der Freizeit. Die Arbeitszeiten mussten so geplant werden, dass die Gruppe gemeinsam arbeiten konnte. Viele brauchten Begleitdienste, den galt es fast täglich anzugleichen und umzuplanen. Die Werkstatt brauchte die Probenpläne zeitiger, auch wenn dann mehrfach Begleitdienste bestellt und wieder abbestellt werden mussten. So saßen wir bis in die Nächte im Büro, um die Abläufe für alle transparent zu machen, ohne unsere künstlerischen Freiräume zu beschädigen. Aber das biss sich in den eigenen Schwanz. Wir kamen an unser Limit. Zweifel kamen auf.

Mit den beiden Geschäftsführern von VIA, Helmut Meyer und Uwe Gervink, hatten wir Partner, die uns klug und freundlich begleiteten, Kompromisse anboten und neue Wege ermöglichten, und so gelang mit der Zeit Entspannung. Auch sie mussten lernen, mit dieser von Natur aus chaotischen Gruppe zu leben.

Diese große Herausforderung bei nicht aufgestockten Mitteln und Personal brachte es mit sich, dass wir für die anderen künstlerischen Bereiche weniger Zuwendung aufbrachten. Das Geld für die benötigten Honorarkräfte fehlte, da die Förderung nur den Theaterbereich betraf. Am besten funktionierte die Einbindung der bildenden Kunst in die aktuellen Inszenierungen. Wir arbeiteten gemeinsam mit den Künstlern zu den Themen der Stücke, die gerade geprobt wurden, was in beeindruckenden Ausstellungen mündete, zum Beispiel im Kunsthaus Tacheles zum Thema *Flucht* während der Arbeit am Alice-Projekt oder im großen „Papperlapapp"-Projekt mit Studenten der Hochschule Weißensee. Angelika übernahm immer Kunstwerke ins Bühnenbild, als übertragenes Bild oder als Video im Bühnenbild, und so konnten letztlich alle weiterarbeiten, thematisch an die Inszenierungen gebunden, aber das blieb freiwillig.

In den Bands, die unsere Stücke begleiteten, spielten unsere Schauspieler mit, und so näherten wir uns dem „Gesamtkunstwerk" immer wieder an.

Die Hose von Buddha

Mit dieser neuen Ausgangssituation gehen wir ins nächste Alice-Projekt. Plötzlich haben wir so viel Zeit und Ruhe für unsere Proben wie nie zuvor, durch die neuen Arbeitsplätze für die Schauspieler können wir schon morgens proben.

Ich lebe mehr denn je nur im Theater. Schon morgens ist der erste Gang auf die Bühne. Haben die Techniker etwas gebaut, sind neue Räume entstanden? Ist alles am Platz? Gern bleibe ich dort eine Weile und treffe nicht selten Juliane. Es ist der Platz, an dem unsere Schauspieler ihre Poesie und Fantasie entfalten. Der Ort, der uns alle ständig verändert.

Im neuen Stück geht es um Flucht, Schlafplätze und Essen, um Pässe und Freundschaft, um Überleben und Würde. Das wurde sehr konkret erzählt durch die Fluchtgeschichte von Alice. Für geflüchtete Menschen ebenso wie für alte und Menschen mit Behinderung gilt gleichermaßen: Die sie umgebende Welt ändert sich rasant. Kaum haben sie die Regeln verstanden, schon ändern sie sich, die Namen der Ämter, die Zimmernummern, Zimmerfluchten, Straßenfluchten, Fluchtrouten, Fluchthelfer. Freunde werden zu Feinden, wenn es um die eigene Haut geht, Betreuer werden zu Bevormundenden. So entsteht eine Welt der Fragmente, der ungelösten Rätsel und Regeln, der schillernden Rollen. Man jagt ihnen vergeblich hinterher.

Mit Juliana entwickele ich eine Figur, die durch den Krieg herausgeschleudert wird aus ihrem Zuhause und zugleich ihre erste

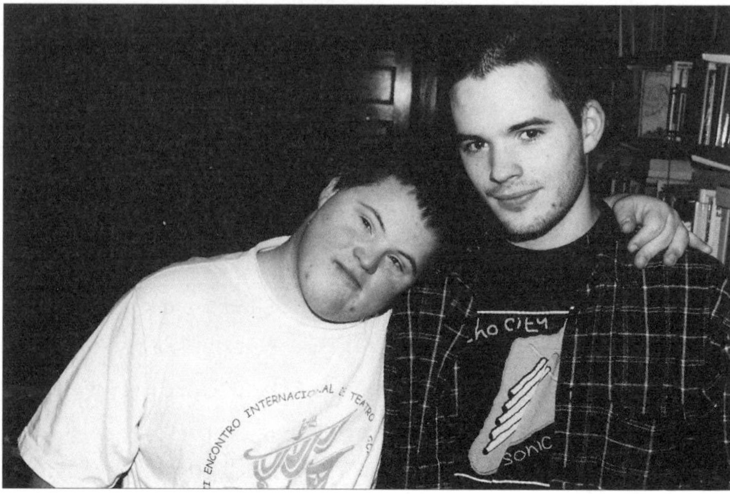

Meine Söhne

Blutung erlebt. Sie muss erwachsen werden: „An unserem Teetisch ist kein Platz mehr für dich", sagen die Zeit und die Ahnin. Auf ihrer Flucht begleiten sie Gegenstände ihrer Kindheit, ein Herz aus Glas mit Sprung, ihr Schrank, ihr Tagebuch, der Duft ihrer Mutter, ihre Freundin Mieze, der Posterheld vom Plakat. Aber fast alle, die erst lautstark ihre Freunde sein wollten, verwandeln sich in ihre raubtierhaften Feinde. Das Tagebuch verkauft Alices persönliche Memoiren, die Tasche und der Schrank werden brutale Zöllner, die sie ausrauben und nackt zurücklassen und die als Organdiebe ihre beste, aber verräterische Freundin Mieze (gespielt von Nele) töten wollen. Aus ihrer tiefen Bestürzung, in der sie zu Beginn eindringlich die Zeit (gespielt von Wolfgang) befragt, warum man sie einfach vertreiben könne, entwickelt Juliana ein junges Mädchen, das voller Optimismus und Energie vorangeht, und die Kraft hat, alle mitzunehmen. Sie erlebt abgrundtiefe Enttäuschungen, den Sinn vernebelnde Könige, aber immer findet sie in ihre Kraft, schmeißt die Verräter raus, auch wenn es ihre vermeintlichen Freunde sind, und gerät mitten in den Krieg zwischen Allah und Jesus, als darum gestritten wird, wessen Hose im Schrank gelegen habe: die von Allah oder die von Jesus! Sie mischt sich ein und schlägt vor, dass es die Hose von Buddha sei, denn „sie ist viel zu groß". Da ist er wieder, der Krieg, die Sprengstoffgürtel. Juliana führt Alice aus der Kindlichkeit und dem Schrecken des Erwachsenwerdens über unbekümmerten Mut, Enttäuschung und Trauer hin zu einer wachen Kämpferin, der ihr eigenes Versprechen der Gewaltlosigkeit nichts mehr gilt, wenn sie den habgierigen Verfolgern Paroli bieten kann.

Alices Unterstützer sind der machtlose Posterheld (gespielt von Joachim) und ihr alter Kuschelwolf (Moritz), der am Keyboard mit seinem Bruder Jacob und René musiziert und in Momenten der schlimmsten Angst zu ihr kommt. Erinnerung, Traum, Realität? Er legt sich als Beschützer zu ihr ins Bett, verwirrt sie mit dicken Marihuana-Zigaretten ähnlich der Raupe im ersten Alice-Stück, gibt ihr später die Kleidung des ermordeten Posterhelden und sein eigenes Fell. Juliana brauchte seine Figur, um das Innerste von Alice zu stärken, um nicht zu zerbrechen. Aber sie brauchte auch den verlässlichen, starken, vertrauten Kollegen Moritz, mit dem sie viel gespielt hat.

Bei dieser Arbeit verwende ich Mittel des Grand Guignol-Theaters, in dem alles Grausame mit großen Theatermitteln übertrieben und auf tragisch-komische Weise erträglich wird. Die Organdiebe haben große Sägen, mit denen sie den Kopf der Freundin Mieze aufschneiden, lange rote Schläuche, durch die sie die Organe rausholen wollen, und eine riesige Spritze. Es wurde sofort gelacht. Das Publikum versteht die Theatermittel durchaus. Alice besiegt die tölpelhaften Organdiebe und greift am Ende zum Gewehr.

ZWISCHENSPIEL

Juliana

Im Finden der Geschichte und der Figur geht Juliana mit mir Hand in Hand, wir können lachen und weinen und vor Wut schreien. Sie auf der Bühne, ich davor. Wir halten den unsichtbaren Faden. Ohne viel zu reden, weiß sie stets, wie es weitergehen muss, und kämpft. Sie probt die Szenen mit großem Ernst, spielt jede Situation so überzeugend, dass ich nicht nur einmal erschüttert oder mit Gänsehaut im Zuschauerraum sitze. Alles Surreale wird bei ihr ganz konkret, ohne das Schwebende, Vieldeutige zu verlieren. Die Arbeitsweise mit Juliana ist beflügelnd und unterscheidet sich von den anderen: Auch sie hat Spaß an absurden Abläufen, hat ihre besondere Fantasie, aber ich kann mit ihr jeden Schritt und kleinste Änderungen verabreden. Sie versteht es sofort und kann es umsetzen. Sie weiß immer, was ich meine: Eine Handbewegung kleiner machen, eine Pause verlängern, nicht so verweint spielen usw. Das ist damals einmalig unter meinen Schauspielern. Sie ist auch ungewöhnlich fleißig und übt zu Hause wie keine andere und kein anderer ihre Texte.

Juliana ist mir in dieser Zeit sehr nah. Vor jeder Vorstellung gehe ich zu ihr und drücke sie, bevor sie sich auf der Bühne in ein Glaspodest legen muss, und dann drücken wir unsere Hände gegen das Plexiglas zusammen und sehen uns an. „Bist du bei mir?" – „Wie immer, Juliana." – „Dann ist es gut, ich schaff es."

Als Juliana nach Jahren gebeten wurde, vor der Kamera zu erzählen, wie sie das Alice-Stück erarbeitet hätte, erzählte sie eine ganze Stunde genau, was sie in jeder Szene empfand, warum sie es so spielte, und demonstrierte das. Alles ist klar in ihrem Kopf, und sie machte keine Pause in dieser Stunde. Sie ist ein echter Profi und eine tief fühlende Schauspielerin. Die Rolle der Alice liegt ihr, weil sie ebenso in die Tiefe loten muss wie in ausgelassene Fröhlichkeit. In dieser Rolle wird ihr großes Talent sichtbar.

Juliana bekam danach eine anspruchsvolle Rolle im „Polizeiruf 110" in „Rosis Baby", in der sie an der Seite von Edgar Selge beeindruckte. Ich coachte sie während des Drehs, und auch Moritz spielte in einer kleinen Rolle mit. Mit Juliana begann das Interesse von Film und Fernsehen an unseren Darstellern und hält bis heute an.

Jacob startete für das Stück ein Experiment. Er musizierte elektronisch live mit Moritz, René und Martin Trapp, einem unserer Musiker. Monatelang testete er das Instrumentarium, schraubte, kombinierte, programmierte und übte mit der neuen Band „Sind4". Sie saßen rechts auf der Bühne und gehörten direkt zum Geschehen. Moritz kam und ging, wenn er den Wolf spielte. Es wurde eine beeindruckende Musik, die alle nach vorn und dem Stück die nötige Atmosphäre brachte. Die Musik trug dazu bei, dass auch Jugendliche das Stück sehr liebten. Immer wieder wurde nach den Soundtracks gefragt, die der Komponist jedoch nie rausrückte.

Während der Arbeit an „Alice" hatten wir Johanna Peine als neue Mitarbeiterin bekommen für Stimme, Sprache, Gesang und Alexander-Technik. Mit dieser Methode können körperliche Verspannungen und auch angeborene Fehlhaltungen bearbeitet werden, die einer natürlichen Stimm- und Sprachäußerung hinderlich sind. Sie schlug mir vor, die „Winterreise" von Schubert als neues Projekt zu machen. Ich war sofort dafür. Wenn sie als Musikerin das für möglich hielt, musste es gehen.

15. Akt

Auch zwischen uns hier schneit es

Wenn die Zuschauer den Raum betreten, hören sie es schon, das Reißen von Papier. Endlos. Und dann sehen sie es. Nichts als ein langer weißer Tisch, quer zum Publikum. Zwölf Personen sitzen dahinter und reißen weißes Papier in kleine und große Schnipsel. Immerzu, so normal, als sei es ihre tägliche Werkstattarbeit. Ewig. Papier, das herabfällt, und vor dem Tisch langsam zu Bergen von Schnee wird. Ansonsten ist nichts auf der Bühne, nur Papierschnee, mit jeder Szene mehr, auch ganze Bahnen und Ballen. Man hört das Reißen, es gehört zur Musik. Der Papierschnee wird Bühnenbild, Requisit, Tischtuch, Kleidung, Wutmaterial, Instrument, Projektionsfläche. Immer reißen sie Papier, nach jedem Lied, in jeder Szene.

Die Spieler treten zum ersten Mal ungeschminkt auf, tragen einfache schwarze, körperbetonte Anzüge. Dezent versteckt lugen kleine weiße Zettel heraus, vielleicht Briefe, Lieder … So pur waren sie noch nie. Hinter ihnen ein Podest, auf dem sie tanzen oder spielen könnten. So hatte ich mir die Bühne gewünscht.

Nach dem anfänglichen Reißen springen sie aus dem Fenster, proben den kollektiven Selbstmord, hinten, vom Podest. Es klappt noch nicht. „Wir müssen mehr üben“, damit es gleichzeitig geschieht. Vorher nehmen sie voneinander Abschied und werfen uns ihre Abschiedsbriefe hin, voll Verachtung und Trauer. Ganz still. Schubert eins, gespielt von Joachim Neumann, entdeckt, dass es seine Lieder sind. Die Lieder von Schubert. Denn in dieser Anstalt sind alle Schubert, und das werfen sie sich gegenseitig vor, gönnen es sich nicht, alle wollen seine Lieder tanzen, singen, seufzen und schreien. Und immer wieder Schnee, sie versinken darin, kleiden sich damit oder erfrieren auf dem Eis. All ihre Enttäuschung und Einsamkeit, ihre Wut und Zärtlichkeit findet Ausdruck in ihrem Spiel. Wenn JP im „Wirtshaus" mehrfach einen Suizid versucht und es ihm nicht gelingt, kommt ausgerechnet der am meisten Verbitterte und macht ihm Mut. Genauso sind sie alle. „Kinder des Olymp, von allen guten Geistern verlassen, doch die Götter des Glücks sind bei ihnen, augenblicklich." So formulierte Jutta Voigt es in dem Fotoband „Sibylle Bergemann und das Theater RambaZamba". Sie tauschen ihre Pillen, um den Rausch zu erleben, der sie ihr Leid vergessen lässt, und wenn Moritz „Gefrorene Tränen" singt, wird es ganz still im Zuschauerraum, wie bei Neles „Leiermann", mit dem sie herzergreifend den Reigen der beeindruckenden Sänger beschließt.

Winterreise. Vierundzwanzig Lieder des „hohen Liedgutes", wie ein Kritiker mir zweifelnd vor der Aufführung sagte. „Kann man diesen Menschen das auch anvertrauen? Und dann diese Körper?" Er begriff dann viel in der Aufführung und in unseren Gesprächen, bedankte sich danach und schrieb eine gute Kritik, er, der sonst sehr streng über klassisches Ballett schrieb.

Ich hatte Tomi Paasonen, einen ungewöhnlichen finnischen Choreografen, gebeten, uns bei der Choreografie zu helfen. Zusammen fanden wir für alle vierundzwanzig Lieder einen Ausdruck: als Tanz, als Lied, als Strophe, als Szene. Johanna hatte die Lieder mit einigen Spielern und Joachim erarbeitet, dem schwerblütigsten von ihnen, der gleich mehrere Lieder sang. Es ist selten ein ganzes Lied, häufig eine Strophe, eine Zeile, die aber genau den Ausdruck hatte, der das Publikum „erwischte". Tomi und ich entwickelten um die

Lieder Szenen, Arrangements, Seufz- und Lacharien, ohnmächtiges Schreien, Tänze und instrumentale Gruppenstücke. Es musste nicht viel erklärt werden, sie kannten jedes Gefühl in seiner archaischen Tiefe und wussten um ihre ureigenen Erfahrungen damit.

Am Klavier saß die Pianistin Insa Bernds und verstand es, die bekannte Musik der „Winterreise" für unsere Spieler zu adaptieren, sie zu begleiten und zu stützen. Ungewöhnlich war die weitere musikalische Begleitung mit Schlagwerk, Geige und Gitarre, denn man kennt üblicherweise nur die Klavierbegleitung. Diese Musik zerriss den Vorhang der papiernen Poesie und des Kunstliedes.

Noch immer liebe ich diese Inszenierung besonders, obwohl im Winter 2019 schon deutlich wurde, dass einige es nicht mehr lange spielen können. Auch RambaZambas werden älter, wie alle Menschen, nur das Gedächtnis lässt früher nach. Nach den vielen Jahren erlebten wir das zum ersten Mal. Zwei von ihnen waren auf der Bühne zunehmend verloren. Sie erinnerten sich schlecht oder gar nicht. Die anderen halfen. Es schmerzte mich, das zu sehen. Aber die Zuschauer sahen das anders und sahen die unglaubliche Verletzlichkeit. So hätte das Stück noch lange laufen können, vielleicht mit ein oder zwei Umbesetzungen. Aber nun ist es doch erfroren. René ist nicht mehr dabei, er hat alles vergessen, und wir hoffen, dass er dort, wo er nun wohnt, von seinen schönen Theaterszenen im Traum heimgesucht wird.

Nach der Premiere fiel der Schnee weiter. Vor dem Theater, auf das Theater, auf die Straßen. „Es schneit und schneit immer noch. Große weiße Flocken, auch zwischen uns hier schneit es … wir reden und reden und die Worte kommen nirgendwo an. Sie fallen zu Boden wie dicke weiße Flocken."

Das besondere Jahr 2009

Im Februar wurde ich sechzig. Im Sommer erhielt ich das Bundesverdienstkreuz, nachdem wir zuvor schon den Berliner Verdienstorden erhalten hatten. Das ganze Jahr über war ich glücklich in die Wälder der „Winterreise“ eingetaucht. Als ich wieder aus dem Theater-Wald trat, schneite es auch draußen tage- und nächtelang, und ich traf Rob. Ich kannte ihn schon lange, den schönen Maler aus Wuppertal, der eigentlich aus Holland kam. Er war der ehemalige Freund von Julie und immer da, wenn ich sie in Wuppertal besuchte. Mit der Zeit zog es uns mehr und mehr zueinander, und so reichte ein Besuch bei mir, um einander endlich in die Arme zu sinken. Und so fiel der unaufhörlich fallende Schnee auf unsere neue Liebe, deckte sanft alle Zweifel oder leisen Warnungen zu, mit

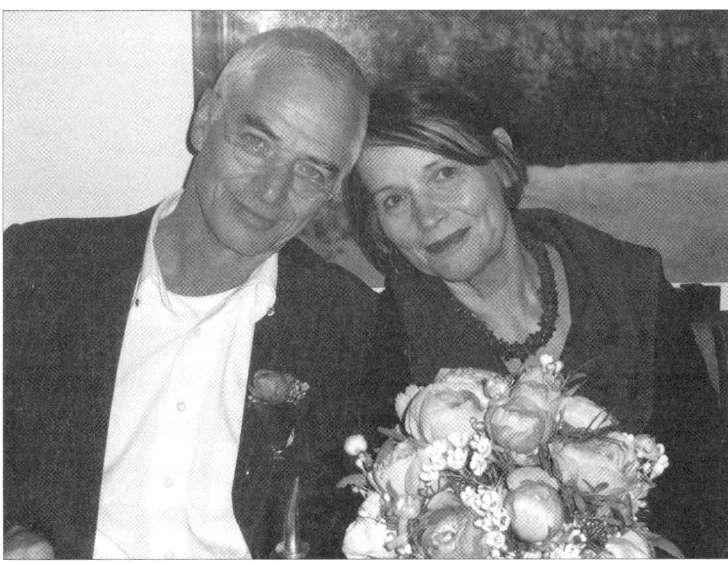

Späte Liebe mit Rob: Auch wenn es wieder nicht für ewig war, hatten wir eine schöne Zeit

seiner dicken Decke, und verführte uns, wie die Flocken zu tanzen und zu taumeln. Auch meine Söhne steckte ich damit an. Ich wollte alle glücklich haben. Die Bürgersteige, die mir festen Halt und Tritt hätten geben können, waren nach Wochen des Schneefalls nicht mehr vorhanden, nur dickes Eis und Schnee. Die Wege mäanderten durch das kalte weiße und verzauberte Berlin, was seinen Charme und mein Glück vergrößerten. Wir fanden uns und blieben vier Jahre zusammen. Es war unerwartet und schön, mit 60 noch einmal eine so junge und wunderbare Liebe zu erleben. Wir heirateten nach zwei Jahren. Obwohl der Schnee inzwischen längst weggetaut und die Unterschiedlichkeit der Lebenswege schon zu ahnen war, feierten wir ein großes Fest.

16. Akt

Eine Maßnahme zum Frieden

Immer noch liebten wir RambaZambas die Feste. Unser zwanzigster Geburtstag stand vor der Tür.

Aber dieses Mal war es schwer, ein gemeinsames Programm zu erarbeiten. Zu widersprüchlich waren unsere Positionen. Am Ende einigten Klaus und ich uns, kein gemeinsames „internationales Programm“ zu veranstalten, sondern dass ich eine Open-Air-Inszenierung mit internationalen Gästen inszenieren würde und die Kalibanis mit einem Festwagen durch Berlin ziehen und am Ende ein Stück auf unserem Hof aufführen würden. Damit unterschied sich das Festival sehr von allen anderen zuvor, denn unsere Gruppen, die der Kalibani und unsere, machten sich getrennt auf den Weg. Über allem stand „Der Frieden – Ein Fest“.

Ich plante, auf dem Hof der Kulturbrauerei mit einer Komödie von Aristophanes Straßentheater zu machen. In den sechziger Jahren hatte ich mehrfach die legendäre „Frieden“-Inszenierung von Benno Besson im Deutschen Theater gesehen und geliebt. Das Stück besitzt große politische Aktualität. Die Armut der Bewohner (Griechenlands), der weggesperrte Frieden, der das Land überziehende Krieg, die Abgehobenheit der Götter, die sich wegen des Kriegslärms zurückgezogen hatten, die Bestechlichkeit der Götterboten, die Angriffe der Kriegsgewinnler gegen Trygajos, nachdem der den Frieden befreit hat. Wir blickten in die Welt, besonders nach Afrika, und es war hochaktuell. Wir wollten wie schon oft Stellung zu den aktuellen politischen Ereignissen beziehen – mit unserem Stück. Dabei vermissten wir den Frieden auch unter uns.

Was uns neben der politischen Aktualität mit Bessons Inszenierung verband, war der komödiantische Zugriff auf die Geschichte des Weinbauern Trygajos, dessen Töchter durch einen nie endenden Krieg nicht genug zu essen, aber auch nicht die richtigen Kleider hatten, um einen Mann zu finden. Trygajos, der das irdische Leben liebt und wieder genießen möchte, beschließt, auf einem Mistkäfer zu den Göttern zu reisen, um sie zu fragen, wie er den Frieden zurückgewinnen könne. Er findet die Götter, im Luxus zurückgezogen vom lästigen Kriegslärm. Er findet auch den Frieden, vom Krieg eingesperrt und streng bewacht. Trygajos befreit ihn bzw. sie, denn es ist eine weibliche Statue, mit einer List und bringt sie trotz mehrerer Attacken der Kriegsgewinnler zurück zu den Menschen, den Wein- und Olivenbauern und Fischern, die den Frieden und Trygajos feiern. „Die Oliven sind reif …“ singen und tanzen sie.

Ich konnte „Teatr Ósmego Dnia“, das berühmte Straßentheater aus Poznań in Polen, gewinnen, mitzumachen. Sie hatten eine bemerkenswerte Geschichte: Noch zu Ostzeiten waren sie die erste freie Studentenbühne im Ostblock. Sie äußerten sich kritisch und ironisch zur offiziellen Politik, es währte nicht lange, und es fand sich ein Anlass, sie aufzulösen. Für ein paar Jahre gingen sie ins Exil und lebten in einem Dorf in Italien. Nach dem Mauerfall kehrten sie sofort nach Poznań zurück. Von da an erarbeiteten sie ihr einmaliges, poetisch-politisches Straßentheater und reisten damit um die ganze Welt. Sie wurden „die Rolling Stones des internationalen Straßentheaters“. Zu ihrer Arbeitsweise gehörte, die Stücke zu schreiben und zu inszenieren, selbst alle Rollen zu spielen, die Licht- und Videoarbeit selbst zu machen und sogar die ganze Szenerie herzustellen. Jeder konnte etwas beitragen, sie waren Profis und Poeten auf allen Gebieten.

Mit denen wollte ich unbedingt arbeiten. Von ihren Erfahrungen profitieren, mich mit ihnen austauschen. Sie waren ebenso gespannt auf unsere Truppe und Arbeitsweise, nicht ohne Skepsis. Zum ersten Mal würden unsere Schauspieler auf Augenhöhe mit solch einer hochprofessionellen Gruppe Straßentheater spielen. In einer großen Halle am Rande von Poznań zeigten sie uns ihren „Schatz", all die Elemente, die Metallstäbe, Wagen, Körbe, Siebe, Stoffe etc., aus denen sie für ihre Stücke, u. a. riesige Schiffe, Segel und Karussells, bauten. Hier würden auch für den „Frieden" die Spielorte und Dekorationen entstehen. Alles musste leicht beweglich und auf Rädern sein, sie hatten die Erfahrungen dafür. Außer mit „Teatr Ósmego Dnia" kooperierten wir mit der Gruppe „Kenafayim", einer inklusiven Gruppe aus Israel, und „Bunterhund" aus Rüdersdorf. Alles geschah zum ersten Mal: Straßentheater auf dem großen Hof der Kulturbrauerei mit verschiedenen Spielorten, die Kooperation mit internationalen Gruppen, getrennte Proben, mehrere Sprachen, über 100 Mitwirkende. Ich war gespannt und zugleich zuversichtlich.

Von Anfang an war mir klar, dass Joachim Neumann den Trygajos spielen würde. In ihm hatten wir den Spieler, den wir für die Rolle brauchten und der das große Stück mit vollem Einsatz tragen und zusammenhalten würde.

Zwischenspiel

Joachim

Joachim kam 1991 zu uns. Stachelige Nietenarmbänder, schwarze Lederklamotten, aggressiver Habitus. Ein bisschen zum Fürchten, denn schnell war klar, dass er sich zu seinem Schutz enorme Körperkräfte antrainiert hatte. Er gehörte zu einer Gang, die in der S-Bahn „Frauen erschrecken" wollte. Joachim hatte keine der üblichen Beeinträchtigungen. Er hatte eine schwere Kindheit, einen übermächtigen, gewalttätigen Vater und war in den Behindertenbereich abgeschoben worden. Da gehörte er aber nicht hin. Das Theater sollte sein Ausweg sein. Ich konnte es mir anfangs nicht vorstellen. Er stieg nachträglich mit einer kleinen Rolle in „Prinz Weichherz" ein und war sofort glücklich.

Da bat mich Klaus, der dabei war, eine zweite Theatergruppe aufzubauen, um einen guten Schauspieler, der den Gregor Samsa in Kafkas „Verwandlung" spielen könne. Wegen der Textfülle kam nur Joachim in Frage. Er stimmte zu, nahm mir aber das Versprechen ab, dass er wieder zurück kommen kann in meine Gruppe. Die Arbeit an der Rolle des Gregor Samsa wurde für Joachim zur Folter, denn hier hatte er genau die Situation seiner Kindheit: den übermächtigen Vater. Er litt, er heulte, wenn er allein war, er hatte Alpträume. Er sprach sich bei der Mutter einer Spielerin aus, es gab ein klärendes Gespräch, aber es änderte sich nichts. Inzwischen probte Joachim, der sich als sehr begabt erwies, den Woyzeck bei Klaus. Ich hatte ihn nicht in meine Gruppe zurückgeholt, weil ich ihm solche Rollen nicht anbieten konnte. Diese Rollen waren eine große Chance für ihn. Zur „WOYZECK(en)"-Premiere wurde er für seinen Woyzeck zu Recht gefeiert, aber er war missgelaunt und machte mir schwere Vorwürfe. Er bestand darauf, sofort in meine Gruppe zurückzukommen. Ich akzeptierte seinen Wunsch, und er spielte bei mir gute Rollen, bisher aber nie stücktragende. Jason, Orpheus, Dr. Teufel, Elternhasen. Er liebte jede Rolle, und besonders seit der intensiven, tiefen Winterreise-Arbeit respektierte ich seine verletzte Seele. Längst war auch sein Körper verletzt. Durch sein extensives Körpertraining und seine Schwerstarbeit beim Schutz der Seele war sein Körper schon bald verschlissen, und er kämpfte mit unzähligen temporären Verletzungen. Sein kraftvoller, stämmiger Körper flößt Respekt ein, er versucht immer wieder, seine körperlichen Grenzen zu überschreiten und verlangt sich viel ab. Zugleich beherrscht er artistische Kunststückchen und liebt es, Quatsch zu machen. Inzwischen hat er sein Äußeres veredelt. Er trägt geschmackvolle Kleidung, die verbliebenen Haare kurz, kein Nietenarmband.

Ich hatte Joachim auch deshalb nicht zurückgeholt, weil es ihm schwerfiel, seine verspielten, albernen und oft laut umhertobenden Kollegen zu akzeptieren, zumal er eine Überempfindlichkeit der Ohren hat. Dabei war er hilfsbereit und allen freundlich zugewandt. Ich wollte die anderen aber nicht „bändigen". Er hatte es oft nicht leicht und doch so gut, wie es nur irgend möglich war.

Jetzt Trygajos. Mit dieser stücktragenden Hauptrolle war er wieder neu gefragt. Er musste komödiantisch spielen, Verse sprechen können, viel Kraft und Ausdauer haben, die Übersicht behalten und gute Nerven haben. All das konnte er.

Die Proben begannen im Winter auf der Probebühne. Das Ziel war, eine Spielweise zu finden, die dem extrovertierten Gestus des großen Straßentheaters gerecht wurde. Dementsprechend kurze

Texte, mehr gerufen als gesprochen, es ging nicht um tiefe Gefühle. Die Choreografien mussten deutlich und gestisch sein.

Am Anfang erarbeiteten wir einen Chor, der Warnungen und Kommentare für Trygajos rhythmisch sprach oder rief. Die spielerischen Dialoge zwischen Chor und Trygajos funktionierten schnell. Es war, als wäre die Rolle für Joachim geschrieben. Klagend und jammernd rief er die Götter an, weil er für seine Töchter nichts mehr zu essen hatte und die Täubchen einfach nicht in seinem Topf landen wollten. Wie er vergeblich nach den Täubchen sprang, einen Grashalm fand, jubelte, ihn kochte und die Suppe pries, als wäre es ein Consommé! Wie er den Töchtern, die seine Wassersuppe nicht essen wollten, Lumpen wie Königsmäntel anbot und erneut verzagte, war hinreißend. Joachims Spiel war lustvoll und sehr körperlich. Er beherrschte die großen Gesten. Mit unnachahmlichem Witz spielte er die Idee von dem Mistkäfer, auf dem er zu den Göttern reiten wollte. Die Spieler mussten den Mistkäfer mit stinkenden Kackekugeln füttern. Alle liebten es, den „Gestank" zu spielen und zu übertreiben. Joachim riss alle mit, brachte sie zum Lachen und machte endlos Quatsch, um dann im richtigen Moment die Zügel anzureißen. Er arbeitete hart an klaren Haltungen und an der Sprache, die eine solche Inszenierung brauchte. Da wusste ich, dass wir mit ihm das Stück bewältigen würden.

Im Sommer, nach dem Urlaub, zogen wir zum Proben in eine ehemalige Industriehalle am Reinbeckufer in Schöneweide.

Die Halle war gigantisch, an der Decke hingen Laufkatzen und Kräne, an den hohen Wänden gab es große blinde Fenster. Überall stillgelegte Industriespuren.

Jetzt kamen schon mehrere Gruppen zusammen, fast hundert Mitwirkende und Techniker. Der Hall machte jede normale Konversation unmöglich. Wir mussten fast alles über Mikrofon oder

Walkie-Talkie kommunizieren, und so war es ein Höllenlärm. Diese Proben wurden ein besonderer Kraftakt, besonders für Joachims Ohren. Ich beobachtete, wie er trotzdem immer die Nerven behielt und sich auf die Spielvorgänge konzentrierte.

Aber auch für mich: Jede Gruppe wollte als erste hören, was sie tun sollte und möglichst gleich dran sein. Der Praktikantinnen-Tross drängte auf sinnvolle Aufgaben. Die Band lümmelte in der Sonne, wenn sie nicht spielte. Ich beneidete sie manchmal und lümmelte ab und zu heimlich mit. Das Essen musste für 100 Leute gebracht, wieder aufgeräumt und nachbereitet werden. Die gemieteten Fahrzeuge fuhren unentwegt vergessene Spieler oder um Material zu holen. Als die ersten „Verweigerungen" einiger Spieler der Kalibanis erfolgten, die im Chor mitmachen sollten, verzichtete ich auf deren Mitarbeit, jetzt zog Ruhe ein.

Irgendwie gefiel mir trotz großer Anstrengung diese alles und alle umfassende Produktivität, und ich blieb erstaunlich ruhig. Nur die Übersicht behalten! Rob machte die Fotos und wich nicht von meiner Seite. Wir waren einfach glücklich. Und so konnten wir Teil für Teil erarbeiten, Musik einarbeiten, Choreografien anlegen.

Die Umsetzung auf den Hof der Kulturbrauerei brachte Erleichterung und war fast ein Kinderspiel. Die Schauspieler von Ósmego Dnia waren gekommen und mit ihnen die benötigten Aufbauten. Jetzt konnten wir endlich das Stück zu Ende bauen. Endlich war Platz und endlich originale Soundverhältnisse! Das Licht konnten wir erst abends überprüfen. Die verschiedenen Spiel-Stationen wurden um den großen Innenhof herum aufgebaut, so dass Trygajos von Station zu Station um das Publikum herumreisen musste. Dabei saß er auf einem grün schillernden Metallkäfer, den Mario, einer unserer Spieler, in grün schillerndem Kostüm, lenkte. Das Publikum würde in der Mitte stehen. Der Chor saß mit zwanzig Spielern auf einem hohen Podest über der großen Band, die die Aufgabe hatte, das Spiel anzutreiben, den Chor zu unterstützen, Signale zu geben und die besondere Stimmung zu erzeugen.

Die Schauspieler jagten oder schlichen gemeinsam mit den polnischen und Rüdersdorfer Kollegen über den Hof, von Spielort zu Spielort. Sie genossen das überhöhte Spiel auf dem Hof mit dem stinkenden Mistkäfer, den Hungerfantasien von Trygajos' Töchtern und dem korrupten Hermes. In unserem Fall waren das gleich zwei, weil Sebastian, ein neuer Spieler in meiner Gruppe, auf dem schwankenden Hermesturm Angst bekam. So spielte Tadeusz von Ósmego Dnia einen zweiten Hermes, übernahm den Text und die artistischen Teile. Sebastian hatte genug damit zu tun, nicht runterzufallen. Joachim überzeugte in seiner Rolle, kurz, er war Trygajos.

Beim Experimentieren mit Formen und Figuren ergab sich, dass Moritz Figuren malte, als seien sie von einem afrikanischen Stoff inspiriert und von Paul Klee verarbeitet worden: Auf weißem Untergrund malte er mit dicken schwarzen Strichen geometrische Formen, Wiederholungen und abstrahierte Figuren.

Maske, Kostüm und Bühne übernahmen das Prinzip. Die Künstler der Kunstwerkstatt stellten nach diesem Prinzip zahlreiche große Figuren her, die, auf Stäbe genagelt, zu Stabpuppen wurden, die zu Beginn des Stücks in einem langen Zug auf den Hof getragen wurden. Ein besonderes, zeichenhaftes Puppentheater entstand, mit dem wir ohne realistische Umsetzung ein Massaker in einem afrikanischen Dorf darstellen konnten.

Das Wetter wurde wie befürchtet ein unberechenbarer Mitspieler. Es war inzwischen bereits September, und seit wir auf dem Hof probten, wurde es jeden Tag kälter. Nachts näherten sich die Temperaturen der Null-Grad-Marke. Ein kalter Wind wehte. Schnell mussten zusätzlich Decken für den sitzenden Chor genäht und bemalt werden, Unterkleidung für die sommerlich kostümierten Schauspieler, dicke Jacken für Musiker und Techniker. Die Generalprobe wurde in Jacken und Mänteln probiert. Die Kostüme verschwanden. Ich litt.

Am Tag der Premiere legte sich wie durch ein Wunder der Wind, die Sonne kam, und die Temperaturen stabilisierten sich. Wir atmeten auf und kassierten die Jacken ein.

Wenn das Stück beginnt, die Sonne fast verschwunden ist, kommen über fünfzig Spieler, Mitarbeiter, Kinder, Praktikanten und Freunde mit den schwarz-weißen Stabpuppen auf den Hof. Die Zuschauer werden still, so schön ist dieser Zug. Es ertönen leise heitere Klänge, der schweigende Zug zieht um sie herum, bis plötzlich das Feuer eröffnet wird und alle „erschossen" werden, die Vorderseite der Puppen abgerissen und blutige Folie hervorquillt. Dann ist es verschwunden, das Volk. Inzwischen ist es dunkel geworden, die Scheinwerfer flammen auf. Das Spiel beginnt. Trygajos zieht mit aller Kraft eine dünne Ziege auf seine kleine Bühne, aber schon ist sie verendet. Er versucht, die Vögel zu fangen, die an Angeln über ihm schwirren, aber auch das gelingt ihm nicht. „Welch Elend!"

An drei Abenden verfolgen 3.000 Zuschauer das Spiel.

Ich denke immer gern an diese Zusammenarbeit mit den politisch denkenden und poetischen Künstlern von Teatr Ósmego Dnia zurück.

Die Kalibani hatten ihren eigenen Umzugswagen durch die Straßen gezogen und die Performance „Ratten zuhaus bei uns" gespielt. Auf dem Hof angekommen performten sie ein eigenes Stück nach Brechts „Maßnahme". Getrennter ging es nicht.

Das Jubiläum hieß „Der Frieden – ein Fest". Es war ein Abschiedsfest, danach trennten sich die Gruppen. Die Kalibani gingen eigene Wege.

17. AKT

Die Höll ist leer, denn alle Teufel sind hier bei uns! (*Shakespeare*)

Als wir das Shakespeare-Projekt „Lost Love Lost" erarbeiten, war Klaus schon ein Jahr weg. Neue Spieler waren in die Gruppe gekommen, die ein früherer Musiker übergangsweise leitete. Einige aus Erforths Truppe waren geblieben, von denen ein paar noch eine Weile nachmittags zu den Kalibaniproben gingen. Eine wirkliche Integration der Gruppen war nicht gelungen, so ist 2011 das Ensemble immer noch gespalten.

Bei meinem nächsten Stück, dem Shakespeare-Projekt, will ich mit beiden Ensembles arbeiten und beginnen, die tiefe Trennung zu überwinden. Und so ist das innere Thema des neuen Projektes nicht grundlos „Kommunikation".

Den Stoff hole ich mir aus Stücken von Shakespeare. Wie kommunizieren darin Menschen aus den unterschiedlichsten Schichten und Ebenen? Narren und Könige, Eingeborene und Krieger? Bei Shakespeare funktioniert es über alle Schichten hinweg. Für uns übersetzt: Wie kommunizieren Menschen, die im Rollstuhl sitzen, mit Menschen mit einer anderen geistigen Ordnung oder mit gehörlosen Menschen? Welche Wege der Kommunikation stehen jedem zur Verfügung? Als Ausgangsbasis nahm ich den „Sturm". Ich veränderte die Story dahingehend, dass Prospero ein Regisseur ist, der mit seiner Tochter von seinen Schauspielern dem wilden Meer überlassen wird, weil seine Tragödien, auf denen er tyrannisch besteht, keinen Erfolg haben. Nun strandet das Schiff mit denen, die seitdem erfolgreich Komödien spielen, auf seiner Insel.

Soweit das Konzept, offen für viele Figuren, Wendungen und Konflikte.

Das Besondere an diesem Projekt ist für mich, außer der vereinten Truppe, erstmalig mit zwei gehörlosen bzw. hörgeschädigten Darstellern zu arbeiten. Ich hatte Rosi Walter und Joanis Baccharis für das Projekt engagieren können. Es ging mir nicht darum, „noch eine Behinderung“ auf der Bühne zu haben, sondern die Art der Kommunikation als Bereicherung zu erleben. Rosi kam auf Grund einer Annonce von uns, spielte vor und überzeugte uns sofort. Joanis kam von allein, schon lange auf der Lauer.

Rosi ist eine schöne, üppige, blonde Frau und lacht oft und gern. Sie hört nichts, kann aber perfekt Lippenlesen. Man „sieht ihr nichts an“. Auf der Bühne positioniert sie sich anfangs stets so, dass sie die Partner von vorn sieht, zum Lippenlesen. Das fordert spezielle Arrangements. Später, wenn das Stück gearbeitet ist, braucht sie das nicht mehr. Von ihrer Mutter hat sie sprechen gelernt, indem sie den Kehlkopf berührte. Wenn sie darüber spricht, leidet sie noch immer an der harten, lange währenden Prozedur. Aber sie hat ein großes Selbstbewusstsein und spricht mutig, ohne sich zu hören. Leidenschaftlich, intelligent und schnell begreift und spielt sie ihre Szenen, ähnlich wie Juliana. Ich bin begeistert davon, wie leicht das Arbeiten mit ihr ist und verzaubert von ihrer Magie, wenn sie die Texte „spricht“ wie eine Angehörige eines vorzeitlichen fremden Stammes, und davon, wie sie ihren Schmerz oder ihr Glück nur mit ihrem Körper ausdrücken kann.

Rosi wohnt anfangs bei mir. Ihr Mann, den sie bald verlässt, ist mit den beiden Kindern in Stade geblieben. Da habe ich einiges zu lernen, denn Rosi hört wirklich NICHTS. Sie kann Lesen und

Schreiben, und sie ist klug. Aber wie anders ist die Welt, in der sie lebt. Es betraf nicht nur den Wecker, den sie nicht hört, das Piepen der Mikrowelle oder der Türklingel.

Joanis kommt aus Griechenland, hat das schwarze Haar der Griechen und einen großen durchtrainierten Körper wie ein Tänzer. Irgendwann in seiner verschütteten Biografie hatte er wohl eine Tänzerausbildung. Joanis ist attraktiv, und obwohl er nur 30 Prozent hört, ist es aufregend mit ihm in vielerlei Hinsicht. Er liebt die Frauen, vor allem die Üppigen unter uns. Und sie verfallen ihm, auch die schlanken, reihenweise. Mitarbeiterinnen, Schauspielerinnen, Praktikantinnen. Was für SMS gingen hin und her, was für Ausreden, Versprechen und Enttäuschungen! Wir müssen trösten, vermitteln, heimlich lachen, sind auch wütend. Joanis ist nicht zu zähmen, aber ein äußerst kreativer Darsteller. Als Luftgeist Ariel, Prosperos Diener, fasziniert er in seiner Lautlosigkeit, körperlichen Geschicklichkeit und Begabung, sich zu verwandeln. Wenige kleine Hinweise, und er entwickelt die Szene allein weiter. Wenn er nicht „dran" ist, vergisst man ihn, da er sich eingeschmiegt hat in Spalten und Ritzen, und plötzlich ist er wieder da, wie aus dem Himmel niederstürzend. Ich sehe ihn gern auf der Bühne und verteidige ihn gegen meine Tugendwächterinnen im Team.

Beide sind außerordentlich begabt und bereichern mit ihrer Art zu kommunizieren das Spiel sehr. Wir alle lernen Gebärdensprache, ein Einfallstor für Choreografie, die beiden lernen tanzen zu über den Boden übertragenen Schwingungen.

Ich hatte schon eine Weile geprobt, das Zusammenspiel mit den beiden und einige große Rollen für die anderen. So lagen die Besetzungen für Ophelia, Hamlet und Polonius, Othello und Desdemona schon fest.

Jetzt erst kamen die verbliebenen Kalibani zu unseren Proben. Sie wollten vorher „was Eigenes" proben. Nun der späte Einstieg. Das bedeutete, jetzt zurückzugehen, sich kennenzulernen, Erarbeitetes wie die Gebärdensprache nachzuholen und Szenen oder Rollen auch für sie zu finden.

Bei diesem Versuch biss ich mir fast die Zähne aus. Ein Teil der ehemaligen Kalibani-Truppe, von denen sich fünf Darsteller in Rollstühlen bewegten, hatte sich gegen mich verschworen. Sie verweigerten schlicht ihre Mitarbeit, redeten laut miteinander auf der Probe, lachten abschätzig, standen abweisend in Grüppchen vor der Tür usw. „Gemeinheiten, Lügen, Verschwörungen, Intrigen, Heimlichkeiten". Shakespeare live. Zu ihrer Haltung befragt stellten sie mich in Frage, leugneten, was sie gerade gegen mich gesagt hatten usw. Ich war im schlimmsten Wald auf der Insel im „Sturm" und zum ersten Mal mit offener Feindseligkeit konfrontiert. Heulen oder kämpfen? Da half nur Arbeit. Hans Nadolny, mein neuer, äußerst erfahrener Dramaturg, suchte unermüdlich für die Schauspieler im Rollstuhl Texte heraus. Die mussten sie lernen. Kommunikation gab es mit ihnen nur noch stückbezogen. Irgendwie waren sie gar nicht anders als ihre Kollegen der Stadttheater mit all ihren Kämpfen und Intrigen. Und, ehrlich gesagt, ödete mich das an. Ich hatte es bisher geschafft, einen solchen Geist gar nicht erst einziehen zu lassen in mein Ensemble.

Einer von ihnen ist anders: Sven Normann. Er verbrachte sein gesamtes Leben im Rollstuhl. Er ist nicht mutig, stellt sich nicht offen gegen die Gruppe, aber er ist zu sehr Schauspieler, um seine Chance mit Stimmungsmacherei zu vertrödeln. So beginnt er sehr schnell zu arbeiten und sein Glück zu ergreifen: Er spielt Prospero. Er sitzt auf der Düne, die kleinen Beinchen wie Streichhölzer weggestreckt, mit gewaltiger Stimme, düsterer Rachsucht und schneidender Intelligenz. Wie er es genießt, dass er sie alle, seine Feinde, die ihn mit seiner taubstummen Tochter in der Hoffnung auf seinen Tod dem Ozean überlassen hatten, um nur Komödien! Komödien! zu spielen, in seiner Macht hat. Wie er sie beobachtet, verführt, niederschmettert mit seiner gewaltigen Stimme, wie er sich weidet an ihrem Leid. Wie er fast zerbricht an seiner Einsamkeit.

Die feindliche Spannung auf den Proben lässt nach, Prospero zähmt Kaliban.

Aufbruch zu ungekannten Ufern

Die Komödianten sitzen auf umgedrehten weißen Emaille-Schüsseln und bewegen sich im Rhythmus der Wellen beim Durchqueren des Ozeans. Als sie im Sturm stürzen, ergießt sich der Ozean aus ihren Schüsseln ins Theater. Videowellen strömen über den Boden. Reale Netze fallen über sie, die schreienden und zappelnden Höflinge, Komödianten, wie gefangene Fische. „Wir sind auf einer Insel!" Jetzt nimmt Prospero seine Rache an diesen „Komödianten", die ihn ausgesetzt hatten, um Komödien zu spielen und nicht weiter in die Tiefe der Tragödien eintauchen zu müssen. Aber genau das wird jetzt ihre Strafe. „Tragödien müsst ihr spielen, Tragödien, und meine Tochter Miranda spielt die Gertrud." „Die spricht ja eine andere Sprache!" Ja, darum ging es, um die andere Sprache. Das Spielen von Tragödien (Hamlet, Othello und Richard III.) in einer anderen Sprache, die auch Miranda versteht, ist die Strafe, die der verstoßene Regisseur seinen Kollegen auferlegt.

Um zu überleben, müssen sie sich darauf einlassen, Gebärdensprache lernen und der Gewalt der eingeborenen rollenden Outlaws (im Rollstuhl) weichen.

Für dieses Spiel im Spiel ist ein sehr komplexes Verständnis nötig. Es hätte nicht unser zweites oder drittes Stück sein können. Für jeden schneidern wir die Texte, teilweise original Shakespeare, nach Maß. Moritz bekommt als Othello einen verkürzten, sehr gestischen Text mit Teilen aus dem Original. Ariel ist der umherflatternde schwarze Vogel, der Zeichen in die Luft setzt, immer zur Stelle, der alles durch Gebärdensprache, lallende Laute, Tanz und Akrobatik ausdrücken kann. Von ihm lernen sie, die Komödianten, und wir, die Theaterleute, eine neue Sprache mit den Händen, ohne die sie ihre Aufgabe, Tragödien zu spielen mit Miranda, nicht bewältigen können.

Entgegen den Vorbehalten der anderen haben Miranda und der von Moritz gespielte Schauspieler eine Liebesszene, fast ohne Worte, die durch die vielen Missverständnisse, die sich eben ergeben, wenn man die Sprache nicht spricht, sehr witzig ist.

Die „andere" Kommunikation ist fruchtbar, die Schauspieler werden erfinderisch, spielen mit eigenen Gesten und Lauten. Die unterschiedlichen Kommunikationswege und -fähigkeiten geben den Szenen große Authentizität und Unwägbarkeit.

Jan Patrick Kern (JP), der in „Mongopolis" geweint hatte, als er „ausgewählt" werden sollte und in der „Winterreise" mit seinem missglückten Suizid beeindruckte, und Zora Schemm zeigten sich in dem Stück als unerwartet spannende Schauspieler. JP, hier als *Kaliban*, und Zora leben mit dem Down-Syndrom und haben keine Haare. Ihre kahlen Köpfe sind wie poliert. Sie sehen und entdecken sich im Stück und spielen eine der schönsten und skurrilsten Liebesszenen als Wesen, die endlich, endlich ein ihnen Ähnliches entdecken. Was für ein zarter, schöner Tanz in Gebärdensprache. Als er zu uns kam, war JP noch blutjung, zierlich und hatte seine vollen Haare. Er war ein Kind seiner Zeit, tanzte Breakdance, trug

„coole Klamotten“ und hatte schon früh ein Handy. Dennoch ein Kind, das in ständiger Gefahr war, abzurutschen. Ich besetzte ihn in „Orpheus“ als jungen Mond. Er verliebte sich in alle Eurydiken, die er zum ersten Mal sah und schluchzte, als sie zur Erde zurückkehrten. So konnte er mit einer kleinen Rolle schnell einsteigen und entwickelte sich zu einem zwar eigenwilligen, aber sehr begabten und zuverlässigen Schauspieler. Nun als Kaliban im Shakespeare-Projekt. Dieser freche, faule und geile Kaliban war seine Glanzrolle. Er war inzwischen korpulenter geworden, hatte eine schöne Glatze, konnte seine eigene Trägheit wunderbar einbauen und listenreich und sehr dreckig spielen. Ich liebte ihn als Kaliban, wie er geil war, fluchte und schimpfte und seinen Körper über den Boden schleifte und das wirklich „zu viel“ fand. Aber er hatte gesunden Ehrgeiz und hielt seine Qualität.

Zora Schemm, JPs Partnerin, ist eine sehr kluge junge Frau, die lesen und schreiben kann, lange Texte behält und deren größtes Hobby Filme sind. Sie kennt enorm viele, kennt alle Filmstars und besitzt Unmengen Videokassetten. Wenn wir anfangs nicht aufpassten, kam sie zur Probe vom Videorecorder, vor dem sie die Nacht verbracht hatte. Sie schlief dann nämlich auf der Probe. Zora hat eine dezidiert eigene Meinung zu allem und lässt sich nicht gern reinreden. Leider bewegte sie sich in einem Tempo, das uns nicht selten an den Rand der Geduld brachte. Aber ihre liebste Beschäftigung war doch Theaterspielen, und damit hatten wir einen Hebel, mit dem wir sie aus der Lethargie holen konnten. Keine andere meistert es wie sie, so mit Pausen zu arbeiten, in denen ihre tiefe Verletzung oder ihr Grübeln, warum etwas so war und nicht anders, zum Greifen im Raum standen. Zora kann stehen und schauen, schweigend, schwer, wissend. Sie ist uneitel. Schönheit bedeutet ihr etwas anderes als ihren Kolleginnen. Das freundliche Einverständnis mit ihrem Anderssein ist sichtbar und wirkt emanzipatorisch. Wenn sie weint, ist es wie ein Quietschen, das sich ins Herz bohrt. Dabei ist sie oft ausgelassen albern und lacht sich kaputt. Ihre in diesem Stück schönste Szene war ihr Tanz mit JP. Viel war zu sehen von dem, was sie zuvor im Zirkus Sonnenstich, meinem Nachfolgezirkus, gelernt hatte. Wie ein Feenwesen schlug sie Rad, tanzte Gebärdensprache und bewegte sich im Einklang mit dem Partner. Aber sie überraschte mich auch als Emilia, wie sie ihre Texte langsam, deutlich und mit rauchiger Stimme sprach, wie sie voller Angst versuchte, Jago, brutal gespielt von Joachim Neumann, nichts zu verraten und ihn umzustimmen und danach zusammenbrach. Von da an machte Zora eine steile Karriere.

Moritz und Juliana brechen in „Othello“ den Zuschauern das Herz. Beide sind ein eingespieltes Paar auf der Bühne. Und wie sie ihre Szenen spielten und dazu kaum Worte brauchten, das ließ die Zuschauer tief betroffen dem bekannten Gang der Geschichte folgen, hoffend, dass es wie so oft ein versöhnendes RambaZamba Ende nehmen könnte, aber das gibt es bei Shakespeare nicht. Es war ein Meisterwerk von beiden und nicht beschreibbar.

Am Ende hat Hannes das Stück mit seiner schnellen Übernahme der drei Rollen „Claudius“ aus Hamlet, Antonio aus „Sturm “ und Richard aus „Richard der Dritte“ gerettet. Wolfgang Lang war eigentlich besetzt mit diesen Rollen. Er war gut gestartet, hatte sich dann aber zunehmend zurückgezogen. Wir hofften auf eine vorübergehende Phase. Eine Woche vor der Premiere war es klar: Er konnte und wollte nicht. Die Krise war da. Wer könnte das spielen? Diese Textmengen, drei Rollen? Ich rief bangen Herzens Hannes am Samstagnachmittag vor der Premiere an. „Gisela, ich wusste es! Ich habe darauf gewartet, dass ich diese Rollen bekomme.“ In zwei Tagen konnte er den gesamten Text, es war die Rückkehr eines Helden.

Am Ende kann keiner die Insel verlassen. Sie sitzen zusammen auf der Düne und gebärden ihre Sätze. Und dabei ist es unheimlich still. Noch geben sie nicht auf. „Hamlet. Auf einer Insel. Wir sind Schauspieler. Keiner hört uns."

Nachruf

Sven Norman als Prospero bleibt als herausragend in Erinnerung. In einem für uns alle schrecklichen Moment starb Sven mit dreiunddreißig Jahren leicht und erhaben. Den Pinsel hatte er gerade weggelegt, mit dem er den Rahmen um sein eigenes Porträt gemalt hatte. Mit leichtem Seufzen ging er. Es war unfassbar und ein schwerer Verlust.

Sven war ein Ausnahmeschauspieler, ein Ausnahmemensch. Er konnte lästern, herzhaft lachen, bitter leiden, wenn er wieder nur Sex gegen Bezahlung fand und es doch immer wieder verwechselte mit Liebe, obwohl die Callboys daran nie Zweifel ließen. Sven war außerordentlich klug (darum spielte er später Odysseus in „Philoktet" und Hamm in „Endspiel" bei Jacob). Er war blitzschnell und traf immer ins Schwarze, dennoch war seine Ironie liebevoll, und es war eine Lust, mit ihm zu arbeiten.

Wie schön, dass er jeden Moment seines kurzen Lebens ausgekostet hat.

18. AKT

Letztes Leuchten

Die folgenden Jahre sind voller Produktivität. Ich inszenierte nacheinander sieben sehr unterschiedliche Stücke, in denen ich mit den Schauspielern die Genres und Theaterformen weiter erkundete.

Gemeinsam mit Tomi Paasonen, meinem Choreografen aus der „Winterreise“, erarbeitete ich das Tanzstück „Jahreszeiten“. Tomi, der Finne, übernahm die dunklen Jahreszeiten, ich den Frühling und Sommer. Unser erstes reines Tanzstück. So unterschiedlich wir waren, so gut passte es doch zusammen. Meine heiteren, an Monsieur Hulot erinnernden Szenen mit Tomis dunklen, kreatürlichen und fast abstrakten Eis- und Laubgebilden, mit denen die Spieler tanzten, ergänzten sich. Erstaunlich, wie überzeugend alle als Tänzer in diesem modernen Tanztheater waren.

Unser nächstes Experiment war ein Comedia-dell'arte-Stück, wieder im Sommer auf dem Hof. „Ein Hochhaus, ein Flugplatz und ein fauler Sack“ war ein freches und übermütiges Stück über die Berliner Verhältnisse. Wir hatten ein Jahr lang Seminare mit zwei Spezialisten für Comedia dell'arte durchgeführt und lernten dabei viel, aber auch, dass die schnellen Reaktionen und die Schlagfertigkeit, die für diese Theaterform die Grundlage sind, von den meisten unserer Spieler nicht wirklich beherrscht wurden, vielleicht hätten wir mehr Zeit dafür gebraucht – zum Spielen, nicht zum Proben. Für dieses Theater war entscheidend, viel zu spielen, denn Improvisationen brauchen Übung.

Wir hatten inzwischen einen neuen Schauspieler aufgenommen, der eine ideale Besetzung für den Harlekino war:

Jonas Sippel. Der kleine, schlanke Mann mit dem Down-Syndrom, gelenkig und stets in Bewegung, ist wieder einer der besonderen Schauspieler, so ganz anders als Moritz, doch genauso intensiv: hypermotorisch, wissbegierig, immer am Thema (Antike oder deutsche Sagen). Nach mehreren Praktika, bei denen er keinesfalls zum Theater, sondern Wissenschaftler werden wollte, und nur über die Antike redete, kam er dann doch zu uns. Für den Harlekino brauchte es keine Überredungskünste, denn es war ja eine „Hauptrolle".

Und so spielte er auch in der Revue „Am liebsten zu dritt" in einer wichtigen Rolle mit.

In diesem Stück bringen wir noch einmal auf sehr leichte und spielerische Weise das schwere Thema der Ausgrenzung/Ausrottung von sogenannten „Anderen" in die Herzen und Hirne der Zuschauer: Eine Bande von maskierten Menschen mit Down-Syndrom überfällt ein Hotel. Die Frauen der Gäste werden weggeschickt, die Männer als Geisel behalten. Sie sollen die Frauen mit Down-Syndrom befruchten, da Männer mit Down-Syndrom unfruchtbar sind und die Geburtenzahl durch Pränataldiagnostik und andere Voruntersuchungen drastisch sinkt. Die Schauspieler formulieren ihre Forderungen und ihre Kritik an diesen Zuständen ins Publikum mit dem gleichen Engagement und Druck wie politische Demonstranten auf der Straße. Immer wieder stellen die Spieler bloß, wie an ihnen unter dem Deckmantel der „Fürsorge" gespart und die Devise „Wir sind doch alle gleich" genutzt wird, um ihnen den „behinderungsbedingten Mehrbedarf" streitig zu machen. Im Stück hat die Durchführung der Liebe auf Befehl ihre Tücken. Da gibt es unerwartete Verliebtheit, werden Affairen für die Zukunft verabredet, Löwen gebändigt. Komische und traurige Szenen wechseln rasant, unterbrochen von mitreißender Musik und Tanz. Es wurde bei aller Leichtigkeit ein sehr ernstes Stück.

Die „Mongopolis“ und „Am liebsten zu dritt“ hatten ebenso wie „Kkaffee Leben und Tod“ eine besonders eindringliche Wirkung, weil es immer um die Existenz der Spieler ging, aber dennoch in einer Spielweise und künstlerischen Form daherkam, die neben großem Ernst in der Sache schwarzen Humor, absolute Respektlosigkeit, Zuspitzung und große Sensibilität bei den Spielern und uns Machern offenbarte. Dadurch verhandelten sie ihre Sache mit großer Souveränität selbst.

In der Inszenierung „Am liebsten zu dritt“ hatten wir einen besonderen Gast: Mirco Kuball. Mirco lebte in Hamburg bei seinen Eltern, auf deren Initiative das Stadthaus-Hotel entstanden war, in dem nur Menschen mit einer Beeinträchtigung arbeiteten, so wie Mirco, der mit dem Down-Syndrom lebt. Mirco, ein sehr zierlicher Mann mit feinem blondem Haar, einem sehr dünnen Nervenkostüm und labiler Gesundheit, lernte und konnte in dem Hamburger Hotel alles, besonders als Empfangschef. Da er aber sehr viele andere Tätigkeiten machen sollte, auf die er keine Lust hatte, kündigte er. So viel Selbstbestimmung gefiel mir. Seitdem war er als Schauspieler in verschiedenen Projekten in Hamburg engagiert. Aber jetzt war mal wieder etwas Neues angesagt, und Mirco machte ein Praktikum bei uns. Damals gab es eine Neuauflage von „Kkaffee Leben und Tod“, und ich baute eine Szene für ihn ein. Er tanzte, sang sehnsuchtstief und machte Witze über sich selbst. Grandios! Er behielt die Texte nicht immer, aber dann eben andere. Man konnte nicht anders, als ihn zu lieben auf der Bühne. Während der Erarbeitung von „Am liebsten zu dritt“ kam Mirco mal wieder vorbei und erlebte auf der Probe, wie ein anderer Schauspieler mit der Rolle des

Portiers kämpfte. Mirco betrat die Bühne und war der Portier. Ich konnte ihn zum Glück sofort für die Rolle gewinnen, zugleich war er auch ein Frosch. Alle Schauspieler hatten ihre Masken für den Überfall aus dem Reich der Tiere.

Im Stück hatte er anfangs die Aufgabe, die drei Männer, die zum Befruchten der Frauen mit Trisomie 21 im Hotel festgehalten und angekettet wurden, zu bewachen. Es war umwerfend, wie er versuchte, gleichzeitig aufzuräumen, sie mit seiner Pistole in Schach zu halten, ein Schläfchen zu machen, sich mit der Pistole fast selbst erschießt und die Männer am Ende Strafturnen lässt. Er verfällt in Liebe zu Juliana. Und wieder konnte man eine neue Seite sehen von ihm: wie er leidend der Liebesszene von Juliana mit einem der Hotelgäste zusehen, sie sogar fotografieren muss, was er immer wieder vergisst, den falschen Film einlegt und tief schluchzend abgeht, um einen Farbfilm zu holen. Und dann zeigt er seine harte Seite: Er dressiert einen großen Löwen, unter dem Joachim Neumann als Hotelgast steckt, der, statt die beiden ihm zugedachten Trisomie 21-Frauen zu befruchten, sie nur erschreckt. Mirco wird ein wahrer Zirkusdirektor. Manchmal verbummelt er sich auch, dann holt ihn der Löwe zurück, es war immer eine spannende Szene. Gewinnt der Löwe oder der Dompteur? Am Ende, wenn alle alten und neuen Partner des Stücks sich gefunden und jede Menge Babys haben, bleibt er allein übrig. Tief unglücklich tanzt er mit seiner Froschmaske als Gegenüber seinen großen Schmerz und entscheidet dann, dass das Leben weitergeht. Hoppla! Da bin ich! Er wurde sehr schnell der Liebling des Publikums. Seine Bandbreite reicht vom Komiker, der Slapsticks beherrscht, über den „Chef" bis zum schmelzenden, zu Tränen rührenden Herzensbrecher. Er tanzte mit der Grandezza eines Märchenprinzen.

Zu Mirko gehört seine Mutter Christa K., sie hat ihn gefördert, behütet, ermutigt und gesund gehalten. Nicht nur einmal hat sie das

Theater unterstützt und uns alle mit ihrer Großzügigkeit verwöhnt und eingeladen. Mirko war und ist besonders, eigentlich ein Showmaster der anderen Art. Ein wenig Buster Keaton, ein wenig Charlie Chaplin, vor allem er selbst.

2014 hat die Inszenierung „Der gute Mensch von Downtown" Premiere. Ich kann nicht über den Reichtum unserer Arbeit schreiben, ohne – neben Angela Winkler – einen anderen sehr besonderen Gast zu erwähnen: Eva Mattes. Wir kannten sie, seit Nele bei uns spielte. Sie war die enge Freundin von Neles Mutter Angela. Von Anfang an hat sie die Entwicklung von Nele und von RambaZamba verfolgt. All die Jahre trat sie zu Festen bei uns auf und unterstützte uns.

Anlässlich der Verleihung des Caroline-Neuber-Preises der Stadt Leipzig hatte sie meine Laudatio gehalten. Der Preis wird alle zwei Jahre ausschließlich an weibliche Theaterschaffende „in Anerkennung hervorragender künstlerischer Leistungen maßstabsetzenden Charakters" verliehen. „Die Schauspieler von RambaZamba versuchen nicht *irgendwie* zu sein. Sie sind, wie sie sind. Sie sind entschieden, spielen miteinander ganz konkret und wahr und verbreiten gute Laune. Wir sind geprägt durch Rücksichten und Vorsichten, das macht grau und undifferenziert. Sie spielen einfach mit Laune, Mut und Konzentration. Mit dieser Direktheit arbeitet auch Gisela Höhne in ihren Inszenierungen, und deshalb strahlen die Vorstellungen so viel Kraft und Lebensfreude aus, die sich ganz stark auf die Zuschauer übertragen. Gisela lässt den Schauspielern ihre jeweilige Individualität, versucht, sie nicht einzuschnüren, sondern gibt ihnen Freiräume."

Da traute ich mich, Eva zu fragen, ob sie bei uns spielen würde. Ich war mit solchen Anfragen bisher immer sehr vorsichtig gewesen, denn das Arbeiten mit so unterschiedlichen Schauspielern braucht doppelte Kraft und Zeit. Ich war aber so beschäftigt damit, die RambaZambas zu entwickeln, dass ich es immer vor mir herschob. Mit der Brecht-Adaption des „Guten Menschen von Sezuan" hatte ich ein Projekt, wo es mir möglich schien, beidem gerecht zu werden. Im Stück geht es um die Frage, von welcher Art Güte die Menschen mit Down-Syndrom sind. Ob Güte nicht erst erworben werden müsse und weniger zähle, wenn sie angeboren sei. Und ob diese Menschen nicht wie andere aufhören würden, gut zu sein, wenn damit das Kind gerettet werden kann, das ihnen im Leben in der Regel verweigert wird. Dazu brauchte ich zwei Erzengel. Einer, Gabriel, sollte Eva sein. Sie sagte zu, und so kam es, dass wir zusammenarbeiteten.

Nun also Eva bei RambaZamba, die bewunderte und bekannte Schauspielerin, die sonst mit Peter Zadek und anderen Regiegrößen arbeitete.

Eva beherrschte die Integration perfekt. Als sie auf die Proben kam, nahm sie die anderen Schauspieler sofort ernst. Sie spielte immer mit großer Hingabe. Sie tat nicht nur so oder war „besonders

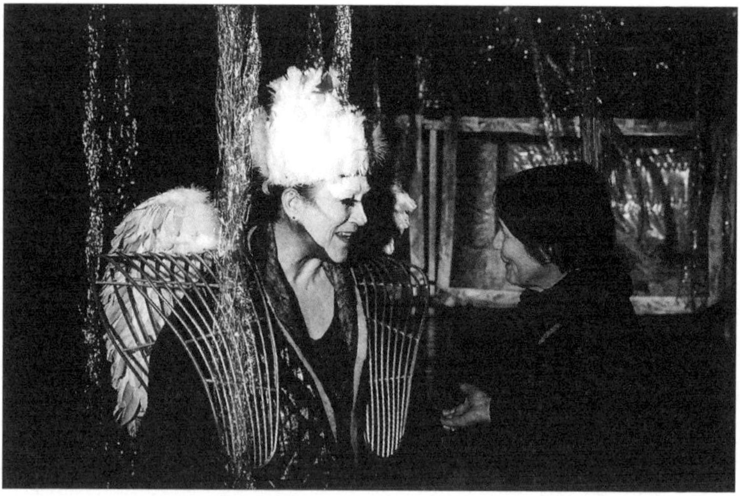

Mit Engel Eva im himmlischen Gespräch

rücksichtsvoll". Das war sie auch, aber in kollegialer Weise und nicht im Schongang. Ich war gewöhnt, vieles zu erklären. Eva brach das mit einer Handbewegung ab: „Gisela, wir wissen, worum es geht. Wir spielen jetzt erst mal." Wow. Das färbte auf die ganze Gruppe ab. Und ich genoss diese neue professionelle Form der Zusammenarbeit. Wenig Worte, wie erholsam. Eva spielte die Vorstellungen zuverlässig und gab immer 100 Prozent. Sie spielte so wie mit anderen Kollegen, und das hatte bis dahin noch keiner hinbekommen.

2014 inszenierte ich noch nicht „mein letztes Tänzchen", sondern die Revue „Dada-Diven". Hier konnte ich noch einmal all meine Lust am Verrückten, Absurden und Abgründigen gemeinsam mit den Schauspielern ausleben.

Ab 2016 dachte ich zielgerichtet über eine Nachfolge nach. Bei einer wichtigen Vereinsvollversammlung 2010 hatte ich versprochen, nicht bis ins hohe Alter an der Leitung zu klammern. So sah ich mich um nach einem potenziellen Kandidaten oder einer Kandidatin. Es war schwer. Entweder sie waren gut, würden aber nicht für das wenige Geld und unter den beschwerlichen Umständen arbeiten wollen oder sie waren nicht gut genug.

Inzwischen war Jacob fast fertig mit seinem Regie-Studium. Im vorletzten Studienjahr inszenierte er bei uns „Philoktet" von Sophokles mit Sven Norman als Odysseus und Jonas Sippel als Neoptolemus. Die Inszenierung wurde ein Erfolg, da zeigte sich ein begabter junger Regisseur. Seine nächste Inszenierung, Beckets „Endspiel", wieder mit Norman und Sippel, überzeugte vollends. Und so rückte Jacob in den Fokus. Der Vorstand sprach mehrfach mit ihm und stimmte zu. Ich wollte gern einen weichen Übergang und noch eine Weile dabeibleiben. Jacob wollte aber nicht „nur Altes verwalten", sondern „auch Neues kreieren". Davon war ich ausgegangen, aber aus „nur" und „auch" wurde ein radikaler Wechsel.

2015 organsierte ich unser letztes Fest unter dem Titel „Fünfundzwanzig Jahre RambaZamba in Kostüm und Maske“. Zwölf Stunden lang tanzten, sangen und spielten die Schauspieler in den noch vorhandenen Kostümen und Masken auf einem Laufsteg in der Probebühne eine Performance nach der anderen, mitten zwischen den Tischen, an denen gegessen und getrunken wurde. Oben im Theater liefen die „Dada-Diven“.

Überall im Haus waren Kostüme, Requisiten und Masken zu sehen, es war überwältigend, welches Œuvre da herauskam. Es war auch ein Dankeschön an Beatrix Brandler, meine langjährige Kostüm- und Maskenbildnerin, und an Angelika Dubufé, die das alles in ihren Bühnenbildern benutzte und zur Geltung kommen ließ.

Mit dem Stück „Der zertanzte Alexanderplatz“ hatte ich 2017 noch einen Nachschlag gegeben, ein Stück für Kinder, in dem Fragmente bekannter Märchen gespielt und getanzt wurden. Ich hatte schwierige Schauspieler einbezogen und zwei begabte Tänzer engagiert, die mit der Gruppe arbeiteten. Stefan und Christof waren wie so oft die Musiker. Nach fünf Vorstellungen verschwand das Stück vom Spielplan. Schade. Aber es war auch Zeit, dass ich ging.

Nach einigen Jahren meiner eher passiven Teilnahme am Theatergeschehen, in denen ich mich meinen beiden wunderbaren Enkelinnen Emilie und Carla widmen konnte, Theatertherapie studierte, viel Zeit für Moritz hatte und neue Freunde fand, konnte ich 2023 noch einmal im RambaZamba inszenieren. Es wurde „Dona Rosita bleibt ledig“ von Lorca, ein scheinbar aus der Zeit gefallenes Stück, das die Zuschauer jedoch, wie auch mich, im tiefsten Innern berührte.

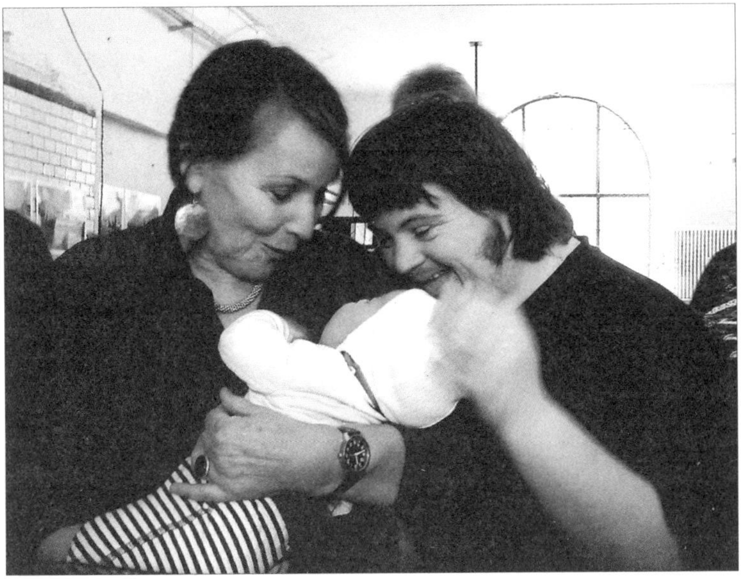

Erstmals Großmutter und Onkel

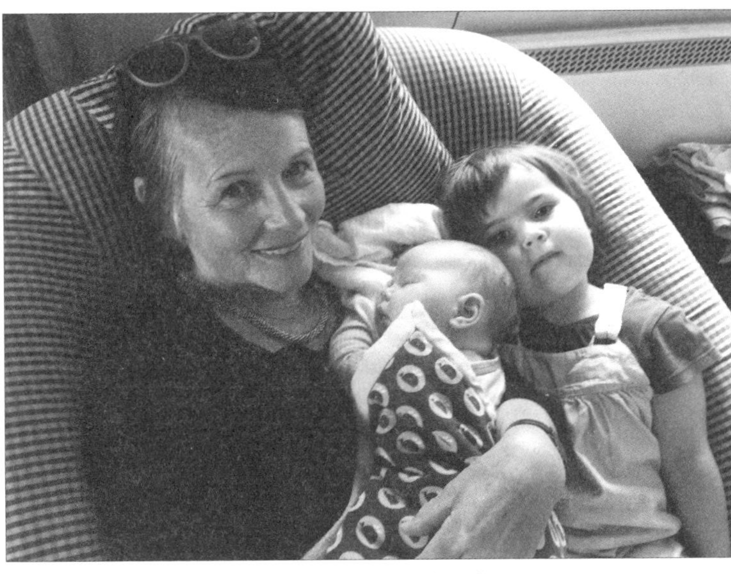

Mit meinen geliebten Enkelinnen Emilie und Carla

Epilog

Wie lebendig das alles in mir ist. Aber wie schnell geht alles vorbei. Unser ganzes Leben ist transitorisch, entschwindet mit seinen Gerüchen und Tönen, Bildern und Gefühlen. Nur Spuren sind geblieben, im Wald in den Kuhlen, Verstecken, unter Erde und Laub und dem verwelkten Gras des Lebens, unter unseren Lidern, unter unseren Füßen. Keine Kunst ist dem Vergessen so ausgeliefert wie das Theater. Ich habe versucht, über dieses Leben mit dem RambaZamba und der Kunstwerkstatt zu schreiben, bevor der Strom der Zeit die Erinnerungen ganz wegspült. Manches mag anders gewesen sein, aber so erinnere ich mich daran. An den Beginn, an die vielen Erfahrungen und Kämpfe, die Ideen und Utopien, die uns beflügelt haben und daran, wie viel Veränderung dadurch möglich wurde.

Die Idee sprang uns an, und mit der Wende war sie plötzlich möglich, die Idee von einem Theater und einer Kunstwerkstatt, wo Menschen die Hauptrolle spielen, die sonst nur unter Mitleids- und Defizitaspekten wahrgenommen wurden. „Geistig Behinderte“, „Verrückte“. Viele sagten damals, dass das unmöglich sei, insbesondere Theater-Kollegen meinten, „geistige Behinderung und Kunst des Geistes, was Theater ja ist“, sei ein Widerspruch in sich. Aber wir wussten es besser. Und so hatten wir einfach begonnen, es zu verwirklichen. Keine Zeit in meinem Leben davor war so intensiv und so fruchtbar wie diese Jahre. Es waren Jahrzehnte, in denen mein Leben verschmolzen war mit dem Theater RambaZamba. Es bedeutete für mich die Utopie des freien Denkens, mit dem sich all das unglücklich Versprengte einsammelt und zu einem geheimnisvollen Sinn fügt. Jenseits der Logik.

Es hat mehr dazu gehört als diese eine Idee: die verrückte anarchische Zeit der Nachwende mit ihrer neuen Offenheit für ein solches Projekt. Nie wieder danach war es so aussichtsreich für besondere Ideen. Dazu gehörten die Mitstreiter, Künstler, Zuschauer, unbedingt Politiker, die wir gewinnen konnten, die Behindertenbewegungen, unsere Familie und der Glücksumstand, so viele wunderbare Schauspieler zu finden, die mitmachten. Vor allem brauchte es Moritz!

Es gibt über all das keine Chronik, kein Archiv. Die Geschichte und Tradition des Theaters sind ausschließlich bewahrt im Können dieser Schauspieler, in der mutigen Ästhetik, in der Gewichtung von Musik und Kunst und in der starken Identifikation der Macher.

Unser Theater war eine Einladung, ein Sturm, eine freche Behauptung, unmäßig und umarmend zugleich. Als Sternstunden des Theaters bezeichneten viele Zuschauer unsere Aufführungen.

Ich habe diesen Text begonnen, als es weder eine Pandemie noch diesen schrecklichen Krieg in der Ukraine noch den Terror der Hamas im Gaza-Streifen und die nicht enden wollende Vergeltung gab. Das Leben war damals fast „privat". Die Pandemie hat mich mehr als zweifeln lassen an der Fähigkeit der Herrschenden, zu guten Lösungen zu kommen. Aber das Unvorhergesehene, das uns alle betraf, hat mich vieles entschuldigen lassen. Doch die Kriege mit ihrer Grausamkeit erschüttern mich tief. Und Moritz darin? Er sieht keine Tagesschau mehr und versteht die Welt nicht. Er hatte doch „Frieden, Frieden" gesagt zur Begründung, warum er seinen Vater wiedersehen wollte.

Nun sitzt er mir gegenüber in unserer Wohnung mit Parkblick, in der wir beide noch immer wohnen, und schaut mich an, vergnügt seine zwei Sonntags-Kaffees trinkend, ganz bei sich, zufrieden, tief im Leben verankert. Moritz ist stark, selbstbewusst und lebt sein Leben mit mir so, wie er es sich wünscht.

Seit 47 Jahren lebe ich nun mit ihm. Er hat sich durch alle Widersprüche und Unebenheiten durchgekämpft und ist heute von solcher Kraft und Weisheit, dass man seine Freundin Debbie nur beglückwünschen kann. Und die liebt ihn schon seit sieben Jahren so sehr wie er sie.

Er hat seine Rituale beim Frühstück und beim Zubettgehen, hat sich viele Selbständigkeiten erkämpft. Ich muss ihn schon lange ernst nehmen. Er muss viel tun, um gesund zu bleiben: Spray gegen Asthma, Apfelessig gegen die Pilze, die man von dem Spray bekommt, Diät gegen Gicht, Tabletten gegen Hashimoto, Einlagen und Stützstrümpfe gegen schwache Venen, Vitamine usw. Er ist diszipliniert. Das macht es leichter.

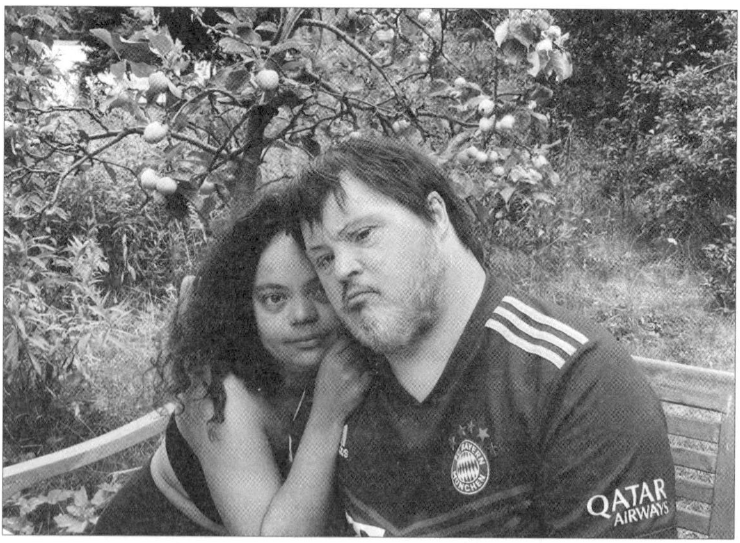

Moritz und Debbie

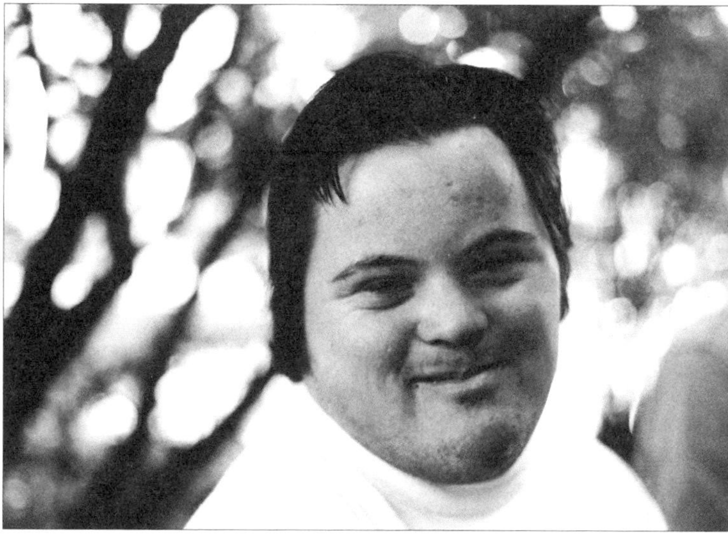

Moritz

Jeden Morgen geht er zu seiner Arbeit als Schauspieler, in „mein" Theater. Vorher fragt er, was ich vorhabe an dem Tag. Manchmal weiß ich es nicht. Klavier spielen, im Garten arbeiten, Zeitung lesen und lange mit meinen Freundinnen telefonieren. Während ich mich langsam dem neuen Tag nähere, geht er zu „seinem" Theater. Er ist fröhlich. Wenn er geht. Wenn er kommt. Vielleicht weil ich so oft da bin. Er genießt es, wenn ich mir Zeit für ihn nehme. Und die habe ich jetzt.

Abends erzählt er mir, wie der Tag war. Es ist nicht immer zu verstehen, aber ich weiß zumeist, was er meint. Damit sich dieses echte Handicap verringert, nimmt er Sprachtraining. Dazu kommt Schlagzeugspielen. Wir gehen gern ins Konzert, in die Philharmonie oder in die Komische Oper. Seine Woche ist voll. Auch Fernsehen ist von ihm geplant: mittwochs nie, freitags am liebsten Kino, dienstags und donnerstags Lieblingsserien. Montag mal sehen.

„Einheit" nuschelte Moritz im Oktober im Auto, als wir von seiner „Heroes"-Vorstellung nach Hause fuhren. Tag der Einheit. Moritz weiß Bescheid, er ist immer informiert. Die Vorstellung war gut, Moritz' Bewegungen sind flüssiger, eleganter geworden. Er hat trotz seiner Schwere einen ausdrucksvollen und geschmeidigen Körper, kraftvoll. Zu Hause gegen 22 Uhr, decke ich den Tisch. Moritz sieht mich erstaunt an, da ist sonst Küchenschluss. Dann freut er sich, und wir essen Salami, Käse mit Birne auf Dinkelbrotscheiben, ein Glas Wein. Wir genießen und stoßen an auf das Leben und das Theater. Danach schlafen wir wie die Bären. Glück ist nicht programmierbar. Es gibt keinen „Anspruch" darauf, aber es ist da, wo wir es nicht erwarten, wo wir uns einlassen.

2023 wurde ich Vorsitzende der Jury des Theaterwettbewerbs „andersartig gedenken", bei dem es um neue Stücke zum Thema Euthanasie ging.

Und plötzlich bin ich wieder mittendrin, im Wald.

Kleine Chronik RambaZamba

Mitglieder bis 2017

Grit Burmeister, Mario Gaulke, Juliana Götze, Moritz Höhne, Hans-Harald Janke, Jan-Patrick Kern, Franziska Kleinert, Malte Nagel, Wolfgang Lang, Jennifer Lau, Martin Lindner, Maxim Neuhäusel, Joachim Neumann, René Schappach, Zora Schemm, Patricia Schulz, Rita Seredßuz, Jonas Sippel, Aaron Smith, Mikel Ulfik, Rosemarie Walter, Anke Wicklein, Nele Winkler

Gäste: Joanis Baccharis, Mirco Kuball, Eva Mattes, Rosemarie Walter, Angela Winkler

Team: Angelika Dubufé (Bühne), Beatrix Brandler (Maske und Kostüm), Stefan Kolditz, Bettina Bartz, Hans Nadolny (Dramaturgen), Bianca Tänzer (musikalische Mitarbeit), Christof Hanusch, Stefan Dohanetz, Uwe Langer, Insa Bernds (Musiker), Juliane Görtz (wichtigste Assistentin), Susanne Röber, Tatjana Tietz (Assistenten und Inspizienten)

Inszenierungen

1991 Prinz Weichherz (nach einem Poem von Georg Paulmichl), Regie: Höhne

1993 Ein Winternachtstraum (nach Shakespeare), Buch und Regie: Höhne

1994 Die Verwandlung (nach Kafka), Regie: Erforth
1995 Kkaffee Leben und Tod (nach Fantasien der Spieler/innen), Regie: Höhne
1997 MEDEA – der tödliche Wettbewerb, Regie: Höhne
1997 WOYZECK(en), Regie: Erforth
1998 Die Liebe geht durch den Magen, Küchenliederrevue, Regie: Erforth, Höhne
1999 Weiberrevue, Regie: Höhne
1999 Caligari, Das große Filmorchester, Regie: Erforth
2000 Macunaima, Regie: Erforth
2000 Endspiel, Regie: Erforth
2001 Orpheus ohne Echo, Regie: Höhne
2002 Die Schöne und das Monster, Regie: Erforth
2003 Mongopolis – Fisch oder Ente, Regie: Höhne
2004 Ein Schiff wird kommen, Regie: Erforth
2004 Alice auf Kaninchenjagd, eine Open Air Produktion, Regie: Höhne
2005 Nosferatru oder Die leeren Häuser, Regie: Erforth
2006 Ein Herz ist kein Fußball, Regie: Höhne
2007 Hommage an Tadeusz Kantor, Regie: Erforth
2007 Alice in den Fluchten, Regie: Höhne
2007 Bandgründung „Sind4plus3", Jacob Höhne
2008 Surreales mit Wolfgang Lang, Regie: Höhne
2009 Winterreise, Regie: Höhne
2009 Ich freue mich, Kriegsgroteske, Regie: Erforth
2009 Müller, Müller, Regie: Erforth
2010 Der Frieden – Ein Fest, Open Air, Regie: Höhne
2020 Ratten bei uns zu Haus, Die Maßnahme, Regie: Erforth
2010 Etwas über die Heiterkeit, Regie: Langstengel
2011 Traumfäden, Tanztheater, Choreografie: Paasonen

2011 Lost Love Lost (nach Shakespeare), Regie: Höhne

2012 Jahreszeiten, Regie: Höhne, Paasonen

Ab dann in Regie Höhne

2012 Performance im Stadtbad Oderberger Straße

2012 Ein Flughafen, ein Hochhaus und ein fauler Sack, Open Air, Commedia dell'arte

2013 Am liebsten zu dritt, Revue

2014 Der gute Mensch von Downtown

2014 Dada-Diven, eine dadaistische Revue

2015 25 Jahre RambaZamba in Maske und Kostüm

2017 Der zertanzte Alexanderplatz, ein Stück für Kinder

Regie Langstengel (ausgewählt)

2013 Nur ein Wimpernschlag

2014 Mit 200 Sachen ins Meer

2015 Cabaret de Paris

2016 Die Elenden

Regie Jacob Höhne

2014 Philkoktet

2015 Endspiel

2016 Roy Ubu

Mindestens 200 Gastspiele in ganz Europa, darunter Lissabon, Wien, Graz, Zürich, Rotterdam, Oslo

Filmografie

Karl-Heinz Mundt und Wolfgang Dietzel

„Sonnenuhr e. V. – Theaterarbeit mit Behinderten" (ORB 1993)

„Verborgene Landschaft – 5 Jahre Theater RambaZamba“ (ORB 1996)

Dieter Bersch, Ilona Rühmann
„Traumrolle für Außenseiter“ (ZDF 1995)

Sylvie Banuls und Sabina Engel
„Liebe dich …“ (Arte 2003)

Rosemarie Blank
„Als wär's das wahre Leben“ (2005)

Danksagung

Es gibt viele Menschen, die zum Gelingen dieses Buches beigetragen haben und denen ich zu großem Dank verpflichtet bin.

Beim Mitteldeutschen Verlag sind das mein wunderbarer Verleger Roman Pliske, der von Anfang an mich und das Buch geglaubt hat, meine Lektorin Lena Ulrich, die mit klugen und unerbittlichen Nachfragen manchen Sätzen zu mehr Klarheit verholfen hat, Dr. Kurt Fricke, der mich sicher durch den Prozess der Buchwerdung geleitet hat, Tanja Möller, die die grafische Gestaltung übernahm, und Katharina Rose, die für das Buch die PR-Arbeit organisiert hat.

Zur rechten Zeit traf ich meine Nachbarin, die Schriftstellerin Sally McGrane, die im kalten Winter von Corona im gemeinsamen Garten meine erste Lektorin wurde; stundenlang standen wir Woche für Woche im Schnee und gingen die Kapitel durch. Dann meine klugen Freundinnen Christine Themel, Leonore Brandt und Adelheid Wedel, die mir Mut gemacht und mit ihren gründlichen, kritischen Kommentaren und Vorschlägen geholfen haben. Wie schön war es, auch in ihren Gärten zu sitzen. Und ebenfalls im Garten traf ich Frederique, die mit mir hunderte Fotos durchwühlt und ausgesucht hat.

Ich danke allen Freunden und Kollegen, die, unermüdlich nachfragend, mich vom Sinn des Buches überzeugt haben.

Ein großer Dank gilt allen, die mit ihren vielen Spenden den Druck des Buches ermöglicht haben, allen voran Mirco und Christa Kuball, seit langem unsere Hamburger Freunde und Unterstützer.

Und ich danke allen, die beim Aufbau dieses wunderbaren Theaters RambaZamba, das mein Leben so sehr geprägt hat, egal, ob kurz oder lang, mitgewirkt haben: Mein großartiges Ensemble, das Team mit Angelika, Beatrix, Juliane und meine Freundin Bianca, die Eltern, ohne die nichts gegangen wäre, die Musiker, insbesondere Stefan und Christof, die Tänzer Julie Stanzak, Kerstin Rünzel und Tomi Paasonen, die Mitarbeiter und Betreuer vom Theater RambaZamba und Via Blumenfisch, die uns den Rücken freigehalten haben und viele Verbündete in der Politik.

Und auch Dir, liebe Schwester, danke ich für Deine Liebe und Hilfe in allen kritischen Situationen, von denen es nicht wenige gab.

Ich danke insbesondere Mo und Mike Walter, die meinem Leben und dem Theater immer kluge Unterstützer waren und sind, sowie meinem früheren Ehemann Rob, der das Theater und auch dieses Buch mit wichtigen Fotos unterstützt hat.

Ohne die großartigen Schauspielerinnen Angela Winkler und Eva Mattes hätten wir die ersten schweren Jahre nicht so gut überstanden, danke Euch beiden!

Ich danke meinen Söhnen, die mich immer ermutigt haben, dieses Buch zu schreiben.

Gisela Höhne

Im Sommer 2024

BILDNACHWEIS

Fotografien im Textteil

Sibylle Bergemann: S. 234, 232

Jörg Metzner: S. 129, 133, 135, 142, 143, 145, 168, 172, 201, 208, 223, 230, 277

Privat: S. 16, 17, 20, 23, 24, 25, 28, 29, 31, 32, 35, 36, 38, 43, 58, 64, 65, 72, 73, 75, 79, 81, 82, 84, 86, 216, 257, 259, 304, 309, 334, 337, 340, 341

Fotografien in den Bildblöcken

Michael Bause: Abb. 10–11

Sibylle Bergemann: Abb. 1–3, 6–8, 12–17, 19–23, 26–31, 34, 36, 38–40

Melanie Bühnemann: Abb. 24, 46, 47

Ron Gerlach: Abb. 41–42

Ralf Hennig: Abb. 43

Jörg Metzner: Abb. 4–5, 9, 18, 25, 44, 45

Rob de Vrij: Abb. 37

Jonas Ludwig Walter: Abb. 48–49

Rolf Zöllner: Abb. 32–33, 35

INHALT

Inhalt